Krüger / Radisch / Willems / Häcker / Walm

Empirische Bildungsforschung im Kontext von Schule und Lehrer*innenbildung

W0087997

Anja Krüger
Falk Radisch
Ariane S. Willems
Thomas Häcker
Maik Walm
(Hrsg.)

Empirische Bildungsforschung im Kontext von Schule und Lehrer*innenbildung

Verlag Julius Klinkhardt
Bad Heilbrunn • 2018

Dieser Band wurde gefördert mit Mitteln des Zentrums für Lehrerbildung und Bildungsforschung der Universität Rostock.

Dieser Titel wurde in das Programm des Verlages mittels eines Peer-Review-Verfahrens aufgenommen. Für weitere Informationen siehe www.klinkhardt.de.

Bibliografische Information der Deutschen Nationalbibliothek
Die Deutsche Nationalbibliothek verzeichnet diese Publikation
in der Deutschen Nationalbibliografie; detaillierte bibliografische Daten
sind im Internet abrufbar über http://dnb.d-nb.de.

Foto Umschlagseite 1: Entwurf von Anja Krüger, fotografische Umsetzung von Thomas Rahr, Universität Rostock | ITMZ. Unter Verwendung des Artikels von Dörpinghaus, Andreas (2012): Bildung. In: Klaus-Peter Horn, Heidemarie Kemnitz, Winfried Marotzki & Uwe Sandfuchs (Hrsg.): Klinkhardt Lexikon Erziehungswissenschaft (KLE), Band 1. Bad Heilbrunn: Klinkhardt, 155.
Satz: Dr.in Anika Strobach, Berlin.

Druck und Bindung: AZ Druck und Datentechnik, Kempten.
Printed in Germany 2018.
Gedruckt auf chlorfrei gebleichtem alterungsbeständigem Papier.

ISBN 978-3-7815-2235-0

Inhaltsverzeichnis

Teil 2 Unterricht und Unterrichtsentwicklung

Teil 3 Professionelle Kompetenzen von Lehrkräften

Anja Krüger, Falk Radisch, Ariane S. Willems,
Thomas Häcker und Maik Walm

Editorial

Der Diskurs über die Relevanz der Empirischen Bildungsforschung im Kontext von Schule, Unterricht und Lehrer*innenbildung hat in den vergangenen 50 Jahren an Intensität und Relevanz gewonnen. Die Tagungen der Arbeitsgruppe für Empirische Pädagogische Forschung (AEPF) im Jahr 2015 an der Universität Göttingen und im Jahr 2016 an der Universität Rostock haben wir zum Anlass genommen, dem empirical turn *der Bildungsforschung nachzugehen und aktuelle Diskussionen sowie Ergebnisse der empirisch-pädagogischen Forschung zu dokumentieren. Diesen Fragestellungen wird in 17 Beiträgen nachgegangen. Der Band ist in einen Allgemeinen Teil und drei Unterkapitel (Schulsystem und Schulentwicklung – Unterricht und Unterrichtsentwicklung – professionelle Kompetenzen von Lehrkräften) untergliedert.*

Allgemeiner Teil

Im *Allgemeinen Teil* werden von *Harm Kuper* im Anschluss an das Göttinger Festsymposium zum 50jährigen Jubiläum der AEPF Entwicklungslinien nachgezeichnet und entsprechende Entwicklungsperspektiven der AEPF beleuchtet. Er zeigt unter Bezug auf die bisherige – vor allem auch die jüngste – Entwicklung der AEPF beispielhaft auf, wo aus seiner Perspektive eine empirisch ausgerichtete erziehungswissenschaftliche Forschung im Rahmen der AEPF breit angelegte Profilierungs- und Ausgestaltungsmöglichkeiten bietet und auch wahrnehmen kann. In einem zweiten Beitrag diskutieren *Werner Helsper, Eckhard Klieme und Ewald Terhart* gemeinsam die Frage, ob sich die Empirische Bildungsforschung „ohne Ende weiterentwickelt" oder sich „bereits im Verfall befindet". Resümierend zeigen sie Perspektiven zur Entwicklung der empirischen Bildungsforschung auf. Der Beitrag ist die Verschriftlichung einer anregenden Diskussion, die ein Teil des Herausgeber*innenteams mit den Autoren des Beitrages im Sommer 2017 in Dortmund führen konnte.

Teil 1   Schulsystem und Schulentwicklung

Im Teil 1 *Schulsystem und Schulentwicklung* führen wir Beiträge zusammen, die Fragen auf der Schulebene nachgehen und somit insbesondere die Schule als Institution in den Blick nehmen.

- *Beate Wischer und Nora Katenbrink* untersuchen in ihrem Beitrag das Spannungsfeld zwischen (Schul-)Organisations-bezogener Ausrichtung der aktuellen Ansätze von Schulinspektion und stärker am individuellen Lehrer*innenhandeln ausgerichteter professionsbezogener Vorstellungsmuster der Lehrkräfte an Schulen, die durch die Schulinspektion besucht wurden. Die Autorinnen nehmen mit Hilfe rekonstruktiver Analysen vor allem die Konfliktlagen an Schulen in den Blick, die im Rahmen der Erstinspektion unterdurchschnittlich abgeschnitten haben. Die Ergebnisse werden abschließend aus verschiedenen theoretischen Blickwinkeln kritisch reflektiert und eingeordnet.
- Im Beitrag von *Julia Gerick* werden verschiedene Schulmerkmale im Kontext des Lehrens und Lernens mit neuen Technologien fokussiert. Auf Basis der Daten der *International Computer and Information Literacy Study* (ICILS 2013) werden mittels Latent-Class-Analysen für Deutschland charakteristische Schultypen identifiziert und ihr Zusammenhang zu den computer- und informationsbezogenen Kompetenzen von Achtklässler*innen untersucht. Die Ergebnisse werden anknüpfend an Praxisimplikationen und zukünftige Forschungsfragen diskutiert.
- *Stefanie van Ophuysen* untersucht in ihrem Beitrag den Einfluss von Zielsetzung und Expertise auf die Einschätzung der Relevanz verschiedener Kriterien der Schullaufbahnempfehlung am Ende der Grundschulzeit. In der dargestellten Studie wurden Grundschullehrkräfte und Lehramtsstudierende dazu aufgefordert, die Relevanz verschiedener Kriterien für die Erteilung einer Übergangsempfehlung zu bewerten. Die Ergebnisse zeigen dabei unter anderem, dass bei sozial gerechten Empfehlungen die Relevanzeinschätzungen differenzierter ausfallen als bei prognostisch validen. Die Befunde werden in Hinblick auf die Rationalität des professionellen Lehrer*innenhandelns diskutiert.
- Der Beitrag von *Jan Schröder, Jasmin Schwanenberg und Anna Jonberg* setzt sich mit der Frage nach der Entwicklung affektiv-motivationaler Variablen nach dem Grundschulübergang auseinander. Anhand einer längsschnittlichen Untersuchung wird aufgezeigt, dass ein Zusammenhang zwischen dem sozioökonomischen Hintergrund von Kindern und der Ausprägung sowie Entwicklung von Leistungsangst in der Sekundarstufe I besteht. Vor diesem Hintergrund formulieren die Autor*innen für die Schulforschung und Bildungspraxis anschlussfähige Implikationen.
- Die fachübergreifende Wirksamkeit von Sprachfördermaßnahmen für fachbezogenes Lernen wird mit Hilfe einer Interventionsstudie am Beispiel des Fachs Mathematik im Beitrag von *Maike Hagena, Solvig Rossack und Imogen Feld*

untersucht. Die Autorinnen begründen und entwickeln zwei unterschiedliche Interventionsstrategien (integriertes versus separiertes Sprach-/Fachlernen) und vergleichen die Wirksamkeit beider Ansätze in ihrem Artikel.

• *Katrin Neubauer und Doris Lewalter* vertreten in ihrem Beitrag die These, dass anwendungsorientierte und realitätsnahe schulische Museumsbesuche dazu beitragen, einem Interessenverlust von Schüler*innen an naturwissenschaftlichen Kenntnissen entgegenzuwirken. Die Autorinnen stellen als Voraussetzung eine gezielt instruktionale Unterstützung schulischer Museumsbesuche in den Mittelpunkt Ihrer Überlegungen und wählen einen empirischen Zugang zur Beantwortung der Frage, welcher Grad an Instruktion und Strukturierung notwendig ist. Nach der Darstellung zentraler Ergebnisse der Untersuchung unterschiedlich stark strukturierter schulische Museumsbesuche werden abschließend Implikationen für die museumspädagogische Praxis sowie Forschung diskutiert.

Teil 2 Unterricht und Unterrichtsentwicklung

Der Teil 2 *Unterricht und Unterrichtsentwicklung* ist dem zentralen Prozess in der Schule gewidmet – dem Unterricht. Unterricht wird hier aus unterschiedlichen Perspektiven heraus betrachtet und Unterrichtswicklung analysiert.

• *Victoria L. Barth, Felicitas Thiel und Diemut Ophardt* stellen in ihrem Beitrag Ergebnisse einer videobasierten Fallanalyse zur professionellen Wahrnehmung von Unterrichtsstörungen vor. Basierend auf einem deduktiv entwickelten Kategoriensystem lassen sich bedeutsame Unterschiede zwischen Bachelor- und Masterstudierenden nachweisen. Mit zunehmender Kompetenz scheint zum einen der Fokus weniger auf das (Stör-)Verhalten von Schüler*innen und stärker auf das Handeln der Lehrer*innen gerichtet, zum anderen werden von Masterstudierenden differenziertere Theoriebezüge hergestellt. Aus ihren Ergebnissen leiten die Autorinnen Handlungsimplikationen für die universitäre Lehrer*innenausbildung ab.

• *Ariane S. Willems* geht in ihrem Beitrag der Identifikation von Unterrichtsqualitätsprofilen im Mathematikunterricht der Sekundarstufe I nach und untersucht deren Zusammenhang zum situationalen Interesse von Schüler*innen. Basierend auf den Schüler*inneneinschätzungen zu den drei Basisdimensionen strukturierte Klassenführung, Schüler*innenorientierung und kognitives Aktivierungspotenzial werden mittels Mehrebenen-Latent-Profile-Analysen fünf typische Unterrichtsqualitätsprofile identifiziert, die ihrerseits systematisch mit dem Ausmaß des situationalen Interesses von Schüler*innen zusammenhängen.

• Vor dem Hintergrund, dass der Persönlichkeit der Lehrkraft eine zentrale Bedeutung für die Unterrichtsqualität zukommt, nehmen sich *Jessika Bertram, Sabine Gruehn und Sylvia Rahn* in ihrem Beitrag der bislang wenig erforschten Frage der Erfassung von Lehrer*innenpersönlichkeitsmerkmalen aus Schüler*innenperspektive an. Die Ergebnisse zeigen dabei, dass sich die Einschätzungen der Lehrer*innenpersönlichkeit aus Sicht von Schüler*innen sowie Lehrkräften deutlich unterscheiden. Als Konsequenz hieraus diskutieren die Autorinnen die perspektivenspezifische Validität bisheriger Befunde.

- Der Beitrag von *Kathrin Schulz-Heidorf* untersucht auf Grundlage der IGLU-E-2011-Daten das Potential individueller Förderung im Unterricht für die Entkoppelung von soziökonomischem Hintergrund und Schulerfolg. Entgegen bisheriger Annahmen zeigen ihre Analysen, dass die individuelle Förderung in negativem Zusammenhang mit schulischer Leistung stehen kann und der Herkunftseffekt von Klassenmerkmalen unbeeinflusst bleibt. In der Diskussion dieser erwartungswidrigen Befunde formuliert die Autorin alternative Möglichkeiten zur Untersuchung der Wirkung individueller Förderung.
- *Katharina Dreiling, Ruth Flierl und Ariane S. Willems* beschäftigen sich in ihrem Beitrag mit einem zentralen Merkmal der Unterrichtsqualität. Sie untersuchen im Rahmen einer Pilotierungsstudie die Wahrnehmung von Lehrkräfte-Feedback durch die Schüler*innen. Die Arbeit leistet einen wichtigen Beitrag zur Erfassung dieses Konstruktes, das in verschiedenen Modellen zur Unterrichtsqualität als zentrales Merkmal gekennzeichnet wird.

Teil 3 Professionelle Kompetenzen von Lehrkräften

Im Teil 3 *Professionelle Kompetenzen von Lehrkräften* folgen Aufsätze, die sich empirisch mit Fragen der Lehrer*innenbildung und Lehrer*innenprofessionalität beschäftigen.

- *David Rott* beleuchtet in seinem Beitrag – aus der Perspektive der Wirksamkeit von Praxisphasen in der ersten Phase der Lehrer*innenbildung – das Thema der Kompetenzentwicklung von Studierenden und untersucht mittels einer Collective Case Study die Entwicklung von studentischer Handlungskompetenz in der individuellen Begabungsförderung. Als Ergebnis seiner Analysen identifiziert er zentrale Muster, die die Kompetenzentwicklungen beschreiben und die der Autor anhand von Ankerbeispielen verdeutlicht.
- *Nicole Zaruba, Anna Gronostaj, Julia Kretschmann und Miriam Vock* führen in ihrem Beitrag aus, dass Überzeugungen von Lehrkräften zum Lehren und Lernen als Teil der professionellen Kompetenz von Lehrkräften auch in der ersten Phase der Lehrer*innenbildung von Bedeutung sind. Der Fragestellung folgend, wie sich Überzeugungen von Lehrkräften durch das Praxissemester verändern, untersuchen die Autorinnen die Rolle von Reflexion in begleitenden Seminaren und im Mentoring bei der Entwicklung der Überzeugungen. Mittels Clusteranalyse werden drei unterschiedliche Verlaufstypen herausgearbeitet. Der Beitrag schließt mit einer Diskussion der Ergebnisse.
- Im Beitrag von *Petra Richey, Samuel Merk, Marc Kleinknecht und Thorsten Bohl* werden die Ergebnisse einer Studie dargestellt, in der eine Onlinefortbildung zur Erweiterung des fachdidaktischen Professionswissens mit eigenen und frem-

den Unterrichtsvideos entwickelt und durchgeführt wurde. Die Autor*innen stellen methodologische Überlegungen zur Wirksamkeit von Lehrer*innenfortbildungen dar und zeigen Herausforderungen eines videobasierten Zugangs auf.

• Mit dem Thema Feedback beschäftigt sich auch der letzte Beitrag des Bandes von *Miriam Hess, Katharina Werker und Frank Lipowsky*. Dabei wird im Artikel Feedbackgeben als professionelle Handlungskompetenz von angehenden Lehrkräften verortet. Der Beitrag stellt das Design einer Studie sowie die Instrumente zur Erfassung der Wirksamkeit der geschaffenen Lernanlässe vor. Erste Ergebnisse werden abschließend vorgestellt und diskutiert.

Danksagung

An dieser Stelle möchten wir uns sehr herzlich bei allen Autor*innen für ihre Beiträge und die Mitgestaltung dieses Sammelbandes bedanken. Ohne die ideelle und finanzielle Unterstützung des landesweiten Zentrums für Lehrerbildung und Bildungsforschung in Mecklenburg-Vorpommern wäre die Herausgabe des Sammelbandes nicht möglich gewesen.

Ein herzlicher Dank gilt ebenfalls Pamina Becker, Michelle Redlich und Rommy Zindler, die bei den Arbeiten die Herausgeber*innen tatkräftig unterstützt haben. Für das akribische Lektorat und die verbindliche Zusammenarbeit danken wir Frau Dr.in Anika Strobach. Schließlich bedanken wir uns bei Andreas Klinkhardt und Thomas Tilsner vom Verlag Julius Klinkhardt für ihre hilfreichen Anregungen, unterstützenden Hinweise und die wohlwollende Realisierung dieses Publikationsprojektes.

Das Herausgeber*innen-Team wünscht Ihnen, liebe Leser*innen, eine anregende Lektüre.

Anja Krüger, Falk Radisch, Ariane S. Willems, Thomas Häcker, Maik Walm
Rostock und Göttingen, im Januar 2018

Allgemeiner Teil

Harm Kuper

Einige Gedanken zum 50-jährigen Jubiläum der Arbeitsgruppe für Empirische Pädagogische Forschung

Die in diesem Band abgedruckten Texte dokumentieren ausgewählte Teile der 80. und der 81. Tagung der Arbeitsgruppe für Empirische Pädagogische Forschung (AEPF). Die 80. Tagung fiel auf den 50. Jahrestag der AEPF und fand an der Universität Göttingen statt, dem Ort des ersten offiziellen Arbeitstreffens der Gruppe. Neben dem Tagungsprogramm feierte die AEPF dort am 21. September 2015 ihr Jubiläum mit einem Festsymposium, auf dem Rück-, Um- und Aussicht auf die empirische Forschung in der Erziehungswissenschaft genommen wurde. In diesen Begleitworten zum Tagungsband sollen Anregungen aus dem Symposium aufgenommen werden, neben einer Vergewisserung der Herkunft auch eine Diskussion über die zukünftige Arbeit und das Selbstverständnis der AEPF zu führen.

Kontinuitäten in der Erziehungswissenschaft darzustellen, fällt bei der Divergenz der Ansätze, Methoden und Gegenstandsbestimmungen nicht leicht. Auch für eine empirische Erziehungswissenschaft gibt es keine Monopolstellung, die die AEPF für sich beanspruchen könnte. Vielmehr bricht sich auch hier jeder Alleinvertretungsanspruch an der Methodenpluralität, an den Divergenzen grundlagentheoretischer Auffassungen erziehungswissenschaftlicher Forschung und an der in den Bezugsdisziplinen variierenden Fassung gegenstandstheoretischer Erörterungen. Brennpunkte einer erziehungswissenschaftlichen Forschung im Sinne der AEPF – das machten die Festrednerin Prof. Felicitas Thiel und der Festredner Prof. Andreas Krapp deutlich – waren die sogenannten „empirischen Wenden" des Faches. In ihnen kulminieren pädagogische, meist schulbezogene Reformen, Fortschritte in der Professionalisierung des Lehrkräfteberufs und die Ausformulierung eines anwendungsbezogenen Forschungsprogramms zur Gewinnung wissenschaftlich fundierten Professionswissens. Die erste so charakterisierbare Phase lag zu Beginn des 20. Jahrhunderts und damit von der Gründung der AEPF nicht nur zeitlich, sondern auch durch die historischen Zeitläufte so weit getrennt, dass keine direkten Verbindungslinien zur Erziehungswissenschaft der Nachkriegszeit gezogen werden können. Die Grundkonstellation einer experimentellen Pädagogik (Meumann) und Didaktik (Lay) bietet der AEPF allerdings zu Recht eine paradigmatische Referenz – sowohl für die Ausarbeitung ihres wissenschaftlichen Profils als auch für die Positionierung in den Kontroversen um das pädagogische Theorie-Praxis-Verhältnis. Erst eine „zweite Gründungsphase der empirischen Bildungsforschung" (Krapp) in den 1960er Jahren mündete in eine nachhaltigere Entwicklung, zu der die AEPF durch ihre Katalysatorfunktion beitrug. Krapp schilderte lebhaft die Entwicklung der AEPF von einer „wissenschaftlichen Selbsthilfegruppe", deren Mitglieder sich zunächst wechselseitig bezüglich ihrer empirischen Forschungsprojekte berieten und dabei Anschluss an die international bereits etablierte empirische Bildungsforschung fanden, zu einer „Wissenschaftlergemeinde", aus der in den 70er und 80er Jahren oft Leitungsstellen in neu gegründeten Instituten der empirischen Bildungsforschung besetzt wurden. Auch die Expansion der empirischen Erziehungswissenschaft an den Universitäten – und damit ihr Einfluss auf die Akademisierung der Lehrkräftebildung – erfolgte unter Mitwirkung vieler AEPF-Mitglieder. Für die später – seit den 1990er Jahren – erfolgende Beteiligung Deutschlands an den internationalen large-scale-assessments als auch für den anschließenden Ausbau der empirischen Bildungsforschung bildete der in der AEPF mitgestaltete wissenschaftliche Entwicklungsstand eine erhebliche Ressource. Krapp verwies dabei insbesondere auf erfolgreiche Initiativen für Schwerpunktprogramme bei der Deutschen Forschungsgemeinschaft, die von AEPF-Mitgliedern verantwortet wurden.

Dass die drei programmatischen Eckpfeiler – Reform, Professionalisierung, anwendungsbezogenes Forschungsprogramm – nicht nur die Koordinaten einer erfolgreichen Institutionalisierung empirischer Bildungsforschung definieren, sondern auch Konfliktlinien für Kontroversen in der Erziehungswissenschaft vorgeben, verdeutlichte Prof. Thiel in ihrem Vortrag. Sie zog Parallelen zwischen einer Auseinandersetzung bezüglich der Lehrkräftebildung, die Vertreter*innen der experimentellen Pädagogik in den 1920er Jahren mit Vertreter*innen einer geisteswissenschaftlichen Pädagogik führten, und aktuellen Kontroversen der strukturtheoretisch-rekonstruktiven Erziehungswissenschaft mit der empirischen Erziehungswissenschaft. Dass die Kontrahent*innen dieser Debatten der Erziehungswissenschaft zugehören, ist für das institutionelle Selbstverständnis der AEPF von höchstem Belang. Seit 1969 – also seit dem vierten Jahr ihres Bestehens – ist die AEPF Kommission innerhalb der Deutschen Gesellschaft für Erziehungswissenschaft (DGFE) und damit selbstverständlich Gegenstand disziplininterner Positionierungen, Abgrenzungen und Verbindungen in der Erziehungswissenschaft. Dabei war aus Perspektive der AEPF von erheblicher Bedeutung, dass viele ihrer Mitglieder disziplinär nicht mit der Erziehungswissenschaft, sondern mit der (pädagogischen) Psychologie verbunden waren. Für deren Forschung waren die erziehungswissenschaftsinternen Diskussionen nicht maßgeblich; die Stabilität ihrer Bindung an die AEPF verdankte sich insbesondere dem interdisziplinären Zuschnitt der Arbeitsgruppe und dem Interesse an der Etablierung hoher methodischer Standards für die empirische Forschung. Aus Sicht der Erziehungswissenschaft wiederum bot gerade diese Fokussierung auf methodische Aspekte Angriffsfläche, da die Entwicklung eines kritischen Methodenbewusstsein nicht im Mittelpunkt ihrer disziplinären Identität steht und in dem Rekurs auf Forschungsmethoden vielfach keine hinreichende Grundlage für die Bearbeitung ihrer konstitutiven Fragen – beispielsweise der nach dem Theorie-Praxis-Verhältnis – gesehen wird. Es ist daher kaum verwunderlich, wenn das Verhältnis zwischen der Erziehungswissenschaft und der in der AEPF vertretenen empirischen Erziehungswissenschaft auf einer Podiumsdiskussion im Rahmen des Festsymposiums als „nicht immer konfliktfrei" beschrieben wurde. Drei Jahre vor ihrem 50sten Jubiläum erfuhr die Diskussion um das Selbstverständnis und den disziplinären Bezug der AEPF erneute Dynamik durch die Gründung einer Gesellschaft für empirische Bildungsforschung (GEBF), die eine gemeinsame Vertretung und Diskussionsplattform aller an der Bildungsforschung beteiligten Disziplinen – der Erziehungswissenschaft, der Psychologie, der Soziologie, der Ökonomie und der Fachdidaktiken – bietet. Wer in der Zeit nach der GEBF-Gründung mochte, konnte die nun entstandene Konstellation pessimistisch deuten: Das frühe Bekenntnis zur DGFE bezahlt die AEPF in reifen Jahren damit, dass ihr Gründungsgedanke der Interdisziplinarität in der GEBF zur Blüte gebracht wird, während ihr selbst neben Sinnfragen nur die „nicht immer konfliktfreie" Beziehung zur selbstgewählten Bezugsdisziplin bleibt. Aber die sich bereits bald einstellenden Erfahrungen geben der AEPF keinen Anlass zum Pessimismus. Die AEPF kann ihre Ressourcen bündeln und ihr erfolgreiches Tagungsgeschäft – wenn nun auch jährlich statt halbjährlich – fortsetzen. Die AEPF gewinnt neue Mitglieder und bleibt zentraler Ort der Vorstellung und Diskussion von Projekten empirischer Bildungsforschung im deutschsprachigen Raum – gerade auch für Nachwuchswissenschaftler*innen. Die AEPF kann ihre Verbindungen in die DGFE ebenso wie die zu anderen Disziplinen, in denen Bildungsforschung betrieben wird, gestalten. Die Kooperation mit der Schwesterkommission KBBB sei als Beispiel für das eine, die konstante Attraktion interdisziplinärer Beiträge auf den AEPF-Tagungen für das andere als Beispiel genannt. Interessant wird die Perspektive auf und für die AEPF, wenn man nicht nur ihre Beziehungen zur DGFE und GEBF betrachtet, sondern auch die Relation dieser beiden größeren Gesellschaften zueinander. Im Formalen – beispielsweise bei der Nominierung von Kandidat*innen für die Wahl des Fachkollegiums in der DFG – gelingt Kooperation. Programmatisch aber gibt es deutlich Differenzen: Die interdisziplinäre GEBF konzentriert die Kompetenzen in der empirischen Bildungsforschung und positioniert sich aufgeschlossen gegenüber dem Konzept evidenzbasierter Entscheidungen im Bildungssystem; eine Profilierung als Bezugsdisziplin für pädagogische Professionen strebt die GEBF jedoch nicht an. Hier positioniert sich weiterhin die DGFE, in deren Themenspektrum *Professionalität* eine herausgehobene Bedeutung hat, ohne jedoch eine interdisziplinär angereicherte Empirie für diesen Zweck zu bündeln. Hier wird das Feld erkennbar, für deren Bearbeitung der AEPF optimistische Entwicklungsprognosen gegeben werden können. Die AEPF kann dabei an ihr bislang erfolgreich verfolgtes Programm anknüpfen, das nach meinem Verständnis seinen Kern darin hat, Bildung als Hypothese zu behandeln. Plakativ gesprochen geht es dabei nicht um die Frage, was Bildung ist, sondern wie Bildung gelingen kann. Dabei wird auf ein holistisches Verständnis von Bildung verzichtet, um im Zuge eines analytischen Zugangs den Fokus auf operationalisierbare Bedingungen, Interventionen und Ergebnisse von Bildungsprozessen zu legen. Die Ausgestaltung eines solchen Programms erfordert fortlaufende Auseinandersetzungen – nicht nur um forschungsmethodische Standards – die in der AEPF nach meiner Einschätzung gestärkt werden können. Reizvoll wäre etwa eine deutlichere Verzahnung hypothesen- und theoriegenerierender Forschung, die sich auf klinische Beobachtungen pädagogischer Praktiken stützt, mit hypothesenprüfender Forschung, die Verallgemeinerbarkeit von empirischen Befunden sichert. Reizvoll wäre eine Diskussion um die Aufarbeitung von Befunden, die mit unterschiedlichen (experimentellen) Methoden gewonnen wurden, für die Anwendung. Reizvoll wäre eine Diskussion um die Beurteilung der Stärke von Effekten, die Interventionen und Kontextvariablen auf Kriterien des Bildungserfolgs haben. Diese sicherlich unvollständige Aufzählung soll hier nur grobe Anregungen bieten. Entscheidendes Fundament für den Ausbau als Bezugsdisziplin pädagogischer Disziplinen bleibt aber die Fokussierung auf methodisch abgesicherte und durch den Bezug auf Methoden kritisierbare Forschung, der Verzicht auf moralische Beurteilungen sowie Sensibilität für die Differenz zwischen pädagogischer Praxis und erziehungswissenschaftlicher Forschung. Die hier gemeinsam dokumentierten Beiträge der beiden AEPF-Tagungen, die das 50-jährige Jubiläum rahmen, zeigen das breite Forschungspotential, das die AEPF im skizzierten Sinne bündelt.

Werner Helsper, Eckhard Klieme und Ewald Terhart

Perspektiven zur Entwicklung der empirischen Bildungsforschung

Der Beitrag ist die Verschriftlichung einer anregenden Diskussion, die ein Teil des Herausgeber*innenteams mit den Autoren des Beitrages im Sommer 2017 in Dortmund führen konnte. Werner Helsper, Eckhard Klieme und Ewald Terhart diskutieren gemeinsam die Frage, ob sich die Empirische Bildungsforschung „ohne Ende weiterentwickelt" oder sich „bereits im Verfall befindet" und zeigen resümierend Perspektiven zur Entwicklung der empirischen Bildungsforschung auf.

Die jeweiligen Redebeiträge sind durch die Initialen der Beitragenden wie folgt gekennzeichnet: Falk Radisch (FR), Werner Helsper (WH), Eckhard Klieme (EK) und Ewald Terhart (ET).

FR: Das Eröffnungsstatement lautet in Anlehnung an Gruschka: „Empirische Bildungsforschung – Weiterentwicklung ohne Ende oder bereits Verfall?". Damit eröffne ich die Runde und bin gespannt auf Ihre Sichtweisen.

WH: Ich kann gerne anfangen. Ich beginne mit einem kurzen Rückbezug auf Andreas Gruschka. Ich denke, dass sein Beitrag durchaus relevant ist und Bedeutsames trifft. Gerade mit Bezug auf die Frage der Dominanz oder auch der „Vormachtstellung", die Large-Scale-Studien im Anschluss an PISA im Rahmen der Öffentlichkeit aber auch innerhalb der Bildungs- und Erziehungswissenschaft gewonnen haben, teile ich seine Position. Ich würde aber weniger von „der" empirischen Bildungsforschung oder von „der neuen" empirischen Bildungsforschung generell sprechen und daran erinnern wollen, dass wir verschiedene Epochen von Bildungsforschung verschiedener Couleur hinter uns haben. Ich würde auch stärker zwischen verschiedenen Vertreter*innen der Bildungsforschung im Anschluss an PISA differenzieren und diese Variante einer empirischen Bildungsforschung viel weniger als einen monolithischen Block wahrnehmen. So finde ich zum Beispiel die erste PISA-Studie nach wie vor hochinteressant. In ihr wurde noch reflektiert, was man von ihr erwarten kann und was nicht. Das gilt insbesondere auch für die Auseinandersetzung damit, dass man auf dieser Datengrundlage gerade keine Kausalitäten konstruieren kann, ganz abgesehen davon, ob überhaupt Kausalaussagen möglich sind. Dieser auf die Grenzen und Möglichkeiten der Studie bezogene Reflexionshorizont scheint mir in den darauffolgenden PISA-Studien eher ein Stück ausgeblendet zu werden, vielleicht auch, weil ja bereits darauf verwiesen wurde. Und in öffentlichen Stellungnahmen einiger Vertreter dieser Forschungsrichtung schlägt doch ein gewisser Alleinvertretungsanspruch durch, verbunden mit dem Versprechen, durch diese Art empirischer Bildungsforschung ein sicheres Steuerungswissen für das Bildungssystem bereitstellen zu können. Wo ich tatsächlich ein deutliches Problem sehe – und hier treffen sich durchaus wieder Gruschkas und meine Einschätzung –, ist die nur geringe gegenseitige Wahrnehmung. Für die neue empirische Bildungsforschung könnte man fast von einer Ausblendung anderer Ansätze erziehungswissenschaftlicher Bildungsforschung sprechen. Hier würde ich viele ungenutzte Möglichkeiten für gegenseitige Verständigung, auch gegenseitig informierte differenzierte Kritik, aber auch Kooperationsmöglichkeiten sehen. Beispielsweise in einem differenzierten Forschungsprogramm, in dem sowohl Large-Scale-Studies ihre Relevanz und Bedeutung haben, in dem aber auch qualitative und andere erziehungswissenschaftliche Zugänge ihre Bedeutung besitzen. Wenn man sich das Sonderheft der ZfE von 2014 „Von der Forschung zur evidenzbasierten Entscheidung" anschaut, in dem es gerade um die Frage der Relevanz der empirischen Bildungsforschung und ihrer Studien für Bildungspolitik geht, finden wir dort wieder eine relativ starke Engführung, die ich für problematisch halte. Wenn im Beitrag von Bromme, Prenzel und Jäger dort Fallstudien auftauchen, dann tauchen sie in Bezug auf die Forschungspyramide, die dort diskutiert wird und die ja aus der Medizin stammt, ganz unten auf, also mit einem geringen Stellenwert. Immerhin wird eingeräumt, dass auch Fallstudien bahnbrechende Erkenntnisse erbringen können. An dieser Stelle müsste für unterschiedliche Zugänge der empirischen Bildungsforschung intensiver darüber nachgedacht werden, wie sie zu relationieren und wie sie in ein stimmiges Verhältnis zueinander zu setzen sind. Vielleicht an einem kleinen Beispiel aus der letzten PISA-Studie illustriert. Hier findet sich das Ergebnis, dass sich die deutschen Schüler*innen im internationalen Vergleich relativ stark mit ihren Schulen identifizieren – schulformspezifisch an Gymnasien stärker als an den anderen Schulformen. Wenn man zum Beispiel damit qualitative Studien zur Differenz zwischen Gymnasien in Beziehung setzt, dann könnte man sehr deutlich zeigen, dass die Identifikation mit der eigenen Schule besonders ausgeprägt und besonders deutlich von Schüler*innen exklusiver Gymnasien kommt, also von Gymnasien, die besonders profiliert sind und ihre Schüler*innen auswählen können. Und in denjenigen Gymnasien, die im inoffiziellen städtischen Ranking eher am Ende stehen, findet eine Identifikation mit und Distinktion über die eigene Schule nicht statt. Also die Möglichkeit der positiven Identifikation, durchaus im Sinne des Basking-In-Reflected-Glory-Effects, den finden wir in den exklusiven Gymnasien und das wäre zum Beispiel eine wunderbare Möglichkeit, die PISA-Studie mit qualitativen Studien zu verbinden und daraus einen weitreichenden Erkenntnisgewinn zu ziehen. In diesem Sinne würde ich Potentiale und Möglichkeiten für produktive und erhellende gegenseitige Verbindungen im Sinne eines differenzierten Forschungsprogramms sehen.

Abb. 1: Werner Helsper (© Anja Krüger)

EK: Ich hab mich mit Andreas Gruschka schon an anderer Stelle ausführlicher auseinandergesetzt, zum Beispiel einmal in einem Streitgespräch, das die Hauszeitschrift der Frankfurter Uni veröffentlicht hat. Wir sind durchaus zu Übereinstimmungen gekommen etwa zu Fragestellungen, die für die Unterrichtsforschung fruchtbar sind unabhängig von methodischen Zugängen. Aber dazwischen gab es immer wieder Angriffe an die Adresse der „messenden" Bildungsforschung, vor allem die Unterstellung, die Bildungsforschung sei unmittelbar verantwortlich für problematische Entwicklungen in der Bildungsadministration. Eines der Probleme des Diskurses, den wir innerhalb der Erziehungswissenschaft/Bildungsforschung führen, aber auch mit der Öffentlichkeit, Politik und Praxis, besteht darin, dass die Systeme ständig durcheinander geraten. Einer empirischen Bildungsforschung, so wie sie seit etwa 15 Jahren auftritt, wird entgegengehalten, dass Politik und Praxis nicht richtig funktionieren oder falsch angeleitet werden. Um das auseinanderzuhalten, habe ich unser Thema für mich zu drei Fragen verdichtet, von denen ich denke, Gruschka reißt sie zu recht an, aber sie müssen unabhängig voneinander vertieft werden Die erste ist die disziplinpolitische Frage, die zweite ist die wissenschaftssystematische Frage – was heißt eigentlich wissenschaftliche Pädagogik? – und die dritte Frage lautet: Wie ist das Verhältnis von Wissenschaft, insbesondere wissenschaftlicher Pädagogik, und Praxis?

Ich möchte anfangen mit dem Punkt, den Sie ja indirekt auch aufgenommen haben – nämlich der Disziplindynamik. Ich persönlich finde das Schisma, das sich aufgetan hat zwischen Bildungsforschung und Erziehungswissenschaft, sehr unglücklich. Mir wäre es beispielsweise lieber gewesen, die Gesellschaft für empirische Bildungsforschung (GEBF) wäre als Dachverband von wissenschaftlichen Organisationen gegründet worden, die sich mit Bildung beschäftigen, also als Dachverband für die Deutsche Gesellschaft für Psychologie, die Soziologie, die Erziehungswissenschaft und andere wissenschaftliche Gesellschaften, als Dachverband für die wissenschaftliche Erforschung des Gegenstandes Bildung. Dadurch, dass die GEBF als Gesellschaft mit individueller Mitgliedschaft gegründet wurde, ist ein gewisser Zwang entstanden, sich dem einen oder anderen Lager zuzuordnen. Andererseits denke ich, wenn ich mal ein bisschen weiter zurücktrete, es ist einfach „normal science", was da stattfindet. In den 45 Jahren, seit ich angefangen habe zu studieren, habe ich diverse Teildisziplinen der Wissenschaften, mit denen ich mich beschäftigt habe, entstehen und auch wieder zerfallen sehen. Als ich angefangen habe, wollte ich Kybernetik studieren. Das war damals „die" Großtheorie. Die ist in sich zusammengefallen. Als ich in die Psychologie gekommen bin, habe ich mich mit Problemlöseforschung beschäftigt und musste irgendwann feststellen, dass es die international gar nicht mehr gab, weil sie durch Wissenspsychologie und Cognitive Science abgelöst wurde. Ein paar Jahre später fiel dann die Curriculumforschung in sich zusammen. Das hat Gruschka übrigens ganz gut beschrieben in seinem Text. Es gibt also eine Dynamik von Disziplinen, Teildisziplinen, von großen und kleinen Paradigmen, die einfach zum Entwicklungscharakter von Wissenschaft dazugehört, mit der wir leben müssen und mit der wir leben können. Solange man als Wissenschaftler*in relevante Beiträge für die wissenschaftliche Forschung zu unserem Gegenstandsbereich liefert, die auch in die Praxis hinein dialogfähig sind, sehe ich kein Problem. Ich stelle fest, dass Wissenschaftler*innen, die sich mit Bildungsprozessen befassen, ihre Karriere machen können, und ob sie sich dann hinterher Bildungsforscher*in oder Erziehungswissenschaftler*in nennen, ist fast schon egal. Anstatt die Über- oder Unterordnung und Abgrenzung der Disziplinen zu diskutieren, zählt für mich persönlich und für viele Kolleg*innen, mit denen ich arbeite, die Relevanz der einzelnen Beiträge. Für eine Institution könnte das schon anders sein. Für ein Institut wie zum Beispiel das DIPF ist es fast schon überlebensnotwendig geworden, in diesem schwierigen Umfeld einen guten Weg zu finden, auf dem man sozusagen beide Felder bedient.

Abb. 2: Eckhard Klieme (© Anja Krüger)

Aber die zweite Frage ist eigentlich interessanter: Was ist wissenschaftliche Pädagogik? Gruschka macht durchaus einen wichtigen Punkt, wenn er „die pädagogische Denkform" anmahnt und kritisiert, dass die empirische Bildungsforschung zu sehr mit psychologischen Denkformen arbeitet. Ich meine zum Beispiel, dass das Angebots-Nutzungs-Modell, so wie es gegenwärtig in der Bildungsforschung verwendet wird, tatsächlich sehr psychologisch ist, letztlich fokussiert auf den individuellen Lernprozess. Das war bei Helmut Fend, der das Konzept Anfang der 1980er Jahre entwickelt hatte, keineswegs so angelegt. Fend zielte im Kern auf ein ko-konstruktivistisches

Verständnis von Lehren und Lernen. Oder betrachten wir das Konzept der professionellen Kompetenz, das in der derzeitigen Bildungsforschung stark psychologisch ausgeprägt ist. Es geht da ausschließlich um individuelle Wissensbestände, Einstellungen und Dispositionen und kaum darum, was Lehrkräfte in der schulischen Praxis in Interaktion mit Kolleg*innen und Schüler*innen tun. Man spricht von Handlungskompetenz, fasst diese aber als ein psychologisches Dispositionskonstrukt. Auf der anderen Seite nimmt die neue, interdisziplinäre Forschung Aspekte hinein, die in erziehungswissenschaftlichen Diskursen in den Hintergrund getreten sind. Beispielsweise gehört meines Erachtens zur pädagogischen Denkform dazu, dass man sich mit Zielen auseinandersetzt, mit erzieherischen und fachlich-kognitiven Zielen und mit der Zielerreichung, also mit Wirkungen, weil pädagogisches Handeln immer auf Wirkungen abzielt. All dieses ist gerade durch die quantitativ-empirische Bildungsforschung, auch ihre psychologischen Konstrukte und Methoden, in den letzten 15 Jahren stärker in den Blick gekommen, während heute ein Großteil der qualitativ-empirischen Unterrichtsforschung, mit Verlaub, den Blick auf die Wirkungen verloren hat und sich auf die Rekonstruktion von Interaktionssequenzen fokussiert. Paradoxerweise sind in diesem Sinne also zumindest zum Teil pädagogische Denkformen auf dem Umweg über die psychologische Methode oder Modellierung wieder Gegenstand der pädagogischen Diskussion geworden. Wendet man sich der Vermittlung zwischen Praxis und Forschung zu, denke ich, muss man viel breiter denken. Gruschka und andere suggerieren das Idealbild einer sozusagen barrierefreien Kopplung. Ich denke was fehlt, ist die Einsicht, dass die Vermittlung zur Praxis, ob man das jetzt Transfer nennt oder Dialog oder Professionskultur, ein eigenes Arbeitsgebiet ist. Das wurde sträflich vernachlässigt, und zwar nicht erst in den letzten 15 Jahren. Ich würde sogar dafür plädieren, dies als ein Arbeitsfeld zu verstehen, das andere Methoden, andere Inhalte, andere Kompetenzen erfordert als wissenschaftliche Forschung. Ich halte daran fest, dass wissenschaftliche Forschung nicht identisch ist mit Praxis und auch nicht mit Praxistransfer. Da sind wir uns wahrscheinlich alle einig.

ET: Praxistransfer – das ist eine eigene Praxis.

EK: Genau, aber auf die Fragen, wie diese Vermittlung zur Praxis passiert, wo sie passiert, durch wen, da haben wir in Deutschland, vielleicht auch darüber hinaus, zu wenig nach neuen Antworten gesucht.

ET: Ich habe nicht so neu angesetzt wie die beiden Kollegen. Sie haben ja sozusagen schon die Systematik ganz aufgemacht. Ich habe mich mehr mit dem Thema beschäftigt, das Sie angeregt haben: Empirische Bildungsforschung – Weiterentwicklung ohne Ende oder bereits Verfall? Natürlich ist jede Antwort spekulativ. In dieser Formulierung wird angedeutet, als wäre das eine Alternative. Nun muss man sehen, dass Weiterentwicklung einmal kontinuierliche Verbesserung bedeuten kann oder einfach Existenz. Und im zweiten Fall würde ich sagen, die empirische Bildungsforschung wird nicht wieder verschwinden. Sie wird weiter existieren und im Laufe der nächsten Jahrzehnte schwankende Wachstumsbedingungen haben. Die aber hatte sie in der Vergangenheit auch und insofern kann von einem Ende der empirischen Bildungsforschung überhaupt nicht die Rede sein. Es wird sie in 15 und in 30 Jahren auch noch geben. Welche Qualität sie dann hat, wenn man es inhaltlich betrachtet, ob das eine positive Entwicklung war, das ist noch eine andere Frage und das wird wie in allen Wissenschaftsdisziplinen schwankend sein. Es kann sein, dass es in bestimmten Forschungsbereichen gute Entwicklungen geben wird und es kann sein, dass bestimmte Bereiche der empirischen Bildungsforschung dann absterben. Beispiele aus der Vergangenheit für absterbende Bereiche sind ja schon genannt worden, etwa Curriculumforschung. Insofern ist diese Formulierung „Weiterentwicklung ohne Ende" mit einem differenzierten „ja" zu beantworten. Es wird eine Weiterentwicklung geben im Sinne von Existenz. Ob das ein Verfall ist oder nicht oder welche Qualität dabei zustande kommt, das wirft eine neue und spannende Frage auf: Welche Qualitätskriterien hat man, um Verfall oder Prosperität inhaltlich beschreiben und beurteilen zu können? Im Wissenschaftsbetrieb sind eben bei verschiedenen Paradigmen die Kriterien für Prosperität und Verfall auch wiederum paradigmenspezifisch und kreisen innerhalb der jeweiligen Diskussions-Communities. Ich habe insgesamt die Idee, dass man Wissenschaftsentwicklung sowohl in der Vergangenheit als auch gegenwärtig und zukünftig eher beschreibend betrachten muss. Das muss man in der Entwicklung einfach beobachten. Alle Disziplinen vollziehen ihre Entwicklung in filigranen Prozessen mit unterschiedlichen Verläufen. Sie haben das ja schon gesagt, und wenn man es machttheoretisch interpretieren will und plötzlich eine bestimmte Schule, ein bestimmtes Paradigma sehr viel Macht hat – und das war und ist der Fall –, da kann man nur sagen: gegenhalten! Gegenmacht bilden! Wissenschaftliche Entwicklung auch machttheoretisch zu betrachten ist nicht abwegig oder unpassend. So ist die Welt nun mal strukturiert und da muss man gewissermaßen gegenhalten mit sehr guten Argumenten und sich auch günstige Argumentationsbedingungen schaffen. Das zu dieser Idee von Aufstieg und Fall, und wie man dies jeweils bewerten soll?

Noch ein paar Worte zu den inhaltlichen Kriterien. Im Bereich von Lehrer*innenforschung kenne ich mich aus. Es gibt diese vielen Untersuchungen zu der Frage: Wie stark ist der Faktor Lehrperson bei der Erzeugung von Lernleistungen oder genauer gesagt Lernzuwächsen bei den Schüler*innen? Das ist also auf der einen Seite so ausführlich erforscht und auf der anderen

Seite wird es in der Öffentlichkeit und auch in den Lehrer*innenverbänden und so weiter immer noch unter dieser verfälschten Leitthese „Auf die Lehrperson kommt es an!" diskutiert. Im Erleben der Schüler*innen ist der Lehrer, die Lehrerin natürlich wichtig, aber insgesamt gesehen im Verbund und Kontext der vielen Faktoren, die Lernerfolg bedingen, ist die Lehrperson gar nicht einmal der alles determinierende Faktor. Sie ist vielleicht sogar ein schwacher Faktor. Aber immerhin – sie ist ein Faktor, den man verändern kann. Viele andere Faktoren sind mehr oder weniger unveränderlich, zumindest aus Sicht der Bildungsadministration und der Bildungspolitik. Deshalb konzentriert sich dann eben alles auf dieses „arme Lehrerlein", von dem dann alles abhängen muss. Ein bisschen aber ist das eine Irreführung. Außerdem basiert die Forschung fast ausschließlich auf Kontexten, die nicht mit Deutschland vergleichbar sind. Viele Studien stammen aus anderen Ländern, vor allen Dingen aus den USA. Der Lehrer*innenberuf und das Lehrer*innenhandeln und die ganze Lehrer*innenprofession ist in den USA in ganz anderer Weise in das Berufssystem eingeordnet als etwa in Deutschland. Das kann man ohne weiteres nicht übertragen. Das ist ein Beispiel dafür, wie öffentliche Bewertung und die tatsächliche wissenschaftliche Lage, wenn man den Hintergrund betrachtet, weit auseinanderklaffen.

Einen Satz möchte ich noch sagen zu der Disziplinen-Problematik. Empirische Bildungsforschung ist ein interdisziplinäres Forschungsfeld und wir wissen, dass verschiedene Disziplinen dort arbeiten. Die Erziehungswissenschaft ist wohl insgesamt die größte Disziplin in der empirischen Bildungsforschung, glaube ich. Sie ist auch mit ihren größten Teilen in diesem interdisziplinären Forschungsfeld vertreten. Die Ökonomie beteiligt sich auch in diesem Forschungsfeld, aber nur mit einem ganz kleinen Teil ihrer Selbst. Die empirische Bildungsforschung als interdisziplinäres Forschungsfeld entwickelt sich in diesem Geflecht von ganz unterschiedlichen Expertenkulturen. Mal sind die einen ausschlaggebend, mal sind es die anderen. Davon analytisch getrennt ist die Disziplin Erziehungswissenschaft. Diese muss letztlich dafür sorgen, dass ihre eigenen Forschungsthemen und Forschungsmethoden und auch ihre spezifische Perspektive und ihre institutionelle Absicherung stabil bleiben und prosperieren. Das tut sie auch, indem sie in dem interdisziplinären Forschungsfeld Bildungsforschung entsprechend ihren eigenen Fragestellungen und Imperativen mitarbeitet. Aber die Disziplin Erziehungswissenschaft hat eben auch hohe und im Vergleich mit anderen Disziplinen eben auch stark ausdifferenzierte Ausbildungsverpflichtungen, und zwar im Bereich der Lehrer*innenbildung und im Bereich der eigenen Hauptfachstudiengänge. Das muss man auch immer mitbedenken. Ein Element fällt mir da auf. Ich beobachte, dass die Disziplin Erziehungswissenschaft, gerade was die allgemeine Intensivierung und Beschäftigung mit dem Bereich Schule und Unterricht angeht, fast schon in der Defensive ist, prägnanter: sich irgendwie freiwillig-erleichtert in die Defensive begibt! Auch die Deutsche Gesellschaft für Erziehungswissenschaft scheint eigentlich nicht dafür zu arbeiten, die Bereiche Schulpädagogik und erziehungswissenschaftliche Unterrichtsforschung – ich will das mal so nennen – stark zu machen. Das betrifft das ganze erziehungswissenschaftlich zu deutende Feld von Lehren, Lernen und Leisten in der Schule. Ich habe manchmal den Eindruck, dass in der Erziehungswissenschaft – überspitzt gesagt – gedacht wird: „Ja, soll das doch ruhig die Psychologie machen. Da ist sowieso dieser Herrschaftsapparat Schule und dieses schreckliche Leistungsprinzip und dieses unmenschliche Notengeben. Wir wollen das nicht mehr. Wir bearbeiten das nicht mehr wissenschaftlich, wir geben das einfach ab – und können dies alles dann um so besser und eindrücklicher kritisieren!" Das halte ich für völlig falsch, denn der Lehrer*innenberuf ist nicht angewandte Psychologie, jedenfalls nicht nur. Er hat wichtige Elemente, die auf seinem pädagogischen Auftrag basieren. Ich mache das jetzt sicherlich ganz schlicht, aber ich sehe eben eine gewisse Defensivität oder, polemisch formuliert: ein Versagen der Standesorganisation der Erziehungswissenschaftler*innen mit Blick auf die Behandlung von Schule, Unterricht, Lehrer*innenberuf, also letztlich von Lehren, Lernen und Leisten.

Abb. 3: Ewald Terhart (© Anja Krüger)

FR: Ich weiß nicht, ob ich es als Versagen bezeichnen würde. Aber zumindest lässt sich aus meiner Sicht sehr stark wahrnehmen, dass man sich zurückzieht, auch aus dem Forschungsfeld Bildungsforschung. Man überlässt es einigen Wenigen, die sich da engagieren, aber der Großteil nimmt sich zurück – in meiner Wahrnehmung viel zu häufig. Dass aber das Themenfeld Schule und Unterricht – eigentlich eines der originären Forschungsfelder dieser Disziplin – ist, auch und vor allem in einem empirischen Zugriff, das nimmt man gar nicht mehr wahr innerhalb der Disziplin. Die Schulpädagogik etwa als Kommission innerhalb der DGfE ist nur wenig empirisch aufgestellt.

WH: Von da aus lässt sich ein Bogen zur Frage der Macht schlagen und zwar von Macht im Foucault'schen Sinne: Macht ist überall, Macht kursiert überall. Ich denke, bei der relativ eindimensionalen Sicht darauf, wer wen dominiert, wird der Eigenanteil derjenigen negiert, die sich als dominiert begreifen. Wie kommt es dazu, dass es diese Hegemonie, diese Dominanz gibt? Da würde ich anknüpfen. Die klassische Schulpädagogik hat sich meines Erachtens nicht als eine empirische Disziplin begriffen. Es gab natürlich immer einmal empirische Projekte und Ansätze, etwa auch bei Wolfgang Klafki in seinem groß angelegten Praxisforschungsprojekt. Aber es war keine sich stringent empirisch verstehende Teildisziplin. Die interessante, die spannende empirische Bildungsforschung in Bezug auf Unterricht und Schule ist eher von Erziehungswissenschaftler*innen mit anderen disziplinären Hintergründen gemacht worden – Helmut Fend zum Beispiel in den 1970er Jahren, den ich erziehungswissenschaftlich für hochinteressant halte, mit einem sehr breiten, am Anfang sehr soziologischen, dann stärker psychologischen Blick. Aber mit einer deutlich anderen als der tradierten schulpädagogischen Perspektive. Dann gab es den ganzen Bereich der qualitativen Schul- und Unterrichtsforschung, der sich weiter ausdifferenziert hat. In diesen diversen Zugängen war nicht die Wirkung die entscheidende Frage, sondern es ging um Verstehen und Beschreiben, also eine stark ethnographische oder teilnehmend beobachtende Perspektive, die durchaus interessante Studien hervorgebracht hat, in denen aber die Frage nach der Qualität des Unterrichtsgeschehens weitgehend randständig blieb – hier bildet Andreas Gruschka im Übrigen eine Ausnahme, weil ihn diese Fragen immer beschäftigt haben. Von daher ist die Frage zu stellen: Wie haben diejenigen, die sich nun dominiert fühlen, mit dazu beigetragen? Entweder indem sie das empirische Feld wenig besetzt haben oder indem eine Empirie betrieben wurde, die wichtige Fragen nur randständig behandelt hat? Ein weiterer Aspekt: Es gibt den schönen Band von Ricken und Mitherausgebern über „Die Verachtung des Pädagogischen". Arno Combe fragt darin, inwiefern eigentlich Lehrer*innen und Lehrer*innenbildung innerhalb der Disziplin selbst den Fokus der Verachtung bilden. Das ist genau das, was Sie eben angesprochen hatten. Dass nämlich diejenigen, die sich mit ihrer empirischen Forschung mit Praxisbelangen oder mit zumindest praxisrelevanten Fragen mit Bezug auf Schule und Unterricht beschäftigen, innerhalb der Disziplin mehr oder weniger belächelt oder zumindest wenig anerkannt wurden. Das alles sind Hintergründe, die mit dazu beigetragen haben, dass eine „Intervention von außen" erfolgt ist. In diesem Sinne hat die Erziehungswissenschaft selbst in starkem Maße zu dieser „Intervention" eingeladen. Genau dieser Eigenanteil bleibt eher ausgeblendet. Das markiert meines Erachtens eine ganz erhebliche Erkenntnisgrenze der Kritiker*innen der neuen empirischen Bildungsforschung.

ET: Bei dem Thema Lehrer*innenbildung ist es tatsächlich so, und das war auch schon seit vielen Jahrzehnten so, dass diejenigen, die sich damit befassten, möglichst noch empirisch, innerhalb der Erziehungswissenschaft irgendwie als „Praxisheinzis" und „Praxisbärbels" angesehen wurden. Das hing auch damit zusammen, dass Lehrer*innenbildung ursprünglich mit dem Blick auf den bzw. die Volksschullehrer*in gedacht wurde. Denn der bzw. die Gymnasiallehrer*in studierte Fächer, absolvierte ja das Fachstudium, damit hatte vor Jahrzehnten die Pädagogik eigentlich gar nichts zu tun. Das sind die Hintergründe. Als ich vor gefühlt etwa 120 Jahren mit dem Lehrer*innenbildungsthema startete, da sagte ein sehr guter Kollege, den Sie alle kennen: „Ewald, hast du nicht Angst, dass das dequalifizierende Wirkung hat?", und ich sagte dann: „Nein, wieso? Hab ich nicht. Ist doch ein tolles Thema!" Ich will damit sagen: Da liegen in der Vergangenheit gewisse Sünden vor und natürlich wurde diese Schwäche oder dieses leergebliebene Feld dann nur allzu gerne – das ist klar – von anderen Akteur*innen besetzt. So ist ein großer Teil der Lehrer*innenbildungsforschung in der Tat psychologische Qualifikationsforschung, also von diesen Denkmodellen und Instrumenten beeinflusst. So ist der Prozess verlaufen – das kann ich nur unterstreichen. Die Erziehungswissenschaft muss immer beides im Blick haben. Zum einen ihre Aufgaben in der Lehrer*innenbildung: in vielen Instituten, vor allem an großen Unis, macht das immerhin 60 bis 70 Prozent der Lehre aus, und zum anderen ihre Aufgaben in den Hauptstudiengängen, wo wissenschaftlich zentrierter und auch schon allein hinsichtlich der Menge der von den einzelnen Studierenden absolvierten Lehrveranstaltungen viel intensiver gearbeitet werden kann. Es ist ein tiefsitzendes Strukturproblem der Disziplin, dass sie in einem Meer von Lehramtsstudierenden als „Nebenfächlern" ertrinkt, die nicht selten Pädagogik „mal nebenbei" oder bestenfalls als eines von mehreren Studienbestandteilen machen, und deshalb ihre eigenen Hauptfachstudenten gerade im Bereich Schule und Unterricht immer nur notversorgt. Dieser ganze Bereich kommt dann nicht so stark voran, wie das bei der Psychologie der Fall ist, die sich ganz oder doch sehr viel stärker auf ihren Hauptfachstudiengang konzentriert und die Lehrer*innenbildung am jeweiligen Standort mitbedient.

WH: Die Lehrer*innenbildung ist ja vielerorts auch nur „notversorgt".

ET: So gesehen ja, es ist beides unvollständig.

EK: Schon diese Trennung zwischen Hauptfach und Nebenfach ist eigentlich problematisch. Aber nochmal zum Eigenanteil der Erziehungswissenschaft an ihrem möglichen Relevanzverlust in Bezug auf schulbezogene Forschung und Praxis. Ich denke, was Sie gerade sagten, hat zwei Wurzeln. Das eine ist das grundlegende Problem des akademischen Systems. Wie wichtig ist überhaupt die Lehre, insbesondere die Ausbildung einer Profession? Wie wichtig ist es für den akademischen Betrieb, Kontakt zu dieser Profession zu halten? Das betrifft insbesondere die Profession Lehrer*innenschaft, das gilt aber auch für andere. Das zweite ist das strukturelle Problem der Erziehungswissenschaft, dass sie mehr oder weniger aus einer Verbindung zwischen Volksschullehrer*innenbildung an PHs, Akademien etc. und der philosophischen akademischen Pädagogik andererseits entstanden ist. Bis heute bestehen auf diesem Hintergrund Anerkennungsprobleme. Ich kenne Kolleg*innen, die sich sehr bewusst von der Schulpädagogik hin zur Allgemeinen Erziehungswissenschaft entwickelt haben und für die das ein Statusgewinn war, dass sie eben nicht mehr die Schulpädagogik, sondern die Allgemeine Erziehungswissenschaft zu vertreten hatten. Diese ungelösten Statusprobleme innerhalb der Erziehungswissenschaft gibt es, glaube ich, bis heute, und auch eine gewisse Arroganz der Allgemeinen Erziehungswissenschaft gegenüber sowohl der Schulpädagogik als auch empirischer Bildungsforschung. Und noch ein Punkt kommt hinzu. Nach Edwin Keiner ist die Erziehungswissenschaft, jedenfalls in ihrer Selbstwahrnehmung, groß und wichtig geworden gerade nicht dadurch, dass sie sich im Schulbereich weiterentwickelt hat, sondern dadurch, dass sie immer weitere Bereiche pädagogisch professionalisiert und erschlossen hat. Deshalb sind unsere Hauptfachstudierenden eben nicht diejenigen, die im Schulbereich arbeiten. Im Hauptfach Erziehungswissenschaft finde ich keine Studierenden, die in irgendeiner Weise Interesse am Bezug zu Schule und Unterricht haben. Das ist in der Lehrer*innenbildung anders, da habe ich einen Impact, da habe ich Studierende, die an der Sache interessiert sind. Und diejenigen, die in einem Hauptfach Erziehungswissenschaft drin sind, die wollen alle mit diesem Thema nicht viel zu tun haben. Das heißt das Problem, das wir gerade haben, setzt sich fort durch die neuen Generationen von Studierenden und wird dadurch wahrscheinlich auch immer größer. Denn der wissenschaftliche Nachwuchs kommt aus dem Hauptfach und nur selten aus dem Lehramtsstudium.

ET: Vielleicht kann man das auch noch einmal einschieben an dieser Stelle. Das war auch in den früheren Jahrzehnten so, dass Themenfelder in Unterrichtsforschung und Didaktik schon immer stark von der Psychologie inspiriert waren. Die Themen und Probleme, die wir diskutiert haben, das ist schon in den Einleitungsstatements deutlich geworden, sind auch Fragen der Abgrenzung und Zuordnung von Psychologie und Erziehungswissenschaft oder Pädagogik. Es ist allerdings nicht so, dass es erst seit 15 Jahren ein irgendwie unerklärliches Eindringen der Psychologie in die Erziehungswissenschaft gibt. Schon in früheren Jahrzehnten war es so, dass immer dann, wenn man didaktische Themen bearbeitete oder etwas wissen wollte über Lehren und Lernen, man automatisch auf psychologische Theorien und Kontexte kam beziehungsweise verwiesen war. Die waren also schon immer Teil auch des schulpädagogischen Wissensbestandes. Insofern ist es eine allzu kurzfristige Sicht, wenn man sagt, die Psychologie ist eingedrungen. Sie war immer da. Es gab früher allerdings halbwegs harmonische Verhältnisse und es war auch zum Teil so, dass man die Psychologie, d.h die Kolleg*innen in den Psychologie-Instituten motivieren musste, sich an der Lehre im pädagogischen Bereich inklusive Lehrer*innenbildung zu beteiligen. Das war sehr schwierig, weil das damals noch kein Prestige brachte. Heute ist das, wie wir wissen, anders.

WH: Völlig d'accord, dass es jetzt keine „völlig neue Entwicklung" ist, dass die Psychologie in dieser Weise bedeutsam oder auch dominant wird. Aber ein Fragezeichen will ich an der Stelle setzen, dass es vielleicht früher harmonischer war. Wenn ich an die Diskussion im Anschluss an den Positivismusstreit denke, der die 1960er Jahre nicht unerheblich beherrscht hat und in den 1970er Jahren auch noch sehr deutlich zu spüren war, da würde ich sagen, die Diskussion war deutlich schärfer als wir sie heute kennen. Über dieses Schisma von Verstehen und Erklären, sind wir inzwischen ja an vielen Stellen ein Stück weit hinweg. Damit gehen wir reflektierter um. Natürlich gibt es qualitativ-verstehende Ansätze, die für sich reklamieren würden, dass eine rekonstruierte Fallstruktur etwas aussagt über die Generierung des Sozialen. Umgekehrt wird inzwischen kein bzw. keine reflektierte(r) quantitative(r) Forscher*in mehr sagen, dass die Ergebnisse nicht interpretiert werden müssen. An dieser Stelle sind Differenzen meines Erachtens geringer geworden als zur damaligen Zeit.

EK: Nicht nur die Ergebnisse gilt es zu interpretieren, sondern auch die Daten selbst haben interpretativen Charakter. Die Datenerzeugung schließt einen Prozess der Interpretation ein, ob man das jetzt Kodierung oder Rating nennt oder wie auch immer.

FR: Ich denke auch, dass es dieses Schisma so nicht mehr gibt. Der Streitpunkt zwischen zwei methodologischen Standpunkten ist überwunden, denke ich. Da ist man sich auf Augenhöhe begegnet, da versteht man sich. Man spürt schon noch Trennungen, aber man redet miteinander. Ich glaube, das Wahrnehmungsproblem, was wir eingangs festgestellt haben, liegt auf einer anderen Ebene. Eben nicht auf einer methodologischen, sondern auf einer einzeln methodischen und noch viel mehr auf einer forschungsgruppenbezogenen Ebene. Man nimmt andere Forschungsgruppen nicht mehr so richtig wahr. Und zwar in engeren Zirkeln, nicht auf methodologische Paradigmen, sondern auf viel engere forscher*innengruppenbezogenen Ebenen. Ich denke, das ist gerade für die empirische Bildungsforschung, die ja durchaus noch ein junges Feld ist, eine relativ große Gefahr, dass man da eine Verinselung schafft, die dazu führt, dass man auf einer übergeordneten Ebene keinen Zugriff mehr auf Themen bekommt. Was wir zum Beispiel im Bereich der Schulentwicklungsforschung festgestellt haben: Wir haben viele Einzelstudien, wir haben viel Begleitforschungen zu einzelnen Schulen, die auf der Oberfläche betrachtet zu ähnlichen Themen forschen. Aber wenn man die versucht, im Sinne einer Metaanalyse zusammenzuführen, stellt man fest, dass die Wissensbasis zusammenbricht, dass das alles verinseltes Wissen ist und es relativ schwerfällt, zusammenfassende Studien zu produzieren. Wohlgemerkt obwohl in den letzten 15 Jahren sehr viel Einzelwissen verfügbar geworden ist. Das ist, denke ich, eine Gefahr, wo man wieder auf einer höheren Ebene miteinander ins Gespräch kommen muss, um sich Gegenstandsverständnissen wieder wechselseitig zu vergewissern.

ET: Mein Gedanke zur Harmonie bezog sich im Kern auf das Verhältnis von lernpsychologischer Forschung und Didaktik. Das ist ein engeres Feld, da waren die Verhältnisse in den 1970ern, 1980ern halbwegs gefügt. Dass die Polemik und die wissenschaftstheoretische Auseinandersetzung in den späten 1960ern und frühen 1970ern viel härter waren und auch stärker im Vordergrund standen als heute, das ist unbestritten. Man kann auch selbstkritisch sagen: Man hat damals fast nur noch über Wissenschaftstheorie gestritten und nicht mehr die eigentliche Wissenschaft selbst gemacht! Das wurde fast zu einer Ersatzhandlung. Analogie: Man putzt dauernd die Brille, vergisst aber, dass die Brille zum Durchgucken da ist. Das führt dann zu Scheinbeschäftigung und führt auch zu Verabsolutierung der eigenen metatheoretischen Sichtweise. Aber ich würde mir manchmal wünschen, dass diese Intensität im Diskurs und auch dieses theoretisch ganz hohe Reflexionsniveau heutzutage ab und zu aufscheinen würden.
Verinselung ist nicht nur ein Problem innerhalb der empirischen Bildungsforschung oder zwischen Bildungsforschung und Erziehungswissenschaft. Ich glaube, dass in der Erziehungswissenschaft oder vielleicht in allen Sozialwissenschaften diese Spezialisierung extrem zugenommen hat. Noch einmal zurück zur eben erwähnten Spezialisierung bedeutet automatisch

eine gewisse Form von Einengung und die Zuschneidung von immer spezielleren und kleineren Forschungsbereichen. Wenn man das auf die Spitze treibt, dann gibt es am Ende nur noch fünf Leute auf der Welt, die sich mit irgendeiner kleinteiligen Spezifik vollständig auskennen und alle 20 Aufsätze, die weltweit dazu erschienen sind, gelesen haben. Alle anderen sind nicht mehr diskussionsfähig, und das ist wirklich ein Problem. Das ist aber nicht etwas, das nur unsere Disziplin und nur unser Forschungsfeld betrifft. Es ist ein Problem von Wissenschaft allgemein, nur in der Erziehungswissenschaft ist das besonders groß, weil deren Gegenstandsfeld so riesig ist und man dort zahllose Kleinst-Gemeinschaften und Mikro-Expertenzirkel bilden kann. Ob das jetzt Erziehungswissenschaft ist oder Bildungsforschung, das interessiert dann schon gar nicht mehr; man ist dann halt irgendwie inter- oder schon transdisziplinär, also jenseitig. Hauptsache man kann auf diese Weise einen neuen, möglichst eigenen Diskussionskontext entfalten.

EK: Unter diesem Gesichtspunkt muss ich jetzt gleichsam als Beteiligter sagen, dass diese Rede von Krisenphänomen in der empirischen Bildungsforschung, wie sie in den letzten Jahren entstanden ist, natürlich ihre Berechtigung hat, weil man diese Inselbildung, dieses Tiefbohren in zu eng abgestimmten Feldern, auch findet. Beispielsweise wenn ich die x-te Untersuchung lese zu sozialen Disparitäten beim Übergang auf das Gymnasium, denke ich: Hat denn die Bildungssoziologie kein anderes Thema als immer wieder dieses? Oder auch in meinem Feld der empirischen Unterrichtsforschung finde ich inzwischen, dass sich manches verselbstständigt hat zu methodischen Fragen, zum Beispiel welche Dimensionen wie entstehen, wenn ich die Rater so oder anders trainiere. Brauchen wir das so detailliert? Auf der anderen Seite glaube ich, dass genau dies ein Zeichen von „normal science" ist, dass sich solche Inseln ausbilden, dass sie auch ein Stück weit immer selbstreferentieller werden, wenn man tiefer einsteigt in die Paradigmen. Irgendwann, und das ist eben genau die Entwicklung von Wissenschaft, läuft sich so ein zu enges Paradigma vielleicht auch tot. Es ist nur wichtig, dass man daraus lernt, dass man die Erfahrungen in einem bestimmten Paradigma wieder einbindet und für eine Übertragung in andere Kontexte verfügbar macht. Wir haben zum Beispiel in der Unterrichtsforschung ungeheures Spezialwissen darüber, wie man Fragebögen und Tests gestalten muss, damit sie diesen oder jenen Faktor angemessen untersuchen, wie man mit den individuellen versus institutionellen Ebenen umgeht etc. Dieses Detailwissen finde ich schon wichtig, aber es muss eben wieder eingebunden und vielleicht auch übertragen werden. Die empirische Bildungsforschung hat, glaube ich, ein Problem mit dieser Zuspitzung, mit dieser Spezialisierung. Aber sie ist in dieser Hinsicht tatsächlich nicht verschieden von anderen Wissenschaften.

ET: Die Bildungsforschung hat es ja auch erkannt. In München wurde ja eine Clearingstelle gegründet. Man wird sehen, wie das läuft. Das ist der Versuch, aus den Tiefenbohrungen wieder hochzusteigen, um auch allgemein Verständliches formulieren zu können.

EK: Ich sehe zum Beispiel bei Gruschka, um seinen Input nochmal aufzugreifen, und manchmal in der Allgemeinen Erziehungswissenschaft den Anspruch, dass man an jeder einzelnen Stelle, in jedem einzelnen Beitrag in der Lage sein muss, den Bezug zwischen der „neuen" empirischen Forschung und der großen Tradition der Pädagogik herzustellen. Das ist Unsinn. So verhindert man einen Fortschritt, der sich unter Umständen auch in Spezialisierung und Neufindung ausdrückt.

WH: Es wäre mit Sicherheit vermessen zu sagen: „An jeder Stelle". Aber stattdessen vielleicht an relevanten Stellen beziehungsweise an jenen Stellen, an denen vom Gegenstand her andere methodische und theoretische Zugänge durchaus wesentliche Erkenntnisse erbracht haben. Mit Blick darauf, wo sinnvolle Verknüpfungen möglich sind, wo es Hinweise aus diesen Traditionslinien und anderen Zugängen gibt, die inspirierend und erkenntniserweiternd sind oder die auch neue Forschungsfragen generieren können, sollte man diese Bezüge herstellen. Um die Frage nach Ende oder Weiterführung am Beispiel von PISA noch einmal aufzugreifen: Die Fortsetzung von PISA, von TIMSS oder IGLU hat inzwischen auch etwas von Routine. Das ist erst einmal gar nicht kritisch gemeint, sondern das kann man durchaus in einem positiven Sinn so sehen und muss man gar nicht bemängeln. Man weiß inzwischen, die Ergebnisse und Vergleiche kommen alle drei Jahre wieder und es gibt Daten und Ergebnisse en masse. Es gibt mittlerweile auch Zeitreihen, die man vergleichen und aus denen man auf Trends und Entwicklungen schließen kann. Die Nationen und Bundesländer tauschen die Plätze, sinken ab, steigen auf oder stagnieren. In jedem Durchgang wird gleichzeitig auch der nächste Zyklus angekündigt – es geht weiter. PISA und vor allem seine Rezeption hat sich inzwischen entsprechend dieser Routinisierung auch deutlich entdramatisiert. Aber jenseits dieser Forschungsroutine bleibt die Frage: Was erbringt das an wirklich Neuem? Und das andere große Fragezeichen bleibt: Wie sind die Veränderungen, die sich abzeichnen, zu erklären? Dieses Problem der Erklärung wirft Gruschka in seinem Beitrag ja auch auf. Aber mit dem Anspruch, diese Veränderungen oder Trends erklären zu wollen, würde man sich auf der Grundlage dieser Daten ja gerade überheben oder?

EK: Es gibt interessanterweise keine Forschung dazu. Die OECD wagt es nicht, ihre eigenen Trends zu interpretieren. Die OECD überzieht ihre Interpretationen regelmäßig, aber zur Entwicklung auf Länderebene macht sie interessanterweise höchstens Fallstudien auf und stellt beispielsweise Polen oder Portugal oder vielleicht sogar Deutschland als Fall mit überproportional positiver Entwicklung vor, aber sie geben – zurecht – keine allgemeingültigen Erklärungen, denn es fehlt dazu an Forschung, insbesondere in Deutschland. Das ist ein großer Mangel der international vergleichenden Studien. Aber ich denke, die richtige Folgerung aus dieser Feststellung ist nicht, aufzuhören mit diesem Programm, sondern im Gegenteil anzufangen damit, die Trends, die man findet, angemessen zu analysieren. Dazu fehlt es unter anderem an Theorie. Wir haben keine Theorie darüber, wie sich Bildungssysteme als Systeme in Gesellschaften entwickeln und das, finde ich, ist eine gewaltige Herausforderung, der sich zum Beispiel eine vergleichende Erziehungswissenschaft oder allgemeine schulpädagogische Forschung, eine erziehungswissenschaftliche Schultheorie zuwenden könnte. Das wäre eine klassische erziehungswissenschaftliche Perspektive auf das Erziehungssystem als Ganzes, insbesondere auf das Schulsystem in seiner historisch-kulturellen Veränderungsdynamik. Aber anstatt die PISA-Daten zu nutzen, um damit anzufangen so etwas aufzubauen und zu verknüpfen mit theoretischem Wissen aus anderen Teildisziplinen, werden die Daten denunziert als ‚die falschen Daten'.

ET: Im Grunde ist es ja so, dass endlich jemand in die Fußstapfen von Fend treten muss. Auf diesem Aggregationsniveau, auf diesem Niveau von theoretischer und empirischer Übersicht Sachen darstellen zu können – ob das heute noch eine Person kann, das ist eine andere Frage, angesichts der Fülle an Informationen und Dingen, die zu berücksichtigen sind. Ich glaube, dass für das weitere Prosperieren von empirischer Bildungsforschung eine deutliche Öffnung für einen methodischen Pluralismus sowie eine stärkere Beachtung und Bearbeitung der Mikroebene des Bildungssystems entscheidend sein werden. Large-Scale, das ist die oberste Ebene, die Gesamtschau sozusagen. Aber was „da unten" in den einzelnen Kämmerchen des Systems, in den Schulen und Klassenzimmern stattfindet, das ist das, was mich von der schulpädagogischen Seite her stärker interessiert. Also die Mikro-Ebene. Ich glaube, dass sich die Bildungsforschung für diese Bereiche stärker öffnen muss. Das ist für mich damit verbunden, dass man auch die Sichtweise der Handelnden dort stärker aufnehmen muss. Das bedeutet, qualitative Forschung mit einzubinden. Dadurch könnte man sich, wenn das so angelegt ist, auch eine höhere Resonanz der schul- und unterrichtsbezogenen Bildungsforschung innerhalb der Lehrer*innenschaft vorstellen, denn diese Resonanz ist – wir können das nur traurig zur Kenntnis nehmen – aktuell nicht so besonders positiv und auch nicht so breit.

Das bleibt den Lehrer*innen selbst dann doch eher fremd, auch noch in Weiterbildungsveranstaltungen, wo man das mundgerecht aufbereitet.

FR: Ich würde noch einen weiteren Schritt machen, nämlich nicht nur auf die Mikroebene, sondern auch weg von der Beschreibung und Verstehensebene zu einer Veränderungsperspektive. Das ist auch ein Aspekt, den Gruschka aufbringt.

EK: Ich finde es schade, dass sich gerade auch aus der erziehungswissenschaftlichen Perspektive niemand dieser Aufgabe angenommen hat. Auch die sogenannten PISA-Forscher*innen nicht. Sie finden da so gut wie keine Äußerung zu der Frage: Wie erklären wir eigentlich internationale Unterschiede, oder wie erklären wie Systemveränderung? Das ist auch eine irrsinnig schwierige Frage. Aber gut. Wir sind uns einig, dass dieses Thema bleiben wird, und zwar als erziehungswissenschaftliche Grundlagenforschung. Die sollte man nicht verwechseln mit Politikberatung und auch nicht mit Praxisberatung. Eine zweite kritische Anfrage: Der Fokus auf der Mikroebene ist richtig, aber den haben wir, wie vorhin schon gesagt, schon bei Fend Anfang der 1980er Jahre, als er sein ko-konstruktivistisches Angebots-Nutzungs-Modell entwickelt hat. Da lag der Fokus auf der Mikroebene. Widersprechen würde ich Ihrer Aussage, dass wir mit qualitativen Methoden arbeiten müssen, wenn wir die Perspektive der Betroffenen wahrnehmen wollen. Ich würde gerne daran festhalten zu sagen, dass man ein „sowohl als auch" braucht. Ich finde, wir brauchen durchaus den bzw. die qualitative(n) Erziehungswissenschaftler*in, aber der Vorteil einer Quantifizierung ist, dass ich – wenn die methodischen Voraussetzungen erfüllt sind – Vergleiche anstellen kann zwischen unterschiedlichen Situationen bis hin zu Nationen etc., die ich auf eine qualitative Weise, jedenfalls in der verallgemeinerbaren Form, kaum machen kann. Es müssen beide Paradigmen ineinander spielen.

WH: Zuerst noch einmal zur Aufforderung, dass Erziehungswissenschaft und Bildungsforschung stärker die Perspektive der Veränderung aufnehmen sollen, was sich ja durchaus mit Gruschkas Votum für eine advokatorische Funktion der Erziehungswissenschaft und der erziehungswissenschaftlichen Forschung gegenüber der Praxis, einer „Bringpflicht zur Besserung", wie er formuliert, verbinden lässt. Ich finde es problematisch, wenn man suggeriert, dass Wissenschaft der Praxis den Weg weisen und die Richtung der Veränderung vorgeben kann. Das kann im Übrigen auch eine dichter an der Praxis, den Akteur*innen, den situativen und lokalen Kontexten ansetzende qualitative Forschung mit exemplarisch ansetzenden Fallstudien nicht, wie es Gruschka vorschlägt. Und da sitzt Gruschka, indem er suggeriert, dass dies eben die große Stärke der qualitativen Forschung gegenüber der neuen empirischen Bildungsforschung sei, mit seiner Argumentation genau dieser Problematik auf und begibt sich in die gleiche Falle, die Differenz von Profession und Disziplin zu verschleifen, Damit reklamiert er für seine Forschung genau das und nimmt für sich in Anspruch, was er bei anderen kritisiert. Man müsste eigentlich eher so etwas wie eine selbstreflexive Form der Begleitung nicht intendierter Nebenfolgen von Veränderungsabsichten installieren.

Aber ich wollte zweitens noch einmal etwas zur Kontroverse von Terhart und Klieme sagen. Meine Aussagen zu PISA will ich überhaupt nicht so verstanden wissen, dass man PISA einstampfen soll, weil ich finde, das ist im positiven Sinne eine Routine geworden, die wichtige Informationen bereitstellt. Genau an dem, was Sie, Herr Klieme, gesagt haben, wird deutlich, dass PISA inzwischen möglicherweise dabei ist, in eine dritte Phase einzutreten, nämlich die einer selbstreflexiven Vergewisserung über die eigenen Grenzen und Folgen. Und ich glaube, das ist eigentlich der entscheidende Punkt für ein künftiges Programm einer nicht eng geführten empirischen Bildungsforschung, nämlich dass jede theoretische und methodische Zugangsweise sich fragen und für sich klären muss, bis wohin reichen meine Aussagen? Welche Aussagen kann ich überhaupt treffen? Die Frage der Evidenzbasierung ist für mich da nur ein Aspekt. Was ist eigentlich die Qualität meiner Aussagen? Worauf stützen sich diese? Wie werden sie generiert? Was kann ich mit meinen Daten nicht sagen? Qualitative Studien können beispielsweise keine repräsentativen Aussagen im statistischen Sinne machen. Sie können aber zum Beispiel typologische Repräsentativität anstreben und damit die Ausdrucksgestalt eines sozialen Phänomens in seinen unterschiedlichen Erscheinungsformen in den Blick nehmen und bleiben damit gerade nicht – häufig ein Missverständnis – bei Einzelfällen stehen, sondern können zu Generalisierungen kommen. Meines Erachtens kommt es darauf an, interessante Kompositionen von Forschung zu finden im Sinne eines Zusammenspiels. Das lässt sich etwa mit Verweis auf Analysen verdeutlichen, die im Anschluss an PISA zu exklusiven Gymnasien gemacht wurden. Wenn ich mir – wie dort erfolgt – Gymnasien anschaue, die eine bestimmte soziale Zusammensetzung der Schüler*innenschaft haben, dann zeigt sich ein Zusammenhang zwischen steigender sozialer Privilegierung der Schüler*innen und einer Steigerung von Kompetenzen. Daraus lassen sich verschiedene gymnasiale Cluster ausdifferenzieren. Im Anschluss daran ergibt sich die Frage: Für welche Gymnasien, die diese sozial sehr privilegierte Zusammensetzung der Schüler*innenschaft nicht haben, lassen sich überraschend positive Leistungsergebnisse feststellen? Wenn wir diese Studien nun mit Organisationsstudien, mit vertiefenden Unterrichtsstudien und der Betrachtung von Mikroprozessen in Zusammenhang bringen würden, könnten wir hochinteressante Einblicke auf der Institutionenebene, der Akteur*innenebene, der unterrichtlichen Mikroebene gewinnen und könnten dies wieder zurückbinden an diese Studien. Ich finde, derart kluge Kombinationen sind es, die die empirische Bildungsforschung voranbringen können. Das kann man an vielen Stellen vielleicht gar nicht als Einzelprojekt machen, aber als Projektverbund. Und darin können meines Erachtens wichtige und bedeutsame Erkenntnisse ruhen, indem man – auch gemeinsam – reflektiert: Was kann der eigene Zugang? Bis wohin reicht er? Wo reicht er nicht mehr hin? Welchen Zugang brauche ich dort? Wie lassen sich Zugänge mit Erkenntnisgewinn verbinden?

EK: Ich kann da sehr gut anknüpfen. Ich finde diesen Impuls für Reflexivität in Bezug auf die eigenen Erkenntnismöglichkeiten und die Idee einer Verknüpfung von Forschungsparadigmen in gemeinsamen Forschungsprogrammen oder in anschlussfähigen Projekten richtig. Ich würde das gern verbinden mit der Thematik von Veränderungen, die wir vorhin hatten. Ich glaube grundsätzlich, dass gerade die Bildungsforschung viel zu selten Veränderung in den Blick nimmt. Wenn überhaupt, dann geschieht es eher auf der individuellen Ebene. Es ist mittlerweile Standard, dass man individuelle Längsschnitte hat und Veränderungen von individuellen Merkmalen über eine Unterrichtseinheit, ein Schuljahr, über das Leben hinweg untersucht. Das Nationale Bildungspanel ist ein sehr gutes Beispiel dafür. Da werden Millionen investiert, um individuelle Entwicklungsverläufe zu untersuchen. Aber das, was Sie angesprochen haben, nämlich institutionelle Veränderung, ist so gut wie gar nicht im Blickfeld der empirischen Bildungsforschung. Da sehe ich genau die gleichen Versäumnisse wie auf der Systemebene. Wir haben zu wenig Theorie und wir haben zu wenig Forschung. Was da gebraucht wird, würde ich rekonstruierende, erklärende und vielleicht noch intervenierende Schulentwicklungsforschung nennen. Das, finde ich, ist auch noch eine offene Aufgabe. Ich glaube, viele Bildungsforscher*innen sind sich überhaupt nicht darüber im Klaren, welche Herausforderung das ist. Wichtig ist, dass nicht nur Veränderung begleitet wird, die staatliche Instanzen oder wer auch immer vorgeben oder vornehmen. Es geht nicht darum, die politisch motivierten oder administrativ veranlassten Reformprozesse im Bildungswesen anzustoßen oder begleitend zu reflektieren, sondern es geht darum, wissenschaftliches Wissen zu erwerben darüber, wie sich Systeme und Institutionen und Praktiken innerhalb des Bildungswesens verändern. Wir haben beispielsweise viel Wissen über Unterrichtsqualität. Wir haben alle möglichen praktischen Konzepte dafür, wie man guten Unterricht macht. Aber was bestimmt eigentlich die Veränderung von Unterrichtskulturen in Schulen? Die beste Forschung dazu gibt es in Ihrer Gruppe, Herr Helsper. Aber mir fehlt dafür das Pendant auf der quantitativen Seite.

ET: Ich denke, es ist so, dass Kolleg*innen, die aus der Psychologie, aus der Pädagogischen Psychologie kommen, tatsächlich eher die individuelle Ebene in den Blick nehmen und nicht auf die institutionelle oder gesamtsystemische Ebene schauen. Die Arbeits- und Organisationspsychologie hat die Schule kaum und die Lehrer*innenbildung, soweit ich weiß, noch nicht für sich entdeckt. Wäre das so, dann hätte man die Institution auch von der psychologischen Denkform her im Blick. Gerade auf der institutionellen Ebene und dann natürlich auch auf der Gesamtsystemebene, auf deren Theoretisierung Sie ja zurecht beharren, hilft das auf Individuen und deren Denken und Handeln, deren Unterschiede etc. bezogene Standarddenkwerkzeug der Psychologie nicht ohne weiteres weiter. Das sind aber die Dinge, die für Bildungsforschung und Erziehungswissenschaft auch zentrale Themen sind. Was Veränderungen angeht, wenn ich das richtig beurteile, dann verändert sich das Schulsystem in einer gewissen Eigendynamik. Warum es das wann, wie, wo, in welche Richtung tut, das ist aus meiner Sicht fast gar nicht richtig zu erklären. Man kann das in den Gemeinden, in Regionen und auf der Ebene der Gesamtgesellschaft dann manchmal nachvollziehen oder bei Fallstudien wird das dann deutlich. Aber die Idee, dass man durch politische Eingriffe zielgenau ein Problem löst oder etwas Bestimmtes erreicht und dass es auch dafür „die passende Wissenschaft" gibt, bei der der Politiker vorher anruft und um Auskunft etc. bittet, das ist reine Märchenfantasie. Das hat es nicht gegeben und das wird es nicht geben. Da sind viele Fantasien oder Fehlvorstellungen zum Verhältnis von Bildungspolitik und Bildungsforschung unterwegs.

WH: Noch einmal zum Thema Veränderung. Zur Differenzierung sind sehr genau verschiedene Ebenen auseinanderzuhalten. Die erste Ebene ist eine sehr konkrete, entweder die einer einzelnen Schule oder von Schulen in regionaler Kooperation, die Veränderungsabsichten haben, sich also selbst verändern wollen. Dann wird so etwas erforderlich wie eine Selbstevaluation oder man beauftragt andere, um diese Veränderung zu begleiten und zu evaluieren. Das geht dann einher mit externer Expertise und Beratung. Dafür braucht man Organisationsentwickler*innen, Schulentwickler*innen, Unterrichtsentwickler*innen, also Menschen, die ich einmal als Reflexionsunterstützungsprofessionelle bezeichnet habe. Das ist etwas, was stark auf der Ebene der Einzelinstitutionen oder von Institutionsverbünden im lokalen oder regionalen Kontext relevant und bedeutsam ist. Das gilt natürlich auch dann, wenn Schulen sich aufgrund bildungspolitischer Rahmenvorgaben ändern müssen, also einer Kriseninduktion ausgesetzt sind und sich für deren Bewältigung beratenden, reflektierenden, exzentrischen Beistand suchen. Das ist aber keine Forschung im engen Sinne, sondern in Analogie zur individuellen oder Gruppensupervision eine auf die gesamte

Organisation zielende supervisorische Tätigkeit, in der es durchaus Phasen der Erhebung von Daten, der Evaluation etc. gibt, die man in Zusammenhang mit Praxis- oder Handlungsforschung bringen kann. Das zweite wäre meines Erachtens, eine derartige konkrete und wissenschaftlich begleitete Schulentwicklung von einer Schul- und Unterrichtsentwicklungsforschung im genuinen Sinne zu unterscheiden. Es ist z.B. eine spannende Frage, was auf der Ebene des Unterrichts innerhalb von Schulen eigentlich geschieht, wenn die schulischen Akteur*innen eine Veränderung beabsichtigen, gerade auch im Sinne von nicht intendierten Nebeneffekten oder Nebenwirkungen, die sich im Zuge der Veränderung einstellen, als Veränderung, die eigentlich nicht intendiert war. Hierhin gehört auch die interessante Frage: Was geschieht eigentlich alles an Veränderung, obwohl man sich nicht verändern will, also keine Veränderungsabsicht vorliegt? Das ist eine Frage, die aber mit datenbasierter Schul- und Unterrichtsentwicklung im Sinne der ersten Ebene wenig zu tun hat. Man stößt an vielen Stellen darauf, dass sich ganz massiv etwas verändert, obwohl niemand die Absicht hat, dass sich etwas verändern soll oder aber dass sich eine intendierte Veränderung verkehrt und selbst verändert. Genau das wäre Gegenstand einer grundlagenorientierten Schul- und Unterrichtsentwicklungsforschung. Auf der dritten Ebene ist schließlich das anzusiedeln, was Sie anmahnen, Herr Klieme, nämlich dass man Bildungssysteme insgesamt und deren Veränderung in den Blick nimmt, auch den Stellenwert, den Schule und Bildung innerhalb einer Gesellschaft besitzen. Da haben wir die Möglichkeit auf Großtheorien zurückzugreifen. Etwa den World-Culture-Ansatz und andere Theorien, die eher im Sinne einer Universalisierung des Schulischen argumentieren, aber durchaus immer darauf hinweisen, dass die einzelnen Institutionen ihre Mystifizierungen und Mythisierungen erzeugen. Dann gibt es die Möglichkeit, das Theorem der Rekontextualisierung in Fends Neuer Theorie der Schule zu nutzen oder unser Theorieangebot aus dem Schulkulturansatz, wo wir Mehrebenenzusammenspiele in den Blick nehmen. Das reicht von internationalen, nationalen, bis hin zu lokalen, einzelschulischen und akteur*innenspezifischen Konstellationen und deren Zusammenspiel. Hier sind schultheoretische und gesellschaftstheoretische Ansätze zentral, um diese Fragen anzugehen. Fend hat ja etwa einen Vorschlag gemacht, verschiedene kulturelle Formen der Schule historisch zu unterscheiden. Das kann man natürlich nicht ohne eine historische Bildungsforschung. In diesem Sinne würde ich eine Strukturierung zwischen drei unterschiedlichen Ebenen versuchen, wenn es um Veränderung geht. Die intendierte Veränderung ist jedenfalls immer nur ein kleiner Teilauszug davon und vielleicht – das bliebe aber gerade zu klären – nicht einmal der bedeutendste.

ET: Das System ist extrem eigendynamisch, und das, was einzelne Menschen oder Institutionen darin oder damit wollen, das ist nur ein kleiner Tropfen in einem breiten Strom verschiedenster Faktoren, und am Ende staunt man immer, was zustande gekommen ist und wartet auf die nächste eigendynamische Veränderung. Da ist die Theorie, realistisch betrachtet, letztlich immer nur begleitend und nicht oder wenig wegweisend.

EK: Das sollte man noch einmal auf die Disziplinproblematik beziehen, weil wir jetzt die ganze Zeit schon mit viel Fantasie und auch Kreativität und Übereinstimmung Forschungsbereiche benennen, in denen die Erziehungswissenschaft eigentlich stark ist. Sie hat Theorieangebote, sie hat Forschungstraditionen. Das betrifft Fragen wie etwa: Wie verändert sich ein System? Wie muss es sich, wie kann es sich verändern? Diese Fragen werden seit 15 Jahren von der Politik und aus der Öffentlichkeit primär an die empirische Bildungsforschung gestellt. Diese Fragen kann die empirische Bildungsforschung vielleicht gar nicht beantworten, vielleicht will sie es auch nicht. Die Erziehungswissenschaft könnte jetzt selbstbewusst sagen: „Wir haben Theorien und wir nutzen auch die empirischen Daten, die die Bildungsforschung zur Verfügung stellt, um auf solche Fragen forschend zu antworten.“ Nun, diese selbstbewusste Antwort fehlt mir leider. Damit bin ich bei einem weiteren Thema, das ein Kern auch unseres Gespräches ist: warum eigentlich die Erziehungswissenschaft so sehr an Boden verloren hat. Was sie selbst dazu beigetragen hat, dass da plötzlich eine Alternative auftaucht und sie teilweise verdrängt? Ich würde zum Beispiel nennen, dass die Erziehungswissenschaft ihre Stärken nicht aktiv genug einbringt. Oder dass sie die drängenden Fragen vielfach nicht ernst genommen hat – zum Beispiel, wie vorhin erwähnt, die Frage nach Zielen und Zielerreichung im Unterricht. Die empirische Bildungsforschung ist massiv in die Lücke reingegangen, die die Erziehungswissenschaft geöffnet hat. Die traditionelle Allgemeine Erziehungswissenschaft war nicht mehr in der Lage, inhaltliche Orientierung für empirische Untersuchungen zu geben, und die Bildungsforschung ist, häufig gemeinsam mit den Fachdidaktiken, in die Lücke gestoßen. Mangelnde Internationalisierung ist ein weiteres Problem. Es ist problematisch, dass sich die deutsche Erziehungswissenschaft nicht wirklich international öffnet. Sie würde gut daran tun, sich über die empirische Bildungsforschung stärker zu öffnen, was ein Stück weit in den letzten Jahren auch passiert ist.

ET: Die Feststellung mangelnder Internationalisierung ist richtig gewesen. Das hatte auch immer eine strategische Funktion, da man den Hinweis auf mangelnde Internationalität gerade in Deutschland natürlich immer auch als Vorwurf der Kleinstaaterei oder sogar der Deutschtümelei benutzen beziehungsweise verstehen kann. Das Argument fehlender Internationalität ist aber immer sehr einseitig verwendet und verstanden worden. So ist beispielsweise die in Deutschland ja durchaus breite empirie-kritische Diskussion international ebenso intensiv geführt worden. Es ist eben nicht so, dass international nur empirisch-quantitative Bildungsforschung existiert, wahrgenommen und geschätzt wird. Auch international kann man zahllose englischsprachige Aufsätze mit kritischen Auseinandersetzungen zur empirischen Bildungsforschung in einigen äußerst anerkannten Zeitschriften finden beziehungsweise veröffentlichen. Das ist international durchaus kompatibel! Die Zeitschriften sind vielleicht nicht so hoch gerankt wie die üblichen Verdächtigen, aber es gehört dazu. Ich will damit sagen, Internationalisierung heißt nicht automatisch, dass internationale Kompatibilität nur mit quantitativer Empirie und psychologischen Ansätzen geht. Auch die Kritik daran ist international, und auch auf internationaler Ebene sehr breit. Sie ist insofern keineswegs etwas typisch Deutsches.

WH: Ich will bei der Frage der Internationalisierung noch mal auf die Feinheiten schauen. Ich glaube, dass es in der Psychologie von Anfang an eine viel stärkere internationale Verflechtung gab und in der deutschen Erziehungswissenschaft war das in Bezug auf viele Aspekte weniger der Fall. Aber es kommt immer auf Kontexte an. Wenn ich das für einen regionalen Kontext wie Halle in den Blick nehme, dann würde ich zum Beispiel sagen, dass Internationalisierung durch die DFG-Forscher*innengruppe, die wir dort inzwischen seit sechs Jahre haben, sich deutlich weiterentwickelt hat. Wir sind mittlerweile viel stärker international vernetzt, auch wenn es vorher natürlich schon internationale Kontakte und Kooperation gab, weil wir inzwischen viele internationale Konferenzen hatten und darüber Forschungskooperation international intensiviert haben. Es benötigt Kontexte, in denen so etwas entstehen und sich weiter entwickeln kann. Das geht natürlich auch nicht ohne die Initiative individueller Akteur*innen. Aber derartige übergreifende Forschungszusammenhänge, die dieses Potenzial einer internationalen Verflechtung verstärken, sind in den letzten 15 Jahren kaum außerhalb der neuen empirischen Bildungsforschung entstanden. Das ist meines Erachtens auch ein Problempunkt, den man mit im Blick haben muss. Zweite Anmerkung zum Thema Internationalisierung: Internationalisierung ist in einem gewissen Sinne auch eine Art Zauberwort oder eine Art Metapher. Es gibt auch an vielen Stellen durchaus deutsche wissenschaftliche Diskurse, die in Bezug auf die internationalen Diskurse weiter oder einschlägiger sind. Es darf also nicht heißen, dass ich mich auf internationale Autor*innen beziehen muss, wenn ich den Eindruck habe, dass die Diskussion in Deutschland weiter und einschlägiger ist.

EK: Das meinte ich auch nicht, im Gegenteil. Um ein Beispiel aus meinem Arbeitsfeld zu nehmen: Bei dem Verständnis davon, was Bildungsqualität ist und was Qualitätssicherung bedeutet, um ein unbeliebtes Wort in den Mund zu nehmen – da sind wir in Deutschland tatsächlich im wissenschaftlichen wie auch im praktischen Diskurs um Meilen weiter als der anglo-amerikanische Diskurs. Wie dort gibt es – als Ergebnis des Aufbaus der empirischen Bildungsforschung – eine Orientierung auf Leistung als zentrales Kriterium, aber es besteht immer auch das Bewusstsein, dass Qualität in pädagogischen Prozessen und in institutionellen Prozessen hergestellt wird. Lernzuwächse, gemessen durch Tests, sind wichtige Kriterien für erfolgreiche Schulen, aber die Prozesse des professionellen Handelns stehen im Fokus unserer Qualitätsanalyse. Das ist für viele Leute in den USA immer noch eine neue Botschaft. Sie sind es nicht gewohnt, Prozesse zu erfassen, oder sie machen daraus sofort ein Assessment, Teacher Assessment zum Beispiel, das Unterrichtsqualität als Lehrer*innenmerkmal behandelt. Ich kritisiere nun, dass man die Punkte, an denen unser Diskurs umfassender ist, nicht international einbringt. Das ist für eine Wissenschaft – und jetzt bin ich doch disziplinpolitisch – natürlich hoch problematisch in einer Situation, wo sich Wissenschaft zunehmend auf internationalen Foren abspielt.

FR: Ich würde noch einmal gegenhalten zu dem Thema Internationalisierung durch Forschungsverbünde. Wir reden über ein relativ weites Verständnis, wenn die empirische Bildungsforschung es schafft, Zentren zu etablieren, zum Beispiel das, an dem das DIPF beteiligt ist. Das sind immer auch Zentren, wo die Erziehungswissenschaft nicht nur die Chance hat sich zu engagieren, sondern wo sie sich auch tatsächlich engagiert. Es wird nur nicht wahrgenommen, weder in der Disziplin noch darüber hinaus. Es gibt auch Beispiele, wo wir sehr stark erziehungswissenschaftlich-disziplinär dominierte Verbünde geschaffen haben, die international für Aufsehen gesorgt haben oder sorgen. Als beispielhaft sehe ich etwa das Verbundprojekt StEG, das mittlerweile über viele Jahre erfolgreich läuft und viele unterschiedliche Ansätze verfolgt hat und in engem Austausch auch mit vielen anderen Projekten stand und steht. Aus diesem Verbund heraus ist eine internationale Gesellschaft entstanden zum Thema Extended Education. Das ist eines der Felder, wo man es durchaus auch innerhalb der Erziehungswissenschaft geschafft hat, einen empirischen Zugang zu etablieren und nicht nur internationalen Zugang zu finden, sondern eine Vorreiterrolle einzunehmen. Am Anfang hatte man durchaus Probleme, international entsprechend gehört zu werden mit dem Thema, das hat sich mittlerweile gewandelt. An dem Beispiel sieht man auch, dass es nicht nur das Ziel sein kann, an einzelnen Orten große und schlagkräftige Forscher*innengruppen aufzubauen. Ich denke das ist relativ schwierig. Es geht tatsächlich darum, aus der Verinselung wieder herauszufinden und beispielsweise übergreifende Forschungsgruppen und Netzwerke zu schaffen. Ich denke, da wird disziplinär auch einiges an Notwendigkeiten sein, diese Verbünde zwischen einzelnen Lehrstühlen und Standorten wieder stärker oder überhaupt erst einmal in den Mittelpunkt zu bringen.

WH: Das wären dann eher selbstorganisierte Verbünde, die vielleicht am Anfang nicht große Finanzmittel brauchen, aber die sich einfach für einen gemeinsamen Gegenstand interessieren und in diesem Sinne zu einer Art Forschungsverbund zusammenschließen.

ET: Ich glaube, dass für die Weiterentwicklung von Bildungsforschung/Erziehungswissenschaft die Fragen der Nachwuchsförderung, der Nachwuchsheranbildung und dann das Hineinbringen des Nachwuchses in die Verantwortung von großer Bedeutung sind. Das ist sozusagen die innere Personal-Dynamik der Disziplin, die für Kontinuität sorgt. Und ich glaube, dass mit den großen Projekten der empirischen Bildungsforschung die Entwicklungsbedingungen für den Nachwuchs auf einer gewissen Ebene sehr günstig waren. Viele Leute wurden qualifiziert und konnten auch in Positionen gebracht werden. Das ist aber andererseits auch problematisch, weil sie doch aus dem relativ gleichen Paradigma kommen und andere, die diese Chancen in großen Projekten nicht hatten oder nicht genutzt haben, dann eher zurückstehen. Ich wollte das nur mal als Thema einbringen und würde gern wissen, wie Sie das beurteilen. In dem Zusammenhang von Karriereentwicklung hat das moderne wissenschaftliche Publikationswesen eine besondere Bedeutung. Die Indexsysteme für Publikationen, Zitationen und so weiter spielen eine ganz große Rolle, und der Nachwuchs orientiert sich daran. Der Nachwuchs muss sich notgedrungen an diesen Kriterien orientieren und an den Mechanismen, die in diesen Zeitschriftensystemen und in dem Indexsystem stecken. Das ist in der Erziehungswissenschaft aktuell vielleicht noch nicht so verankert; viele Kolleg*innen sind damit noch nicht so richtig vertraut, aber in der Psychologie und in anderen sozialwissenschaftlichen Disziplinen wird dieser Kontext immer wichtiger. Am Ende können unter Umständen und im Extremfall Berufungsprozesse einfach auf der Basis mathematischer Operationen oder Algorithmen durchgeführt werden, weil es durch Operationen zu bestimmen ist, wer wohl der bzw. die produktivste Bewerber*in sein wird, der bzw. die das Institut voranbringt, weil die Geldgeber ebenfalls dieselben Indexsysteme benutzen und so weiter. Ich hoffe, dass ich jetzt karikiert habe!

WH: Das ist ein hochspannender Punkt. Vielleicht versuche ich es mit einer Anekdote. In Berufungsverfahren gibt es die Einrichtung, dass Beobachter*innen aus anderen Fakultäten eingeladen werden – also etwa Sozialwissenschaftler*innen bei der Medizin. Ich hatte das große Vergnügen, bei einem solchen Verfahren im Bereich der Naturwissenschaften anwesend zu sein.

Das war wirklich faszinierend: Einige Kolleg*innen saßen dort und checkten, während die Namen fielen, sofort den Zitationsindex. Einige rechneten gleich die Eigenzitation heraus, erzeugten also einen bereinigten Index. Das Interessante war, dass dieses metrische Verfahren, diese statistische Rankingperfektion, zwar ein wichtiger Ausgangspunkt für die Beratung, aber in meiner Beobachtung nicht das letztlich Entscheidende war. Diese Daten wurden benutzt, um Bewerbungen zu stärken oder zu schwächen, aber es wurde keine Liste entlang der Rankingwerte erstellt. Hier zeigt sich eher eine Verwendung der metrischen Formate, die – das ist ohne Zweifel – inzwischen einen immer bedeutsameren Stellenwert erhalten, wie man ja eindrucksvoll bei Steffen Mau „Das metrische Wir" nachlesen kann. Natürlich überlegt man mittlerweile, wenn man mit jüngeren Kolleg*innen spricht: Wo solltest du veröffentlichen? Wo steht die Zeitschrift im Ranking? Aber auch: Wenn du direkt bei der ZfE oder bei der ZfPäd einsteigen willst, überleg dir das Risiko. Publikationsberatung – gerade auch bezüglich hoch gerankter Zeitschriften – spielt da eine ganz wesentliche Rolle. Das betrifft auch das Auftreten im Rahmen von nationalen und internationalen Konferenzen, das Herstellen von Kontakten – Sozialkapital, um mit den Worten Bourdieus zu sprechen. Das spielt – obwohl es sicherlich nicht neu ist – doch eine immer bedeutsamere Rolle.

ET: Also die Frage: Wie passt du da rein?

WH: Genau. Ich würde sagen, natürlich hat die neue empirische Bildungsforschung an vielen Stellen – deswegen auch vielleicht die gewisse „Uniformierung" – im Bereich der Schulpädagogik oder der relativ nah daran angelagerten Professuren wichtige und relevante Professuren besetzt. Das ist ohne Zweifel so. Ich nehme das aber nicht als eine umfassende Formierung wahr, sondern es gibt auch eine ganze Reihe anderer Besetzungen, sodass hier zwar von einer Stärkung der neuen empirischen Bildungsforschung auf professoraler Ebene gesprochen werden kann, aber nicht von einer Formierung. Die klassische traditionelle Schulpädagogik ist sicherlich in der Rückwärtsbewegung – meines Erachtens aber auch nicht ganz zu Unrecht.

EK: Ich hoffe auch sehr, dass den Bildungswissenschaftler*innen eine gewisse Ganzheitlichkeit in Fragen der Nachwuchsförderung und der Auswahl erhalten bleibt. Die Entwicklung, die ich in der Ökonomie wahrgenommen habe, finde ich hochgradig problematisch. Egal ob ich jetzt die Erziehungswissenschaft oder die empirische Bildungsforschung betrachte, bin ich aber zuversichtlicher, weil man hier von Wissenschaftler*innen doch erwartet, dass sie Themen bearbeiten, die relevant sind für eine Institution, für die Lehre, aber auch für den Forschungskontext. Das führt zu Konflikten mit einer Sicht, bei der nur noch zählt, wie produktiv die einzelne Person beim Publizieren ist. Orientiert man sich hingegen daran, was der Wissenschafts-

rat als Aufgabe von Wissenschaft ansieht, müsste man in Berufungsverfahren Forschung, Lehre, Leistungen in der Infrastruktur und im Transfer
berücksichtigen. Das Zählen von Impactfaktoren betrifft ja ausschließlich
den Forschungsbereich – und das auch wieder nur partiell. Es gibt sicherlich die Tendenz, den Impact weiter nach vorn zu stellen, am Ende wird
aber nicht bloß mechanisch entschieden. So weit sind wir nun wirklich
noch nicht. Die Kehrseite der neuen Tendenz könnte langfristig sein, dass
die Zeitschriften mit Aufsätzen überschwemmt werden, etwa durch publi-
kationsbasierte Promotionen. Das müsste eigentlich zur Erhöhung der Zahl
von Zeitschriften führen. Oder, um es mal spitz zu formulieren, es bräuchte
spezifische Zeitschriften, die nur für publikationsbasiertes Promovieren da
sind. Am Ende führt es womöglich dazu, dass Fake-Zeitschriften gegründet
werden. Wo ein knappes Gut da ist, entsteht auch der Ersatzmarkt. Das
sind alles mögliche nichtintendierte Folgen dieser Indexsysteme, die man
im Auge behalten muss.

FR: Aber ich denke, die reine Konzentration auf die Zeitschriftenartikel ist gerade in der Perspektive auf die Rückbindung der verinselten Wissensbe-
standteile in einen größeren Zusammenhang nicht gerade förderlich. Denn
das schafft man in einem einzelnen Zeitschriftenartikel nicht. Wenn es gut
läuft, kann man das in einigen Fällen über Sonderhefte versuchen. Zum
Thema Ganztagsschule haben wir das ein paar Mal ganz gut gemacht. Es
gibt andere tolle Beispiele, wo das über Sonderhefte ganz gut gelaufen ist,
aber immer nur zu spezifischen Fragestellungen. Ich denke, es ist auch ganz
wichtig für die empirische Bildungsforschung, Sammelbände wieder neu
zu entdecken.

WH: Bei den Sammelbänden kommt es auf die Komposition an, also sind es Beiträge, die eher in einem lockeren, assoziativen Zusammenhang stehen, oder
besitzt die Komposition der Beiträge in sich nochmals eine klare Struktur.
Auch im Format des zeitschriftenbasierten Publizierens sind Beiträge möglich, in denen zentrale Erkenntnisse verschiedener Forschungsperspektiven
auch theoretisch gehaltvoll zusammengeführt werden können. Aber hier
gibt es natürlich schon wegen des Umfangs auch Grenzen. Von daher halte ich es für wichtig, sich den Stellenwert der Monografie in Erinnerung
zu rufen. Das ist nämlich genau das Format, das es ermöglicht, komplexe
Zusammenhänge herzustellen und mit anspruchsvollen Theoretisierungen
zu verbinden, was im Puzzle verschiedener Teilaufsätze schwierig wird. Das
gilt auch auf der Ebene der Qualifizierung des Nachwuchses mit einigen,
mehr oder weniger lose gekoppelten Zeitschriftenbeiträgen. Ich kann das
aus der Perspektive des Qualifikationsdrucks und der projektbasierten
Promotionslogik mit gestiegenem Zeitdruck nachvollziehen. Aber das ist
ein nicht unerheblicher Verlust für die wissenschaftliche Auseinanderset-

zung mit komplexen Fragestellungen und Theoretisierungen. Das ist ein zentraler Punkt für viele Debatten, die wir angesprochen haben. Es geht um die Frage: Was heißt Theorie in unserem Feld und was sind eigentlich Qualitätsansprüche an Forschung bezüglich der Generierung von Theorie? Das gilt auch für die Einschätzung der empirischen Bildungsforschung im letzten Jahrzehnt. Diese Forschung liefert natürlich eine Unmenge an empirischen Daten und Befunden. Ich finde es zentral nachzufragen, was diese Forschung – wie jede Forschung – zur Theoriebildung beiträgt. Zum Teil hat empirische Bildungsforschung den Eindruck erweckt, als wären die Daten der zentrale Erkenntnisgewinn und diese würden für sich selbst sprechen. Obwohl etwa in PISA sehr viel Theorie eingegangen ist, bleibt zu fragen: Wieviel und welche Theorie geht aus dieser empirischen Forschung hervor? Daran mangelt es in der empirischen Bildungsforschung, also darauf zu reflektieren: Welche Art von Theorie haben wir? Wie führen wir die Theorieentwicklung weiter? Wenn man so fragt, wird man vielleicht auch die traditionelle Erziehungswissenschaft anders einordnen und vielleicht auch mit Publikationsformaten anders umgehen. Eine derartige empirisch fundierte Theorieentwicklung und Theoriearbeit ist ausschließlich im Format von Zeitschriftenbeiträgen meines Erachtens nicht wirklich unterzubringen.

ET: Insofern haben Sie uns allen eine Aufgabe formuliert.

WH: Übrigens nicht nur im Bereich der empirischen Bildungsforschung, sondern auch generell: Was trägt Forschung eigentlich wirklich systematisch zu einer Theoretisierung, zu einer Weiterentwicklung von Theorien oder auch zur Neubildung von Theorien bei? Bleibe ich auf der Ebene von Beschreibungen, von Darstellungen stehen? Bleibe ich bei der Interpretation von Wissensbeständen, Interaktionsstrukturen etc. stehen? Wie führe ich das aber zu einer theoretischen Figur weiter oder inwiefern kann ich das in eine theoretische Gesamtfigur einfügen? Dazu gibt es auch im Rahmen der qualitativen Ansätze sehr unterschiedliche Positionen zur Frage empirisch basierter Theoriegenerierung. Die Frage stellt sich dort also nicht weniger fundamental und zentral als für die quantitative Bildungsforschung.

FR: Um das Ganze abzurunden, wäre es vielleicht eine Aufgabe, die wissenschaftstheoretische Frage, die es ja ist, nicht mehr in den Paradigmen zu diskutieren, sondern auf der Grundlage von Gegenständen. Man sollte es schaffen, unterschiedliche Ansätze an einem Gegenstand abzuarbeiten und man sollte versuchen, die unterschiedlichen Standpunkte dann wieder zusammenzuführen. Das ist etwas, was im Moment relativ wenig gelingt.

ET: Jeder hat ein anderes Verständnis, dieses – wie Sie sagen – gemeinsamen Gegenstandes. Es bleibt aber gleichwohl als Aufgabe bestehen, zumindest immer mal wieder in eine Diskussion zu kommen, sich wahrzunehmen und dort, wo es geht und wo es sinnvoll ist, auch entsprechende Verflechtungen herzustellen.

WH: Da würde ich direkt anschließen. Das Problem ist, dass vor dem Hintergrund unterschiedlicher theoretischer und empirischer Zugänge der Gegenstand nicht gleich bleibt, sondern dadurch erst konstruiert und hervorgebracht wird. Aber das muss ja nichts sein, an dem man verzweifelt, sondern genau das lässt sich ja explizieren und kommunizieren. Gerade das finde ich sehr spannend. Man kann etwa schauen, vor dem Hintergrund welches methodischen oder theoretischen Zugangs erscheint zum Beispiel der Anfang des Unterrichts in unterschiedlichen Perspektiven? Worin besteht das Gemeinsame, dass man bei allen unterschiedlichen Zugängen der Konstruktion des Gegenstands auch in den Blick nehmen kann? Oder worin besteht, gerade wenn man sich dessen klar und dies expliziert wird, der Erkenntnisgewinn von differenten Perspektiven? Und diese Differenz verschiedener Perspektiven zueinander zu vermitteln ermöglicht eine Multiperspektivität, die für den theoretischen Fortschritt wertvoll sein könnte. Aber das macht es eher schwieriger, weil man sich so nicht unmittelbar auf den Gegenstand einigen kann, sondern erst einmal Differenz aushalten muss.

FR: Aber ich denke, es könnte dabei helfen, auch die Begrenztheit des eigenen Ansatzes wahrzunehmen und sich der eigenen Perspektive bewusst zu werden.

Mit Blick auf die Uhr möchte ich das Gespräch hier leider beenden. Ich bedanke mich auch im Namen der Beteiligten an den Tagungsbänden sehr herzlich für die anregende und spannende Diskussion!

Teil 1
Schulsystem und Schulentwicklung

Beate Wischer und Nora Katenbrink

„Den Unterricht macht immer noch die Lehrkraft allein." – Das Schulinspektionsverfahren im Spannungsfeld von Profession und Organisation

Als ein Instrument externer Evaluation fordern Schulinspektionsverfahren den in Schule dominanten (funktionalen) Modus der Profession auch dadurch heraus, dass sie die Schule als Organisation adressieren und zu einer kollektiven Bearbeitung auffordern. Welche Konfliktlagen und Spannungsfelder dies in der schulischen Praxis zeitigt, legen rekonstruktive Analysen von Gruppendiskussionen mit Lehrer*innenkollegien samt Schulleitung offen, die wiederum in einem spezifischen Kontext erhoben wurden: an Schulen, die bei der Erstinspektion unter Standard abgeschnitten haben.

1 Einführung

Zur Bearbeitung komplexer Aufgaben bieten sich idealtypisch zwei Organisationsprinzipien an (vgl. schon Scott 1971): Die eine Strategie besteht in einer Segmentierung und sequenziellen Bearbeitung der Aufgabe durch verschiedene Personen(gruppen), die dann nur spezifische (oft einfache) Teilkompetenzen benötigen und deren Verantwortung für das Gesamtergebnis eher begrenzt ist. Erheblich eingeschränkt sind aber zugleich die individuellen Entscheidungsbefugnisse: Da die Teilaufgaben präzise definiert und aufeinander abgestimmt sein müssen, bedarf es enger Vorgaben im Hinblick darauf, was wie, von wem und bis wann zu tun ist. Und man braucht eine der operativen Ebene übergeordnete strategischen Leitung, die die Aufgaben, Arbeitsabläufe und Zuständigkeiten formalisiert, koordiniert und kontrolliert. Mit dieser Strategie verknüpft sind – anders ausgedrückt – Regulationsmechanismen einer (bürokratischen) Steuerung in einem hierarchischen Ordnungsgefüge, bei dem Entscheidungen über die Ziele und die eingesetzten Mittel nicht auf der operativen Ebene getroffen werden, sondern in einer mit gesonderten Verfügungsrechten ausgestatteten ‚Zentrale'.

Die andere Option besteht in einer Bearbeitung der vollständigen Aufgabe nur durch eine einzelne Person, die dann, je nach Situation oder Einzelfall, selbst entscheiden muss, was wann und wie zu tun ist. Anders als bei der ersten Strategie können die operativen Vollzüge dabei nicht durch engmaschige Vorgaben konditionalisiert werden; der ausführenden Person muss im Gegenteil sogar ein hohes Maß an Autonomie und Eigenverantwortung zugestanden werden. Erforderlich wird dafür aber umfassende Qualifikation, es steigen die Legitimationsbedarfe: Da die Entscheidungs- und Verantwortungslasten bei der ausführenden Person liegen, muss sichergestellt sein, dass man ihr in Bezug auf eine angemessene Ausübung ihrer Tätigkeit vertrauen kann.

Diese Strategie, die im Modus der Profession ein zentrales Lösungsmuster findet, scheint dann die erfolgversprechendere zu sein, wenn es sich um komplexe Aufgaben handelt, die sich weder zerlegen noch konditional (durch Wenn-Dann-Regeln) programmieren lassen. Insofern ist es wenig überraschend, dass sich für die Bearbeitung von Erziehungs- und Bildungsaufgaben ein Modus der Profession durchgesetzt hat (vgl. Thiel 2008) – und nicht eine formalisierte Detailsteuerung und Kontrolle mittels Hierarchie, mithin ein Modus formaler Organisation: Schulisches Lernen wird zwar durch vielfältige Formalia (Zielvorgaben, Stundenpläne, Prüfungs- und Versetzungsordnungen etc.) gerahmt und reguliert (vgl. Vanderstraeten 2004); die Interaktion selbst lässt sich aber angesichts der Eigendynamik und -logik interaktionaler Prozesse inklusive der Eigensinnigkeit der daran beteiligten Akteur*innen weder in ihrem Verlauf noch im Vorhinein steuern und formalisieren. Mit diesem „Technologiedefizit" (vgl. Luhmann 2002) konvergiert auf der Seite der Interaktion respektive des Unterrichts eine hohe Gestaltungs- und Entscheidungsautonomie der Lehrkräfte, hier verbunden mit einer hohen individuellen Verantwortung und einem Selbstverständnis, das sich auf professionelle Standards (eine akademische Expertise, eine Verpflichtung auf ein Berufsethos etc.) beruft bzw. sich darüber auch legitimiert (vgl. Kuper 2008). Und dem entspricht als Rahmung ein spezifisches Organisationsgefüge: Schulische Aufgaben, Ziele und Verfahren werden zwar – hier allerdings zuvorderst durch die Umwelt (den Gesetzgeber, die Schulbehörde usw.) – bürokratisch und hierarchisch administriert. Die Binnenstruktur der Schule selbst zeichnet sich aber durch flache Hierarchien, eine Dezentralisierung von Entscheidungen und kollegiale Abstimmung qua Konsens aus[1] (vgl. Kuper 2008).

---

1 Das oft als Prototyp bemühte Modell ist die von Mintzberg (1991) beschriebene „Organisation von Professionals". Dieser Typus wird zwar durch Bürokratie – je nach Lesart – unterstützt oder behindert. Im Unterschied zum „Maschinenmodell" (als Prototyp einer hierarchisch strukturierten und formalisiert operierenden Organisation) arbeiten die Professionals indes „relativ unabhängig von ihren Kollegen, aber in engem Kontakt mit ihren Klienten" (Merkens 2006, 238). Eine in der Pädagogik ebenfalls beliebte Figur zur Beschreibung der Schule als Organisation ist das Konzept der losen Kopplung (vgl. Weick 1976), mit dem sich die Autonomie der pädagogischen Interaktion gegenüber einer bürokratischen Regulierung proklamieren lässt (vgl. z.B. Rolff 1993).

2 Schulinspektionsverfahren als Steuerungsinstrument

Akzeptiert man diese grob gehaltenen Überlegungen als einen validen Ausgangspunkt, dann lassen sich die im letzten Jahrzehnt in vielen Bundesländern eingeführ-
ten Inspektionsverfahren als ein Instrument der (neuen) Steuerung und Qualitätssicherung beschreiben (vgl. Kotthoff & Böttcher 2010), das die Schule respektive
die Profession erheblich herausfordern, wenn nicht gar irritieren muss. Denn diese
Verfahren positionieren sich in ihren zentralen Merkmalen (vgl. ebd., 295–296) in
mehrfacher Hinsicht konträr zu den Prinzipien einer professionsbasierten Strategie:
Es handelt sich (1) um eine *externe Evaluation*: Während Professionelle auf ihre
akademische Expertise und ihr Berufsethos zurückgreifen, um (eigene) Qualitäts-
standards zu begründen und deren Einhaltung sicherzustellen, melden sich nun
‚externe' Besucher an, die sich auf Bezugsnormen (in Form von Qualitätstableaus)
stützen, die nicht zwischen den Professionellen einer Schule selbst ausgehandelt
wurden.

Auch um Schulen miteinander vergleichen zu können, sind Inspektionsverfahren
(2) datenbasiert und *standardisiert*. Im Unterschied zum professionellen Handeln,
das sich an der Spezifik des Einzelfalls bzw. den situativen Anforderungen vor
Ort orientiert, erfordert eine einheitliche Bewertung „nicht nur die invariante
Anwendung der Bewertungskriterien, sondern auch das Ignorieren all jener Informationen, die nicht mit den vorgegebenen Kriterien abgebildet werden können"
(Sowada 2016, 276).

Die Verfahren richten sich (3) auf die Evaluation der *Einzelschule* und nicht auf
die einzelne Lehrkraft. Zwar wird auch Unterricht visitiert und beurteilt; die
Ergebnisrückmeldung adressiert aber die Einzelschule, die dann „auf der Basis
der aus den Evaluationsergebnissen abgeleiteten externen Entwicklungsimpulse
Schulentwicklungsprozesse einleiten soll" (Kotthoff & Böttcher 2010, 295).

3 Fragestellung

Nun ist eine solche Adressierung der Schule als Organisation keineswegs neu.
Einem sich seit den 1990er Jahren vollziehenden, grundlegenden Wechsel der
Steuerungs- und Reformstrategien folgend (vgl. Rolff 1993), gilt die Einzelschule seit mehr als zwei Jahrzehnten als eine pädagogische Gestaltungsebene (vgl.
Fend 1988) und als eine zentrale Adresse reformerischer Erwartungen: Schulen
werden als ‚lernende Organisationen' aufgerufen und als solche beauftragt, eine
systematische Qualitätsentwicklung zu betreiben. Zudem sind die schulischen
Akteur*innen dabei noch mit einer Reihe weiterer Instrumente konfrontiert. Es
gibt zahlreiche, oft aus dem Managementbereich entlehnte Verfahren und Anlei-
tungshilfen (z.B. Schulprogramme, Leitbildentwicklung oder Steuergruppen) zur

Strukturierung der einzelschulischen Entwicklung (vgl. Kempfert & Rolff 2000). Und es gibt – mit den Vergleichsarbeiten und zentralen Abschlussprüfungen – ebenfalls extern administrierte und standardisierte, hier aber auf den Output gerichtete Kontrollformate.

Allerdings: Obwohl die Profession schon eine geraume Zeit durch solche an die Einzelschule gerichteten Erwartungen herausgefordert wird, bleibt dennoch die Frage offen, wie die mit dem Inspektionsverfahren angelegten Adressierungen bearbeitet werden (können). Ein erster Problemhorizont eröffnet sich durch die angedeuteten Spannungsverhältnisse professioneller und organisationaler Logiken: Da die Bearbeitungsmodi auf gegenläufigen Prinzipien beruhen, ist zumindest mit Konfliktbereichen und Akzeptanzproblemen zu rechnen (vgl. dazu auch Scott 1971).[2] Man kann mit Thiel (2008) aber sogar als Frage zuspitzen, ob und inwieweit sich die Adressierung als Organisation nicht sogar als „eine Zumutung für die Profession" erweist?

Weiterführend ist noch die Frage aufgeworfen, wie die Schulen auf den Veränderungsdruck reagieren *können*, d.h. welche Bearbeitungsmöglichkeiten sich grundsätzlich eröffnen (vgl. Kuper 2008). Die an die Einzelschule als Organisation adressierten Erwartungen treffen nicht lediglich auf eine Profession, die sich unter Umständen noch von anderen Prämissen leiten lässt (und deren Widerstand dann mittels Zwang oder Überzeugungsarbeit abgebaut werden könnte). Organisation als regulative Idee (vgl. ausführlich Brüsemeister 2004) erfordert eine umfassende Modifikation bisheriger Entscheidungsstrukturen und Koordinationsmechanismen, mithin die Entwicklung entsprechender Organisationsstrukturen. Unklar ist, welche Bedingungen man dafür benötigt und ob diese an den Schulen überhaupt vorhanden sind (vgl. Kuper 2008).

4 Einblicke in die eigene Forschung

Im Folgenden versuchen wir, uns diesen Fragen empirisch anzunähern. Die Grundlage ist ein Forschungsprojekt („Veränderung unter Druck – Fallstudien zu Schulentwicklungsprozessen an Schulen mit gravierenden Mängeln in Niedersachsen),[3] das sich – hier sehr knapp zusammengefasst – durch folgende Prämissen auszeichnet (vgl. ausführlich Dedering u.a. 2016):

---

2 Als Konfliktbereiche identifiziert Scott (1971) einen Widerstand gegen bürokratische Regeln und Überwachung, die Zurückweisung bürokratischer Standards und eine nur bedingte Loyalität gegenüber der Organisation. In der neueren Literatur wird dementsprechend sogar davor gewarnt, dass die Profession, wenn sie sich auf Organisationslernen einlässt, „an ihrer eigenen De-Professionalisierung mit(wirkt)" (Tacke 2004, 37).

3 Das Projekt unter Leitung von Kathrin Dedering (Universität Erfurt) und Beate Wischer (damals noch Universität Osnabrück) wurde durch pro*niedersachsen gefördert.

Mit den Schulen „mit gravierenden Mängeln" stehen (1) nur solche Schulen im Fokus, die im Rahmen der niedersächsischen Schulinspektion unter Standard abgeschnitten haben (vgl. dazu Sommer u.a. 2010). Untersucht wird also ein sehr verdichteter Fall, bei dem sich die Auseinandersetzung mit der Inspektion unter verschärften Bedingungen vollzieht. Diese Schulen werden nicht nur mit einem für sie höchst problematischen Urteil konfrontiert. Da eine Nachinspektion nach ca. eineinhalb Jahren überprüft, was diese Schulen zur Beseitigung der Mängel unternommen haben, können weder das Ergebnis noch die an die Schulen herangetragenen Qualitätserwartungen einfach ignoriert werden. Die schlichte Ausgangsfrage des Projektes lautet daher, wie diese Schulen die Inspektion, deren Ergebnis und die Anforderung der Vorbereitung der Nachinspektion ver- und bearbeiten.

Methodisch-methodologisch wurde (2) einbezogen, dass Inspektionsverfahren die schulischen Akteur*innen als kollektive Akteur*innen adressieren. Mit der Gruppendiskussion als Erhebungsinstrument und der Auswertung gemäß Dokumentarischer Methode (vgl. Bohnsack 2008) wurde deshalb ein Vorgehen gewählt, mit dem sich die Perspektive der Akteur*innen wie auch deren kollektive Verarbeitung von Inspektionsergebnissen erfassen und rekonstruieren lassen. Zudem wurde durch die gemeinsame Befragung von Lehrkräften und Schulleitung die Adressierung der Schulinspektion dabei in zweifacher Weise ‚wiederholt': Über den Erzählimpuls („Bitte erinnern Sie sich, wie es für Sie war, als Schule mit gravierenden Mängeln eingestuft worden zu sein und welche Prozesse wurden darüber in Gang gesetzt?") wurden die Akteur*innen im Kollektiv adressiert und zu gemeinsamen Erzählungen aufgefordert. Und anders als bei getrennten Befragungen, in denen auch ein Einzelner über eine kollektive Praxis berichten kann, schafft die Anwesenheit mehrerer Organisationsmitglieder, zumal von Lehrkräften *und* Schulleitung, eine soziale Erhebungssituation, die selbst eine kollektive Praxis ist bzw. in der sich eine Gruppenpraxis in actu vollzieht (vgl. Goldmann 2017). Neben der Frage, welche Themen in den Gruppen aufgerufen und verhandelt werden (und welche nicht!), kann somit rekonstruiert werden, wie die Akteur*innen diese Erzählung strukturieren und den Diskurs organisieren, wie also die Gruppe als Gruppe spricht (Bohnsack & Przyborksi 2010).

5 Ausgewählte Ergebnisse

Da wir uns hier aus Platzgründen beschränken müssen, wählen wir zwar eine Beispielsequenz als Ausgangspunkt, wir verzichten aber auf Rekonstruktionen (vgl. z.B. Dedering u.a. 2016). Die Darstellung erfolgt zudem fallübergreifend und eher deskriptiv.

Voranzustellen ist, dass sich die untersuchten Schulen vom Ergebnis und/oder Ablauf der Inspektion „geschockt", „gedemütigt", „getroffen", „aus der Bahn geworfen" fühlen. Die Inspektion und ihr Ergebnis werden gleichsam zu einem „traumatischen Erlebnis", in dessen Folge die Schulen „für lange Zeit handlungsunfähig" oder in „Schockstarre" waren (vgl. auch Sommer u.a. 2010). Mit einer typischen Aussage einer Lehrkraft zu ihrer Reaktion auf das Ergebnis lassen sich die dahinter stehenden Probleme differenzierter entfalten:

> „Bw: Joa, wer sagt- ich sag erstmal was. Also als ich das gehört habe, war ich erstmal entsetzt, so ein bisschen. Und dann äh, hab ja ich gehört, al-also-al-so erstmal, dass Lehrer auch was falsch gemacht haben, was mich ja nun persönlich sehr betraf. Aber es hat keiner erfahren, was er falsch gemacht hat. Und das fand ich das allerschlimmste. Dann konnte an sich jeder denken, hab ich vielleicht was falsch gemacht, was Gravierendes?"

Das Ergebnis als solches ruft zwar Entsetzen hervor, jedoch in einer abgemilderten Form. Gesteigert wird es durch den Hinweis auch auf Lehrer*innenfehler. Damit wird nicht nur das Ergebnis oder seine Rückmeldung so verstanden, dass Aussagen über Lehrkräfte und ihr Handeln enthalten sind. Es ergibt sich erst an dieser Stelle eine persönliche Relevanz für die Lehrkraft. Daraus resultiert das „Allerschlimmste": Die Einzelnen bleiben im Unklaren, ob und was sie unter Umständen falsch gemacht haben.

Wie sich weiter zeigt, ist der Schule der mit der Adressierung als Organisation verbundene Perspektivwechsel durchaus geläufig:

> „Bm: Ja, die kamen halt immer nur 20 Minuten. Und innerhalb von 20 Minuten wollen die einen quasi beurteilen, anhand irgendwie so ner Strichliste, ob man gut war oder nicht. Also ohne Rückmeldung. Das ist das Schlimmste überhaupt
> Cw: Ob der Unterricht gut war. Geht ja nicht um dich. Geht ja um den Unterricht (sehr leise)
> Bm: Ja, das ist klar, aber man nimmt das ja irgendwie persönlich
> Cw: Aber (.) ja, natürlich. Das ist- jeder bezieht das, glaube ich, auf sich selbst, ne, klar. Ich bin echt- wenn wir jetzt alle durchgefallen sind, bin ich ja auch durchgefallen und wir sind alle blöd. Wir sind alle unfähig, können das alle nicht"

Die Logik der Schulinspektion („es geht ja nicht um dich, geht ja um den Unterricht") kann sehr verdichtet wiedergegeben werden, aber weder geteilt noch übernommen werden. Entsprechend resignativ wird das Ergebnis generalisiert und als nicht zu Bearbeitendes markiert: Es macht lediglich unsicher und ratlos.

Das Adressierungsproblem zeigt sich ähnlich in anderen Fällen und wird entlang verschiedener Themen im Rahmen einer umfänglicheren Verfahrenskritik verhandelt:

• Im Fokus stehen zum einen die Forderungen nach schriftlich vorliegenden Konzepten. Kritisiert wird eine Verfahrenslogik, bei der die konzeptionelle Ar-

beit bzw. die Dokumentation der pädagogischen Praxis ein zentraler Gegenstand der Evaluation ist, was als Konzeptfixierung gedeutet wird: „Was nicht
auf dem Papier steht, existiert für die nicht." Die Schulen erzählen anschaulich, wie sie z.b. nach Hausaufgaben- oder Förderkonzepten gefragt wurden
und eine negative Rückmeldung erhielten, sofern dafür kein Dokument vorlag.
Damit verknüpft wird das Problem, dass nicht nur alles „auf dem Papier" zu
stehen hat, sondern dass die Konzepte, Arbeitspläne usw. auch eine spezifische
Form aufweisen müssen: „Wir hatten teilweise die Inhalte vorne und es sollten
die Kompetenzen zuerst erwähnt werden, also dass die im Vordergrund stehen.
Also reiner Formalismus war das." Auch hier geht es um eine Fixierung auf
Formalitäten, die auf Oberflächlichkeit und Unwichtiges zielt, für die Schulen
selbst keinen Sinn ergibt und mit bisherigen Orientierungen bricht: „Wichtig
ist, was rauskommt und nicht, was auf irgendeinem Papier steht. So war unser
Denken. Jetzt wissen wir, dass wichtig ist, was auf dem Papier steht."

• Kritisiert werden zum anderen die Unterrichtshospitationen und die darauf
bezogenen Verfahrensregeln, wie die Kürze (20 Minuten) und die Standardi-
sierung („Strichliste") der Beobachtungen. Auch hier sehen sich die Schulen
mit einer Orientierung an Oberflächenstrukturen konfrontiert, die sich in
dem damit wahrgenommenen Qualitätsverständnis der Schulinspektion spie-
geln. Zurückgewiesen wird so etwa die einseitige Fokussierung von Methoden:
„Man kann das nicht nur einfach an Methoden festmachen", und dagegenge-
setzt werden andere, didaktische Perspektiven: „Wie der Einstieg war? Wie die
Schüler auf ein Problem hingearbeitet haben." Anders als bei den Organisati-
onsanforderungen werden durch die Verfahrensregeln allerdings zudem noch
professionelle Standards verletzt: „Inspektoren schwingen sich auf und meinen,
in 20 Minuten alles beurteilen zu können und hinterher wirklich jedem seine ganze Arbeit schlecht zu machen." Das Problem der kurzen Hospitation
ist hier zweitrangig oder vielmehr die Steigerung des unkollegialen Verhaltens,
das sich bereits im „Aufschwingen", also im Erheben über Kolleg*innen, und
im Schlechtmachen der eigenen Arbeit zeigt. Als Belege elaboriert werden so
etwa ein nicht offengelegter Hospitationsplan, das Eintreten in den Klassen-
raum ohne Anklopfen und Gruß sowie im Besonderen, dass in keiner Weise ein individuelles Feedback zum besuchten Unterricht erfolgt (vgl. ähnlich
Dietrich 2016). Letzteres erschwert den Schulen eine Bearbeitung des Inspek-
tionsergebnisses; und es widerspricht der Vorstellung von kollegialer Hospitation: „Die könnten doch, wenn sie meine Stunde angucken, mir hinterher eine
Rückmeldung geben." Wenn eine Lehrkraft Einblick in ihren Unterricht gibt,
dann hat sie geradezu ein Anrecht auf eine Rückmeldung. Entsprechend wird
die Atmosphäre während der Inspektion bildhaft damit beschrieben, dass „die
grauen Herren" einen „kalten Windhauch" verbreiten, wenn sie „unvermittelt
im Unterricht erschienen und wieder verschwanden".

Als gravierend erweist sich die hier deutlich werdende Trennung von Interaktion/ Profession und Organisation auch bei der Bearbeitung der festgestellten Mängel. Die Gruppen unterscheiden in ihren Erzählungen nicht nur selbst zwischen dem „Papierkram" und der Bearbeitung von Unterricht und seiner Qualität. Beide Bereiche werden auch in unterschiedlicher Weise thematisiert:

- Ausführlich und anschaulich elaboriert werden das „Konzepte schreiben" und das „Ordnern" als ein Schwerpunkt der Vorbereitung auf die Nachinspektion. Viele Schulen beanspruchen, dass sie lediglich ihre bisherige Praxis zu Papier bringen mussten: „Was wir sowieso immer schon machen, das is ja nix Neues, das ham wa jetzt nur ma auf Papier aufgeschrieben." Diese „Schreiberei" erweist sich überdies als aufwändig, weil die dafür notwendigen Prozessabläufe erst zu etablieren waren: Aufgaben mussten identifiziert, koordiniert und delegiert und Arbeitsprozesse strukturiert werden. All dies wird jedoch zumeist auf der Ebene der Prozesse und nicht inhaltlich konkretisiert entfaltet: „Dann haben wir uns das alles eben Rot gekennzeichnet und haben gesagt, gut, daran arbeiten wir, das machen wir." Die Schulen erleben sich demnach zwar durchaus als produktiv: „Wir haben meterweise Akten produziert, damit wir auch alles- wir haben alles dokumentiert, alles nachgeholt." Es ergibt sich daraus aber kein Sinn oder ‚pädagogischer' Wert, sondern es wird vorrangig den geforderten Formalitäten genüge geleistet: „Denn dann kommt man in eine Situation, wo man dann einfach nur noch guckt: Haben wir, haben wir nicht? Leitbild? Ja, machen wir eben ein Leitbild. Ob das was taugt oder nicht, ist denen völlig Wurscht;" die konzeptionelle Arbeit bleibt aber für die pädagogische Praxis weitgehend folgenlos: „Ja, jetzt stehen die Ordner da. Kann man jeden Tag draufgucken."
- Selbst auf Nachfrage kaum thematisiert werden hingegen der Unterricht und dessen Entwicklung. Man findet lediglich Hinweise, dass hier das für die Schulentwicklung („Papierkram") entwickelte Prozessmanagement an Grenzen kommt: „Denn den Unterricht macht immer noch die Lehrkraft alleine", sodass die geforderte Norm oder Qualitätsvorstellung nicht „von oben durchgedrückt werden" kann. In letzter Konsequenz bleibt das „Pädagogische" ein vom „Papierkram" explizit unterschiedener Bereich, der in den Gruppen diskursiv nicht verhandelt wird (vgl. ähnlich auch Goldmann 2017).

6 Reflexion und Einordnung

Wie sind diese – hier sehr verkürzten – Einblicke in unser Datenmaterial einzuordnen? Dazu bieten sich je nach Referenzpunkt der Reflexion durchaus gegenläufige Lesarten an:

Wählt man die *programmatischen Ansprüche und Wirkungserwartungen* der Schulinspektion (vgl. z.B. Märkl 2012) als einen ersten, in der Forschung oft präferierten Ausgangspunkt, dann sind die Befunde – in Übereinstimmung mit der vorliegenden Forschung (vgl. Arbeitsgruppe Schulinspektion 2016) – eher ernüchternd; und man ist geneigt, ein kritisches Fazit zu formulieren: Den Schulen sind die Prämissen einer „qualitätsbasierten Schulorganisation" (Brüsemeister 2004) geläufig; sie werden aber weder zielgerecht noch erwartungskonform als Perspektiven der eigenen Entwicklung übernommen. Zwar deuten sich dabei auch verfahrensbedingte Probleme[4] an, indem sich etwa zeigt, dass die Lehrkräfte keineswegs nur unwillig sind, sondern dass es gerade im Hinblick auf die angestrebte Qualitätsentwicklung im Unterricht an Rückmeldeformaten fehlt, die eine Bearbeitung überhaupt ermöglichen. In einer die Ziele und das Verfahren affirmierenden Perspektive müssen die aufgezeigten Probleme aber weder das Inspektionsprozedere noch die Qualitätsentwicklungsideen in Frage stellen: Das Verfahren – so wäre hier das Argument – ‚scheitert' lediglich an einer bislang noch falschen (hier: professionsbasierten) Orientierung der Lehrkräfte oder/und an deren fehlendem Organisations- und Strategiewissen, und damit an Schwierigkeiten, die man durch Überzeugungs- und Aufklärungsarbeit noch beseitigen kann. *Professions- bzw. governancetheoretisch* gewendet, könnte dagegen aus guten Gründen bezweifelt werden, dass solche Überzeugungsstrategien tatsächlich aufgehen. Folgt man den einleitend vorgetragenen Überlegungen, dann sind die Konfliktlagen von professioneller und organisationaler Logik nicht nur als strukturbedingte zu deuten, was allein schon Lösungen nur auf der Ebene der Personen (eine „Erziehung der Erzieher*innen") kaum aussichtsreich erscheinen lässt. Das Inspektionsverfahren und die damit verbundene Umstellung auf Organisation zielt letztlich auf eine Veränderung der Akteur*innenkonstellation, bei der der Profession grundlegende Verfügungsrechte entzogen werden.[5] Die Akzeptanzprobleme und die Verfahrenskritik, die sich in unseren Daten dokumentieren, sind unseres Erachtens demnach nicht nur als eine Verletzung professioneller Standards zu deuten. Das Verfahren selbst basiert bereits – hier mit Baltruschat (2010) kritisch zugespitzt – auf einer für die Lehrkräfte durchgehend heteronom gerahmten und machtstrukturierten Interaktion, bei der „die Spielregeln der Begegnung einseitig" (249) festgelegt sind. Dies betrifft die grundlegende Frage, was als Qualität zu gelten hat und wie sie sich feststellen lässt. Dies beginnt aber schon mit der Frage, „wann und in welcher Form die Begegnung stattfindet" (ebd.), was sich in unseren

---

4 Solche Probleme resultieren nicht zuletzt aus den multiplen, nicht umstandslos miteinander zu vereinbarenden Funktionen bzw. Ansprüchen des Verfahrens. Man stößt – anders ausgedrückt – auf strukturelle Dilemmata und Spannungslagen von Steuerung, die dann von den „Steuerleuten" selbst zu bearbeiten sind.

5 Insofern spricht Brüsemeister (2004, 33) in seiner Analyse dieser veränderten Governance nicht ohne Grund von einem „historischen Kampf zwischen Profession und Organisation."

Daten etwa in der Kritik verdichtet, dass die Inspektor*innen unvorhersehbar und ohne Gruß im Unterricht erscheinen: Allein die Grußverweigerung – so Dietrich (2016) – impliziert, dass es sich hier „nicht um einen Besuch" (154) handelt, den man eventuell auch abweisen könnte. Wenn die Schulen die Schulinspektion als ein traumatisches Erlebnis beschreiben, dann ist in dieser Perspektive also nicht nur das Ergebnis selbst gemeint. Mit dem Verfahren vollzieht sich – hier wieder mit Baltruschat (2010, 263f.) argumentiert – „auf subtile Weise eine faktische Entmündigung der Professionellen, während ihnen jedoch gleichzeitig gemäß der Programmatik erweiterte Handlungsmöglichkeiten und größere Autonomie zugeschrieben werden". Auch diese zweite Lesart schließt innovationskonforme Deutungen nicht zwingend aus. Systemtheoretisch betrachtet (vgl. Luhmann 1999[5]) absorbieren Organisationen durch Fixierung von Entscheidungsprämissen (in Form von Programmen, Verfahrensregeln usw.) Unsicherheit und entlasten damit individuelle Entscheidungen, was als Vorteil die Beschneidung von Verfügungsrechten (auch aus Sicht der Profession) kompensieren könnte. Die individuelle Lehrkraft wäre bei einer Umstellung auf Organisation – so etwa Brüsemeister (2004) – den vielfältigen Umwelterwartungen (z.B. von Eltern, der bildungspolitischen Öffentlichkeit) nicht mehr isoliert ausgesetzt. Es gäbe stattdessen „gemeinsame Mitgliedschaftsregeln einer eigenen Schulorganisation"; und „es wäre eine corporate identity möglich, die vor Außenerwartungen schützt und versucht, in der Umwelt eigene Rationalitätsstandards durchzusetzen" (ebd., 31).[6]

Greift man die von Brüsemeister genutzte *organisationstheoretische* Perspektivierung als einen dritten Referenzpunkt auf, dann zeigt sich allerdings, dass Organisationen zwar in der Tat hohes Potenzial zugeschrieben werden, um auf Veränderungen in ihrer Umwelt zu reagieren beziehungsweise um die hier an sie gerichteten Erwartungen zu verarbeiten. Und dies erfolgt auf der Ebene der Formalstruktur, indem Verfahrensregeln, Programme oder auch „Konzepte" erstellt oder umgeschrieben werden. Solche Konzepte regulieren dabei allerdings – so die Anregungen aus der neo-institutionalistischen Organisationstheorie (vgl. Koch & Schemmann 2009) – nicht zwingend die operative Ebene (hier etwa den Unterricht, der sich, wie wir weiter vorn ausgeführt haben, einem organisatorischen Durchgriff sowieso entzieht). Die Formalstruktur besitzt auch eine für Organisationen notwendige Fassadenfunktion: Ob das Anfertigen eines Hausaufgabenkonzepts oder die Fortführung eines Schulprogramms – es geht bei all dem auch um eine Arbeit an der Schauseite, mit der sich die Organisation (hier: die Schule) so darstellt, wie es die Umwelt erwartet; und mit der sich gleichzeitig das Innenleben (d.h. die operative Ebene) nach außen abschirmen lässt (vgl. Kühl 2011, 136ff.).

---

6 Tatsächlich finden wir dafür in unseren Daten entsprechende Hinweise, indem einige Schulen zwar eine Kritik an der „Schreiberei" formulieren und gleichzeitig davon berichten, dass der Hinweis auf entsprechende Konzepte in der Auseinandersetzung mit Eltern entlaste.

Fragt man aus dieser Perspektive danach, wie die Schulen die an sie adressierten Qualitätserwartungen bearbeiten (können), dann kann man unsere Daten also so deuten, dass in den Praktiken der Schulen schon sehr viel Organisation steckt. Die Inspektion hätte gleichsam ein zentrales Ziel erreicht, weil die Schulen nicht nur gelernt haben, dass „wichtig ist, was auf dem Papier steht". Sie haben unter dem Druck der anstehenden (und jeweils erfolgreich bestandenen) Nachinspektion gleichzeitig ‚gelernt', in einem entsprechenden strategischen Modus der Organisation zu operieren: Es werden gemeinschaftlich die erforderlichen Konzepte geschrieben und Ordner angelegt, die man dann bei Bedarf hervorholen und präsentieren und hinter der die operative Ebene weiterhin verborgen bleiben kann. In diesem Sinne gelesen, könnte man den Schulen also gerade deshalb ein organisationales Verhalten attestieren, *weil* sich in ihren Praktiken, anders als der Präsident der niedersächsischen Schulinspektion postuliert (Märkl 2012, 151), ein „taktisches Vorgehen von Schulen bei der Vorbereitung auf Nachinspektionen" finden lässt.

Literatur

Arbeitsgruppe Schulinspektion (Hrsg.): Schulinspektion als Steuerungsimpuls? Ergebnisse aus Forschungsprojekten. Wiesbaden: Springer VS.

Baltruschat, Astrid (2010): Evaluation als zeremonielles Rollenspiel. Reflexion der externen Evaluation an bayrischen Schulen. In: Wolfgang Schöning, Astrid Baltruschat & Gerald Klenk (Hrsg.): Dimensionen pädagogisch akzentuierter Schulevaluation. Schneider: Hohengehren, 49–282.

Bohnsack, Ralf (2008): Rekonstruktive Sozialforschung: Einführung in qualitative Methoden. Opladen u.a.: Budrich.

Bohnsack, Ralf & Przyborksi, Aglaja (2010): Diskursorganisation, Gesprächsanalyse und Methode der Gruppendiskussion. In: Ralf Bohnsack, Agalja Przyborski & Burkard Schäffer (Hrsg.): Das Gruppendiskussionsverfahren in der Forschungspraxis. 2. Auflage. Opladen u.a.: Barbara Budrich, 233–248.

Brüsemeister, Thomas (2004): Schulische Inklusion und neue Governance. Zur Sicht der Lehrkräfte. Münster: MV-Verlag.

Dedering, Kathrin, Katenbrink, Nora, Schaffer, Greta & Wischer, Beate (2016): „Veränderung unter Druck" – Erste Einblicke in die Verarbeitung von Inspektionsdaten an Schulen mit gravierenden Mängeln in Niedersachsen. In: Arbeitsgruppe Schulinspektion (Hrsg.): Schulinspektion als Steuerungsimpuls? Ergebnisse aus Forschungsprojekten. Wiesbaden: Springer VS, 201–226.

Dietrich, Fabian (2016): Schulinspektionen als Steuerungsimpuls zur Schulentwicklung? Objektivhermeneutische Governance-Analysen zur Handlungskoordination im Kontext der Schulinspektion. In: Arbeitsgruppe Schulinspektion (Hrsg.): Schulinspektion als Steuerungsimpuls? Ergebnisse aus Forschungsprojekten. Wiesbaden: Springer VS, 119–168.

Fend, Helmut (1988): Schulqualität. Die Wiederentdeckung der Schule als pädagogische Gestaltungsebene. In: Neue Sammlung, 28 (4), 537–547.

Goldmann, Daniel (2017): Programmatik und Praxis der Schulentwicklung. Rekonstruktionen zu einem konstitutiven Spannungsverhältnis. Wiesbaden: Springer VS.

Kempfert, Guy & Rolff, Hans-Günter (2000): Pädagogische Qualitätsentwicklung. Ein Arbeitsbuch für Schule und Unterricht. Weinheim: Basel.

Koch, Sascha & Schemmann, Michael (Hrsg.) (2009): Neo-Institutionalismus in der Erziehungswissenschaft. Grundlegende Texte und empirische Studien. Wiesbaden: VS-Verlag.

Kotthoff, Georg & Böttcher, Wolfgang (2010): Neue Formen der „Schulinspektion": Wirkungshoffnungen und Wirksamkeit im Spiegel empirischer Bildungsforschung. In: Herbert Altrichter & Katharina Maag-Merki (Hrsg.): Handbuch Neue Steuerung im Schulsystem. Wiesbaden: VS Verlag, 295–326.

Kühl, Stefan (2011): Organisationen. Eine sehr kurze Einführung. Wiesbaden: VS-Verlag.

Kuper, Harm (2008): Entscheiden und Kommunizieren. Eine Skizze zum Wandel schulischer Leistungs- und Partizipationsstrukturen und den Konsequenzen für die Lehrerprofessionalität. In: Werner Helsper, Susann Busse, Merle Hummrich & Rolf-Torsten Kramer (Hrsg.): Pädagogische Professionalität in Organisationen, 149–162.

Luhmann, Niklas (1999⁵): Funktionen und Folgen formaler Organisation. Berlin: Duncker & Humblot.

Luhmann, Niklas (2002): Das Erziehungssystem der Gesellschaft. Frankfurt/M.: Suhrkamp.

Merkens, Hans (2006): Pädagogische Institutionen. Pädagogisches Handeln im Spannungsfeld von Individualisierung und Organisation. Wiesbaden: VS-Verlag.

Mintzberg, Henry (1991): Mintzberg über Management. Führung und Organisation. Mythos und Realität. Wiesbaden: Gabler.

Rolff, Hans-Günter (1993): Wandel durch Selbstorganisation. Theoretische Grundlagen und praktische Hinweise für eine bessere Schule. Weinheim u.a.: Juventa.

Märkl, Bert (2012): Schulinspektionen in Niedersachsen. In: Monique Ratermann & Sybille Stöbe-Blossay (Hrsg.): Governance von Schul- und Elementarbildung. Wiesbaden: VS-Verlag, 147–155.

Scott, W. Richard (1971): Konflikte zwischen Spezialisten und bürokratischen Organisationen. In: Renate Mayntz (Hrsg.): Bürokratische Organisation. Köln/Berlin: Kiepenheuer & Witch, 201–216.

Sommer, Norbert, Stöhr, Cora & Diana Thomas (2010): Schulen mit „gravierenden Mängeln". Situation in Niedersachsen und Einsatzmöglichkeiten der Schulentwicklungsberatung. In: Wolfgang Böttcher, Jan Nikolas Dicke & Nina Hogrebe (Hrsg.): Evaluation, Bildung und Gesellschaft. Steuerungsinstrumente zwischen Wirklichkeit und Anspruch. Münster: Waxmann, 209–227.

Sowada, Moritz G. (2016): Professionalität für wen? Inspektoren zwischen Schulsystem und Einzelschule. In: Arbeitsgruppe Schulinspektion (Hrsg.): Schulinspektion als Steuerungsimpuls? Ergebnisse aus Forschungsprojekten. Wiesbaden: Springer VS, 263–284.

Tacke, Veronika (2004): Organisation im Kontext der Erziehung. Zur soziologischen Zugriffsweise auf Organisationen am Beispiel der Schule als „lernender Organisation". In: Wolfgang Böttcher & Ewald Terhart (Hrsg.): Organisationstheorie in pädagogischen Feldern. Wiesbaden: VS-Verlag, 19–42.

Thiel, Felicitas (2008): Die Organisation der Bildung – eine Zumutung für die Profession? In: Yvonne Ehrenspeck, G. de Haan & Felicitas Thiel (Hrsg.): Bildung: Angebot oder Zumutung? Wiesbaden: VS-Verlag, 211–228.

Vanderstraeten, Raf (2004): Interaktion und Organisation im Erziehungssystem. In: Wolfgang Böttcher & Ewald Terhart (Hrsg.): Organisationstheorie in pädagogischen Feldern. Analyse und Gestaltung. Wiesbaden: VS-Verlag, 54–70.

Weick, Karl E. (1976): Educational organizations as loosely coupled systems. In: ASQ, 21. Jg., 1–20.

Julia Gerick

Identifizierung von Schultypen im Kontext von ICILS 2013 und Zusammenhänge mit computer- und informationsbezogenen Kompetenzen von Schüler*innen in Deutschland

*Dieser Beitrag zielt darauf ab, basierend auf ausgewählten Schulmerkmalen im Kontext des Lehrens und Lernens mit neuen Technologien – Schulziele, lehrerbezogene Aspekte und IT-Infrastruktur – unterschiedliche Schultypen in Deutschland zu identifizieren. Dafür werden Latent Class Analysen mit dem Schuldatensatz aus der International Computer and Information Literacy Study (ICILS 2013) durchgeführt. Darüber hinaus wird untersucht, ob Zusammenhänge zwischen den identifizierten Schultypen und den computer- und informationsbezogenen Kompetenzen von Achtklässler*innen in Deutschland bestehen. Die Ergebnisse zeigen, dass es empirisch möglich ist, unterschiedliche Schultypen zu identifizieren und dass sich diese vor allem in Bezug auf Schulziele voneinander unterscheiden. Signifikante Unterschiede zwischen den mittleren Kompetenzniveaus von Schüler*innen zwischen den Schultypen lassen sich dagegen nicht finden. Die Befunde werden vor dem Hintergrund ihrer Implikationen für die Praxis und zukünftiger Forschung diskutiert.*

1 Einleitung

Mit der zunehmenden Digitalisierung aller Lebens- und Arbeitsbereiche gehen gestiegene Anforderungen an Schulen und Schulsysteme einher (vgl. z.B. Anderson 2008; KMK 2016). Dabei geht es um die Frage, wie Schulen Schüler*innen bei der Entwicklung sogenannter ‚digitaler‘ Kompetenzen – oder computer- und informationsbezogene Kompetenzen, wie sie im Rahmen der *International Computer and Information Literacy Study* (ICILS 2013) erstmalig im internationalen Vergleich untersucht wurden (vgl. Fraillon u.a. 2013; Bos u.a. 2014; Fraillon u.a. 2014) – unterstützen können, damit diese erfolgreich an der Wissens- und Informationsgesellschaft teilhaben können (vgl. z.B. Voogt & Knezek 2008; Europäische Kommission 2014). In diesem Zuge ist es notwendig, relevante Rahmenbedingungen zu identifizieren, unter denen Schüler*innen solche Kompetenzen erwerben können. Bislang liegen vereinzelte Untersuchungen zu Schulmerkmalen im Kontext des Lehrens und Lernens mit neuen Technologien vor, die allerdings entweder Fallstudien in den Mittelpunkt der Untersuchung stellen (vgl. z.B. Blamire 2009; Tondeur u.a. 2010; Eickelmann 2011; Prasse 2012) oder aber im Rahmen von multivariaten Verfahren wie Regressions- oder Strukturgleichungsmodellen die Bedeutung von Schulmerkmalen untersuchen (vgl. z.b. Gerick & Eickelmann 2014; Lorenz u.a. 2015; Petko u.a. 2016). Allerdings liegen bislang für Deutschland noch keine Untersuchungen vor, die sich mit der Klassifizierung und Gruppierung von Schulen nach verschiedenen Charakteristika und ihrer Bedeutung für den Schulkontext mit dem Ziel beschäftigen, Hinweise für die Gestaltung schulischer Rahmenbedingungen und Prozesse zu generieren, um Schüler*innen den Erwerb ‚digitaler‘ Kompetenzen zu ermöglichen. Vor diesem Hintergrund fokussiert der vorliegende Beitrag auf die Identifikation von unterschiedlichen Schultypen und betrachtet auch mögliche Zusammenhänge dieser Typen mit den computer- und informationsbezogenen Kompetenzen. Dafür werden zunächst Einblicke in die theoretische Rahmung des Beitrags sowie empirischen Befunde in diesem Feld gegeben. Anschließend werden die Forschungsfragen dieses Beitrags formuliert und die Datengrundlage, das methodische Vorgehen sowie die eingesetzten Instrumente erläutert. Anschließend erfolgt die Darstellung der Ergebnisse. Der Beitrag schließt mit der Diskussion der Befunde und Implikationen für zukünftige Forschung und schulische Praxis.

2 Theoretischer Rahmen und empirische Befunde

Die Ergebnisse der internationalen Schulleistungsstudie ICILS 2013 haben bemerkenswerte Differenzen in den Lehr- und Lernbedingungen mit neuen Technologien in den beteiligten Bildungssystemen aufgezeigt. Auf der Schulebene variieren Faktoren wie Schulziele, das Schulleitungshandeln, die IT-Ausstattungssituation, der IT-Support sowie die Fortbildungsaktivitäten im Bereich neuer Technologien sowohl zwischen den Bildungssystemen als auch innerhalb der Bildungssysteme (vgl. Fraillon u.a. 2014; Gerick u.a. 2014; Gerick u.a. 2016). Das theoretische Rahmenmodell von ICILS 2013 skizziert die Bedeutung dieser Faktoren für den Erwerb von computer- und informationsbezogenen Kompetenzen der Schüler*innen als Voraussetzungen und Prozesse auf der Schul- und Klassenebene (vgl. Abbildung 1). Zur Erklärung der computer- und informationsbezogenen Kompetenzen von Schüler*innen als Leistungsergebnisse *(outcome)* werden in diesem Ansatz im Sinne klassischer „Kontext-Input-Prozess-Output" (CIPO)-Modelle (z.B. Scheerens 1990; Scheerens & Bosker 1997; Ditton 2000) die Voraussetzungen und die Prozesse im Zusammenhang betrachtet. In diesem Modell werden die Voraussetzungen für den Erwerb von computer- und informationsbezogenen

Kompetenzen als prägende und begrenzende Faktoren angesehen, von denen angenommen wird, dass sie einen direkten Einfluss auf Lernprozesse von Schüler*innen haben (Eickelmann u.a 2014). Für die Prozessfaktoren dagegen wird davon ausgegangen, dass sie das Kompetenzniveau direkt beeinflussen (ebd.). Anders als in anderen Schulleitungsstudien wie TIMSS oder IGLU wird in ICILS 2013 die Klassenebene nicht explizit erhoben, da die Stichprobenziehung der Schüler*innen klassenübergreifend über den achten Jahrgang erfolgte. Daher ist die Schul- und Klassenebene im Rahmenmodell gemeinsam ausgewiesen.

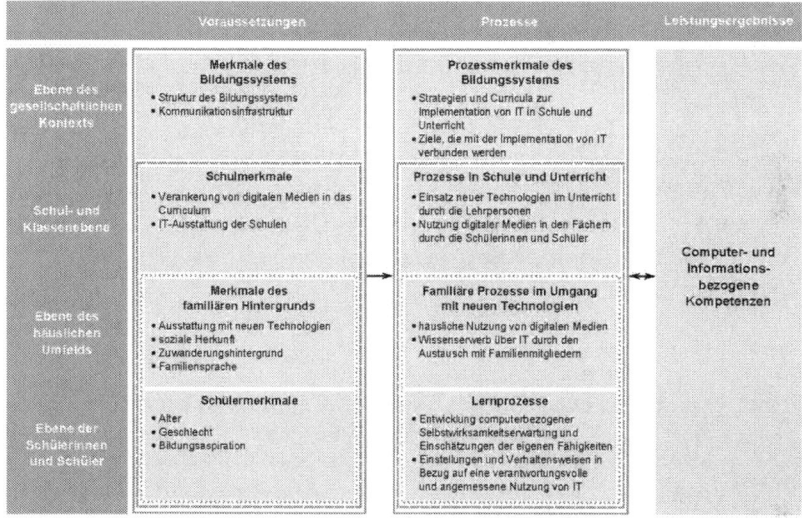

Abb. 1: Theoretisches Rahmenmodell von ICILS 2013 (Eickelmann u.a. 2014, 47, basierend auf Frailon u.a. 2013)

Vor diesem Hintergrund stellt sich die Frage, ob Schulen in Deutschland anhand einer Kombination solcher Merkmale auf Schulebene charakterisiert werden können. Denn bisher wurden vermehrt einzelne Variablen isoliert betrachtet, während der Ansatz der Typenbildung eine Interaktion dieser Variablen in Form von Schulprofilen ermöglicht und damit eine vielversprechende Herangehensweise für eine weiterführende Betrachtung der Rolle von Schulmerkmalen darstellt. Befunde zu den oben genannten Merkmalen auf Schulebene liegen im Kontext von ICILS 2013 sowohl in Bezug auf einzelne Faktoren (vgl. z.B. Gerick u.a. 2014) als auch hinsichtlich der simultanen Betrachtung dieser Faktoren im Zuge der Untersuchung von Zusammenhängen mit computer- und informationsbezogenen Kompetenzen von Schüler*innen vor (vgl. z.B. Lorenz u.a. 2015; Gerick u.a. 2017). Die simultane Betrachtung verschiedener Schulfaktoren im Rahmen von Mehrebenen-Strukturgleichungsmodellen zeigt für Deutschland positive Zusammenhänge zwischen IT-Ausstattung, IT-Support sowie Fortbildungsaktivität und dem mittleren Niveau der computer- und informationsbezogenen Kompetenzen der Schüler*innen (vgl. ebd.). Daher lässt sich daran anknüpfend fragen, wenn sich Typen von Schulen identifizieren lassen, ob diese in einem Zusammenhang mit den computer- und informationsbezogenen Kompetenzen von Schüler*innen stehen.

2.1 Forschungsfragen

Im Rahmen dieses Beitrags wird erstmalig für Deutschland eine Typisierung von Schulen unter Berücksichtigung der oben genannten Merkmale auf Schulebene vorgenommen. Diesem Beitrag liegen daher die folgenden zwei Forschungsfragen zu Grunde:

1. Lassen sich in Deutschland Schultypen anhand verschiedener schulischer Merkmale (Schulziele, lehrerbezogene Aspekte, IT-Infrastruktur) identifizieren?
2. Lassen sich Zusammenhänge zwischen den Schultypen und dem Niveau der computer- und informationsbezogenen Kompetenzen von Achtklässler*innen finden?

3 Stichprobe, methodisches Vorgehen und Instrumente

Zur Beantwortung der Fragestellung werden Sekundäranalysen von ICILS-2013-Daten durchgeführt. Mit ICILS 2013, koordiniert von der *International Association for the Evaluation of Educational Achievement* (IEA), wurden erstmalig im internationalen Vergleich die computer- und informationsbezogenen Kompetenzen von Achtklässler*innen computerbasiert erfasst. Zudem wurden anhand umfangreicher Hintergrundfragebögen die Rahmenbedingungen des Kompetenzerwerbs erhoben (vgl. Fraillon u.a. 2014). Für Deutschland liegt eine repräsentative Stichprobe von Sekundarstufenschulen vor. Für diesen Beitrag werden die Fragebögen für die Schulleitung und die IT-Koordinator*innen, d.h. die Personen, die für die IT-Ausstattung der Schule verantwortlich sind, herangezogen (vgl. Eickelmann u.a. 2014; Jung & Carstens 2015) und der Schuldatensatz für Deutschland genutzt.

Zur Beantwortung der ersten Forschungsfrage wird eine *Latent Class Analyse* (LCA, vgl. McCutcheon 1987) mit sieben Items zu Merkmalen auf Schulebene mit der Software *Mplus* 7.0 (vgl. Muthén & Muthén 2012) durchgeführt. Tabelle 1 zeigt die verwendeten Items und ihre Kodierung im Überblick (vgl. Jung & Carstens 2015). Dabei lassen sich drei thematische Bereiche differenzieren. Es werden drei Items zu *Schulzielen* einbezogen: (1) das Ziel der Schule, dass

Schülerfähigkeiten im angemessenen Umgang mit neuen Technologien[1] vermittelt werden sowie (2) die Überprüfung dieses Ziels mit unterschiedlichen Mitteln, z.B. Unterrichtsbesuchen. Zudem wird (3) ein Item berücksichtigt, inwiefern die Integration von neuen Technologien in den Unterricht erwartet wird. Bei allen drei Items, die für diesen Bereich ausgewählt wurden, gilt: Hohe Werte bedeuten eine hohe Zustimmung seitens der Schulleitung, die die Datengrundlage für diese drei Items liefert.

Tab. 1: Übersicht der verwendeten Items und ihre Kodierung

Schulziele	1. Ziel: Förderung von Fähigkeiten im angemessenen Umgang mit IT	Fördern des Verständnisses und der Fähigkeiten der Schüler*innen im Hinblick auf den sicheren und angemessenen Umgang mit IT *(0 – Nicht wichtig bis 2 – Sehr wichtig)*
	2. Überprüfung dieses Ziels	Fördern des Verständnisses und der Fähigkeiten der Schüler*innen im Hinblick auf den sicheren und angemessenen Umgang mit IT *(0 – Nein, wird nicht überprüft bis 4 – Ja, wird mit vier verschiedenen Methoden überprüft)*
	3. Erwartung: Integration von IT in den Unterricht	Integration von IT in den Unterricht und das Lernen *(0 – Nicht erwartet, 1 – Erwartet, aber nicht obligatorisch, 2 – Erwartet und obligatorisch)*
Lehrerbezogene Aspekte	4. Fortbildungsaktivitäten (IT im Unterricht)	Teilnahme an von der Schule angebotenen Kursen über den Einsatz von IT im Unterricht *(0 – Niemand oder fast niemand bis 3 – Alle oder fast alle)*
	5. Priorität: Schaffung von Anreizen zur Integration von IT in den Unterricht	Schaffung von Anreizen für die Lehrkräfte, um die Integration der IT-Nutzung in den Unterricht zu fördern *(0 – Keine Priorität bis 3 – Hohe Priorität)*
IT-Infrastruktur	6. Hinderungsgrund für IT-Einsatz: Mangel an IT-Support	Mangel an qualifiziertem technischen Personal zur Unterstützung des Einsatzes von IT *(0 – Überhaupt nicht bis 3 – Stark)*
	7. Hinderungsgrund für IT-Einsatz: Mangel an Computern	Zu wenige Computer für Unterrichtszwecke *(0 – Überhaupt nicht bis 3 – Stark)*

---

1 Neue Technologien und IT (Informationstechnologien) werden in diesem Beitrag synonym verwendet.

In einem zweiten Bereich werden Items zu *lehrerbezogenen Aspekten* berücksichtigt. Hier dient ebenfalls der Schulleitungsfragebogen als Datengrundlage. So wird ein Item zur (4) Fortbildungsaktivität des Kollegiums an von der Schule angebotenen Kursen im Bereich neue Technologien sowie (5) die Priorität der Schule in Bezug auf die Schaffung von Anreizen für Lehrpersonen zur Förderung der IT-Integration in den Unterricht, berücksichtigt. Auch für diesen Bereich zeigen hohe Werte eine hohe Zustimmung an. In einem dritten Bereich werden Items zur *IT-Infrastruktur* der Schule betrachtet, die aus dem Fragebogen der IT-Koordinator*innen stammen. Es werden Items (6) zum Mangel an technischem Personal und (7) zum Mangel an Computern für Unterrichtszwecke als Hinderungsgrund für den IT-Einsatz im Unterricht verwendet. Hier bedeuten hohe Werte, dass große Hindernisse im Bereich der IT-Infrastruktur vorliegen. Bei der LCA wurden Fälle mit fehlenden Werten in allen Analysevariablen nicht berücksichtigt. Einzelne fehlende Werte wurden mit dem *Full Information Maximum Likelihood* (FIML) behandelt. Insgesamt konnten 122 Schulen in die Analysen einbezogen werden. Die Modellpassung wird über die beiden Kennwerte *Akaike Information Criterion* (AIC; Akaike 1974) und *Bayesian Information Criterion* (BIC; Schwarz 1978) beurteilt.

Zur Beantwortung der zweiten Forschungsfrage werden deskriptive Analysen mit dem IDB Analyzer 3.1 (vgl. Rutkowski u.a. 2010) unter Berücksichtigung der Schülerleistungsdaten (*plausible values*) aus dem computerbasierten Kompetenztest durchgeführt. Dabei wurden entsprechende Gewichtungsvariablen (*final student weight*) verwendet, um der komplexen Datenstruktur Rechnung zu tragen.

4 Ergebnisse

Im Folgenden werden die Ergebnisse differenziert nach den formulierten Forschungsfragen dargestellt. Dabei fokussiert Abschnitt 4.1 auf die Ergebnisse der LCA zur Identifikation unterschiedlicher Schultypen und Abschnitt 4.2 auf die Frage nach Zusammenhängen mit den Schülerkompetenzen.

4.1 Ergebnisse zu Forschungsfrage 1: Identifikation von Schultypen

Die Ergebnisse der durchgeführten LCA zeigen, dass eine 4-Klassenlösung am besten auf die Daten passt (siehe Tabelle 2). Zudem findet sich für diese Lösung eine sehr gute Zuordnungswahrscheinlichkeit zu den einzelnen Klassen (über .9; Rost 2006).

Tab. 2: Ergebnisse der *Latent Class Analyse*

Klassen-lösung	AIC	BIC	Sample-Size Adj. BIC	Entropy	Klassifika-tionswahr-scheinlich-keit	Klassen-größe (%)
2	1653.287	1716.874	1647.286	0.918	1.00 / 0.97	19 / 81
3	1603.140	1689.851	1594.957	0.906	0.90 / 1.00 / 1.00	52 / 29 / 19
4	**1488.506**	**1598.340**	**1478.141**	**0.918**	**1.00 / 1.00 / 0.90 / 1.00**	**14 /5 /52 /29**
5	1490.875	1623.831	1478.327	0.879	1.00 / 0.95 / 1.00 / 0.89 / 0.81	5 / 47 / 14 / 10 / 24
6	1484.856	1640.935	1470.126	0.871	0.80 / 0.92 / 0.85 / 1.00 / 0.97 / 0.97	17 / 29 / 21 / 6 / 12 / 15

Abbildung 2 zeigt die Verteilung der vier Schultypen über die sieben oben be-schriebenen Items zu den drei thematischen Bereichen.[2] Zunächst wird deutlich, dass mehr als die Hälfte der Schulen (52%) mit der höchsten Wahrscheinlichkeit dem Schultyp 1 zugeordnet werden können, gefolgt von Schultyp 2 mit mehr als einem Viertel der Schulen (29%). Die Schultypen 3 (14%) und vor allem Schul-typ 4 (5%) sind dagegen geringer besetzt. Im Folgenden werden die Schultypen mit einem sie charakterisierenden Namen versehen und einzeln beschrieben.[3]

Schultyp 1: Schulen mit neuen Technologien als Strategie und Lehrerfokus (52%)

Das Ziel der ‚Förderung der Fähigkeit von Schüler*innen im Umgang mit IT‘ wird in Schulen, die diesem Typ zugeordnet werden können, als sehr wichtig ein-geschätzt; das Ziel wird zudem auch überprüft. Die Integration von neuen Tech-nologien in Lehr- und Lernprozesse wird erwartet und ist obligatorisch. Viele Lehrkräfte nehmen an von der Schule angebotenen Fortbildungen zum Einsatz von neuen Technologien im Unterricht teil und die Schaffung von Anreizen für Lehrkräfte, um die Integration von Medien in den Unterricht zu fördern, hat

---

2 Es ist zu beachten, dass der Wertebereich für das Item „Überprüfung des Ziels" bis Max. = 4 reicht, für alle anderen Items wie dargestellt bis Max. = 3. Dies muss bei der Betrachtung der Abbildung berücksichtigt werden.

3 Die dargestellten deskriptiven Unterschiede zwischen den Mittelwerten der vier Schultypen werden auch durch varianzanalytische Auswertungen gestützt. Hier zeigen sich signifikante Mittelwert-unterschiede für etwa die Hälfte der Differenzwerte über alle Items und alle vier Schultypen.

mittlere Priorität. In Bezug auf die Infrastruktur ist der Einsatz von neuen Technologien in den Unterricht teilweise durch fehlenden IT-Support sowie fehlende IT-Ausstattung beeinträchtigt. Somit scheinen Schulen dieses Typs durch starke Schulziele, einen expliziten Lehrerfokus sowie eine suboptimale IT-Infrastruktur charakterisiert zu sein.

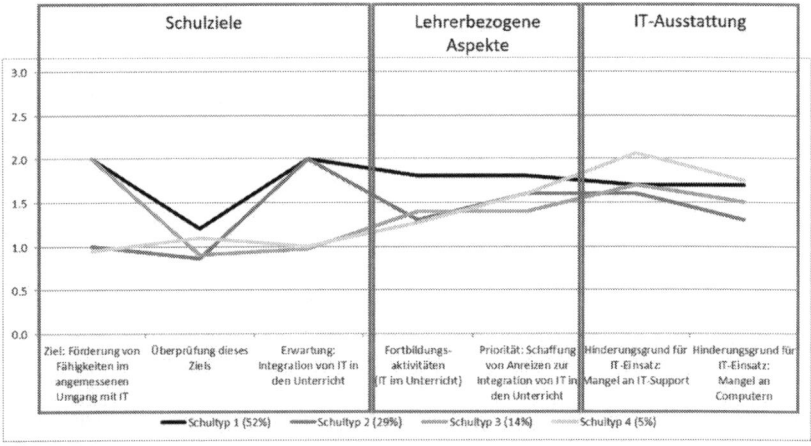

Abb. 2: Visualisierung der vier identifizierten Schultypen

Schultyp 2: Schulen mit geregeltem Verhältnis zu neuen Technologien (29%)

Im Vergleich zum Schultyp 1 hat die Förderung von Fähigkeiten im angemessenen Umgang mit neuen Technologien nur mittlere Priorität. Aber es wird erwartet und es ist obligatorisch geregelt, dass neue Technologien in den Unterricht integriert werden. Die Ausstattungssituation ist im Vergleich mit allen anderen Typen die günstigste. Es scheint weiterhin, als hätten die Schulen im Hinblick auf neue Technologien Regelungen getroffen, dass die Integration von neuen Technologien in den Unterricht nicht nur erwartet wird, sondern auch obligatorisch geregelt ist.

Schultyp 3: Schulen mit neuen Technologien als Priorität und Gestaltungsspielraum (14%)

Die Förderung von Fähigkeiten im angemessenen Umgang mit neuen Technologien hat eine hohe Bedeutung, die auch überprüft wird, aber die Nutzung von neuen Technologien im Unterricht wird zwar erwartet, ist aber nicht obligatorisch geregelt. Zudem finden sich im Vergleich zu den anderen Schultypen nur schwache Fortbildungsaktivitäten sowie kaum Prioritäten für ein Anreizsystem für die Lehrpersonen. An Schulen, die diesem Schultyp zugeordnet werden können, scheinen Gestaltungsspielräume für Lehrpersonen vorhanden zu sein, die je nach Eigeninitiative genutzt werden können.

Schultyp 4: Schulen mit neuen Technologien als „Nebensache" (5%)
Die Ziele und Erwartungen im Bereich neue Technologien in Schule und Unterricht sind an Schulen, die diesem vierten Schultyp zugeordnet werden können, nicht besonders hoch bzw. nicht obligatorisch geregelt. Zudem finden sich geringe Fortbildungsaktivitäten. Schulen in diesem Typ scheinen andere schulische Schwerpunkte zu haben als den Einsatz neuer Technologien in den Unterricht. Tabelle 3 zeigt die Charakteristika der Schultypen im Überblick.

Tab. 3: Übersicht der Charakteristika der identifizierten Schultypen

		Schultyp 1	Schultyp 2	Schultyp 3	Schultyp 4
Schulziele	Ziel: Förderung von Fähigkeiten im angemessenen Umgang mit IT	Hohe Wichtigkeit	Mittlere Wichtigkeit	Hohe Wichtigkeit	Mittlere Wichtigkeit
	Überprüfung dieses Ziels	Überprüft	Überprüft	Überprüft	Überprüft
	Erwartung: Integration von IT in den Unterricht	Erwartet & obligatorisch	Erwartet & obligatorisch	Erwartet, nicht obligatorisch	Erwartet, nicht obligatorisch
Lehrerbezogene Aspekte	Fortbildungsaktivitäten (IT im Unterricht)	Viele Lehrkräfte	Einige Lehrkräfte	Einige Lehrkräfte	Einige Lehrkräfte
	Priorität: Schaffung von Anreizen zur Integration von IT in den Unterricht	Mittel	Mittel	Gering	Mittel
IT-Infrastruktur	Hinderungsgrund für IT-Einsatz: Mangel an Support	Teilweise	Teilweise	Teilweise	Teilweise
	Hinderungsgrund für IT-Einsatz: Mangel an PCs	Teilweise	Ein wenig	Teilweise	Teilweise

4.2 Ergebnisse zu Forschungsfrage 2: Zusammenhänge zu Schülerleistungen

Die zweite Fragestellung zielte darauf ab, zu untersuchen, ob sich Zusammenhänge zwischen den Schultypen und dem Niveau der computer- und informationsbezogenen Kompetenzen von Achtklässler*innen in Deutschland finden lassen. Dafür wurden die Leistungsmittelwerte pro Schultyp berechnet und auf signifikante Unterschiede geprüft. Tabelle 4 zeigt die Ergebnisse im Überblick.

Tab. 4: Mittleres Kompetenzniveau der Achtklässler*innen in Deutschland und Standardfehler nach Schultyp

Schultyp 1 (n = 1.070)		Schultyp 2 (n = 617)		Schultyp 3 (n = 296)		Schultyp 4 (n = 116)	
M	SE	M	SE	M	SE	M	SE
523	6.4	528	5.8	532	10.7	479	39.1

Anmerkung: Die angegebene Stichprobengröße bezieht sich auf Achtklässler*innen, die eine Schule besuchen, die einem Schultyp zugeordnet wurde.

Die Ergebnisse zeigen auf den ersten Blick zum Teil deutliche Unterschiede zwischen den Leistungen der Schüler*innen an Schulen der unterschiedlichen Schultypen. Allerdings sind die Unterschiede, u.a. aufgrund der zum Teil sehr hohen Standardfehler aufgrund der kleinen Gruppengrößen, nicht signifikant. Die für die Analysen ausgewählten Schulmerkmale scheinen demnach in keinem direkten Zusammenhang mit den computer- und informationsbezogenen Kompetenzen der Achtklässler*innen in Deutschland zu stehen.

5 Zusammenschau und Diskussion

Vor dem Hintergrund der zunehmenden Verantwortung von Schulen und Schulsystemen, Schüler*innen auf eine erfolgreiche Teilhabe an einer zunehmend digitalisierten Gesellschaft vorzubereiten, lag die Zielsetzung dieses Beitrages zum einen in der Untersuchung der Frage, ob sich anhand verschiedener Schulmerkmale (Schulziele, lehrerbezogene Aspekte, IT-Infrastruktur) unterschiedliche Schultypen identifizieren lassen und zum anderen, ob diese Schultypen mit den computer- und informationsbezogenen Kompetenzen von Schüler*innen zusammenhängen. Die Ergebnisse hinsichtlich der ersten Forschungsfrage zeigen, dass es möglich ist, vier Typen von Schulen in Deutschland zu identifizieren. Dabei lassen sich zu den Schultypen 1 und 2 mehr als zwei Drittel der Schulen in Deutschland zuordnen. Während sich Aspekte der IT-Infrastruktur zwischen den

Schultypen kaum unterscheiden, variieren insbesondere Aspekte der Schulziele zwischen den vier Schultypen. Die Ergebnisse bezüglich der zweiten Forschungsfrage zeigen, dass keine signifikanten Unterschiede in den computer- und informationsbezogenen Kompetenzen von Schüler*innen, die Schulen verschiedener Schultypologien besuchen, bestehen. Hier lässt sich zum einen vermuten, dass Schulmerkmale vor allem indirekt für den Kompetenzerwerb bedeutsam sind. Zukünftige Forschung sollte daher möglicherweise die Nutzung neuer Technologien als Mediatorvariable zwischen die Schultypen und die computer- und informationsbezogenen Kompetenzen der Schüler*innen modellieren. Aber auch die Berücksichtigung von anderen Indikatoren für die gewählten Schulfaktoren (z.B. andere Ziele) oder weitere Variablen auf Schulebene (z.B. Kooperation) wäre denkbar vor dem Hintergrund, dass möglicherweise die nicht signifikanten Kompetenzunterschiede zwischen den Schultypen auf die Auswahl der Schulmerkmale zurückgehen. Darüber hinaus könnten qualitative Fallstudien vertiefende Einblicke in das Lehren und Lernen mit neuen Technologien in Schulen geben. Aufgrund der bereits vorliegenden Befunde zu Zusammenhängen zwischen Schulmerkmalen und den computer- und informationsbezogenen Kompetenzen aus strukturgleichungsmodellanalytischer Betrachtung wäre ein signifikanter Zusammenhang zu erwarten gewesen. Möglicherweise lässt sich das Ergebnis zur zweiten Forschungsfrage auch darauf zurückführen, dass sich die größten Unterschiede der identifizierten Schulprofile im Vergleich zum vierten Schulprofil zeigen, dieses Profil allerdings im Vergleich recht gering besetzt ist und damit der Standardfehler sehr hoch ausfällt. Doch auch wenn sich keine signifikanten Zusammenhänge zwischen den Schultypen und den Schülerleistungen zeigen, geben die identifizierten Schultypen dennoch erstmalig einen Einblick in unterschiedliche Profile von Schulen im Kontext des Lehrens und Lernens mit neuen Technologien in der Schule und stellen damit eine Ausgangslage für vertiefende und erweiternde Analysen mit der Perspektive dar, Erkenntnisse für die Entwicklung von Strategien zu generieren, um den Kompetenzerwerb von Schüler*innen für eine erfolgreiche Teilhabe an der ‚digitalen Welt' zu unterstützen.

Literatur

Akaike, Hirotugu (1974): A new look at the statistical model identification. In: IEEE Transactions on Automatic Control 19 (6), 716–723.

Anderson, Ron (2008): Implications of the information and knowledge society for education. In: Jooke Voogt & Gerald Knezek (Hrsg.): International handbook of information technology in primary and secondary education. New York: Springer, 3–22.

Blamire, Roger (2009): ICT impact data at primary school level. In: Friedrich Scheuermann & Francesc Pedró (Hrsg.): Assessing the effects of ICT in education. Luxembourg: EC/OECD, 199–211.

Bos, Wilfried, Eickelmann, Birgit, Gerick, Julia, Goldhammer, Frank, Schaumburg, Heike, Schwippert, Knut, Senkbeil, Martin, Schulz-Zander, Renate & Wendt, Heike (2014): ICILS 2013. Computer- und informationsbezogene Kompetenzen von Schülerinnen und Schülern in der 8. Jahrgangsstufe im internationalen Vergleich. Münster: Waxmann.

Ditton, Hartmut (2000): Qualitätskontrolle und Qualitätssicherung in Schule und Unterricht. Ein Überblick zum Stand der empirischen Forschung. In: A. Helmke, W. Hornstein & E. Terhart (Hrsg.): Qualität und Qualitätssicherung im Bildungsbereich. In: Zeitschrift für Pädagogik, 41. Beiheft. Weinheim und Basel: Beltz, 73–92.

Eickelmann, Birgit (2011): Supportive and hindering factors to a sustainable implementation of ICT in schools. In: Journal for Educational Research Online, 3 (1), 75–103.

Eickelmann, Birgit, Bos, Wilfried, Gerick, Julia & Kahnert, Julia (2014): Anlage, Durchführung und Instrumentierung von ICILS 2013. In: Wilfried Bos, Birgit Eickelmann, Julia Gerick, Frank Goldhammer, Heike Schaumburg, Knut Schwippert, Martin Senkbeil, Renate Schulz-Zander & Heike Wendt (Hrsg.): ICILS 2013. Computer- und informationsbezogene Kompetenzen von Schülerinnen und Schülern in der 8. Jahrgangsstufe im internationalen Vergleich. Münster: Waxmann, 43–81.

Europäische Kommission (2014): The International Computer and Information Literacy Study (ICILS). Brussels.

Fraillon, Julian, Ainley, John, Schulz, Wolfram, Friedman, Tim & Gebhardt, Evelyn (2014): Preparing for life in a digital age. New York: Springer.

Fraillon, Julian, Schulz, Wolfram & Ainley, John (2013): International Computer and Information Literacy Study: Assessment framework. Amsterdam: IEA.

Gerick, Julia & Eickelmann, Birgit (2014): Einsatz digitaler Medien im Mathematikunterricht und Schülerleistungen. In: Tertium Comparationis, 20 (2), 152–181.

Gerick, Julia, Eickelmann, Birgit & Bos, Wilfried (2017): School-level predictors for the use of ICT in schools and students' CIL in international comparison. In: Large-scale Assessments in Education, 5 (1), 1–13.

Gerick, Julia, Eickelmann, Birgit, Drossel, Kerstin & Lorenz, Ramona (2016): Perspektiven von Schulleitungen auf neue Technologien in Schule und Unterricht. In: Birgit Eickelmann, Julia Gerick, Kerstin Drossel & Wilfried Bos (Hrsg.): ICILS 2013. Vertiefende Analysen zu computer- und informationsbezogenen Kompetenzen von Jugendlichen. Münster: Waxmann, 60–92.

Gerick, Julia, Schaumburg, Heike, Kahnert, Julia & Eickelmann, Birgit (2014): Lehr- und Lernbedingungen des Erwerbs formationsbezogener Kompetenzen in den ICILS 2013-Teilnehmerländern. In: Wilfried Bos, Birgit Eickelmann, Julia Gerick, Frank Goldhammer, Heike Schaumburg, Knut Schwippert, Martin Senkbeil, Renate Schulz-Zander & Heike Wendt (Hrsg.): ICILS 2013. Computer- und informationsbezogene Kompetenzen von Schülerinnen und Schülern in der 8. Jahrgangsstufe im internationalen Vergleich. Münster: Waxmann.

Jung, Michael & Carstens, Ralph (Hrsg.) (2015): ICILS 2013 user guide for the international database. Amsterdam: IEA.

KMK (2016): Bildung in der digitalen Welt. Strategie der Kultusministerkonferenz. Online unter: https://www.kmk.org/fileadmin/Dateien/pdf/PresseUndAktuelles/2016/Bildung_digitale_Welt_Webversion.pdf (Abrufdatum: 31.10.2017).

Lorenz, Ramona, Eickelmann, Birgit & Gerick, Julia (2015): What Affects Students' Computer and Information Literacy around the World? In: David Slykhuis & Gary Marks (Hrsg.): Proceedings of Society for Information Technology & Teacher Education International Conference 2015. Chesapeake, VA: AACE, 1212–1219.

McCutcheon, Allan L. (1987): Latent class analysis. Beverly Hills: Sage.

Muthén, Bengt & Muthén, Linda (2012): Software Mplus Version 7.

Petko, Dominik, Cantieni, Andrea & Prasse, Doreen (2016): Perceived quality of educational technology matters. In: Journal of Educational Computing Research.

Prasse, Doreen (2012): Bedingungen innovativen Handelns an Schulen. Münster: Waxmann.

Rost, Jürgen (2006): Latent-Class-Analyse. In: Fritz Petermann & Michael Eid (Hrsg.): Handbuch der Psychologischen Diagnostik. Göttingen: Hogrefe, 275–287.

Rutkowski, Leslie, Gonzalez, Eugenio, Joncas, Marc & von Davier, Matthias (2010): International large-scale assessment data. In: Educational Researcher 39 (2), 142–151.

Scheerens, Jaap (1990): School effectiveness and the development of process indicators of school functioning. In: School Effectiveness and School Improvement, 1 (1), 61–80.

Scheerens, Jaap & Bosker, Roel J. (1997): The foundations of educational effectiveness. Oxford, UK: Pergamon.

Schwarz, Gideon (1978): Estimating the dimension of a model. In: Annals of Statistics 6 (2), 461–464.

Tondeur, Jo, Cooper, Marc & Newhouse, Paul (2010): From ICT coordination to ICT integration. In: Journal of Computer Assisted Learning, 26. Jg., 296–306.

Voogt, Jooke & Knezek, Gerald (Hrsg.) (2008): International handbook of information technology in primary and secondary education. New York: Springer.

Stefanie van Ophuysen

Die Einschätzung der Relevanz von Kriterien für die Schullaufbahnempfehlung am Ende der Grundschulzeit – Zum Einfluss von Zielsetzung und Expertise

Die Erteilung der Übergangsempfehlung ist eine bedeutende diagnostische Aufgabe für Grundschullehrkräfte. Zur Einschätzung der Diagnosequalität kann neben dem Urteil auch die Art der Verarbeitung diagnostischer Informationen herangezogen werden. Die Expertiseforschung zeigt, dass Expert*innen Informationen differenzierter berücksichtigen und vorgegebene Zielsetzung adäquater einbinden als Noviz*innen. Lassen sich derartige Unterschiede auch bei der Beurteilung der Relevanz von Urteilskriterien für die Übergangsempfehlung nachweisen?
135 Grundschullehrkräfte und 108 Lehramtsstudierende (UV Expertise) beurteilten die Relevanz zahlreicher Kriterien für die Erteilung einer Übergangsempfehlung. Je die Hälfte der Befragten bekam die Vorgabe, die Relevanz für eine „prognostisch valide" versus eine „gerechte" Empfehlung zu treffen (UV Zielsetzung).
Die Kriterienrelevanz wurde differenzierter beurteilt, wenn eine sozial gerechte an Stelle einer prognostisch validen Empfehlung getroffen werden sollte. Eine stärkere Anpassung der Relevanzurteile an die Zielsetzung bei Expert*innen konnte nicht nachgewiesen werden. Erklärungsansätze für die erwartungsdiskrepanten Befunde werden vorgestellt und mit Blick auf die Frage nach der Rationalität des professionellen Lehrer*innenhandelns diskutiert.

1 Die Schullaufbahnempfehlung und ihre Kriterien

Der Übergang von der Grundschule zur weiterführenden Schule steht jährlich für rund 715.000 Kinder in Deutschland an (Statistisches Bundesamt 2015). Diesem Schulformwechsel wird eine herausragende Bedeutung für die Bildungsbiographie zugesprochen (Maaz u.a. 2010). Die gewählte Schulform sagt mit hoher Wahrscheinlichkeit den ersten Bildungsabschluss vorher. Der Schulabschluss variiert seinerseits systematisch mit der weiteren Bildungs- und Berufsbiographie und ist somit prädiktiv für Karrierechancen und Einkommen, aber auch Gesundheit und Wohlbefinden (Autorengruppe Bildungsberichterstattung 2016).

Die lehrer*innenseitige Empfehlung spielt in diesem Entscheidungsprozess eine wichtige Rolle: Selbst in Bundesländern, in denen die Lehrkraftempfehlung nicht verbindlich ist, folgen viele Eltern der Empfehlung. Beispielsweise entsprachen in NRW im Schuljahr 2009/2010 mehr als 98% der realisierten Schulformwahlen den erteilten (eindeutigen)[1] Schulformempfehlungen (Bellenberg 2012). Trotz der hohen Bedeutsamkeit der Bildungsgangempfehlung gibt es für deren Erteilung in vielen Ländern keine klar vorgegebenen Kriterien (z.b. § 11 (5) Schulgesetz NRW; Bellenberg & Tillmann 2011). Entsprechend können bzw. müssen Lehrkräfte hier weitgehend nach eigenem Ermessen agieren. In der Regel werden viele Einzelinformationen zu einem globalen Urteil verdichtet, wozu gerade bei Kindern mit „uneindeutigen" Profilen ein komplexer Abwägungsprozess erforderlich ist. Dadurch entsteht ein Gefühl der Unsicherheit, ob das jeweilige Handeln korrekt und die gefällten Entscheidungen adäquat sind (Srull & Wyer 1989; Böhmer u.a. 2015). Entsprechend erleben Grundschullehrkräfte diese Aufgabe oft als aversiv und belastend (McElvany 2010). Von der Wissenschaft erhoffen sie sich Ratschläge und klare Handlungsanweisungen, welche Kriterien sie nutzen und wie sie diese zueinander gewichten sollen, um zu einem „guten" Urteil zu gelangen.

Verschiedene empirische Studien beschäftigen sich mit der Frage, welche Kriterien für die Übergangsempfehlung relevant sind. Dabei kann zwischen subjektiver und statistischer Relevanz unterschieden werden. Statistische Relevanz meint, dass ein mathematischer Zusammenhang zwischen dem Kriterium und der Entscheidung besteht. Unterschiede in der Ausprägung des Kriteriums gehen nachweislich mit Unterschieden in der Entscheidung einher (Stock 2007). Die statistische Relevanz wird in der Regel durch regressionsanalytische Studien erfasst, bei denen ein Modell angepasst wird, das die bestmögliche Vorhersage der Entscheidung auf Basis einer Reihe ausgewählter Kriterien erlaubt. Die standardisierten Regressionskoeffizienten dienen dann als Maß für die Relevanz, wobei numerisch hohe Koeffizienten eine hohe statistische Relevanz signalisieren. Diese muss jedoch nicht notwendigerweise übereinstimmen mit der subjektiv wahrgenommenen Bedeutsamkeit seitens der entscheidenden Person. Die subjektive Relevanz, oder Pertinenz (Wilson & Sperber 2012), wird alternativ über die direkte Befragung der entscheidenden Person erfasst: Als wie bedeutsam erachten Sie ein Merkmal X bei Ihrer Schulformempfehlung?

Unabhängig von der gewählten Vorgehensweise erweisen sich Indikatoren der Schulleistung, insbesondere die Noten, als relevant für die Empfehlung. In regressionsanalytischen Studien verlieren zahlreiche Kriterien, die bei bivariater Betrachtung signifikante Prädiktoren der Empfehlung sind, ihre prädiktive Kraft

---

1 Eindeutige Empfehlung meint „ohne Einschränkung". Rund 16% aller Empfehlungen wurden als „bedingt geeignet" erteilt.

(z.B. Arbeitsverhalten, Migrationshintergrund, Familienstruktur, Geschlecht des Kindes). Soziökonomischer Status bzw. Bildungshintergrund behalten hingegen ihre prädiktive Kraft (zusammenfassend siehe Glock u.a. 2013). In Studien zur subjektiven Kriterienrelevanz benennen Lehrkräfte die elterliche Unterstützung als wichtige familiäre Hintergrundvariable (Hollstein 2008; Valdo 2014; Diebig 2017), während Migrationshintergrund, sozioökonomischer Status oder elterlicher Bildungsabschluss hingegen allenfalls eine geringe Bedeutung zukommen. Zahlreiche Lehrkräfte geben sogar an, über diese Merkmale gar keine Informationen vorliegen zu haben (Riek & van Ophuysen 2016). In einer Studie von van Ophuysen und Lintorf (2017) erwiesen sich darüber hinaus auch Persönlichkeitsmerkmale des Kindes (Gewissenhaftigkeit, Gelassenheit und Introversion) aus Sicht der Lehrkräfte als subjektiv relevant für ihre Empfehlungen.

Die vorgestellten Befunde vermögen zwar Kernbereiche identifizieren, die für Grundschullehrkräfte als (statistisch oder subjektiv) relevant hinsichtlich der Schullaufbahnempfehlung gelten können. Diese Forschung erlaubt jedoch keine Einschätzung der Qualität einer auf Basis dieser Kriterien erteilten Empfehlung. Aussagen über die Qualität der Empfehlung sind auch deshalb schwierig, da unterschiedliche Maßstäbe bei der Qualitätsbewertung angelegt werden können. Zwei zentrale Forderungen stehen dabei im Mittelpunkt. Die Empfehlung soll einerseits prognostisch valide und andererseits sozial gerecht sein.

Untersuchungen zur prognostischen Empfehlungs-/Entscheidungsqualität betrachten beispielsweise Indikatoren des Schul(miss)erfolgs (z.B. Klassenwiederholung, Schulformwechsel, erreichter Schulabschluss) bei Kindern, die eine Schulform mit versus ohne Empfehlung besuchen. Die Bewertung dieser Befunde ist schwierig (siehe vertiefend van Ophuysen 2006), aber sie legen durchaus dar, dass es hinsichtlich der Prognosegüte Verbesserungspotential gibt. Doch auch hinsichtlich der sozialen Gerechtigkeit werden Übergangsempfehlungen kritisiert. Der in verschiedenen large-scale-Studien replizierte Zusammenhang des schulischen Erfolgs mit dem elterlichen Bildungshintergrund wird immer wieder als wichtiger Indikator sozialer Ungerechtigkeit im deutschen Bildungssystem herausgestellt (Maaz & Nagy 2010).

Ein Dilemma scheint für die Empfehlungspraxis zu resultieren: Empirische Befunde legen die Vermutung nahe, dass Wechsel auf niedrigere Schulformen, sogenannte Abschulungen, vermehrt bei Kindern aus bildungsfernen Elternhäusern zu beobachten sind. Für eine prognostisch valide Empfehlung erscheint die Berücksichtigung entsprechender familiärer Merkmale also durchaus sinnvoll. Gleichzeitig soll eine sozial gerechte Übergangsempfehlung gerade diese familiären Merkmale möglichst ignorieren.

2 Expertise und Diagnosequalität

Insgesamt erweist es sich als schwierig zu entscheiden, ob eine spezifische Übergangsempfehlung ein „gutes" Urteil darstellt (van Ophuysen 2006b). Alternativ erscheint es daher sinnvoll, an Stelle der Empfehlung selbst auch Merkmale des zugrundeliegenden diagnostischen Prozesses als Qualitätsindikatoren zu betrachten. Das Vier-Komponenten-Modell der Diagnosequalität unterscheidet entsprechend zwischen ergebnis- und prozessbezogenen Komponenten, die zur Beurteilung der Diagnosequalität herangezogen werden können. Auf Ergebnisebene treten die verfügbaren Informationen neben das letztliche Urteil. Auf Prozessebene wird zwischen Informationssammlung und Informationsverarbeitung unterschieden (van Ophuysen u.a 2013; Behrmann & van Ophuysen 2017). Eine qualitativ hochwertige Informationsverarbeitung kann insbesondere dann resultieren, wenn Informationen differenziert berücksichtigt werden. Lehrkräfte verfügen in der Regel über eine große Zahl an Informationen über die Kinder ihrer Klasse. Diese Informationen sind für unterschiedliche diagnostische Entscheidungen von je unterschiedlicher Bedeutung. Ohne im Einzelnen entscheiden zu können, welche Kriterien in welcher Gewichtung zu berücksichtigen sind, erscheint ein differenziertes Vorgehen grundsätzlich Erfolg versprechender als ein Vorgehen, bei dem alle Informationen gleichwertig einbezogen werden. Daneben ist die Berücksichtigung der jeweiligen Zielsetzung ein weiteres Merkmal, das einen qualitativ hochwertigen diagnostischen Prozess auszeichnet. Erst unter Berücksichtigung der Zielsetzung kann über die Relevanz unterschiedlicher Merkmale bzw. über deren Gewichtung bei der Bildung eines Urteils adäquat entschieden werden.

Die Genese von Wissen um die differenzierte Nutzung unterschiedlicher Kriterien und die adaptive Berücksichtigung unterschiedlicher Ziele bei Entscheidungsprozessen sollte durch eigene Erfahrungen in der Praxis befördert werden. Entsprechend geht die Expertiseforschung davon aus, dass es Expert*innen auf Grund ihres spezifischen, erfahrungsbasierten Wissens besser gelingt, eine komplexe Empfehlung adäquat zu erteilen als unerfahrenen Noviz*innen.

Im „Experten-Novizen-Paradigma" werden Unterschiede im Wissen/Handeln/ Denken zwischen Menschen mit hoher und geringer Expertise systematisch unter die Lupe genommen (Berliner 2001). Einige empirische Befunde aus dem schulischen Kontext sprechen erwartungskonform für systematische Unterschiede im Denken und Handeln von Studierenden und Lehrkräften. So bewerteten Studierende die Relevanz von (vorgegebenen) Kriterien für eine von ihnen ausgesprochene (fiktive) Übergangsempfehlung weniger differenziert („alles ist wichtig") als erfahrene Lehrpersonen (van Ophuysen 2006a). In einer Videostudie nannten Studierende im Rahmen einer Erinnerungsaufgabe viele situationale Aspekte einer präsentierten Unterrichtsstunde als bedeutsam, die von Wissenschaftler*innen als

Personen mit hoher Expertise nicht als relevant bewertet werden (Schäfer & Seidel 2015). Weiterhin richten Lehrkräfte ihr Denken und Handeln effizienter an unterschiedlichen Zielsetzungen aus als Studierende (Krolak-Schwerdt u.a 2009; Böhmer u.a. 2012). Insgesamt ist also davon auszugehen, dass bei hoher Expertise aufgrund eines reichhaltigen deklarativen und prozeduralen Wissens sowie umfangreicher Erfahrung eine stärkere Differenzierung im Denken und Handeln ermöglicht wird (Berliner 2001; Hogan & Rabinowitz 2009; Tsui 2009; Harteis & Billett 2013), und dass auf spezifische Anforderungen flexibler reagiert werden kann (Green & Gilhooly 1992; Feldon 2007).

3 Fragestellungen

Übertragen auf die komplexe Situation der Erteilung einer Schullaufbahnempfehlung wird im vorliegenden Beitrag die Frage gestellt, ob Personen mit mehr oder weniger hoher Expertise diese Aufgabe mit unterschiedlicher Prozessqualität meistern. Können erfahrene Grundschullehrkräfte (als Expert*innen) ihre Empfehlung besser an vorgegebene Zielsetzungen anpassen, und urteilen sie insgesamt differenzierter als Lehramtsstudierende (als Noviz*innen)? Dazu vergleichen wir die Einschätzung der Relevanz möglicher Empfehlungskriterien zwischen Personen mit hoher versus geringer Expertise (Lehrkräfte versus Studierende) in Abhängigkeit von unterschiedlichen Zielsetzungen. Da als Anforderung an eine „gute" Übergangsempfehlung immer wieder die Merkmale der sozialen Gerechtigkeit und der Prognosevalidität benannt werden (van Ophuysen & Diebig 2016), werden diese beiden Ziele exemplarisch herangezogen.

Die zu untersuchenden Hypothesen können wie folgt zusammengefasst werden:

Hypothese 1: Je nach Expertisegrad werden die Kriterien unterschiedlich differenziert gewichtet. Die Relevanzeinschätzungen für die verschiedenen Kriterien sind bei hoher Expertise (Lehrkräfte) differenzierter als bei geringer Expertise (Studierende).

Hypothese 2: Je nach Zielsetzung werden die Kriterien unterschiedlich differenziert gewichtet. Für prognosegenaue Urteile werden die Inhaltsbereiche in ihrer Relevanz ähnlicher gewichtet als für sozial gerechte Urteile (2.1). Unterschiede in der Gewichtung betreffen insbesondere die familiären Merkmale. Im Falle eines sozial gerechten Urteils werden die Relevanzeinschätzungen der familiären Merkmale niedriger eingeschätzt als bei prognosegenauen Urteilen (2.2).

Hypothese 3: Bei hoher Expertise wird die Gewichtung der Kriterien stärker an unterschiedliche Zielsetzungen angepasst als bei geringer Expertise

4 Methode

4.1 Design und Durchführung der Untersuchung

Zur Klärung der Fragestellungen wurde eine zweifaktorielle, quasiexperimentelle Studie konzipiert mit den beiden unabhängigen, zweistufigen Variablen *Expertise* (niedrig versus hoch) und *Zielsetzung* (sozial gerecht versus prognostisch valide). Die Expertise wurde als quasiexperimenteller Faktor durch die Wahl von zwei Personengruppen variiert. Als Personen mit hohem Expertisegrad wurden Lehrer*innen, als Personen mit geringem Expertisegrad wurden Lehramtsstudierende ausgewählt.

Die *Zielsetzung* wurde durch die Instruktion manipuliert. Alle Teilnehmer*innen sollten für eine Reihe von Merkmalen einschätzen, wie relevant sie diese für die Erteilung einer Übergangsempfehlung erachten. In der Bedingung *sozial gerecht* lautete die Instruktion „Für wie wichtig erachten Sie die folgenden Kriterien, wenn Ihre Empfehlung dem Ziel einer sozial gerechten Empfehlung so gut wie möglich genügen soll?". In der Bedingung *prognostisch valide* wurde die Abfrage hingegen durch die Instruktion eingeleitet: „Für wie wichtig erachten Sie die folgenden Kriterien, wenn Ihre Empfehlung dem Ziel, dass das Kind auf der empfohlenen Schulform mit hoher Sicherheit gut zurechtkommen und dort den entsprechenden Bildungsabschluss erfolgreich erreichen wird, so gut wie möglich genügen soll?"

Die Lehrer*innen wurden über das Projekt *Schulen im Team – Übergänge gemeinsam gestalten* rekrutiert (Järvinen u.a. 2012). Dazu wurden zunächst die Schulleitungen per E-Mail und anschließend telefonisch kontaktiert, um sie über das Vorhaben zu informieren. Die von den Schulen gewünschte Anzahl an Fragebögen wurde nach den Sommerferien in gedruckter Form an die Schulen verschickt. Die Zuordnung der Instruktionsversion erfolgte zufällig. Innerhalb von zwei Wochen konnten die Lehrkräfte den Fragebogen individuell bearbeiten. Die Fragebögen wurden über das Schulsekretariat an die WWU zurückgesendet.

Die Studierenden wurden von einer Mitarbeiterin des Projekts *Schulen im Team – Übergänge gemeinsam gestalten* im Rahmen bildungswissenschaftlicher Lehrveranstaltungen aufgesucht. Nach einer kurzen, allgemeinen Information zum Thema der Befragung wurde der Fragebogen ausgeteilt und direkt bearbeitet. Der Stapel der Fragebögen war so sortiert, dass die beiden Instruktionsversionen abwechselnd ausgeteilt wurden. Nach der Bearbeitung der Fragebögen wurden diese durch die Mitarbeiterin eingesammelt. Für die Analyse wurden nur die Fragebögen berücksichtigt, die von Studierenden für das Grundschullehramt ausgefüllt worden waren.

4.2 Stichprobe

Für die Datenanalyse liegen vollständige Informationen von 243 Personen vor. Die 135 Lehrkräfte aus Grundschulen, davon 96% Frauen, verfügten über durchschnittlich 18 Jahre Berufserfahrung (*min* = 5, *max* = 41, *Median* = 17) und hatten im Mittel 3,8-mal Viertklässler beim Übergang in die weiterführende Schule begleitet (*min* = 1, *max* = 12, *Median* = 4). Die Lehrkräfte stellen für die Untersuchung die Gruppe mit hoher Expertise dar. Für die Gruppe mit geringer Expertise wurden 108 Studierende, davon 86% Frauen, befragt. Die Studierenden qualifizierten sich an der WWU Münster für das Grundschullehramt. Sie waren im Mittel 23,3 Jahre alt (*min* = 19, *max* = 49, *Median* = 22) und 78% von ihnen befanden sich in der ersten Studienphase (Bachelor).

4.3 Instrument

Für 33 Merkmale gaben die Befragten an, als wie relevant sie diese für die Erteilung einer Übergangsempfehlung erachten. Die Einschätzung geschah auf Basis fünfstufiger Ratings (1 = „gar nicht relevant" bis 5 = „sehr relevant"). 25 Items bezogen sich auf Merkmale des Kindes, 8 Merkmale auf den familiären Hintergrund. Für die beiden Merkmalsbereiche wurden getrennt explorative Faktorenanalysen berechnet. Insgesamt fünf Items wurden wegen nennenswerter Doppelladungen ausgeschlossen. Für die kindbezogenen Items resultierten fünf Faktoren mit jeweils zwei bis sieben Items. Reliabilitätsanalysen wiesen für alle fünf Itemgruppen eine hohe interne Konsistenz nach. Für die Merkmale des Elternhauses ergaben sich in der explorativen Faktorenanalyse zwei Faktoren. Auch diese zeigten sich hoch reliabel. Für die weitere Analyse wurden die Items pro Faktor zu Mittelwerten zusammengefasst. Die resultierenden Werte geben die Bedeutsamkeit an, die die Befragten den jeweiligen Inhaltsbereichen bei der Erteilung einer Übergangsempfehlung zusprechen. Hohe Werte stehen für hohe Bedeutsamkeit. Die resultierenden Skalen sind in Tabelle 1 zusammenfassend dargestellt.

Tab. 1: Beschreibung der resultierenden Merkmalsbereiche

	Anzahl Merkmale	Beispiel	Cronbachs α
Noten	5	Note Mathematik	,744
Arbeitsverhalten	7	Zuverlässigkeit (*z.B. Regelbeachtung, Erledigen von Hausaufgaben*)	,809
Sozialverhalten	3	Konfliktverhalten (*z.B. Respekt, Toleranz, Anbringen konstruktiver Kritik*)	,882
Motorische Fähigkeiten	2	Feinmotorik	,856
Weitere Personenmerkmale	6	Emotionale Stabilität	,780
Elterliche Unterstützung	3	Emotionale Unterstützung	,845
Familiärer Hintergrund	2	Elterlicher Bildungshintergrund	,752

4.4 Datenaufbereitung und Analysestrategie

Die Hypothesen beziehen sich auf die Differenziertheit der Relevanzeinschätzungen je nach Expertise und Zielsetzung. Zur Erfassung der Differenziertheit wurde eine Kennzahl berechnet, die auf den Messwerten für die oben beschriebenen sieben Faktoren basiert. Diesem Differenzierungsmaß liegen folgende Überlegungen zugrunde: Eine differenzierte Einschätzung ist daran erkennbar, dass innerhalb einer *breiten Spannweite* die einzelnen Bereiche jeweils *unterschiedliche Einstufungen* hinsichtlich ihrer Relevanz erhalten. Die Streuung wird zunächst durch die Varianz der sieben Relevanzeinschätzungen abgebildet. Allerdings resultiert eine hohe Varianz auch dann, wenn die Einschätzungen hoch polarisierend sind, wenn beispielsweise ein Bereich als absolut irrelevant, alle anderen Inhalte hingegen als maximal relevant eingestuft werden. Die Varianz ist damit nicht als Kennwert für die Differenziertheit geeignet. Die Unterschiedlichkeit der Messwerte kann jedoch abgebildet werden, indem die mittlere Differenz zwischen itemweiser, quadrierter Abweichung der Beobachtung vom Mittelwert und der Varianz bestimmt wird. Um die Werte an die Metrik der Messwerte rück zu koppeln, wurde die vierte Wurzel gezogen. Das Differenzierungsmaß lautet also:

$$diff = \sqrt[4]{\frac{1}{n}\sum_{i=1}^{n}((x_i - \bar{x})^2 - s^2)^2}$$

Je höher dieser Wert ausfällt, desto gleichmäßiger sind die Messwerte x_i (hier also die bereichsspezifischen Relevanzeinschätzungen) einer Person über einen möglichst breiten Wertebereich verteilt. Niedrige Werte entstehen bei geringer Spannweite und einer Häufung der Messwerte.

Zur Überprüfung der Hypothesen wird auf Basis dieses Differenziertheits-Maßes eine zweifaktorielle Varianzanalyse berechnet mit den unabhängigen Variablen *Expertise* und *Zielsetzung*. Um die Annahme einer Abwertung der familiären Merkmale zu überprüfen, werden pro Relevanzeinschätzung ebenfalls zweifaktorielle Varianzanalysen mit denselben unabhängigen Variablen berechnet. Das Signifikanzniveau wird auf $\alpha = ,05$ festgelegt.

5 Ergebnisse

5.1 Deskriptive Befunde zu den Relevanzeinschätzungen

Die Mittelwerte pro Inhaltsbereich weisen insgesamt auf eine deutliche Differenzierung hinsichtlich der Relevanzeinschätzungen hin (siehe Tabelle 2). Insgesamt wird das Arbeitsverhalten am höchsten gewichtet, gefolgt von Sozialverhalten und

Noten. Unerwartet hohe Werte erhält das elterliche Unterstützungsverhalten, das wichtiger als motorische Fähigkeiten und Persönlichkeitsmerkmale des Kindes eingeschätzt wird. Dem familiären Hintergrund wird die geringste Bedeutung für die Empfehlung zugesprochen.

Die Relevanzeinschätzungen variieren nicht nur über die Inhaltsbereiche hinweg, sondern die Differenziertheit selbst variiert auch über die Personen. Während manche der Befragten die verschiedenen Bereiche als ähnlich relevant einstufen, differenzieren andere stark zwischen den Inhalten. So nimmt die Kennzahl für die Differenziertheit Werte zwischen 0,19 und 1,80 an (*mean* = 0,93; *SD* = 0,321).

Tab. 2: Deskriptive Kennwerte für Relevanzeinschätzungen und Differenziertheitsmaß

	mean	SD	min	max	median
Noten	4,07	0,475	2,00	5,00	4,00
Arbeitsverhalten	4,24	0,416	2,78	5,00	4,33
Sozialverhalten	4,15	0,677	1,67	5,00	4,33
Motorische Fähigkeiten	3,46	0,719	2,00	5,00	3,50
Persönlichkeitsmerkmale	2,97	0,665	1,17	5,00	3,00
Elterliche Unterstützung	3,72	0,938	1,00	5,00	4,00
Familiärer Hintergrund	1,99	0,898	1,00	4,50	2,00
Differenziertheit	0,93	0,321	0,19	1,80	0,95

n = 243

5.2 Effekte von Expertise und Zielsetzung auf die Relevanzeinschätzungen

Die zweifaktoriellen Varianzanalysen für die Relevanzeinschätzungen pro Merkmalsbereich konnten für Sozialverhalten und motorische Fähigkeiten weder signifikante Haupteffekte noch eine statistisch bedeutsame Wechselwirkung nachweisen (siehe Tabelle 3). Für die Einschätzung der Relevanz von Noten und Arbeitsverhalten zeigen sich bedeutsame Unterschiede zwischen Personen mit hoher und niedriger Expertise. Von Personen mit hoher Expertise wird diesen Merkmalen eine höhere Relevanz zugesprochen als von unerfahrenen Personen. Unterschiede in Abhängigkeit von der Zielsetzung konnten ebenso wenig nachgewiesen werden wie eine Wechselwirkung zwischen den beiden unabhängigen Variablen. Die Relevanzurteile zu Persönlichkeitsmerkmalen und den beiden Variablen zum Elternhaus unterscheiden sich signifikant zwischen Personen mit hoher und niedriger Expertise. Erneut geht hohe Expertise mit hoher Relevanzeinschätzung einher. Für diese drei Variablen ist darüber hinaus aber auch die Zielsetzung bedeutsam. Die Merkmale werden weniger relevant eingeschätzt, wenn ein sozial gerechtes Urteil an Stelle einer prognostisch validen Entscheidung gefällt werden soll. Auch hier zeigt sich keine signifikante Interaktion.

Tab. 3: ANOVA für Relevanzeinschätzungen

	HE Expertise $F_{1;239}$	HE Ziel $F_{1;239}$	WW Expertise x Ziel $F_{1;239}$
Noten	**34,206**	0,640	1,612
Arbeitsverhalten	**63,558**	0,775	0,109
Sozialverhalten	0,039	0,164	0,473
Motorische Fähigkeiten	0,010	0,158	0,233
Persönlichkeitsmerkmale	**40,152**	**9,986**	0,100
Elterliche Unterstützung	**22,273**	**24,632**	1,129
Familiärer Hintergrund	**17,874**	**12,136**	0,207

Fett gedruckte F-Werte entsprechen p < ,05

Studierende und Lehrkräfte reagieren demnach in gleicher Weise auf die unterschiedlichen Zielvorgaben (siehe auch Abbildung 1).

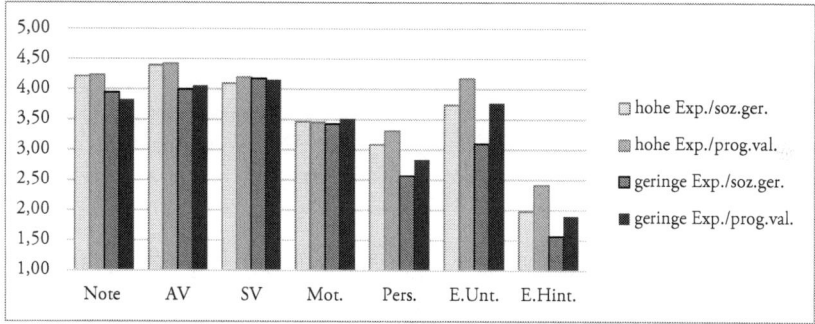

Abb. 1: mittlere Relevanzeinschätzungen getrennt nach Expertise x Zielsetzung

5.3 Effekte von Expertise und Zielsetzung auf die Differenziertheit

Die zweifaktorielle Varianzanalyse mit der abhängigen Variable Differenziertheit weist für den Faktor Expertise einen signifikanten Haupteffekt aus ($F(1, 239) = 6{,}326$; $p < ,05$). Die gruppenweisen Mittelwerte zeigen jedoch, dass die Differenziertheit entgegen der Erwartung bei den Studierenden (*mean* = 0,99; *SD* = 0,329) höher ausgeprägt ist als bei den Lehrer*innen (*mean* = 0,89; *SD* = 0,308). Ebenfalls gibt es einen signifikanten Haupteffekt für den Faktor

Zielsetzung ($F(1; 239) = 4,633; p < ,05$). Die Befragten differenzieren in ihren Relevanzeinschätzungen stärker zwischen den Inhaltsbereichen, wenn sie eine sozial gerechte Empfehlung (*mean* = 0,98; SD = 0,317) treffen sollen als bei einer prognostisch validen Empfehlung (*mean* = 0,89; SD = 0,320). Die Wechselwirkung der beiden Faktoren ist jedoch nicht signifikant ($F(1; 239) = 0,277$; n.s.). Die empirischen Daten können die Annahme, dass die Anpassung der Relevanzeinschätzung je nach Zielvorgabe bei Lehrkräften und Studierenden in gleicher Weise erfolgt, nicht mit hinreichender statistischer Sicherheit entkräften.

6 Diskussion

Insgesamt werden die sieben erfassten Merkmalsbereiche in ihrer Relevanz für die Übergangsempfehlung differenziert beurteilt. Es zeigte sich ein signifikanter Unterschied in der Differenziertheit der Einschätzungen zwischen Lehrkräften und Studierenden (Hypothese 1). Entgegen unserer Erwartung beurteilten jedoch die Studierenden die Relevanz der verschiedenen Merkmale differenzierter als die Lehrpersonen. Die Annahme einer weniger polarisierenden und breiteren Beurteilung der Relevanz für unterschiedliche Bereiche durch die Lehrer*innenpersonen konnte somit nicht bestätigt werden; die Daten weisen vielmehr in die entgegengesetzte Richtung. Dieser empirische Befund steht nicht in Einklang mit bisherigen Ergebnissen, und es bleibt weiteren Untersuchungen vorbehalten, zu überprüfen, ob sich der Effekt replizieren lässt.

Unter der Zielvorgabe, ein sozial gerechtes Urteil zu fällen, erfolgte die Relevanzbeurteilung der verschiedenen Inhalte differenzierter, als wenn eine prognostisch valide Empfehlung erteilt werden sollte (Hypothese 2.1). Es ist anzunehmen, dass dieser Effekt insbesondere dadurch zustande kommt, dass für ein sozial gerechtes Urteil Merkmale von Elternhaus und Familie als weniger bedeutsam erachtet und in der Folge die Spannbreiten bzw. Varianzen der Einschätzungen vergrößert werden. Empirische Bestätigung findet diese Annahme, da sich Effekte der Zielsetzung insbesondere für die beiden familiären Merkmalsbereiche finden: Sowohl die elterliche Unterstützung, mehr aber noch der sozioökonomische Hintergrund der Familie werden als weniger bedeutsam erachtet, wenn eine sozial gerechte Empfehlung zu erteilen ist (Hypothese 2.2). Zusätzlich werden unter dieser Zielvorgabe aber auch weitere Personenmerkmale des Kindes in ihrer Relevanz geringer bewertet. Diese Abwertung kann wie folgt gedeutet werden: Personenmerkmale wie Extraversion oder emotionale Stabilität werden als Heterogenitätsdimensionen verstanden, die keinen unmittelbaren Bezug zur Schulleistung haben und die durch die Schule in der Regel nicht (intentional) beeinflusst werden. Sie sollten aus Sicht der Lehrkräfte somit bei Selektionsentscheidungen unter dem Fokus der Gerechtigkeit nur von nachrangiger Bedeutung sein.

Entgegen unserer Erwartung findet diese zielbezogene Differenzierung bei erfahrenen und unerfahrenen Personen in gleicher Weise statt (Hypothese 3). Die in anderen Untersuchungen belegten Unterschiede in der Informationsverarbeitung von Personen mit hoher versus niedriger Expertise konnten an dieser Stelle nicht bestätigt werden. Eine Anpassung der Kriteriumsgewichtung an die jeweilige Zielsetzung wurde in beiden Gruppen in gleichem Maß vorgenommen. Studierende verfügen also ebenso wie die Lehrkräfte über das (normative) Wissen, dass unterschiedliche Empfehlungsziele unterschiedliche Gewichtungen der Kriterien implizieren. Es ist zu vermuten, dass die öffentliche Diskussion um soziale Selektivität am Grundschulübergang (Maaz & Nagy 2010) auch im Studium rezipiert wird. Daraus können normative Überzeugungen resultieren, die sich bereits bei den Studierenden in differenzierten und zielbezogenen Relevanzeinschätzungen abbilden und eine gute Basis für professionelles Handeln darstellen. Grundsätzlich zeigen die Daten, dass die Problematik der sozialen Selektivität der Übergangsempfehlung bereits angehenden Grundschullehrkräften ebenso wie ihren erfahrenen Kolleg*innen bewusst ist. Sie verbinden Prognosequalität und soziale Gerechtigkeit mit unterschiedlichen Empfehlungsprozessen, die nicht ohne weiteres miteinander vereinbar sind. Damit stehen sie in der Schulpraxis jedoch vor dem Dilemma, sich zwischen einer prognosegenauen und einer sozial gerechten Empfehlung entscheiden zu müssen.

Inwieweit das hier abgefragte Wissen letztlich handlungsleitend ist, kann mit der vorliegenden Studie jedoch nicht geklärt werden. Um diese Frage zu beantworten, wäre eine fallbasierte und verhaltensnahe Operationalisierung der Relevanzeinschätzung erforderlich (Diebig, im Erscheinen). Einerseits sollte die Einschätzung auf Basis konkreter Schüler*innenfälle erfolgen und nicht auf generalisierter Ebene. Dies könnte sowohl durch schüler*innenspezifische Ratingverfahren gelingen („Wie wichtig war für die Empfehlung für Schülerin X/Schüler Y ein bestimmtes Merkmal?") als auch in offenen Interviewverfahren. Beispielsweise befragte Diebig (im Erscheinen) Grundschullehrkräfte über Kinder ihrer vierten Klassen, für die sie gerade die Übergangsempfehlungen erteilt hatten. In den narrativ angelegten Interviews wurden die Lehrpersonen gebeten, Erfahrungen und Erlebnisse mit den Kindern zu schildern, die für die Erteilung der Übergangsempfehlung mit ausschlaggebend waren. Da sich sowohl der quantitative als auch der qualitative Zugang auf reale Schüler*innen bezieht, können diese Verfahren jedoch bei Noviz*innen, die in der Regel keine direkte Erfahrung mit der Erteilung von Übergangsempfehlungen haben, nicht eingesetzt werden.

Eine ganz andere Herangehensweise wählten Böhmer und Kolleg*innen mit den sogenannten mouse-lab-Studien (Böhmer u.a. 2015). Die Versuchspersonen hatten in diesem computerbasierten Verfahren die Aufgabe, Informationen über fiktive Schüler*innen zu sammeln, um schließlich eine Empfehlung für die geeignete weiterführende Schule auszusprechen. In diesen Studien wurde also nicht die Verarbeitung bereits verfügbarer Informationen betrachtet, sondern die Relevanz wurde auf Basis der Informationssuche und -auswahl erschlossen. Je mehr Einzelinformationen zu einem Merkmalsbereich erfragt und je früher die Informationen im Suchprozess angefordert werden, desto wichtiger – so die Annahme – sind sie für den Entscheidungsprozess. Dieses Verfahren ist unabhängig von realen Schüler*innenfällen einsetzbar und dennoch einzelfallbezogen und ermöglicht so eine Annäherung an das tatsächliche Verhalten in der Entscheidungssituation. Eine Variation der Zielsetzung wäre in diesem Untersuchungsdesign leicht realisierbar, so dass überprüft werden könnte, ob das (normative) Wissen von Personen mit hoher versus geringer Expertise auch im Handeln umgesetzt werden kann. Insgesamt wird deutlich, dass für die Erforschung der Übergangsempfehlung, insbesondere im Rahmen eines Experten-Novizen-Paradigmas, innovative Verfahren gewählt werden müssen, um die bisherigen Erkenntnisse zu erweitern.

Literatur

Autorengruppe Bildungsberichterstattung (Hrsg.) (2016): Bildung in Deutschland 2016. Bundesministerium für Bildung und Forschung. Ein indikatorengestützter Bericht mit einer Analyse zu Bildung und Migration. Gütersloh.

Behrmann, Lars & van Ophuysen, Stefanie (2017): Das Vierkomponentenmodell der Diagnosequalität. In: Anna Südkamp & Anna-Katharina Praetorius (Hrsg.): Diagnostische Kompetenz von Lehrkräften. Theoretische und methodische Weiterentwicklungen (Pädagogische Psychologie und Entwicklungspsychologie, Bd. 94). Münster: Waxmann, 38–41.

Bellenberg, Gabriele (2012): Schulformwechsel in Deutschland. Durchlässigkeit und Selektion in den 16 Schulsystemen der Bundesländer innerhalb der Sekundarstufe I. Gütersloh: Bertelsmann Stiftung.

Bellenberg, Gabriele & Tillmann, Klaus-Jürgen (2011): Schulnoten – Elternrecht – Probeunterricht. Bundesländervergleich: Übergänge nach der Grundschule. In: Friedrich Jahreshefte, 29. Jg., 61–65.

Berliner, David C. (2001): Learning about and learning from expert teachers. In: International Journal of Educational Research, 35 (5), 463–482.

Böhmer, Ines, Hörstermann, Thomas, Gräsel, Cornelia & Krolak-Schwerdt, Sabine (2012): Die Informationssuche von erfahrenen und angehenden Lehrkräften bei der Übergangsempfehlung zur weiterführenden Schule. Vortrag auf dem 48. Kongress der Deutschen Gesellschaft für Psychologie, Bielefeld.

Böhmer, Ines, Hörstermann, Thomas, Gräsel, Cornelia, Krolak-Schwerdt, Sabine & Glock, Sabine (2015): Eine Analyse der Informationssuche bei der Erstellung der Übergangsempfehlung. Welcher Urteilsregel folgen Lehrkräfte? In: Journal for educational research online, 7 (2), 59–81.

Diebig, Kim (2017): Die Relevanz der Kriterien für die Übergangsempfehlung – Ein Vergleich unterschiedlicher Erhebungsmethoden. Unveröffentlichte Dissertation, Westfälische Wilhems-Universität. Münster.

Feldon, David F. (2007): Cognitive load and classroom teaching: The double-edged sword of automaticity. In: Educational Psychologist, 42 (3), 123–137.

Glock, Sabine, Krolak-Schwerdt, Sabine, Klapproth, Florian & Böhmer, Matthias (2013). Prädiktoren der Schullaufbahnempfehlung für die Schulzweite des Sekundarbereichs I. Pädagogische Rundschau, 67 (3), 329 - 347.

Green, Alister J. & Gilhooly, Ken J. (1992): Empirical advances in expertise research. In: Mark T. Keane & Ken J. Gilhooly (Hrsg.): Advances in the psychology of thinking (Bd. 1), 45–70.

Harteis, Christian & Billett, Stephen (2013): Intuitive expertise. Theories and empirical evidence. In: Educational Research Review, 9. Jg., 145–157.

Hogan, Tracey & Rabinowitz, Mitchell (2009): Teacher expertise and the development of a problem representation. In: Educational Psychology, 29 (2), 153–169.

Hollstein, Betina (2008): Der Anteil der Lehrer an der Reproduktion sozialer Ungleichheit. Grundschulempfehlungen und soziale Selektion in verschiedenen Berliner Sozialräumen. In: Karl-Siegbert Rehberg (Hrsg.): Die Natur der Gesellschaft: Verhandlungen des 33. Kongresses der Deutschen Gesellschaft für Soziologie in Kassel 2006. Frankfurt/M.: Campus, 2605–2613.

Järvinen, Hanna, Otto, Johanna, Sartory, Katharina & Sendzik, Norbert (2012): Schulnetzwerke im Übergang: Das Beispiel Schulen im Team. In: Nils Berkemeyer, Silvia-Iris Beutel, Hanna Järvinen & Stefanie van Ophuysen (Hrsg.): Übergänge bilden. Lernen in der Grund- und weiterführenden Schule. Köln, 73–97

Krolak Schwerdt, Sabine, Böhmer, Matthias & Gräsel, Cornelia (2009): Verarbeitung von schülerbezogener Information als zielgeleiteter Prozess. Der Lehrer als „flexibler Denker". In: Zeitschrift für Pädagogische Psychologie, 23 (3–4), 175–186.

Maaz, Kay & Nagy, Gabriel (2010): Der Übergang von der Grundschule in die weiterführenden Schulen des Sekundarschulsystems. Definition, Spezifikation und Quantifizierungprimärer und sekundärer Herkunftseffekte. In: Kai Maaz, Jürgen Baumert, Cornelia Gresch & Nele McElvany (Hrsg.): Der Übergang von der Grundschule in die weiterführende Schule. Leistungsgerechtigkeit und regionale, soziale und ethnisch-kulturelle Disparitäten. Bonn: BMBF, 153–182.

Maaz, Kai, Gresch, Cornelia, McElvany, Nele, Jonkmann, K. & Baumert, Jürgen (2010): Theoretische Konzepte für die Analyse von Bildungsübergängen. Adaptation ausgewählter Ansätze für den Übergang von der Grundschule in die weiterführenden Schulen des Sekundarschulsystems. In: Kai Maaz, Jürgen Baumert, Cornelia Gresch & Nele McElvany (Hrsg.): Der Übergang von der Grundschule in die weiterführende Schule. Leistungsgerechtigkeit und regionale, soziale und ethnisch-kulturelle Disparitäten (Bildungsforschung, Bd. 34). Bonn, 65–86.

McElvany, Nele (2010): Die Übergangsempfehlung von der Grundschule auf die weiterführende Schule im Erleben der Lehrkräfte. In: K. Maaz, J. Baumert, C. Gresch & N. McElvany (Hrsg.), Der Übergang von der Grundschule in die weiterführende Schule. Leistungsgerechtigkeit und regionale, soziale und ethnisch-kulturelle Disparitäten (Bildungsforschung, Bd. 34). Bonn, 295–311.

Riek, Kim & van Ophuysen, Stefanie (2016): Nicht immer zählt nur Leistung. Schulformabhängige Prädiktoren der Übergangsempfehlung. In: K. Liebers, B. Landwehr, S. Reinhold, S. Riegler & R. Schmidt (Hrsg.): Facetten grundschulpädagogischer und -didaktischer Forschung (Jahrbuch Grundschulforschung, Band 20). Wiesbaden: Springer VS, 13–18.

Schäfer, Stefanie & Seidel, Tina (2015): Noticing and reasoning of teaching and learning components by pre-service teachers. In: Journal for educational research online, 7 (2), 34–58.

Srull, Thomas K. & Wyer, Robert S. (1989): Person memory and judgment. In: Psychological Review, 96 (1), 58–83.

Stock, Wolfgang G. (2007): Information retrieval. Informationen suchen und finden. (Einführung in die Informationswissenschaft, Bd. 1). München: Oldenbourg.

Tsui, Amy B. M. (2009): Distinctive qualities of expert teachers. In: Teachers and Teaching, 15. Jg., 421–439.

Valdo, Nathalie (2014): Selektionsbezogene Deutungsmuster von Grundschullehrerinnen am Beispiel der Schulformempfehlung (Dortmunder Beiträge zur Pädagogik, Bd. 48, 1. Aufl.). Bochum: Projekt.

Van Ophuysen, Stefanie (2006a): Vergleich diagnostischer Entscheidungen von Novizen und Experten am Beispiel der Schullaufbahnempfehlung. In: Zeitschrift für Entwicklungspsychologie und Pädagogische Psychologie, 38 (4), 154–161.

Van Ophuysen, Stefanie (2006b): Zur Analyse der prognostischen Qualität von Schullaufbahnempfehlungen. In: Wilfried Bos, Heinz Günter Holtappels, Hermann Pfeiffer & Renate Schulz-Zander (Hrsg.): Jahrbuch der Schulentwicklung (Bd. 14). Weinheim: Juventa, 49–79.

Van Ophuysen, Stefanie & Diebig, Kim (2016): Relevanz der Kriterien für die Übergangsempfehlung am Ende der Grundschulzeit aus Sicht der Lehrkräfte – eine Frage der Zielsetzung? In: Doren Prinz & Knut Schwippert (Hrsg.): Der Forschung, der Lehre, der Bildung. Aktuelle Entwicklungen der empirischen Bildungsforschung. Münster: Waxmann, 73–86.

Van Ophuysen, Stefanie & Lintorf, Katrin (2017): Relevanz von Schülermerkmalen bei der Vergabe der Übergangsempfehlung – ein Vergleich unterschiedlicher methodischer Zugänge. Tagung der Gesellschaft für Empirische Bildungsforschung (GEBF), Heidelberg.

Van Ophuysen, Stefanie, Lintorf, Katrin & Harazd, Bea (2013): Zur Qualität professioneller pädagogischer Diagnostik im Schulalltag – Forschungsbefunde und -desiderate. In: Knut Schwippert (Hrsg.): Schul- und Bildungsforschung. Diskussionen, Befunde und Perspektiven. Münster: Waxmann, 187–202.

Wilson, Deirdre & Sperber, Dan (2012): Meaning and relevance. Cambridge: Cambridge University Press.

Jan Schröder, Jasmin Schwanenberg und Anna Jonberg

Leistungsangst nach dem Übergang auf das Gymnasium und die Rolle der sozialen Herkunft

Schüler*innen erleben und bewältigen schulische Übergänge ganz individuell. Daher stellt sich in der erziehungswissenschaftlichen und pädagogisch psychologischen Forschung die Frage, wie sich affektiv-motivationale Variablen nach dem Grundschulübergang entwickeln. Leistungsangst nimmt in diesem Zusammenhang eine bedeutende Rolle ein. Um adäquat auf die Bedürfnisse der Kinder am Grundschulübergang zu reagieren und sie bestmöglich zu unterstützen, ist es sinnvoll, spezifische Gruppen mit besonderem Unterstützungsbedarf in den Blick zu nehmen. Bisherige Forschungsergebnisse und die Befunde des vorliegenden Beitrags verdeutlichen, dass der sozioökonomische Hintergrund der Kinder Einfluss auf Ausprägung und Entwicklung von Leistungsangst in der Sekundarstufe I hat. Hinsichtlich des institutionellen Übergangs von der Grund- zur weiterführenden Schule liefert der Beitrag eine erste Exploration auf Basis längsschnittlicher Daten. Aus den Ergebnissen ergeben sich sowohl für die Schulforschung als auch für die Bildungspraxis anschlussfähige Implikationen, die darin liegen, dem Zusammenhang zwischen sozialer Herkunft und dem individuellen Angsterleben besondere Aufmerksamkeit zu schenken und weiter nachzugehen.

1 Einleitung

In der Sekundarstufe sind 20 Prozent der Schüler*innen von Angst im schulischen Kontext betroffen (vgl. Döpfner u.a 2006). Schulbezogene Angst und vor allem Leistungsangst beeinträchtigen nicht nur die kindliche Lebensqualität, sondern wirken sich leistungshemmend aus (vgl. Götz u.a. 2004). Aufgrund einer derartigen negativen Beeinflussung von Leistung, Motivation und Emotion durch Leistungsangst ergibt sich eine Relevanz für den schulischen Kontext mit der Forderung, möglichst präventiv und proaktiv mit dieser Angst umzugehen. Zur Einflussnahme von affektiv-motivationalen Faktoren auf das Lernen liegen bereits zahlreiche Forschungsbefunde vor. Die Beziehung zwischen Leistungsangst und dem sozioökonomischen Status ist hingegen noch weitgehend ungeklärt. Der vorliegende Beitrag versucht dieses Desiderat mit Hilfe einer längsschnittlichen Betrachtung der Entwicklung von Leistungsangst nach dem Übergang von der Grundschule auf das Gymnasium und der Abhängigkeit zur sozialen Herkunft in Teilen zu schließen. Im Mittelpunkt dabei steht das Individuum mit seinem sozioökonomischen Hintergrund und der Bewältigung des Grundschulübergangs.

2 Theoretische Zugänge

2.1 Leistungsangst – Begriffliche Einordnung

Leistungsangst ist seit Beginn des 19. Jahrhunderts ein breit untersuchtes Konstrukt verschiedener pädagogischer und psychologischer Forschungsrichtungen. Synonym wird in der deutschsprachigen Literatur häufig der Begriff *Prüfungsangst* verwendet (vgl. Sparfeldt u.a. 2005). Dem vorliegenden Beitrag liegt der Begriff der Leistungsangst zugrunde, da das Instrument in der Datenanalyse sich allgemein auf schulische Leistungssituationen bezieht.

Je nach Forschungsperspektive können die Definitionen stark voneinander abweichen. Selbst in der empirischen Bildungsforschung gibt es bislang kein einheitliches Begriffsverständnis. Für den vorliegenden Beitrag beziehen wir uns auf die kognitionstheoretische Sichtweise, wonach Leistungsangst die Befürchtung darstellt, selbst- oder fremdgesetzten Leistungsanforderungen nicht entsprechen zu können (vgl. Schwarzer 1993). Eine zentrale Rolle in der Angstentwicklung spielt also die subjektive Bewertung *(Appraisal)* der Situation: Leistungsangst tritt auf, wenn die Fähigkeiten als nicht ausreichend bewertet werden, aber ein Anspruch an die Leistungsfähigkeit gestellt wird. Angst, die in schulischen Leistungssituationen auftritt, beinhaltet Reaktionen auf mehreren Ebenen (ebd.).

Bekannte Folgen von Leistungsangst sind neben einer Leistungsminderung bei stark ausgeprägter Angst eine Beeinträchtigung der Motivation und des psychischen Wohlbefindens, die Minderung des Fähigkeitsselbstkonzeptes sowie Vermeidungstendenzen des angstbetroffenen Bereichs. Durch diese Beeinträchtigungen kommt es wiederum zu Auswirkungen auf die Bildungsbiographie (vgl. Schumacher 2016).

Während einige Aspekte, wie Zusammenhänge zwischen Leistungsangst und Schülerleistung oder dem Geschlecht, intensiv untersucht wurden, standen andere Bereiche bislang weniger stark im Mittelpunkt. Dazu gehört unter anderem ein möglicher Zusammenhang von Leistungsangst und dem sozioökonomischen Hintergrund.

2.2 Sozioökonomischer Hintergrund und Leistungsangst

Die Schere der Leistungsstärke zwischen Kindern aus sozioökonomisch nachteiliger Lage und denen aus vorteilhafter Lage ist im deutschen Bildungssystem nach wie vor evident (vgl. Reiss u.a. 2016). Darüber hinaus gilt ein negativer Zusammenhang zwischen stark ausgeprägter Leistungsangst und der Performanz als empirisch belegt (vgl. Götz u.a. 2004). Es liegt die Vermutung nahe, dass Kinder mit niedrigem sozioökonomischem Hintergrund (SES) auch von stärker ausgeprägter Leistungsangst betroffen sind. Hier fehlt es bislang insbesondere im deutschsprachigen Raum an Forschungsergebnissen.

Weitere Ursachen für eine möglicherweise verstärkt ausgeprägte Leistungsangst bei Schüler*innen aus sozioökonomisch nachteiliger Lage könnten in primären Herkunftseffekten, wie Boudon (1974) sie beschreibt, liegen. So ergeben sich demnach Konflikte zwischen Schul- und Herkunftskultur, manifestiert in der Sprache und Sozialisation. Diese können zu erhöhter wahrgenommener Bedrohung/Unsicherheit führen, die wiederum Angst begünstigt.

Es ergeben sich somit zwei Argumentationslinien (zusammenfassend vgl. Zeidner 1998). Einerseits kann vermutet werden, dass Kinder aus niedrigem sozioökonomischem Umfeld keinen Grund haben Leistungsangst zu entwickeln, da die Leistungserwartungen der Eltern sowie die möglicherweise dadurch geprägten eigenen Ansprüche niedriger sind. Gleichzeitig müssen Kinder aus der Mittelklasse sehr wohl Ansprüchen der intellektuellen Entwicklung genügen. Andererseits kann durch die vergleichsweise schlechte Lage der Druck entstehen, „etwas Besseres zu werden als die Eltern" (Zeidner 1998).

2.3 Der Übergang von der Grundschule zur weiterführenden Schule

Neben Leistungsangst werden auch weitere affektiv-motivationale Faktoren häufig im Kontext der Übergangsforschung betrachtet. Einerseits stellen schulische Übergänge wichtige Schnittstellen in der Bildungsbiografie von Heranwachsenden dar und andererseits werden diese systemisch-institutionell bedingten Übergänge von den Kindern individuell erlebt und bewältigt (vgl. Schröder & Wilmanns 2016). Insbesondere der Übergang von der Grund- zur weiterführenden Schule wird in der erziehungswissenschaftlichen und pädagogisch psychologischen Forschung in den Blick genommen. Er ist eine wichtige erste Stellschraube in der Bildungsbiografie von Kindern, da Zugangsmöglichkeiten, entsprechende Qualifikationen und resultierend daraus Chancen in Beruf und Gesellschaft mitbeeinflusst werden (ebd.). Werden die Schüler*innen in den Fokus des Interesses gestellt, kann an dieser Stelle festgehalten werden, dass der Grundschulübergang ein *kritisches Lebensereignis* (Filipp 1995) der Heranwachsenden ist und mit folgereichen Veränderungen einhergeht. Diese Veränderungen werden von den Schüler*innen individuell unterschiedlich erlebt und bewältigt (vgl. Beelmann 2006). Somit gelten schulische Übergänge insofern als kritische Lebensereignisse, als dass ein Ungleichgewicht dadurch entsteht, dass sich die Heranwachsenden einer neuen Umwelt anpassen müssen (vgl. Koch 2006; Schröder & Wilmanns 2016). Im vorliegenden Beitrag werden der Übergang von der Grund- zur weiterführenden Schule und die Entwicklung der Leistungsangst nach diesem Übergang fokussiert. Die Befundlage zur Leistungsangst bei Schüler*innen unmittelbar nach dem Übergang in die Sekundarstufe I ist sehr heterogen und die Anzahl vorliegender Studien, die dieses Thema untersucht haben, eher begrenzt. Nachfolgend soll ein Überblick über den bestehenden Forschungsstand zur Entwicklung von Leistungsangst und empirische Befunde zu den Auswirkungen des Grundschulübergangs auf den affektiv-motivationalen Bereich der Schüler*innen gegeben werden.

3 Forschungsstand

3.1 Der Grundschulübergang aus empirischer Sicht

Betrachtet man internationale und nationale Forschungsergebnisse, wird deutlich, dass der Übergang von der Grund- zur weiterführenden Schule für bestimmte Schüler*innen ein emotional behaftetes Erlebnis darstellt, mit welchem entsprechend Emotionen wie Vorfreude, Besorgnis und Verunsicherung einhergehen (vgl. van Ophuysen u.a. 2007; Storck 2015). So konnte beispielsweise eine Längsschnittstudie aus Schottland zeigen, dass negativ erlebte schulische Übergänge langfristig zu Angst, Depressionen und geringeren Leistungen führen können (vgl. West u.a. 2010). Die Befundlage zum Übergang von der Grund- zur weiterführenden Schule ist trotz der häufig betonten Relevanz dieses Themas unübersichtlich und diffus. Im Forschungsfeld fehlt bisweilen eine systematische Analyse schulischer Übergänge unter gemeinsamer Berücksichtigung systemischer und individueller Merkmale. Schröder und Wilmanns (2016) unternehmen mit der Entwicklung eines heuristischen Modells zur Analyse schulischer Übergänge *(Übergangs-Laufbahn-Modell)* einen ersten Versuch, eine Grundlage zur empirischen Analyse institutioneller Übergänge mit der Fokussierung der Individualebene auszuarbeiten. In Anlehnung daran wird auch im vorliegenden Beitrag das Individuum verstärkt in den Blick genommen und die Anpassungsleistung nach dem Übergang von der Grund- zur weiterführenden Schule betrachtet.

3.2 Die Entwicklung von Leistungsangst in der Sekundarstufe I

Vor dem Hintergrund einer individuellen Betrachtung der Entwicklung von Leistungsangst liegen bereits Forschungsbefunde vor. Während Kinder mit geringer bzw. keiner Leistungsangst eingeschult werden, steigt der Anteil leistungsängstlicher Schüler*innen im Laufe der Grundschulzeit an und stagniert in der Sekundarstufe (vgl. Pekrun 1991). Die Studie von Czeschlik (2008) bei Schüler*innen der vierten Klasse macht deutlich, dass 19 Prozent der Kinder in Grundschulen Leistungsangst haben.

Am Gymnasium hingegen steigt die durchschnittliche Leistungsangst im ersten Schuljahr nach dem Übergang an (vgl. Götz u.a. 2004). Einen Anstieg der Angst von Klasse 5 zu 7 zeigte auch eine Analyse von Jonberg und Porsch (2015), die mit derselben Stichprobe wie der diesem Beitrags zugrundeliegenden durchgeführt wurde. Die Entwicklung bis zur Klasse 9 der zuletzt genannten Studie wurde bislang nicht in den Blick genommen. Hembree (1988) berichtet von einer Stagnation ab Klasse 5 bis zum Ende der Schulzeit, während Mazzone u.a. (2007) eine längere Beschulung als Risikofaktor der Angst ausmachen und von einer kontinuierlichen Zunahme von acht- bis 16-Jährigen berichten. Der aktuellen PISA-Studie zufolge haben 42 Prozent der Schüler*innen in der neunten Klasse an deutschen Schulen Angst, in Leistungssituationen zu versagen, auch wenn sie sich gut auf eine Prüfungssituation vorbereitet fühlen (OECD 2017).

3.3 Unterschiede durch die sozioökonomische Herkunft

Während es, wie in Abschnitt 2.2 erläutert, durchaus Gründe zur Annahme eines Zusammenhangs der Leistungsangst mit dem SES bestehen, gibt es bislang wenig empirische Grundlagen diesbezüglich. Studien, die den direkten Zusammenhang zwischen den beiden Aspekten untersucht haben, liegen größtenteils viele Jahre zurück und wurden in anderen kulturellen Kontexten durchgeführt. So untersuchten Ziv und Luz (1973) manifestierte Angst in Abhängigkeit des SES anhand einer israelischen Stichprobe der Jahrgangsstufen 3 bis 8 und zeigten, dass Kinder aus sozial privilegiertem Elternhaus signifikant geringere Angst hatten als diejenigen aus sozioökonomisch nachteiliger Lage. Hembree (1988) stellte in einer Metaanalyse einen leicht negativen Zusammenhang beider Aspekte fest ($r = -.13$, $p < .01$). Schließlich rezipierte Putwain (2007) ein ähnliches Ergebnis für britische Schüler*innen der Jahrgangsstufen 10 und 11. Der sozioökonomische Hintergrund war ein signifikanter Prädiktor der Leistungsangst sowohl für die *Emotionality-* als auch die *Worry*-Komponente.
Einen querschnittlichen Zusammenhang zwischen Leistungsangst und dem SES zeigt auch die aktuelle PISA-Studie (OECD 2017). Hier gaben 46.1 Prozent ($SE = 1.4$) der sozioökonomisch benachteiligten 16-Jährigen in Deutschland an, trotz guter Vorbereitung Angst vor einem Test zu haben, während nur 33.0 Prozent ($SE = 1.3$) der Jugendlichen aus einer sozioökonomisch vorteilhaften Lage diese Aussage trafen.

4 Forschungsfragen

Da die Anzahl vorliegender Studien, die Leistungsangst bei Schüler*innen unmittelbar nach dem Übergang in die Sekundarstufe I und im Längsschnitt untersucht haben, begrenzt ist und es bisher kaum Erkenntnisse zu der Beziehung zwischen

Leistungsangst und sozialer Herkunft gibt, stehen in diesem Beitrag folgende For-schungsfragen im Fokus:

1. Wie hoch ist die Leistungsangst von Schüler*innen in Klasse 5, 7 und 9 und wie entwickelt sie sich über die drei Schuljahre?
   Hypothese: Die Ausprägung der Leistungsangst steigt im Verlauf der Sekundar-stufe I.
2. Gibt es einen signifikanten Unterschied in der Angstausprägung bedingt durch die soziale Herkunft über alle Messzeitpunkte hinweg?
   Hypothese: Schüler*innen mit einem geringen sozialen Status zeigen eine höhe-re Leistungsangst als Schüler*innen mit einem hohen sozialen Status.
3. Zeigt sich ein Zusammenhang zwischen der Übergangsempfehlung und dem Angsterleben in der Sekundarstufe I?
   Hypothese: Schüler*innen ohne Gymnasialempfehlung haben eine höhere Leis-tungsangst als Schüler*innen mit Gymnasialempfehlung.

5 Daten und Methode

5.1 Stichprobe

Zur Beantwortung der dargestellten Forschungsfragen werden Daten des Projekts „Ganz In. Mit Ganztag mehr Zukunft. Das neue Ganztagsgymnasium NRW" genutzt. Für den vorliegenden Beitrag wird auf Daten von Schüler*innen so-wie Eltern für das Schuljahr 2010/11 (n_{SuS} = 3312, n_{Eltern} = 2718), das Schuljahr 2012/13 (n_{SuS} = 3132, n_{Eltern} = 2223) und das Schuljahr 2014/2015 (n_{SuS} = 2846, n_{Eltern} = 1752) zurückgegriffen. Damit liegen längsschnittliche Daten für die Jahr-gangsstufen 5, 7 und 9 vor. Die Rücklaufquote bei den Schüler*innen lag bei allen drei Messzeitpunkten über 85 Prozent. Bezüglich der Elternbefragung betrug der Rücklauf zwischen 78 und 68 Prozent. An allen drei Messzeitpunkten haben 2215 Schüler*innen sowie 1030 Eltern teilgenommen.

5.2 Instrumente

Zur Erfassung der Leistungsangst der Schüler*innen wurden sieben Items einge-setzt, die aus dem Schulbarometer des Instituts für Schulentwicklungsforschung (IFS) stammen (IFS 2001). Die Schüler*innen konnten auf einer vierstufigen Antwortskala (1 = „trifft nicht zu" bis 4 = „trifft zu") Aussagen wie „In der Schule habe ich oft Kopfschmerzen" bewerten (M_{MZP1} = 1.82, SD_{MZP1} = 0.64, α_{MZP1} = .80; M_{MZP2} = 2.09, SD_{MZP2} = 0.67, α_{MZP2} = .81; M_{MZP3} = 2.12, SD_{MZP3} = 0.69, α_{MZP3} = .82).
Die Übergangsempfehlung wurde abgebildet, indem die Eltern gefragt wurden, ob das Kind laut der Empfehlung der Grundschule für den Besuch des Gymna-

siums (1) geeignet, (2) mit Einschränkung geeignet oder (3) nicht geeignet war (M = 1.15, SD = 0.37).

Die soziale Herkunft der Schüler*innen wurde durch das kulturelle (Anzahl der Bücher im Haushalt) und ökonomische Kapital (Bruttohaushaltseinkommen) erfasst. Bezüglich der Anzahl der Bücher im Haushalt konnten die Schüler*innen auf einer fünfstufigen Skala (1 = 0–10 Bücher bis 5 = über 200 Bücher) Angaben machen (M = 4.08, SD = 0.99). Um das Bruttohaushaltseinkommen zu erfassen, konnten die Eltern eine Einschätzung auf einer achtstufigen Antwortskala (1 = unter 10.000 Euro bis 8 = 70.000 Euro oder mehr) vornehmen (M = 5.53, SD = 2.16). Die Angaben zur Anzahl der Bücher und zum Bruttohaushaltseinkommen aus Jahrgangsstufe 5, 7 und 9 wurden zu einer Variablen zusammengefasst.

5.3 Analysestrategie

Die statistischen Analysen wurden für diesen Beitrag in SPSS 24.0 durchgeführt. Um die Ausprägung der Leistungsangst zu bestimmen, wurden die Angaben in keine/geringe, mittelhohe und hohe Leistungsangst rekodiert und die prozentuale Verteilung ermittelt. Die Entwicklung der Leistungsangst über die drei Messzeitpunkte hinweg wurde mit Hilfe einer Varianzanalyse mit Messwiederholung analysiert. Um der Frage nachzugehen, inwieweit sich die Leistungsangst zwischen Schüler*innen mit einem geringen und hohen kulturellen bzw. ökonomischen Kapital unterscheidet (Leistungsangst in Abhängigkeit der Anzahl der Bücher und des Einkommens), wurden einfaktorielle Varianzanalysen gerechnet. Zum Vergleich der Mittelwerte wurden Post-Hoc-Tests genutzt. Zur Überprüfung der Zusammenhangsstruktur zwischen der Übergangsempfehlung und dem Angsterleben sowie der Vorhersage von Leistungsangst durch die Gymnasialempfehlung wurde eine Korrelations- und Regressionsanalyse eingesetzt.

6 Ergebnisse

In Bezug auf die erste Forschungsfrage zeigt sich, dass die Leistungsangst in der Jahrgangsstufe 5 gering ausgeprägt ist: 62 Prozent der befragten Schüler*innen geben an, dass sie keine bzw. geringe Leistungsangst haben. Demgegenüber haben 7 Prozent der Kinder in Klasse 5 eine hohe Leistungsangst. Bis zur Klasse 9 steigt der Anteil der Schüler*innen, die über Leistungsangst berichten: Fast 14 Prozent der Heranwachsenden geben in Jahrgangsstufe 9 an, dass sie Leistungsangst haben (siehe Tabelle 1).

Tab. 1: Anteile der Schüler*innen mit keiner bzw. geringer, mittelhoher und hoher Leistungsangst in Klasse 5, 7 und 9

	Keine/geringe Leistungsangst (1–1.9)	Mittelhohe Leistungsangst (2–2.9)	Hohe Leistungsangst (3–4)
Klasse 5	62.4%	30.6%	7.0%
Klasse 7	45.9%	41.1%	13.0%
Klasse 9	42.9%	43.3%	13.8%

n = 1960

Beim Vergleich der Mittelwerte wird deutlich, dass die Unterschiede zwischen Jahrgangsstufe 5, 7 und 9 signifikant sind (siehe Tabelle 2). Die Leistungsangst nimmt im Verlauf der Sekundarstufe I damit signifikant zu.

Tab. 2: Mittelwerte der Leistungsangst in den Klassen 5, 7 und 9

	Leistungsangst[1]		
	M	(SD)	n
Jahrgangsstufe 5	1.82[I]	(0.64)	1960
Jahrgangsstufe 7	2.09[II]	(0.67)	1960
Jahrgangsstufe 9	2.12[III]	(0.69)	1960

1) $F = 214.818$, $df = 2$, $\eta^2 = .098$, $p = .000$.
Mittelwerte mit ungleichen Suffixen unterscheiden sich mit $p < .05$.
Antwortskalierung: 1 = trifft nicht zu, 2 = trifft eher nicht zu, 3 = trifft eher zu, 4 = trifft zu.

Die zweite Forschungsfrage bezieht sich auf Unterschiede in der Angstausprägung bedingt durch die soziale Herkunft. Hierfür wurden als Indikatoren die Anzahl der Bücher im Haushalt sowie das Bruttohaushaltseinkommen berücksichtigt. Es wird deutlich, dass in den jeweiligen Jahrgangsstufen Unterschiede in der Angstausprägung in Abhängigkeit der Anzahl der Bücher im Haushalt vorliegen. Für die Jahrgangsstufe 5 zeigt sich, dass es einen bedeutsamen Unterschied zwischen den Gruppen „26 bis 100 Bücher" und „über 200 Bücher" gibt. Kinder, deren Eltern über ein höheres kulturelles Kapital verfügen, haben weniger Leistungsangst als Kinder mit einem geringeren kulturellen Kapital (siehe Tabelle 3). Diese Ergebnisse lassen sich auch für die Jahrgangsstufen 7 und 9 finden.

Tab. 3: Ergebnisse der Varianzanalyse (ANOVA) mit dem festen Faktor Anzahl der Bücher zu Hause

Wie viele Bücher gibt es bei dir zuhause ungefähr	Leistungsangst		
	Klasse 5[1]	Klasse 7[1]	Klasse 9[1]
a) 0–10 Bücher	2.02	2.25	2.40
b) 11–25 Bücher	1.95	2.23[I]	2.39[I]
c) 26–100 Bücher	1.90[I]	2.17[I]	2.19[I,III]
d) 101–200 Bücher	1.79	2.10	2.10[III]
e) >200 Bücher	1.75[II]	2.00[II]	2.04[II]

1) Tukey HSD-Test. n = 20 (a), 72 (b), 508 (c), 419 (d), 853 (e). F = 5.67, df = 4, p = .000.
2) Tukey HSD-Test. n = 20 (a), 72 (b), 508 (c), 419 (d), 853 (e). F = 7.28, df = 4, p = .000.
3) Tukey HSD-Test. n = 20 (a), 72 (b), 508 (c), 419 (d), 853 (e). F = 7.98, df = 4, p = .000.

Anmerkungen: M = Mittelwert; F = Fisher-Wert; p = Signifikanz; n gesamt = 1872.
Mittelwerte mit ungleichen Suffixen unterscheiden sich mit p < .05.
Antwortskalierung: 1 = trifft nicht zu, 2 = trifft eher nicht zu, 3 = trifft eher zu, 4 = trifft zu.

Auch im Hinblick auf die Angstausprägung differenziert nach dem Bruttohaushaltseinkommen lassen sich signifikante Unterschiede in Jahrgangsstufe 5, 7 und 9 konstatieren. Verfügen die Eltern über ein hohes Einkommen (50.000 bis 70.000 Euro) und damit über ein hohes ökonomisches Kapital, ist die Angstausprägung der Schüler*innen in allen Jahrgangsstufen geringer ausgeprägt als bei Kindern und Jugendlichen, deren Eltern ein mittleres oder geringeres Einkommen haben (siehe Tabelle 4).

Tab. 4: Ergebnisse der Varianzanalyse (ANOVA) mit dem festen Faktor Haushaltseinkommen

Haushaltseinkommen	Leistungsangst		
	Klasse 5[1]	Klasse 7[2]	Klasse 9[3]
a) unter 19.999 €	1.93[I]	2.16[I]	2.24[I]
b) 20.000–49.999 €	1.89[I]	2.18[I]	2.19[I]
c) 50.000–70.000 €	1.73[II]	2.00[II]	2.04[II]

1) Games Howell-Test. n = 194 (a), 631 (b), 915 (c). F = 14.93, df = 2, p = .000.
2) Tukey HSD-Test. n = 194 (a), 631 (b), 915 (c). F = 15.49, df = 2, p = .000.
3) Tukey HSD-Test. n = 194 (a), 631 (b), 915 (c). F = 12.08, df = 2, p = .000.

Anmerkungen: M = Mittelwert; F = Fisher-Wert; p = Signifikanz; n gesamt = 1740.
Mittelwerte mit ungleichen Suffixen unterscheiden sich mit p < .05.
Antwortskalierung: 1 = trifft nicht zu, 2 = trifft eher nicht zu, 3 = trifft eher zu, 4 = trifft zu.

Im Rahmen der dritten Forschungsfrage geht es um die Überprüfung des Zusammenhangs zwischen der Übergangsempfehlung und dem Angsterleben in der Sekundarstufe I. Die Analysen zeigen, dass Schüler*innen mit fehlender Gymnasialempfehlung (M = 1.96, SD = 0.71) eine signifikant höhere Ausprägung der Leistungsangst haben als Schüler*innen mit einer Gymnasialempfehlung (M = 1.82, SD = 0.64) (siehe Abbildung 1). Ein Zusammenhang zwischen der Gymnasialempfehlung und der Leistungsangst kann damit bestätigt werden (r = -.076, p = .000).

Abb. 1: Zusammenhangsstruktur zwischen Gymnasialempfehlung und Leistungsangst in Klasse 5

7 Diskussion und Fazit

Die Ergebnisse verdeutlichen einerseits, dass die Angstausprägung nach dem Übergang in die Sekundarstufe I ansteigt und es andererseits Unterschiede im Angsterleben je nach sozioökonomischem Hintergrund gibt. Erwartungskonform steigt die Leistungsangst im Verlauf der Sekundarstufe I an Gymnasien an. Die Hypothese, die Ausprägung der Leistungsangst erhöhe sich signifikant von der Klasse 5 bis zur Klasse 9, kann auf Grundlage der vorliegenden Ergebnisse bestätigt werden und ist anschlussfähig an bereits vorliegende Befunde (Pekrun 1991; Jonberg & Porsch 2015). Ein solcher Anstieg der Leistungsangst ist damit zu erklären, dass es nach dem Übergang auf das Gymnasium in eine leistungshomogenere und leistungsstärkere Vergleichsgruppe zu einem Passungsverhalten der Kinder kommt. Schüler*innen, die in der Grundschule zu den leistungsstarken gehörten, sind nun unter vielen leistungsstarken Kindern. Die Erfahrung, nicht mehr zu den Besten der Klasse zu gehören, sorgt für Unsicherheit und Leistungsdruck sowie erhöhter Leistungsangst. Neben der Entwicklung der Leistungsangst wurde untersucht, inwiefern der sozioökonomische Hintergrund von Schüler*innen einen Einfluss auf die Ausprägung von Leistungsangst hat. Die Hypothese, dass Heranwachsende mit einem geringen sozialen Status eine höhere Leistungsangst als Schüler*innen mit einem hohen sozialen Status haben, kann empirisch bestätigt werden. Kommen Schüler*innen aus Familien mit einer hohen Anzahl von Büchern und damit einem hohen kulturellen Kapitel, ist die Leistungsangst dieser Kinder geringer ausgeprägt als bei Schüler*innen, die über wenig Bücher zu Hause verfügen. Diese Unterschiede zeigen sich in allen drei Jahrgangsstufen zwischen den Gruppen „26 bis 100 Bücher" und „über 200 Bücher". Als ein weiterer untersuchter Indikator für den sozioökonomischen Status wurde das Haushaltseinkommen herangezogen. Kinder aus Familien mit niedrigerem Haushaltseinkommen haben eine höhere Angstausprägung als Kinder aus Familien mit größerem Einkommen. Beide Ergebnisse deuten daraufhin, dass der familiäre Habitus stark mit der Leistungsangst von Kindern zusammenhängt. Familien mit eher niedrigem sozioökonomischem Hintergrund verbinden mit Bildung eine Chance für den späteren beruflichen Erfolg und eine bessere Stellung in der Gesellschaft. Diese Einstellung kann bei Kindern zu erhöhtem Druck und damit einhergehender Leistungsangst führen.

Im Anschluss daran wurde untersucht, ob es zwischen der ausgesprochenen Übergangsempfehlung in der Grundschule und der Leistungsangst einen Zusammenhang gibt. Auf Grundlage der Ergebnisse kann nachgewiesen werden, dass die untersuchte Gruppe der Schüler*innen ohne Gymnasialempfehlung eine höhere Leistungsangst als Schüler*innen mit Gymnasialempfehlung haben. Da der Übergang zum Gymnasium für die meisten Kinder ein kritisches Lebensereignis darstellt und ein Anpassungsverhalten voraussetzt, sind Kinder ohne Gymnasialempfehlung ängstlicher beim Übertritt als Kinder mit Gymnasialempfehlung. Das Wissen darüber kann ein wirksamer Prädiktor für die Angstausprägung und die weitere Entwicklung der Leistungsangst sein.

Zusammengefasst zeigt der vorliegende Beitrag mit der längsschnittlichen Auseinandersetzung des Themas Leistungsangst in Abhängigkeit vom sozioökonomischen Hintergrund eine erste Exploration. Für die pädagogische Praxis ergeben sich trotz vorliegender Limitationen interessante und gewinnbringende Erkenntnisse. Die Ergebnisse zeigen, dass es an Schulen Risikoschüler*innen gibt, die einer besonderen Aufmerksamkeit und intensiveren Betreuung im Übergang von der Grundschule zur weiterführenden Schule bedürfen. Von Risikoschüler*innen kann in diesem Zusammenhang gesprochen werden, wenn Kinder aus eher bildungsfernen Familien mit beispielsweise niedrigerem Haushaltseinkommen stammen oder nicht über ein entsprechendes Grundschulgutachten verfügen. Nicht zu vernachlässigen sind auch affektive Faktoren: Kinder, die eher ängstlich oder besorgt sind, zählen ebenso zur Risikoschülerschaft im Übergang zur weiterführenden Schule.

Für weiterführende Studien zu diesem Bereich wäre es lohnenswert, neben der sozialen Herkunft auch schulische Indikatoren im Längsschnitt zu berücksichtigen (z.B. das Klassenklima oder die Rolle der Lehrkraft), die einen Einfluss auf die Entwicklung von Leistungsangst von Kindern und Jugendlichen haben können. Zudem wäre eine vielfältigere Stichprobe, also die Berücksichtigung weiterer Schulformen, wünschenswert, um fundierte Aussagen zur Entwicklung der Leistungsangst ableiten zu können.

Literatur

Beelmann, Wolfgang (2006): Normative Übergänge im Kindesalter. Anpassungsprozesse beim Eintritt in den Kindergarten, in die Grundschule und in die weiterführende Schule. Schriften zur Entwicklungspsychologie, Bd. 13. Hamburg: Verlag Dr. Kovac.

Boudon, Raymond (1974): Education, Opportunity, and Social Inequality – Changing Prospects in Western Society. New York: John Wiley and Sons.

Czeschlik, Tatjana (2008): Umgang mit ängstlichen Schülern. In: M. K. W. Schwerer (Hrsg.): Lehrer-Schüler-Interaktion (2. Aufl.). Wiesbaden: VS Verlag für Sozialwissenschaften, 343–360.

Döpfner, Manfred, Schnabel, Maria, Golletz, Hildegard & Ollendick, Thomas (2006): Phobiefragebogen für Kinder und Jugendliche. Göttingen: Hogrefe.

Filipp, Sigrun Heide (1995): Ein allgemeines Modell für die Analyse kritischer Lebensereignisse. In: Sigrun Heide Filipp (Hrsg.): Kritische Lebensereignisse. München: PVU, 3–52.

Götz, Thomas, Pekrun, Reinhard, Zirngibl, Anne, Jullien, Simone, Kleine, Michael, vom Hofe, Rudolf & Blum, Werner (2004): Leistung und emotionales Erleben im Fach Mathematik. Längsschnittliche Mehrebenenanalysen. In: Zeitschrift für Pädagogik, 18 (3/4), 201–212.

Hembree, Ray (1988): Correlates, causes, effects, and treatment of test anxiety. In: Review of Educational Research, 58. Jg., 47–77.

Jonberg, Anna & Porsch, Raphaela (2015): Leistungsangst in der Sekundarstufe I: Welchen Einfluss hat die soziale Herkunft? In: Heike Wendt & Wilfried Bos (Hrsg.): Auf dem Weg zum Ganztagsgymnasium. Erste Ergebnisse der wissenschaftlichen Begleitforschung zum Projekt Ganz In. Münster: Waxmann.

Koch, Katja (2006): Der Übergang von der Grundschule in die weiterführende Schule als biographische und pädagogische Herausforderung. In: A. Ittel, L. Stecher, H. Merkens, & J. Zinnecker (Hrsg.): Jahrbuch Jugendforschung. Wiesbaden: Springer VS, 69–92.

Mazzone, Luigi, Ducci, Francesca, Scoto, Maria C., Passaniti, Eleonora, Genitor DÁrrigo, Valentina & Vitiello, Benedetto (2007): The role of anxiety symptoms in school performance in a community sample of children and adolescents. In: BMC Public Health, 7. Jg., 347–352.

OECD (2017): Schoolwork-related anxiety. In: PISA 2015 Results (Volume III): Students' Well-Being. Paris: OECD Publishing.

Pekrun, Reinhard (1991): Prüfungsangst und Schulleistung. Eine Längsschnittanalyse. In: Zeitschrift für Pädagogische Psychologie, 5 (2), 99–109.

Putwain, David W. (2007): Test anxiety in UK schoolchildren: Prevalence and demographic patterns. In: British Journal of Educational Psychology, 77. Jg., 579–593.

Reiss, Kristina, Sälzer, Christine, Schiepe-Tiska, Anja, Klieme, Eckhard & Köller, Olaf (Hrsg.): PISA 2015. Eine Studie zwischen Kontinuität und Innovation. Münster: Waxmann.

Schröder, Jan & Wilmanns, Isabella (2016): Institutionelle Übergänge als kritische Lebensereignisse in der Bildungsbiographie: die Beispiele Grundschulübergang, Klassenwiederholungen und Abschulungen. In: Rolf Strietholt, Wilfried Bos, Heinz Günter Holtappels & Nele McElvany (Hrsg.): Jahrbuch der Schulentwicklung, Band 19. Daten, Beispiele, Perspektiven. Weinheim und Basel: Beltz Juventa, 110–135.

Schumacher, Christiane (2016): Prüfungsangst in der Schule. Münster: Waxmann.

Schwarzer, Ralf (1993): Streß, Angst und Handlungsregulation. 3. überarb. und erw. Aufl. Stuttgart: Kohlhammer.

Scott, William A. & Scott, Ruth (1989): Adaption of immigrants. Individual differences and determinants. Pergamon Press: Oxford.

Sparfeldt, Jörn R., Schilling, Susanne R., Rost, Detlef H., Stelzl, Ingeborg & Peipert, Dominique (2005): Leistungsängstlichkeit: Facetten, Fächer, Fachfacetten? In: Zeitschrift für Pädagogische Psychologie, 19. Jg., 225–236.

Storck, Julian (2015): Auswirkungen des Übergangs von der Grundschule in die Sekundarstufe I auf das Wohlbefinden und Selbstkonzept von Schülerinnen und Schülern. Kassel: kassel university press.

van Ophuysen, Stefanie, Harazd, Bea & Schürer, Sina (2007): Von der Grundschule zur Sekundarstufe. Möglichkeiten zur Verbesserung des Übergangs. In: Schulmagazin 5 bis 10, 75. Jg., 5–8.

West, P., Sweeting, H. & Young, R. (2010): Transition matters: pupils' experiences of the primary-secondary school transition in the West of Scotland and consequences for well-being and attainment. In: Research Papers in Education, 25. Jg., 21–50.

Zeidner, Moshe (1998): Test anxiety: The state of the art. New York: Plenum Press.

Zeidner, Moshe (2004): Test anxiety. In: Charles D. Spielberger (Hrsg.): Encyclopedia of applied psychology, Bd. 3. New York: Plenum Press, 545–555.

Ziv, Avner & Luz, M. (1973): Manifest anxiety in children of different socioeconomic levels. In: Human Development, 16. Jg., 224–232.

Maike Hagena, Solvig Rossack und Imogen Feld

Sprach(en)- und Fachlernen: Förderung und Evaluation im Rahmen der Studie FaSaF

Im folgenden Beitrag wird das interdisziplinäre Forschungsprojekt „Fach-an-Sprache-an-Fach" (FaSaF) vorgestellt, das exemplarisch für die Unterrichtsfächer Deutsch und Mathematik untersucht, inwieweit unter Zuhilfenahme von Sprachfördermaßnahmen Lernende der 7. Jahrgangsstufe im Fachlernen unterstützt werden können. Dafür wurde im Schuljahr 2014/2015 eine Interventionsstudie durchgeführt, in der zwei verschiedene Förderbedingungen (A und B) realisiert wurden: Förderbedingung A: integriertes Sprachen- und Fachlernen; Förderbedingung B: separiertes Sprachen- und Fachlernen. Die konkrete Forschungsfrage, an der auch die Konzeption der beiden Förderbedingungen ausgerichtet wurde, lautete dabei: (Inwieweit) Können Schüler*innen fachspezifische Kompetenzen (mathematische Modellierungs- und schriftliche Argumentationskompetenzen) durch ein integriertes Sprachen- und Fachlernen effektiver erwerben als durch ein separiertes Sprachen- und Fachlernen? Es zeigt sich, dass die an beiden Interventionsformen teilnehmenden Lernenden ihre mathematischen Modellierungs- und schriftlichen Argumentationskompetenzen grundsätzlich ausbauen konnten. Es lassen sich jedoch keine Unterschiede zwischen den beiden Förderbedingungen der integrierten und separierten Förderung erkennen.

1 Einführung

Die Auseinandersetzung mit Mathematik im Alltag erfolgt, zum Teil auch unbewusst, tagtäglich und beeinflusst maßgeblich Entscheidungen, die wir treffen. So bedarf beispielsweise die Entscheidung, ob für die regelmäßigen Kinobesuche Einzelkarten gekauft oder der Kauf einer Kinojahreskarte getätigt wird, einer mathematischen Modellierung. Die hier beschriebene Situation entstammt der realitätsbezogenen Mathematikaufgabe „Kinojahreskarte", in der sich die fiktive Person Herr Morgan fragt, ob sich für regelmäßige Kinobesuche der Kauf einer Kinojahreskarte lohnt (siehe Aufgabe „Kinojahreskarte" in Abbildung 1).

Kinojahreskarte

Herr Morgan stößt beim Lesen der Tageszeitung auf ein interessantes Angebot. Die Kinokette Kinomaxx verkauft neuerdings für 399 € Jahreskarten. Mit einer Jahreskarte kann man im Laufe eines Jahres so oft ins Kino gehen wie man möchte. Herr Morgan, der ein begeisterter Kino-Fan ist und regelmäßig ins Kino geht, überlegt sich, eine solche Jahreskarte zu kaufen.

Entscheide, ob sich der Kauf einer Kinojahreskarte lohnt. Begründe deine Entscheidung.

Abb. 1: Realitätsbezogene Mathematikaufgabe „Kinojahreskarte"

Im Zuge der Aufgabenbearbeitung sollen Schüler*innen Herrn Morgan bei seiner Entscheidungsfindung unterstützen. Um eine fundierte Entscheidung treffen zu können, ist eine Möglichkeit zu eruieren, wie oft man im Jahr ins Kino gehen müsste, um 399 € (Preis einer Kinojahreskarte) für den Eintritt auszugeben. Unter der Annahme, dass ein einmaliger Kinobesuch 8 € kostet, lässt sich berechnen, dass man mindestens 50-mal im Jahr ins Kino gehen müsste, damit sich der Preis der Jahreskarte lohnt. Inwieweit es realistisch ist, 50-mal im Jahr – und damit fast wöchentlich – ins Kino zu gehen, ist letztlich von intrapersonalen Faktoren wie dem Alter der Person, den Lebensumständen, dem Einkommen und den persönlichen Interessen abhängig und bei der Entscheidung zu berücksichtigen, bevor die finale Entscheidung am Ende des Bearbeitungsprozesses überzeugend dargelegt wird. Anhand dieser Bearbeitungsschritte wird ersichtlich, dass die Bearbeitung einer realitätsbezogenen Mathematikaufgabe in der Regel komplex ist (siehe dafür auch Tabelle 1).

Tab. 1: Schritte beim Bearbeiten einer realitätsbezogenen Mathematikaufgabe am Beispiel der Aufgabe „Kinojahreskarte"

1. Verstehen	Der Bearbeitungsprozess beginnt mit dem Verstehen der schriftlich dargelegten Aufgabenstellung. Dabei gilt es, das zu bearbeitende Problem zu identifizieren. Dieser Prozess wird auch durch die Lesekompetenz des Individuums generiert: *„Ist es günstiger, sich für die regelmäßigen Kinobesuche eine Jahreskarte zu kaufen oder jedes Ticket einzeln zu bezahlen?"*
2. Vereinfachen/ Strukturieren	Um die Aufgabenstellung mit Hilfe der Mathematik bearbeiten zu können, ist diese angemessen zu vereinfachen und zu strukturieren. Hier sind Annahmen über die Kosten einer Kinokarte sowie über die Anzahl an Kinobesuchen zu treffen: *„Ein einmaliger Kinobesuch kostet 8 €."*

3. Mathematisieren	Die als relevant erachteten Variablen werden unter Nutzung mathematischer Grundvorstellungen und mit Hilfe mathematischer Notationen beschrieben: „$399 \, € : 8 \, € = x$"
4. Mathematisch Arbeiten	Das mathematische Modell wird auf Grundlage der zur Verfügung stehenden mathematischen Kenntnisse bearbeitet: „$x = 49,875$"
5. Interpretieren	Das mathematische Ergebnis wird unter Berücksichtigung der realen Situation interpretiert: *„Herr Morgan müsste 50-mal im Jahr ins Kino gehen, damit sich der Kauf der Kinojahreskarte lohnt."*
6. Validieren	Anschließend werden das Ergebnis als auch der Bearbeitungsprozess reflektiert: *„Ist es realistisch, dass man jede Woche ins Kino geht? Laufen genug Filme, die man sehen möchte?"*
7. Darlegen	Abschließend wird das finale Ergebnis schriftlich dargelegt: *„Wenn Herr Morgan einmal die Woche ins Kino geht, würde sich der Kauf einer Kinojahreskarte lohnen."*

Die Schüler*innen, die an der 15-wöchigen Intervention des Projektes Fach-an-Sprache-an-Fach (FaSaF)[1] teilgenommen haben, setzten sich mit dieser und anderen Entscheidungsaufgaben auseinander, bei denen es sich wie bei der Aufgabe „Kinojahreskarte" um realitätsbezogene Mathematikaufgaben handelte. Beim Lösen dieser Aufgaben wurden die Schüler*innen durch ausgewählte Sprachfördermaßnahmen unterstützt. So wurden mit den Schüler*innen zum einen Lesestrategien zur Förderung mathematischer Modellierungskompetenzen trainiert, zum anderen wurde ein Schreibtraining zur Förderung schriftlicher Argumentationskompetenzen durchgeführt. Nachfolgend wird aufgezeigt, warum sich gerade von einem Lesestrategietraining eine positive Wirkung auf die Bearbeitung realitätsbezogener Mathematikaufgaben versprochen wird und wie Schüler*innen durch ein Schreibtraining beim Darlegen schriftlicher Argumentationsprozesse unterstützt werden können. Hierauf aufbauend wird mit Blick auf die zu diskutierende Forschungsfrage aufgezeigt, welche Vorzüge mit einem integrierten Sprachen- und Fachlernen einhergehen. Auf der Grundlage der theoretischen Überlegungen wird schließlich untersucht, inwieweit es im Zuge der beiden Förderbedingungen gelungen ist, die Schüler*innen beim Bearbeiten realitätsbezogener Mathematikaufgaben sowie beim Darlegen schriftlicher Argumentationsprozesse zu unterstützen.

---

1 Das Forschungsprojekt wird durch das Mercator Institut für Sprachförderung und Deutsch als Zweitsprache gefördert. Die Projektleitung obliegt Prof. Dr. Astrid Neumann (Leuphana Universität Lüneburg), Prof. Dr. Dominik Leiß (Leuphana Universität Lüneburg) und Prof. Dr. Knut Schwippert (Universität Hamburg).

2 Theoretischer Hintergrund

Sprachförderung gilt als Schlüssel zum Kompetenzerwerb im Fach (Becker-Mrotzek u.a. 2013). Eine Aussage, die nicht nur für die offensichtlich sprachnahen Fächer wie Deutsch oder Englisch, sondern auch für die vermeintlich sprachfernen Fächer wie die Naturwissenschaften oder die Mathematik gilt. So konnte bereits im Rahmen von PISA 2000 gezeigt werden, dass Schüler*innen mit Defiziten in der deutschen Sprache auch in anderen Fächern mit Benachteiligungen zu rechnen haben (Baumert & Schümer 2001). Aus diesem Grund wird nachdrücklich gefordert, Sprachfördermaßnahmen in jeglichen Ausprägungen, sei es in Form von Lesestrategien, Wortspeichern oder auch Schreibstrategien, in alle Unterrichtsfächer zu integrieren (Gogolin u.a. 2011; Schmölzer-Eibinger 2013). Diese Forderung aufgreifend, untersucht das interdisziplinäre Forschungsprojekt FaSaF exemplarisch für die Bearbeitung realitätsbezogener Mathematikaufgaben und das schriftliche Argumentieren, inwieweit ausgewählte Sprachfördermaßnahmen das Fachlernen unterstützen können.

2.1 Förderung mathematischer Modellierungskompetenzen

Für die Bearbeitung realitätsbezogener Mathematikaufgaben, wie auch bei der Aufgabe „Kinojahreskarte", wird die Kompetenz des mathematischen Modellierens benötigt, die fest in den Bildungsstandards für das Fach Mathematik verankert ist (Blum u.a. 2010). Die Kompetenz des mathematischen Modellierens beschreibt sowohl die Fähigkeiten als auch die Bereitschaft, mathematische Modelle konstruieren und analysieren zu können (Niss u.a. 2007). Dabei werden neben sogenannten globalen Modellierungskompetenzen auch mehrere Teilkompetenzen mathematischen Modellierens benötigt (Kaiser u.a. 2015). Diese Teilkompetenzen werden in der Regel in Anlehnung an die im Zuge eines Modellierungsprozesses zu vollziehenden Schritte konkretisiert (siehe Abbildung 2). Eine dieser Teilkompetenzen beinhaltet beispielsweise die Fähigkeiten, eine realitätsbezogene Aufgabe verstehen und soweit vereinfachen zu können, dass im Zuge des weiteren Bearbeitungsprozesses eine Mathematisierung stattfinden kann (Kompetenzen zum Verständnis eines realen Problems und zum Aufstellen eines realen Modells). Dass es sich hierbei um Fähigkeiten handelt, die bei Schüler*innen nicht vorausgesetzt werden können, konnte bereits gezeigt werden (Leiss u.a. 2010; Van Dooren u.a. 2013). So reicht es bei der Bearbeitung einer realitätsbezogenen Aufgabe, wie bei der Bearbeitung der Aufgabe „Kinojahreskarte", in der Regel nicht aus, die in der Aufgabenstellung enthaltenen Zahlenangaben zu entnehmen und anhand von Schlüsselwörtern miteinander zu kombinieren. Dies ist jedoch eine Strategie, die häufig von Schüler*innen verfolgt wird. Daher sind mit Blick auf die Förderung mathematischer Modellierungskompetenzen Schüler*innen darin zu unterstützen, Kompetenzen zum Verständnis eines realen Problems und zum Aufstellen eines realen Modells aufzubauen. Aber wie können erfolgreiche Interventionen zur Förderung der Kompetenzen zum Verständnis eines realen Problems und zum Aufstellen eines realen Modells aussehen? Ausgehend von (1) der Bedeutung des individuellen Leseverständnisses für das Verstehen einer realitätsbezogenen Mathematikaufgabe (Leiss u.a. 2010), (2) der Erkenntnis, dass sich das individuelle Leseverständnis durch den Einsatz von Lesestrategien fördern lässt (Gersten u.a. 2001; Edmonds u.a. 2009) und (3) dem empirischen Befund, dass sich die Modellierungskompetenzen Lernender insbesondere durch eine Vermittlung von Strategien fördern lassen (Blum 2015), wurde sich dazu entschieden, den an der Interventionsstudie teilnehmenden Schüler*innen Lesestrategien zur Förderung der Kompetenzen zum Verständnis eines realen Problems und zum Aufstellen eines realen Modells zu vermitteln. Da sich in der Vergangenheit der Einsatz kognitiver und metakognitiver Lesestrategien bewährt hat (Lenhard 2013), wurden mit Blick auf die drei Phasen des Leseprozesses ((1) Vorbereitung, (2) Durchführung und (3) Nachbereitung) folgende etablierte Strategien ausgewählt (siehe auch Hagena u.a. 2017):

(1) Vorbereitung: Aktivierung des eigenen Vorwissens.
(2) Durchführung: Überwachung des eigenen Textverstehens.
(3) Nachbereitung: Strukturierung des Textes, Auswahl von Schlüsselinformationen und Übertragung des Textes in eine andere Darstellungsform (Concept-Map[2]).

Wie die Förderung im Detail in den beiden Förderbedingungen realisiert worden ist, wird unter Abschnitt 2.3 beschrieben.

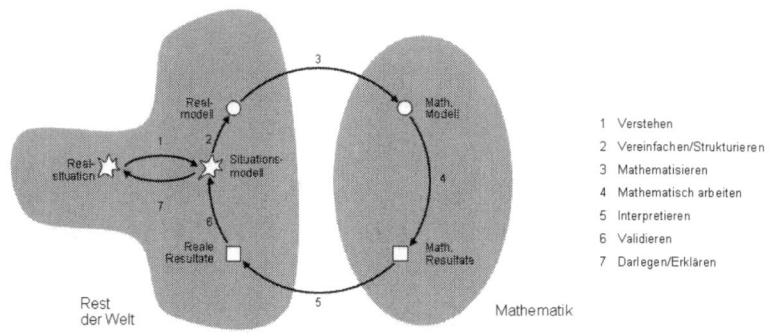

Abb. 2: Modellierungskreislauf nach Blum und Leiss (2007)

---

2 Bei einer Concept-Map handelt es sich um ein grafisches Hilfsmittel, um Beziehungen zwischen als relevant erachteten Informationen darzustellen (Novak & Cañas 2007).

2.2 Förderung schriftlicher Argumentationskompetenzen

Die Beherrschung argumentativer Fähigkeiten wird als Teil bildungssprachlicher Kompetenzen und als Voraussetzung für die Teilnahme am gesellschaftlichen Leben erachtet (Vollmer & Thürmann 2013). Aus diesem Grund ist das Argumentieren, das zur Ausführung mündlicher oder auch schriftlicher argumentativer Prozesse befähigt, fest in den Bildungsstandards für das Fach Deutsch verankert (KMK 2004). Argumentative Prozesse stellen dabei jegliche „[...] sprachliche Handlungen [dar], in denen etwas unter Kommunikationspartnern Strittiges mit dem Ziel geklärt wird, es unstrittig zu machen" (Becker-Mrotzek u.a. 2010). Solche argumentativen Prozesse, egal ob diese mündlich oder schriftlich vollzogen werden, sind jedoch enorm komplex. Dies ist zum einen so, weil es sich beim Argumentieren um eine sogenannte „integrierende Gattung" (Heller 2012) handelt, die verschiedene Diskursfunktionen (wie zum Beispiel das Analysieren, Deuten oder Interpretieren) erfordert, die über das Beschreiben und Erklären hinausgehen. Zum anderen setzen die Aushandlungsprozesse zwischen Rezipienten und Produzenten sowohl literale als auch kognitive Fähigkeiten voraus. Diesbezüglich formuliert Feilke (2010) „argumentative Grundkenntnisse", zu denen er neben „Normen und Werten" auch das „Welt- und Sprachwissen" zählt. Beim schriftlichen Argumentieren kommt erschwerend hinzu, dass der/die direkte Kommunikationspartner*in in der Regel lediglich simuliert wird, weshalb ein hoher Grad an Reflexivität gefragt ist und ein Perspektivwechsel realisiert werden muss. Zudem muss der Schreibprozess an sich gemeistert werden, der bereits per se herausfordernd ist.

Mit Blick auf diese Herausforderungen, die mit dem schriftlichen Argumentieren einhergehen, sollten die Schüler*innen in der Intervention auch beim schriftlichen Argumentieren unterstützt werden. Sie sollten lernen, den Schreibprozess bewusst zu steuern und entsprechend zu entzerren, um auf diese Weise die limitierte Kapazität des Arbeitsgedächtnisses zu entlasten. In Anlehnung an die drei Phasen, die in einer schreibprozessorientierten Didaktik grob betrachtet den Schreibprozess umfassen ((1) die Textplanung, (2) die Phase des Formulierens und (3) die Textüberarbeitung (Hayes & Flower 1980; Bereiter & Scardamalia 1987)), wurden Lernende daher durch erprobte (Schreib-)Strategien beim Verfassen schriftlich argumentativer Texte unterstützt. Durch die Vermittlung von Schreibstrategien wird Wissen im Langzeitgedächtnis abgespeichert, das dann wiederum als Ressource beim Schreiben zur Verfügung steht (Flavell 1979; Kellogg 2006; McCutchen 2011). Bei der Auswahl der Strategien wurde u.a. darauf geachtet, textsortenübergreifende und textsortenspezifische Strategien miteinander zu verbinden, da sich dieses Vorgehen gerade bei der Einführung von Schreibstrategien als besonders effektiv erwiesen hat (Graham u.a. 2013).

Folglich wurde auf die Vermittlung von folgenden Strategien gesetzt (siehe auch Rossack 2017):

(1) Textplanung:	Nutzung eines Schreibplans, der globales und lokales Planen ermöglicht (z.b. „Was möchte ich mit meinem Text erreichen?", „Wovon möchte ich überzeugen?").
(2) Textformulierung:	Nutzung und Einübung von argumentativen Schreibprozeduren, um eine Brücke zwischen dem Schreibprozess und dem letztlichen Schreibprodukt zu schlagen (beispielhafte eingeübte argumentative Markierungen: „Meiner Meinung nach …", „Im Gegensatz zu …").
(3) Textüberarbeitung:	Nutzung von Schreibkonferenzen (mit und ohne Peerfeedback) zur Überarbeitung der Schreibprodukte (z.b. „Habe ich mein Ziel mit dem Text erreicht?", „Versteht der Leser oder die Leserin meinen Text?").

2.3 Vorzüge eines integrierten Sprachen- und Fachlernens

Das Sprachfördertraining direkt an den zu erwerbenden fachspezifischen Kompetenzen auszurichten, erscheint insbesondere aus zwei Gründen sinnvoll: (1) der Forderung nach einem sprachsensiblen Fachunterricht (Gogolin u.a. 2011; Vollmer & Thürmann 2013) und (2) der Schwierigkeit Lernender, Lern- und Denkstrategien auf neue Bereiche und Fächer zu übertragen (Friedrich & Mandl 1992). Zu (1): Unabhängig von dem spezifischen Fach ist Sprache ein Lernmedium, das den Austausch über fachliche Inhalte ermöglicht: „[…] Alles wird in sprachlicher Form dargestellt und vermittelt, alles erfordert sprachliche Kompetenz, um es lernen, verstehen und anwenden zu können. Sprache ist also ständig Lernmedium" (Knapp 2006, 591). Hieraus ergibt sich unmittelbar, dass Sprache auch Lernvoraussetzung ist und sogar – bei unzureichender Beherrschung – zum Lernhindernis werden kann (Baumert & Schümer 2001; Prediger u.a. 2013). Trotz dieser Erkenntnis ist Sprache lange Zeit ausschließlich als Lerngegenstand des Deutschunterrichts erachtet worden (Schmölzer-Eibinger 2013). Zwar trägt der Deutschunterricht zur Förderung der allgemeinen Sprachkompetenz bei, greift aber nicht die sprachspezifischen Charakteristika der einzelnen Fächer auf. Somit werden Schüler*innen im Rahmen des schulischen Lernens zwar im Aufbau einer allgemeinen Sprachkompetenz unterstützt, jedoch nicht auf die sprachlichen Anforderungen des Fachunterrichts vorbereitet. Aus diesem Grund erscheint ein sprachsensibler Fachunterricht hier in Form einer integrativen Förderung sinnvoll, die unmittelbar an den zu erwerbenden fachlichen Inhalten anknüpft. Zu (2): Es ist bekannt, dass beispielsweise die Anwendung des bewussten Schreibprozesses für das Lernen im Allgemeinen nutzbar gemacht werden kann, indem Wissen neu sortiert, vernetzt und letztlich produziert wird (Bereiter & Scardamalia 1987; Galbraith 1999). Aus der Lehr-/Lernforschung wissen wir jedoch, dass der Transfer von Strategien auf andere Bereiche und Fächer selten gelingt. Der Grund dafür ist, dass Lern- und Denkstrategien in der Regel mit den Inhalten verbunden werden, an denen sich der Erwerb der Strategien vollzogen hat. Damit die spezifischen Strategien von den spezifischen Inhalten abstrahiert werden können (abstrahiertes Wissen), ist ein systematisch geplantes und vor allem zeitaufwendiges Training erforderlich (Friedrich & Mandl 1992). Aus diesem Grund erscheint es sinnvoll, die beim mathematischen Modellieren und argumentativen Schreiben anzuwendenden Strategien auch direkt an realitätsbezogenen Mathematik- und Schreibaufgaben zu erwerben und diese über einen möglichst langen Zeitraum zu trainieren bzw. zu wiederholen.

3 Interventionsstudie des Forschungsprojektes Fach-an-Sprache-an-Fach (FaSaF)

Aufbauend auf den theoretischen Überlegungen wird nachfolgend in der Auseinandersetzung mit den empirischen Daten für die Kompetenz des mathematischen Modellierens und für die Kompetenz des schriftlichen Argumentierens untersucht, inwiefern es effektiver ist, die ausgewählten Sprachfördermaßnahmen an fachspezifischen Inhalten zu trainieren (vgl. Förderbedingung A) oder diese losgelöst als übergreifende Hilfsmittel zu vermitteln (vgl. Förderbedingung B):

• Forschungsfrage 1: (Inwieweit) Können Schüler*innen beim Erwerb von Kompetenzen zum Verständnis eines realen Problems und zum Aufstellen eines realen Modells effektiver durch ein integriertes Sprachen- und Fachlernen unterstützt werden als durch ein separiertes Sprachen- und Fachlernen?
• Forschungsfrage 2: (Inwieweit) Können Schüler*innen schriftliche Argumentationskompetenzen durch ein integriertes Sprachen- und Fachlernen effektiver erwerben als durch ein separiertes Sprachen- und Fachlernen?

3.1 Datengrundlage und Instrumente

Um untersuchen zu können, inwieweit Schüler*innen beim Erwerb fachspezifischer Kompetenzen durch ein integriertes Sprachen- und Fachlernen effektiver unterstützt werden können als durch ein separiertes Sprachen- und Fachlernen, wurde eine Interventionsstudie mit zwei verschiedenen Förderbedingungen realisiert: Förderbedingung A (FB A): integriertes Sprachen- und Fachlernen; Förderbedingung B (FB B): separiertes Sprachen- und Fachlernen. Zu Beginn der Interventionsstudie (Oktober 2014) wurden im Rahmen eines 90-minütigen Screenings anhand standardisierter Testinstrumente (C-Test, LGVT 6–12 und Demat 6+) die allgemeinen Sprachkompetenzen sowie die mathematischen

Grundfähigkeiten der Lernenden erhoben, die sich zur Teilnahme an der Interventionsstudie bereit erklärt haben. Auf Grundlage dieser Ergebnisse wurden an jeder der teilnehmenden Schulen zwei parallelisierte Fördergruppen mit maximal 16 Lernenden unter Berücksichtigung der allgemeinen sprachlichen bzw. mathematischen Grundfähigkeiten eingerichtet (FB A und FB B). Die Einteilung der Gruppen erfolgte auf Grundlage der sprachlichen und mathematischen Grundfähigkeiten, da in allen Gruppen Schüler*innen mit den folgenden vier möglichen Leistungsprofilen vertreten sein sollten: Mathematik schwach/Deutsch schwach; Mathematik stark/Deutsch schwach; Mathematik schwach/Deutsch stark; Mathematik stark/Deutsch stark. Dafür wurden die Schüler*innen anhand ihrer sprachlichen und mathematischen Grundfähigkeiten in einer Vierfeldertafel verortet, um Schüler*innen mit vergleichbaren sprachlichen und mathematischen Grundfähigkeiten zufällig auf die beiden Förderbedingungen verteilen zu können. Das ermöglichte die Durchführung des Interventionskonzeptes zu ähnlichen Bedingungen an verschiedenen Standorten. Die Gruppengröße wurde auf 16 Lernende beschränkt, um gewährleisten zu können, dass an jeder Schule zwei Förderbedingungen mit der gleichen Anzahl an Schüler*innen zustande kommen würden. Da es nicht realisierbar war, über alle Schulen hinweg den regulären Deutsch- und Mathematikunterricht konstant zu halten, sollte sich das unterrichtliche Lernen zumindest gleichmäßig auf beide Förderbedingungen auswirken. Um den Erfolg der Intervention auf den Erwerb der fachspezifischen Kompetenzen kontrollieren zu können, wurde ein zuvor entwickelter Pretest eingesetzt, mit dem die mathematischen Modellierungskompetenzen sowie die schriftlichen Argumentationskompetenzen der Lernenden erfasst wurden. Im Testinstrument zur Erfassung mathematischer Modellierungskompetenzen wurden insbesondere solche Items verwendet, für deren Bearbeitung Kompetenzen zum Verständnis eines realen Problems und zum Aufstellen eines realen Modells erforderlich waren (für ein Beispiel siehe Abbildung 3). Die Reliabilität dieses Testinstrumentes ist mit EAP-Rel. = 0.810 als gut zu bewerten (für nähere Informationen zu diesem Testinstrument siehe Hagena u.a. 2017). Weiterhin stellt sich im Kontext einer Diskussion von Validität die Frage, inwieweit das Testinstrument zur Erfassung mathematischer Modellierungskompetenzen die Kompetenzen Lernender zum Verständnis eines realen Problems und zum Aufstellen eines realen Modells auch erfasst. Zur Überprüfung wurde ein Expertenrating durchgeführt, in dem der inhaltliche Schwerpunkt der Items von mehreren Wissenschaftlern unabhängig voneinander begutachtet wurde. Ergänzend wurde im Testinstrument zur Erfassung schriftlicher Argumentationskompetenzen unter anderem das argumentative praktische Können der Schüler*innen erfasst. Um diesen Kompetenzbereich bewerten zu können, mussten die Schüler*innen zu einer Alltagssituation einen argumentativen Text schreiben, der jeweils hinsichtlich der semantisch-pragmatischen (Bereiche: Inhalt, Textaufbau, Wortwahl, Stil und Adressatenorientierung) und der

linguistischen Textqualität (Bereiche: Orthographie, Grammatik und Satzkons-
truktion) bewertet wurde, wobei sich in den nachfolgenden Auswertungen ausschließlich auf die semantisch-pragmatische Textqualität bezogen wird.
Im Anschluss an die Erhebung des fachspezifischen Vorwissens fand in allen Fördergruppen unter Leitung geschulter Förderlehrkräfte additiv zum regulären Unterricht einmal die Woche am Nachmittag für 90 Minuten ein Fördertraining
statt. Hier wurden die Wünsche der teilnehmenden Schulen berücksichtigt, die
aufgrund des zeitlichen Umfangs der Intervention eine additive Förderung am
Nachmittag einer Förderung am Vormittag vorzogen. Insgesamt erstreckte sich
die Intervention auf einen Zeitraum von 4,5 Monaten, wobei nach Abzug der
Ferien an maximal 16 Nachmittagen ein Sprachfördertraining angeboten wurde, an dem die Lernenden im Mittel an 10.53 Nachmittagen (SD = 3.84) teil-
nahmen. Die Dauer der Intervention wurde in Anlehnung an wissenschaftliche
Erkenntnisse zum Strategieerwerb festgesetzt. So ist bekannt, dass ein Strategieerwerb einen längeren Zeitraum voraussetzt, in dem die zu erlernenden Strategien
systematisch eingeübt werden können (Artelt 2006). Die unterschiedliche Teil-
nahmeanzahl begründet sich darin, dass einige Schulen die Förderung als ver-
pflichtende AG am Nachmittag angeboten haben, während an anderen Schulen
die Förderung an einem ursprünglich unterrichtsfreien Nachmittag stattfand. Um
interventionsbedingte Kompetenzzuwächse feststellen zu können, wurden nach
Abschluss der Intervention (April 2015) in einem Posttest bei den Lernenden die
mathematischen Modellierungskompetenzen als auch die schriftlichen Argumentationskompetenzen erneut erhoben. Zur Überprüfung interventionsbedingter
Langzeiteffekte fand außerdem ein Jahr nach Abschluss der Intervention (April
2016) ein Follow-Up-Test statt (siehe Abbildung 4), der in diesem Beitrag aber
nicht weiter thematisiert wird.

3.2 Stichprobe

Insgesamt haben 167 Schüler*innen der 7. Jahrgangsstufe (etwa 13 Jahre alt) von
sieben weiterführenden Schulen aus Hamburg und Niedersachsen an einer der
beiden Förderbedingungen teilgenommen. Die Entscheidung, eine Interventionsstudie mit Schüler*innen der 7. Jahrgangsstufe durchzuführen, begründet sich in
der Auswahl der zu fördernden fachspezifischen Kompetenzen. So sind komplexe-
re Strukturen des schriftlichen Argumentierens wie das Einbeziehen von Gegenar-
gumenten aus entwicklungspsychologischen Gründen auch curricular erst in der
7. und 8. Klasse vorgesehen (Niedersächsisches Kultusministerium 2006). Um
zudem Aussagen über den Erfolg der Intervention bei Schüler*innen unterschiedlicher Leistungsstärke treffen zu können, wurde bei der Auswahl der Schulen darauf geachtet, verschiedene Schulformen zu berücksichtigen. So erklärt es sich, dass
letztlich zwei Gymnasien, zwei Integrierte Gesamtschulen, zwei Oberschulen und
eine Stadtteilschule an der Interventionsstudie teilgenommen haben.

Apfelsaft

Apfelsaft ist der Klassiker unter den Fruchtsäften: In Deutschland werden pro Kopf etwa 12 Liter Apfelsaft im Jahr getrunken. Ein Genuss, der es in sich hat. Immerhin hat ein Glas Apfelsaft mehr Kalorien als ein Glas Cola: Apfelsaft kommt auf knapp 190 Kalorien pro 250 ml-Glas, Cola auf 140 Kalorien pro 250 ml-Glas. Doch was erlebt ein Apfel eigentlich auf seinem Weg vom Baum bis in die Flasche? Im Jahr 2014 sind in Deutschland 600 000 Tonnen Äpfel zu 400 Millionen Liter Apfelsaft verarbeitet worden. Alle diese Äpfel wurden nach ihrer Ernte erst einmal von Faulstellen befreit, bevor sie schließlich gründlich geputzt und zerkleinert wurden. Anschließend wanderten die zerkleinerten Äpfel in die Presse. Der aus dem Pressvorgang entstandene Saft wurde schließlich auf etwa 80° C erhitzt, um ihn für mindestens zwei Jahre haltbar zu machen. Zu guter Letzt erfolgte die Abfüllung des Apfelsafts in Flaschen, so dass sich in jeder 1 Liter Flasche Apfelsaft, die es nun im Handel zu kaufen gibt, etwa 1,5 kg geputzte, zerkleinerte, gepresste und pasteurisierte Äpfel befinden.

Henry möchte berechnen, wie viele Kalorien ein Deutscher durchschnittlich im Jahr durch den Konsum von Apfelsaft zu sich nimmt.

Unterstreiche all die Zahlenangaben, die Henry wirklich benötigt, um berechnen zu können, wie viele Kalorien ein Deutscher durchschnittlich im Jahr durch den Konsum von Apfelsaft zu sich nimmt.

Abb. 3: Beispielitem zur Erfassung von Kompetenzen zum Verständnis eines realen Problems und zum Aufstellen eines realen Modells

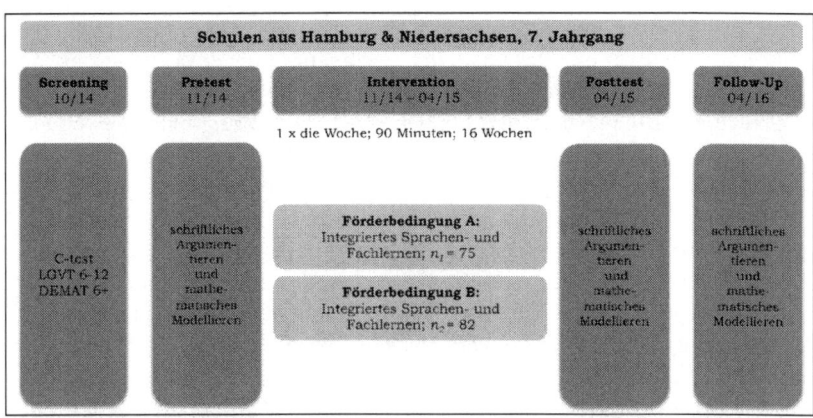

Abb. 4: Design der Interventionsstudie

3.3 Intervention

Einen Einblick in die Arbeitsweisen innerhalb der beiden Bedingungen ermöglicht Tabelle 2 (siehe auch Rossack u.a. 2017):

Tab. 2: Einblick in die Inhalte aus FB A und FB B in FaSaF

	FB A (integriertes Sprachen- und Fachlernen)	FB B (separiertes Sprachen- und Fachlernen)
Vermittlung der Lesestrategien	Anhand der zu bearbeitenden realitätsbezogenen Mathematikaufgaben lernten die Schüler*innen fünf ausgewählte Lesestrategien kennen und anwenden.	Die Schüler*innen lernten fünf ausgewählten Lesestrategien als fächerübergreifende Hilfsmittel im Rahmen eines isolierten Lesestrategietrainings kennen und anwenden.
Vermittlung der Schreibstrategien	Im Anschluss an die mathematische Bearbeitung wurden die realitätsbezogenen Mathematikaufgaben als authentische Schreibanlässe genutzt. Ziel war es, kommunikativ argumentative Texte (z.B. Briefe, E-Mails) für ausgewählte Adressaten zu produzieren. Die Textproduktion wurde durch die oben beschriebenen Schreibstrategien gestützt.	Die Produktion kommunikativ argumentativer Texte wurde mit oben beschriebenen Schreibstrategien an profilierten Schreibaufgaben gestützt. So wurde den Schüler*innen das Schreibtraining auf Grundlage einer schreibprozessorientierten Didaktik als ein fächerübergreifendes Hilfsmittel vorgestellt, ohne dabei mathematische Thematiken in den Schreibaufgaben zu verankern.
Bearbeitung realitätsbezogener Mathematikaufgaben u. schreiben argumentativer Texte	Im Anschluss an die inhaltliche Erschließung der realitätsbezogenen Mathematikaufgaben wurden diese von den Schüler*innen auch mathematisch bearbeitet und als Schreibanlässe zum Verfassen eines argumentativen Textes genutzt.	Erst nach dem Sprachfördertraining und dem Verfassen argumentativer Texte wurden von den Schüler*innen in den letzten fünf Wochen der Intervention die realitätsbezogenen Mathematikaufgaben bearbeitet, die den Ausgangspunkt der Lernprozesse in FB A bildeten.

Vorteile	Dadurch, dass die Lesestrategien anhand der realitätsbezogenen Mathematikaufgaben vermittelt wurden, konnte auf die spezifischen Merkmale realitätsbezogener Textaufgaben eingegangen werden. Da es sich bei den realitätsbezogenen Aufgaben um Entscheidungsaufgaben handelte (siehe Aufgabe „Kinojahreskarte"), wurden diese zur Nutzung von Synergien gleichzeitig auch als authentische Schreibanlässe genutzt. Schließlich hatten sich die Schüler*innen im Zuge der mathematischen Bearbeitung bereits intensiv mit den jeweiligen Kontexten auseinandergesetzt.	Die Entscheidung, Sprachen- und Fachlernen zu trennen, verhinderte, dass sich die Schüler*innen mit einem Überangebot an neuen Informationen auseinandersetzen mussten. Außerdem ermöglichte ihnen diese Trennung entsprechend ihrer bisherigen Schultradition zu arbeiten.
Nachteile	Der sprachintegrierte Mathematikunterricht war für die Schüler*innen anfangs sehr ungewohnt. Die Schüler*innen wurden regelmäßig sowohl im Modellierungsprozess als auch im Schreibprozess unterbrochen, da der Fokus der Förderung abwechselnd auf den anzuwendenden Lesestrategien, den zu bearbeitenden Modellierungsproblemen als auch auf der Vermittlung der Schreibstrategien lag.	Gleichzeitig ging die Entscheidung für eine Trennung von Sprachen- und Fachlernen mit dem Nachteil einher, dass die Bearbeitung der realitätsbezogenen Mathematikaufgaben in der Regel ohne die Nutzung der zuvor erarbeiteten Lesestrategien erfolgte, da bei den Schüler*innen der Transfer ausblieb. Außerdem konnten bei der Anfertigung der argumentativen Texte keine Synergieeffekte genutzt werden, da keine Verbindung zwischen den mathematischen Inhalten und den Schreibanlässen geschaffen wurden.

4 (Ausgewählte) Ergebnisse

Um untersuchen zu können, inwieweit die Teilnahme an der Intervention zu Verbesserungen in den mathematischen Modellierungs- und schriftlichen Argumentationskompetenzen der Lernenden geführt hat, wurde eine Rasch-Skalierung der Testdaten mit Hilfe des Programms ConQuest (Adams u.a. 2015) vorgenommen. Anschließend wurden die Personenfähigkeitskennwerte als WLE herausgeschrieben und über alle Fälle hinweg sowohl für den Bereich des mathematischen Modellierens als auch für den Bereich des schriftlichen Argumentierens auf einen Mittelwert von 100 und eine Standardabweichung von 20 normiert. Für die nachfolgenden Auswertungen wurden die WLEs der Schüler*innen als Leistungswerte für das mathematische Modellieren und schriftliche Argumentieren übernommen.

FF 1: (Inwieweit) Können Schüler*innen mathematische Modellierungskompetenzen (genau genommen die Kompetenzen zum Verständnis eines realen Problems und zum Aufstellen eines realen Modells) durch ein integriertes Sprachen- und Fachlernen effektiver erwerben, als durch ein separiertes Sprachen- und Fachlernen?

Im Zuge der Analysen zeigen sich nach der Intervention sowohl bei den Lernenden aus FB A als auch aus FB B (Leistungs-)Entwicklungen in den Kompetenzen zum Verständnis eines realen Problems und zum Aufstellen eines realen Modells (siehe Tabelle 3). Diese (Leistungs-)Unterschiede sind in beiden Förderbedingungen signifikant. Ausgehend von diesen Beobachtungen stellt sich die Frage, inwieweit die ausgewählten Kompetenzen im Zuge des integrierten Sprachen- und Fachlernens besser gefördert werden konnten als im Zuge des separierten Sprachen- und Fachlernens. Die zugehörigen Effektstärken deuten erst einmal eine tendenzielle Unterlegenheit der FB A ($d = 0.20$) gegenüber der FB B ($d = 0.29$) an. Inwieweit diese Unterlegenheit tatsächlich gegeben ist, wurde im Zuge einer Varianzanalyse mit Messwiederholung geprüft. Hierbei bestätigt sich kein signifikanter Einfluss der Bedingungen ($p = 0.227$) auf die Entwicklung der Kompetenzen zum Verständnis eines realen Problems und zum Aufstellen eines realen Modells. Das bedeutet, dass sich die ausgewählten Kompetenzen im Zuge des integrierten Sprachen- und Fachlernens nicht besser als im Zuge des separierten Sprachen- und Fachlernens entwickelt haben.

Tab. 3: Kompetenzen zum Verständnis eines realen Problems und zum Aufstellen eines realen Modells in FB A und FB B

	n	Emp. Min.	Emp. Max.	MW	SD		
FB A							
Pretest	75	48.40	140.55	93.64	17.65	$t(74) = -2.42$	$d = 0.20$
Posttest		50.52	148.34	97.34	19.31	$p = 0.018$	
FB B							
Pretest	82	25.58	140.55	96.07	19.81	$t(81) = -3.56$	$d = 0.29$
Posttest		50.52	161.56	102.06	21.98	$p < 0.001$	

FF 2: (Inwieweit) Können Schüler*innen schriftliche Argumentationskompetenzen durch ein integriertes Sprachen- und Fachlernen effektiver erwerben, als durch ein separiertes Sprachen- und Fachlernen?

Bei der Durchführung der Analysen zeigen sich nach der Intervention sowohl bei den Lernenden aus FB A als auch bei den Lernenden aus FB B (Leistungs-) Entwicklungen im Bereich der semantischen pragmatischen Textqualität (siehe Tabelle 4). Diese (Leistungs-)Unterschiede sind in beiden Förderbedingungen signifikant – in FB B allerdings erst auf dem 10%-Niveau. Rein deskriptiv betrachtet deutet sich eine tendenzielle Überlegenheit der FB A (d = 0.40) gegenüber der FB B (d = 0.18) an, die im Zuge einer Varianzanalyse mit Messwiederholung überprüft wird. Hierbei zeigt sich kein signifikanter Einfluss der Bedingung (p = 0.387) auf die Entwicklung der semantisch-pragmatischen Textqualität. Das bedeutet, dass sich die semantisch-pragmatische Textqualität im Zuge des integrierten Sprachen- und Fachlernens nicht besser als im Zuge des separierten Sprachen- und Fachlernens entwickelt hat.

Tab. 4: Schriftliche Argumentationskompetenzen – Semantisch pragmatische Textqualität in FB A und FB B

	n	Emp. Min.	Emp. Max.	MW	SD		
FB A							
Pretest	80	65.09	128.91	95.06	21.73	t(79) = -4.08	d = 0.40
Posttest		65.09	128.91	103.36	19.88	p = 0.01	
FB B							
Pretest	82	65.09	128.91	99.87	20.17	t(81) = -1.71	d = 0.18
Posttest		65.09	128.91	103.43	18.84	p = 0.09	

5 Diskussion der Ergebnisse und Ausblick

Grundsätzlich scheint es den Lernenden aus FB A und FB B gelungen zu sein, ihre mathematischen Modellierungs- und schriftlichen Argumentationskompetenzen auszubauen. So zeigen die Lernenden beider Förderbedingungen nach der Förderung signifikant bessere Leistungen beim Verstehen eines realen Problems und beim Aufstellen eines realen Modells sowie im Bereich der semantisch pragmatischen Textqualität als vor der Intervention. Gleichwohl scheint es nicht gelungen zu sein, die mathematischen Modellierungs- und schriftlichen Argumentationskompetenzen im Zuge des integrierten Sprachen- und Fachlernens effektiver zu fördern als es im Zuge des separierten Sprachen- und Fachlernens gelungen ist.

Bezogen auf die Kompetenz des mathematischen Modellierens könnte – auch mit Blick auf die vergleichsweise geringen Effektstärken – dieser Befund der Tatsache geschuldet sein, dass ein Lesestrategietraining allein nicht ausreichend ist, um die Kompetenzen Lernender beim Verständnis eines realen Problems und beim Aufstellen eines realen Modells zu fördern. So wird mit Blick auf die empirischen Arbeiten von Prediger u.a. (2013) vermutet, dass selbst das Verstehen und Vereinfachen eines realen Problems bereits mathematische Grundkenntnisse erfordert (siehe dafür auch Hagena u.a. 2017). Ferner ist zu diskutieren – und dies gilt auch für das schriftliche Argumentieren –, inwieweit die zu beobachtenden Unterschiede tatsächlich auf die Intervention zurückzuführen und nicht etwa Testungseffekten geschuldet sind (Lipowsky u.a. 2015) beziehungsweise durch den regulären Unterricht bedingt werden. So konnte für das mathematische Modellieren im Zuge einer Ergänzungsstudie beobachtet werden, dass auch Lernende, die an keiner ergänzenden Förderung teilgenommen haben, nach etwa einem halben Schuljahr geringe Zuwächse im Bereich der Kompetenzen zum Verständnis eines realen Problems und zum Aufstellen eines realen Modells aufweisen (siehe hierfür auch Hagena u.a. 2017).

Da sich im Mittel keine Unterschiede zwischen den beiden Förderbedingungen zeigen, sind sowohl für die mathematischen Modellierungs- als auch für die schriftlichen Argumentationskompetenzen ergänzende Analysen erforderlich, in denen untersucht wird, ob das integrierte Sprachen- und Fachlernen sich eventuell nur für eine spezifische Gruppe Lernender (nämlich für leistungsstärkere oder leistungsschwächere Lernende) eignet. Außerdem ist im Zuge noch ausstehender Analysen zu prüfen, inwieweit die Schüler*innen, die an dem integrierten Sprachen- und Fachlernen teilgenommen haben, das Schreibstrategietraining nutzen konnten, um ihre Ergebnisse bei der Bearbeitung realitätsbezogener Mathematikaufgaben, wie etwa der Aufgabe „Kinojahreskarte", überzeugender darzulegen.

Literatur

Adams, Raymond J., Wu, Margaret L. & Wilson, Mark R. (2015): CER ConQuest. Generalised Item Response Modelling Software. Camberwell, Victoria: Australian Council for Educational Research.

Artelt, Cordula (2006): Lernstrategien in der Schule. In: Heinz Mandl & Helmut Felix Friedrich (Hrsg.): Handbuch Lernstrategien. Göttingen: Hofgrefe, 337–352.

Baumert, Jürgen & Schümer, Gundel (2001): Familiäre Lebensverhältnisse, Bildungsbeteiligung und Kompetenzerwerb. In: Deutsches PISA-Konsortium (Hrsg.): PISA 2000. Basiskompetenzen von Schülerinnen und Schülern im internationalen Vergleich. Opladen: Leske & Budrich.

Becker-Mrotzek, Michael, Schneider, Frank & Tetling, Klaus (2010): Argumentierendes Schreiben. Lehren und lernen. Vorschläge für einen systematischen Kompetenzaufbau in den Stufen 5 bis 8. Online unter: https://www.schulentwicklung.nrw.de/cms/upload/netzwerk_NfUE/deutsch/argumentieren_einfuehrung_lang.pdf (Abrufdatum: 05.12.2017).

Becker-Mrotzek, Michael, Schramm, Karen, Thürmann, Eike & Vollmer, Helmut J. (Hrsg.) (2013): Sprache im Fach. Sprachlichkeit und fachliches Lernen. Münster: Waxmann.

Bereiter, Carl & Scardamalia, Marlene (1987): The psychology of written composition. New York: Lawrence Erlbaum Associates.

Blum, Werner (2015): Quality teaching of mathematical modelling. What do we know, what can we do? In: Sung Je Cho (Hrsg.): The Proceedings of the 12th International Congress on Mathematical Education. Intellectual and Attitudinal Challenges. New York: Springer, 73–96.

Blum, Werner, Drüke-Noe, Christina, Hartung, Ralph & Köller, Olaf (Hrsg.) (2010): Bildungsstandards Mathematik:konkret. Sekundarstufe I: Aufgabenbeispiele, Unterrichtsanregungen, Fortbildungsideen (4. Auflage). Berlin: Cornelson Scriptor.

Blum, Werner & Leiss, Dominik (2007): How do students and teachers deal with moelling problems? In: Christopher Haines, Peter Galbraith, Werner Blum & Sanowar Khan (Hrsg.): Mathematical Modelling (ICTMA 12): Education, Engineering and Economics. Chichester: Horwood, 222–231.

Edmonds, Meaghan S., Vaughn, Sharon, Wexler, Jade, Reutebach, Colleen, Cable, Amory, Klinger Tackett, Kathryn & Wick Schnakenberg, Jennifer (2009): A synthesis of reading interventions and effects on reading comprehension outcomes for older struggling readers. In: Review of Educational Research, 79 (1), 262–300.

Feilke, Helmuth (2010): Schriftliches Argumentieren zwischen Nähe und Distanz – am Beispiel wissenschaftlichen Schreibens. In: Vilmos Ágel & Mathilde Hennig (Hrsg.): Nähe und Distanz im Kontext variationslinguistischer Forschung. Berlin: de Gruyter, 209–231.

Flavell, John H. (1979): Metacognition and cognitive monitoring. A new area of cognitive-developmental inquiry. In: American Psychologist, 34 (10), 906–911.

Friedrich, Helmut Felix & Mandl, Heinz (1992): Zur Einführung. In: Heinz Mandl & Helmut Felix Friedrich (Hrsg.): Lern- und Denkstrategien. Göttingen: Hogrefe, 1–55.

Galbraith, David (1999): Writing as a Knowledge-Constituting Process. In: Gert Rijlaarsdam, Eric Espéret, David Galbraith & Mark Torrance (Hrsg.): Studies in Writing. Knowing what to write. Conceptual processes in text production. Amsterdam: University Press, 139–159.

Gersten, Russell, Fuchs, Lynn S., Williams, Joanna P. & Baker, Scott (2001): Teaching reading comprehension strategies to students with learning disabilities. A review of research. In: Review of Educational Research, 71 (2), 279–320.

Gogolin, Ingrid, Lange, Imke, Hawighorst, Britta, Bainski, Christiane, Heintze, Andreas, Rutten, Sabine & Saalmann, Wiebke (Hrsg.) (2011): Durchgängige Sprachbildung. Qualitätsmerkmale für den Unterricht. Münster: Waxmann.

Graham, Steve, Harris, Karen R. & McKeown, Deborah (2013): The writing of students with LD and a meta-analysis of SRSD writing intervention studies. Redux. In: Lee Swanson, Karen R. Harris & Steve Graham (Hrsg.): Handbook of Learning Disabilities. New York: Guilford Press, 405–438.

Hagena, Maike, Leiss, Dominik & Schwippert, Knut (2017): Using reading strategy training to foster students' mathematical modelling competencies. Results of a quasi experimental control trial. In: EURASIA Journal of Mathematics, Science & Technology Education, 13 (7b), 4057–4085.

Hayes, John & Flower, Linda (1980): Identifying the organization of writing processes. In: Lee W. Gregg & Erwin R. Steinberg (Hrsg.): Cognitive Processes in writing. Hillsdale, New Jersey: Erlbaum, 3–30.

Heller, Vivien (2012): Kommunikative Erfahrungen von Kindern in Familie und Unterricht. Passungen und Divergenzen. Tübingen: Stauffenburg.

Kaiser, Gabriele, Blum, Werner, Borromeo Ferri, Rita & Greefrath, Gilbert (2015): Anwendungen und Modellieren. In: Handbuch der Mathematikdidaktik. Heidelberg: Springer, 357–383.

Kellogg, Roland T. (2006): Professional writing expertise. In: K. Anders Ericsson, Neil Charness, Paul J. Feltovich & Robert R. Hoffman (Hrsg.): The Cambridge Handbook of Expertise and Expert Performance. Cambridge: University Press, 389–402.

KMK (2004): Beschlüsse der Kultusministerkonferenz. Bildungsstandards im Fach Deutsch für den Mittleren Schulabschluss. München: Luchterhand.

Knapp, Werner (2006): Sprachunterricht als Unterrichtsprinzip und Unterrichtsfach. In: Ursula Bredel, Hartmut Günther, Peter Klotz, Jakob Ossner & Gesa Siebert-Ott (Hrsg.): Didaktik der deutschen Sprache. Band 2. Paderborn: Verlag Ferdinand Schöningh, 589–601.

Leiss, Dominik, Schukajlow, Stanislaw, Blum, Werner, Messner, Rudolf & Pekrun, Reinhard (2010): The role of the situation model in mathematical modelling – task analyses, students competencies, and teacher interventions. In: Journal für Mathematikdidaktik, 31 (1), 119–141.

Lenhard, Wolfgang (2013): Leseverständnis und Lesekompetenz. Grundlagen – Diagnostik – Förderung. Stuttgart: Kohlhammer.

Lipowsky, Frank, Richter, Tobias, Borromeo Ferri, Rita, Ebersbach, Mirjam & Hänze, Martin (2015): Wünschenswerte Erschwernisse beim Lernen. In: Schulpädagogik heute, 6 (11), 1–10.

McCutchen, Deborah (2011): From Novice to Expert. Implications of Language Skills and Writing-Relevant Knowledge for Memory during the Development of Writing Skill. In: Journal of Writing Research, 3 (1), 51–68.

Niss, Mogens, Blum, Werner & Galbraith, Peter L. (2007): Introduction. In: Werner Blum, Peter L. Galbraith, Hans-Wolfgang Henn & Mogens Niss (Hrsg.): Modelling and Applications in Mathematics Education: The 14th ICMI Study. New York: Springer, 3–32.

Novak, Joseph D. & Cañas, Alberto J. (2007): Theoretical origins of concept maps. How to construct them and uses in education. In: Reflecting Education, 3 (1), 29–42.

Prediger, Susanne, Renk, Nadine, Büchter, Andreas, Gürsoy, Erkan & Benholz, Claudia (2013): Family background or language disadvantages? Factors for underachievement in high stakes tests. In: Proceedings of the 37th Conference of the International Group for the Psychology of Mathematics Education. Kiel: PME, 449–456.

Rossack, Solvig (2017): Förderung von Sprach- und Fachlernen im Rahmen der Studie „!!Fach-an-Sprache-an-Fach!!" In: Solvig Rossack, Astrid Neumann, Dominik Leiss & Knut Schwippert (Hrsg.): „!!Fach-an-Sprache-an-Fach!"„ Schreibförderung in Deutsch und Mathematik. Baltmannsweiler: Schneider Hohengehren, 45–66.

Rossack, Solvig, Neumann, Astrid, Schwippert, Knut & Leiss, Dominik (Hrsg.) (2017): !!Fach-an-Sprache-an-Fach!! Schreibförderung in Deutsch und Mathematik. Hohengehren: Schneider Verlag.

Schmölzer-Eibinger, Sabine (2013): Sprache als Medium des Lernens im Fach. In: Michael Becker-Mrotzek, Karen Schramm, Eike Thürmann & Helmut Vollmer (Hrsg.): Sprache im Fach. Sprachlichkeit und fachliches Lernen. Münster: Waxmann, 25–41.

Van Dooren, Wim, De Bock, Dirk & Verschaffel, Lieven (2013): How students connect descriptions of real-world situations to mathematical models in different representational modes. In: Gloria Stillman, Gabriele Kaiser, Werner Blum & Jill Brown (Hrsg.): Teaching Mathematical Modelling: Connecting to Research and Practice. Dordrecht: Springer.

Vollmer, Helmut & Thürmann, Eike (2013): Sprachbildung und Bildungssprache als Aufgabe aller Fächer der Regelschule. In: Michael Becker-Mrotzek, Karen Schramm, Eike Thürmann & Helmut Vollmer (Hrsg.): Sprache im Fach. Sprachlichkeit und fachliches Lernen. Berlin: Waxmann, 41–59.

Katrin Neubauer und Doris Lewalter

Förderung naturwissenschaftlicher Grundbildung durch unterschiedlich stark strukturierte schulische Museumsbesuche

Die Entwicklung einer naturwissenschaftlichen Grundbildung stellt ein wichtiges Ziel schulischer Ausbildung dar. Gerade die Anwendung und der Transfer naturwissenschaftlicher Kenntnisse fallen deutschen Schüler*innen jedoch häufig schwer und es zeigt sich ein negativer Interessensverlauf über die Schulkarriere hinweg. Anwendungsorientierte und realitätsnahe schulische Museumsbesuche können dazu beitragen, dieser Problematik entgegenzuwirken. Allerdings ist anzunehmen, dass es im Rahmen schulischer Museumsbesuche zur effektiven Nutzung des lern- und motivationsförderlichen Potenzials musealer Angebote einer gezielten instruktionalen Unterstützung bedarf. Welcher Grad an Instruktion und Strukturierung hierfür notwendig ist, ist bisher noch unklar.

Zur Klärung dieser Fragestellung untersucht die vorliegende Studie kognitive und motivationale Lernergebnisse von 133 Schüler*innen (9. Jahrgangsstufe Gymnasium) in Abhängigkeit des Strukturierungsgrads ihrer Besuche in der Nanotechnologieausstellung des Deutschen Museums München. Die Ergebnisse zeigen, dass alle drei Besuchsformen die Interessensentwicklung und den Wissenserwerb unterstützen können, wobei sich das stark strukturierte Design von den anderen beiden positiv abhebt.

1 Einleitung

Die Entwicklung einer naturwissenschaftlichen Grundbildung stellt ein wesentliches Ziel schulischer Ausbildung dar (OECD 2008; Bybee u.a. 2009). Studien zeigen jedoch Defizite in der naturwissenschaftlichen Grundbildung deutscher Schüler*innen (Reiss u.a. 2016). Eine Möglichkeit, dieser Problematik entgegenzuwirken, besteht in der Integration informeller Lernumgebungen wie z.B. naturwissenschaftlicher Museen in den schulischen Lernprozess, da sie aufgrund ihrer situativen Rahmenbedingungen (Schwan u.a. 2014), ihres starken Anwendungs- und Realitätsbezugs als auch ihres Potenzials, aktive, selbstgesteuerte und interessensorientierte Lernprozesse zu erlauben, eine sinnvolle und bereichernde

Ergänzung des schulischen Unterrichts darstellen (zusammenfassend Lewalter & Geyer 2005; DeWitt & Storcksdieck 2008; Neubauer 2015). Die Informationsangebote von Museen sind in der Regel für ein breites, heterogenes Publikum konzipiert. Daher ist gerade im Zusammenhang mit schulischen Museumsbesuchen anzunehmen, dass eine effektive Nutzung der dargebotenen Informationen durch die Schüler*innen einer gezielten instruktionalen Unterstützung bedarf (vgl. Lewalter & Geyer 2005; DeWitt & Storcksdieck 2008). Hierbei spielt insbesondere der Strukturierungsgrad eine zentrale Rolle (zusammenfassend Rennie & McClafferty 1995; DeWitt & Storcksdieck 2008). Bisher ist allerdings aufgrund der uneinheitlichen Befundlage zu unterschiedlich stark strukturierten Ausstellungsbesuchen (z.B. Wilde u.a. 2003; Bamberger & Tal 2007; Geyer 2008; Wilde & Urhahne 2008; Waltner & Wiesner 2009) unklar, welcher Grad an Strukturierung und Instruktion eines schulischen Museumsbesuchs zu bestmöglichen Ergebnissen hinsichtlich der Förderung einer naturwissenschaftlichen Grundbildung führt.

Zur Klärung dieser Fragestellung vergleicht die vorliegende Studie am Beispiel des anspruchsvollen und abstrakten Themas *Nanotechnologie* die Auswirkungen dreier unterschiedlich stark strukturierter schulischer Ausstellungsbesuche auf den Erwerb naturwissenschaftlichen Wissens und die Entwicklung eines situationalen Interesses als Indikatoren einer naturwissenschaftlichen Grundbildung.

2 Theoretischer Hintergrund

2.1 Naturwissenschaftliche Grundbildung nach PISA

Die *naturwissenschaftliche Grundbildung* wird entsprechend der PISA-Studie (OECD 2007) als die Fähigkeit und Bereitschaft von Schüler*innen beschrieben, naturwissenschaftliches Wissen zu verstehen und in alltäglichen Lebenssituationen, in denen man mit naturwissenschaftlichen Frage- oder Problemstellungen konfrontiert wird, anzuwenden (z.B. Bybee u.a. 2009). Dabei stellen sowohl *kognitive* als auch *motivational-affektive* Aspekte zentrale Bestandteile einer naturwissenschaftlichen Grundbildung dar (vgl. OECD 2007, 65; Bybee u.a. 2009), die es zu fördern gilt.

2.1.1 Naturwissenschaftliches Wissen als Messindikator der kognitiven Dimension

Basierend auf multidimensionalen Konzepten zur naturwissenschaftlichen Grundbildung – PISA (OECD 2007) und dem vor allem in informellen Lernkontexten angewendeten „(civic) scientific literacy"-Ansatz von Miller (1998) – werden für die vorliegende Arbeit *drei aufeinander bezogene Wissensbereiche* als zentrale kognitive Bestandteile einer naturwissenschaftlichen Grundbildung festgelegt und zu deren Messung herangezogen (vgl. Neubauer 2015, 4):

- *Inhalte:* Verständnis grundlegender naturwissenschaftlicher Konzepte, Begriffe, Konstrukte und Theorien
- *Forschungsprozesse:* Verständnis der Prozesse und Methoden naturwissenschaftlicher Forschung
- *Gesellschaftliche Bedeutsamkeit:* Bewusstsein und Verständnis des Einflusses und der Relevanz der Naturwissenschaften und Technik auf das Individuum und die Gesellschaft

2.1.2 Situationales Interesse als Messindikator der motivationalen Dimension

Zentrale motivationale Aspekte einer naturwissenschaftlichen Grundbildung sind unter anderem die Wertschätzung von und das Interesse an Naturwissenschaften und naturwissenschaftlicher Forschung als auch die Bereitschaft, sich damit auseinanderzusetzen (OECD 2007). Im Museumskontext scheint das *situationale Interesse* gerade aufgrund seines Bezugs auf die spezifischen Inhalte (wahrgenommene Interessantheit) und aktuellen Gegebenheiten einer Lernsituation einen geeigneten Messindikator der motivationalen Seite einer naturwissenschaftlichen Grundbildung darzustellen (vgl. Mitchell 1993; Hidi & Renninger 2006; Lewalter & Willems 2009; Renninger & Hidi 2011). Es lassen sich zwei Komponenten des situationalen Interesses unterscheiden (Mitchell 1993; Hidi & Renninger 2006): *Catch* (*triggered interest*) bezieht sich dabei auf das Auslösen eines situationalen Interesses in einer konkreten Situation. Die *Hold*-Komponente (*maintained interest*) beschreibt das Aufrechterhalten dieses neu erweckten Interesses in der konkreten Lernsituation. Studien haben gezeigt, dass das situationale Interesse durch schulische Museumsbesuche unterstützt werden kann (z.B. Lewalter & Geyer 2009; Neubauer u.a. 2014).

2.2 Lern- und motivationsrelevante Merkmale naturwissenschaftlich-technischer Museen

Es besteht die Annahme, dass Lernumgebungen, die sowohl die Alltags- und Praxisrelevanz ihrer dargestellten Inhalte verdeutlichen als auch ein hohes Maß an aktiven und selbstgesteuerten Lernprozessen erlauben, den Erwerb naturwissenschaftlichen Wissens und die Entwicklung eines situationalen Interesses (z.B. Kircher u.a. 2015) und damit wesentliche kognitive und motivationale Bestandteile einer naturwissenschaftlichen Grundbildung unterstützen können (vgl. Rennie & Williams 2006). Von zentraler Bedeutung ist hierbei unter anderem die Authentizität sowie die multiperspektivische Darstellung der Inhalte (z.B. Gerstenmaier & Mandl 1995; Hidi & Renninger 2006).

Naturwissenschaftlich-technische Museen versuchen den Wissenserwerb als auch die Interessensentwicklung ihrer Besucher zu fördern (vgl. Lewalter & Noschka-Roos 2010), indem sie naturwissenschaftliche Themen und Phänomene verständlich, anschaulich und anwendungsorientiert präsentieren. Neben naturwissenschaftlichen Theorien, Begriffen und Konzepten stellen sie auch Informationen zu Forschungsprozessen sowie zur Relevanz naturwissenschaftlicher Themen für Alltag und Gesellschaft dar und decken damit zentrale Wissensbereiche einer naturwissenschaftlichen Grundbildung ab (u.a. Miller 1998; OECD 2007). Aus motivations- und lerntheoretischer Sicht bieten insbesondere die situativen Rahmenbedingungen von Museen (Vielfalt zeitgleich präsentierter Medien und Exponate mit unterschiedlichen Anforderungsniveaus, interaktive und manipulierbare Installationen, Authentizität der Originalobjekte und multiperspektivische Darstellung, die eine individuelle, selbstgesteuerte, vorwissensadäquate, erfahrungsbasierte sowie kooperative Auseinandersetzung mit den Inhalten erlauben sowie deren Alltags- und Praxisrelevanz verdeutlichen) das Potenzial zur Förderung der Entwicklung einer naturwissenschaftlichen Grundbildung von Schüler*innen (zusammenfassend Rennie & Williams 2006; Lewalter & Noschka-Roos 2010; Neubauer 2015).

Damit dieses Potenzial tatsächlich zum Tragen kommen kann, müssen die für ein breites, heterogenes Publikum konzipierten Museumsangebote effektiv genutzt werden. Es ist zu vermuten, dass dem *Strukturierungsgrad* – als zentralem Gestaltungsmerkmal instruktionaler Unterstützung bei schulischen Museumsbesuchen – hierfür eine wichtige Rolle zukommt (zusammenfassend Rennie & McClafferty 1995; DeWitt & Storcksdieck 2008), was im Folgenden genauer betrachtet wird.

2.3 Instruktionale Unterstützung schulischer Museumsbesuche: der Strukturierungsgrad

Bisherige Studien, die unterschiedlich stark strukturierte Ausstellungsbesuche hinsichtlich ihrer motivationalen und kognitiven Auswirkungen miteinander verglichen haben, zeigen keine einheitliche Befundlage. Im Hinblick auf den Wissenszuwachs zeigt sich durchgehend die Überlegenheit strukturierter gegenüber frei gestalteter Besuche. Allerdings stützen einige Studien eine starke (Wilde & Urhahne 2008; Waltner & Wiesner 2009) und andere eine mittlere Strukturierung (Wilde u.a. 2003; Bamberger & Tal 2007). Hinsichtlich der motivationalen Wirksamkeit wurden für wenig strukturierte oder freie Besuche im Vergleich zu stark strukturierten Besuchen sowohl positive (Geyer 2008) als auch negative (Wilde & Urhahne 2008) sowie gar keine (Waltner & Wiesner 2009) Effekte gefunden. Der erforderliche Grad an Strukturierung und Instruktion für lern- und motivationsförderliche schulische Museumsbesuche, insbesondere im Hinblick auf die Vermittlung abstrakter und schwierig fassbarer Themen wie z.B. der Nanotechnologie, ist demnach noch ungeklärt.

Zur Klärung dieser offenen Frage wurden drei unterschiedlich stark strukturierte Schulklassenbesuche (wenig, mittel, stark) für die Nanotechnologieausstellung des Zentrums für Neue Technologien des Deutschen Museums München entwickelt und bezüglich der nachfolgenden Fragestellungen vergleichend untersucht.

3 Fragestellungen und Hypothesen

Auf Basis der dargelegten theoretischen Annahmen und Forschungsbefunde wurden folgende Fragestellungen und Hypothesen bezüglich der kognitiven und motivationalen Indikatoren einer naturwissenschaftlichen Grundbildung in Abhängigkeit des Strukturierungsgrads des Ausstellungsbesuchs untersucht.

1. Inwieweit unterscheidet sich das situationale Interesse (Catch und Hold) der Schüler*innen für Ausstellungsbesuche mit unterschiedlichem Strukturierungsgrad?
2. Inwieweit verändert sich das subjektiv wahrgenommene Wissen (Inhalte, Forschungsprozesse, gesellschaftliche Bedeutsamkeit) der Schüler*innen während des Besuchs für Ausstellungsbesuche mit unterschiedlichem Strukturierungsgrad?

Wir nehmen an, dass alle drei Ausstellungsbesuche unabhängig von ihrem Strukturierungsgrad positive Auswirkungen auf den Erwerb eines naturwissenschaftlichen Wissens und die Entwicklung eines situationalen Interesses der Schüler*innen haben (zusammenfassend Neubauer 2015), die sich jedoch in ihrer Ausprägung unterscheiden. Bezüglich des Wissenserwerbs ist zu erwarten, dass stark oder mittel strukturierte Besuche effektiver sind als wenig strukturierte Besuche (z.B. Bamberger & Tal 2007; Waltner & Wiesner 2009). In Hinblick auf die Erhöhung der Motivation lässt sich aufgrund der uneinheitlichen und widersprüchlichen Befunde keine gerichtete Vermutung aussprechen (z.B. Geyer 2008; Wilde & Urhahne 2008; Waltner & Wiesner 2009).

4 Methodik

4.1 Beschreibung der unterschiedlich stark strukturierten Ausstellungsbesuche

Für die vorliegende Untersuchung wurde das aktuelle, aber sehr komplexe und abstrakte Thema Nanotechnologie gewählt, dessen Visualisierung und Vermittlung in der Schule eher schwierig ist. Doch gerade Ausstellungen naturwissenschaftlich-technischer Museen sind aufgrund ihrer situativen Rahmenbedingungen zur Veranschaulichung solcher Thematiken sehr gut geeignet.

Um eine größtmögliche inhaltliche Vergleichbarkeit der drei Ausstellungsbesuche zu garantieren, wurden vorab drei zentrale Themen der Nanotechnologie (Nanophänomene, Selbstorganisationsprinzip und Messinstrumente) und thematisch passende Ausstellungsvitrinen in der Nanotechnologieausstellung ausgewählt und für den wenig, mittel und stark strukturierten Ausstellungsbesuch entsprechend umgesetzt.

Stark strukturierter Ausstellungsbesuch:
Der stark strukturierte Besuch wurde in Form einer (Vor-)Führung umgesetzt, die aus einer experimentellen Vorführung und einer anschließenden Ausstellungsführung mit stark strukturiertem Ablauf in Hinblick auf die Lerninhalte und deren Reihenfolge und kaum Wahlmöglichkeiten bestand. Im Rahmen der Vorführung wurden den Schüler*innen zentrale Aspekte der drei Nanobereiche mit Hilfe überraschender Experimente und Demonstrationen als auch kleiner eigener Aktivitäten vermittelt und anschließend in der Ausstellungsführung gemeinsam vertieft.

Mittel strukturierter Ausstellungsbesuch:
Der mittel strukturierte Besuch wurde mit Hilfe der Methode des Gruppenpuzzles (vgl. Aronson u.a. 1978) umgesetzt. Nachdem die Schüler*innen zunächst selbstständig in „Expertengruppen" anhand von Rechercheblättern zu einem der Themen Expertise erwarben, erklärten sie sich anschließend in neu zusammengesetzten Gruppen diese gegenseitig, so dass am Ende alle Gruppenmitglieder Wissen zu allen drei Nanothemen besaßen. Durch den vorgegebenen Ablauf des Gruppenpuzzles bot diese Methode sowohl ein gewisses Maß an Strukturierung (vor allem hinsichtlich der Inhalte und Zeit) als auch an Entscheidungsfreiräumen für eine selbstbestimmte, inhaltliche Auseinandersetzung.

Wenig strukturierter Ausstellungsbesuch:
Der wenig strukturierte Besuch wurde in Form des gelenkten Erkundens (vgl. Mayer 2004) umgesetzt, das den Schüler*innen eine selbstgesteuerte Ausstellungserkundung in Kleingruppen sowie eine selbstständige und aktive Auseinandersetzung mit dem Thema Nanotechnologie ermöglichte. Um eine kognitive Überforderung aufgrund des hohen Grades an Handlungsfreiräumen zu reduzieren, wurde ein minimaler Grad an Strukturierung und Orientierung bezüglich wichtiger Lerninhalte in Form eines Advance Organizers (Ausubel 1960) gegeben, der Informationen zu zentralen Aspekten der drei Themen zusammenfasste.

4.2 Stichprobe, Design und Durchführung

Stichprobe: Die quasiexperimentelle Studie wurde im Rahmen des EU-Projekts „NanoToTouch" durchgeführt. Insgesamt nahmen 15 Klassen der 9. Jahrgangsstufe des bayerischen Gymnasiums mit insgesamt n = 273 Schüler*innen [39.9% weiblich; M_{Alter} = 14.81 (SD = .68)] teil. Am Besuchstag wurde jede Klasse im Museum zufällig in zwei Gruppen aufgeteilt, wobei eine Gruppe die Ausstellung und die andere das „Gläserne Forscherlabor" zum Thema Nanotechnologie besuchte. Für den vorliegenden Beitrag wurde nur die *Ausstellungs-Gruppe* [n = 133; 40.6% weiblich; M_{Alter} = 14.84 (SD = .75)] herangezogen. Die zufällige, klassenweise Zuteilung zu einem der drei unterschiedlich stark strukturierten Besuchsdesigns erfolgte bereits vor dem Museumsbesuch bei Anmeldung der Schulklassen (je fünf Klassen pro Design). Die Schüler*innen verteilten sich relativ gleichmäßig auf die drei Designs (n_{stark} = 43, n_{mittel} = 45, n_{wenig} = 45) und zeigten keine signifikanten Unterschiede (ANOVA) bezüglich ihrer vor dem Besuch erhobenen individuellen Lernvoraussetzungen.

Design: Die Schüler*innen wurden vor und direkt nach ihrem Ausstellungsbesuch schriftlich und anonym zu ihrem subjektiv wahrgenommenen Wissen (prä & post) und zu ihrem situationalen Interesse (post) befragt. Die drei unterschiedlich stark strukturierten Ausstellungsbesuche und die Erhebungsinstrumente wurden im Rahmen einer Pilotierungsstudie (n = 75) getestet und entsprechend dem Schüler*innen-Feedback und den Ergebnissen statistischer Faktor- und Itemanalysen überarbeitet.

Durchführung: Zu Beginn ihres Besuchs (Gesamtdauer: 1 Stunde) erhielten die Schüler*innen eine kurze allgemeine organisatorische Einführung sowie standardisierte Anleitungen für ihren Ausstellungsbesuch in Abhängigkeit des jeweiligen Grads an Strukturierung. Zur Gewährleistung der Durchführungsobjektivität wurde der Ablauf für jeden der drei unterschiedlich stark strukturierten Besuche soweit wie möglich und sinnvoll standardisiert.

4.3 Erhebungsinstrumente

Die zur Beantwortung der vorgestellten Fragestellungen erfassten Variablen und ihre statistischen Kennwerte sind in Tabelle 1 dargestellt. Alle Skalen weisen ein 5-stufiges Antwortformat von 1 „*trifft gar nicht zu*" bis 5 „*trifft völlig zu*" bzw. von 1 „*gar nicht*" bis 5 „*sehr*" (Wissensitems) auf. Durch konfirmatorische Faktorenanalysen konnten die theoretisch postulierten Subskalen bei allen Skalen eindeutig belegt werden und weisen zufriedenstellende bis gute Reliabilitäten auf.

Tab. 1: Statistische Kennwerte der im Rahmen der Studie verwendeten Erhebungsinstrumente

Skala *(Itemanzahl)*	Cronbach's-α		M (SD)		Herkunft
	prä	post	prä	post	
Subjektiv wahrgenommenes (Vor-)Wissen zur Nanotechnologie					Neuentwicklung in Anlehnung an Miller (1998)
Inhalte *(4 Items)*	.84	.74	1.64 (.66)	3.19 (.69)	
Forschungsprozesse *(3 Items)*	.70	.63	1.35 (.45)	2.90 (.72)	
gesell. Bedeutsamkeit *(3 Items)*	.68	.69	1.66 (.69)	2.95 (.81)	
Situationales Interesse					
Catch *(4 Items)*		.81		3.43 (.85)	Geyer (2008),
Hold *(3 Items)*		.71		2.64 (.85)	Lewalter & Geyer (2009)

5 Ergebnisse

5.1 Situationales Interesse der Schüler*innen in Abhängigkeit des Strukturierungsgrads des Ausstellungsbesuchs (post)

Die Schüler*innen des stark strukturierten Besuchs schätzten Catch und Hold durchgehend höher ein als die Schüler*innen der beiden Vergleichsgruppen. Die Schüler*innen mit dem mittel strukturierten Besuch zeigten die niedrigsten Werte für Catch und Hold. Insgesamt schätzten alle Gruppen Catch höher ein als Hold. Ferner zeigen Post-hoc-Mittelwertvergleiche über Scheffé-Tests (ANOVA) (siehe Abbildung 1) für *Catch* ($F(2, 130) = 13.62$, $p = .000$, $\eta^2 = .17$) hochsignifikante Unterschiede zwischen dem stark und dem mittel strukturierten Besuch ($p < .01$) bzw. dem wenig strukturierten Besuch ($p < .01$). Bezüglich *Hold* ($F(2, 130) = 4.76$, $p = .010$, $\eta^2 = .07$) zeigt sich ein signifikant höherer Mittelwert für den stark strukturierten Besuch nur noch im Vergleich zum mittel strukturierten Ausstellungsdesign ($p < .05$)

Insgesamt zeigt sich das stark strukturierte Design vor allem zur Auslösung des situationalen Interesses als besonders geeignet, während bezüglich der Aufrechterhaltung des situationalen Interesses alle Gruppen bis auf den mittel strukturierten Besuch ähnlich effektiv sind. Der mittel strukturierte Besuch zeigt durchgehend eine geringere motivationsförderliche Wirkung.

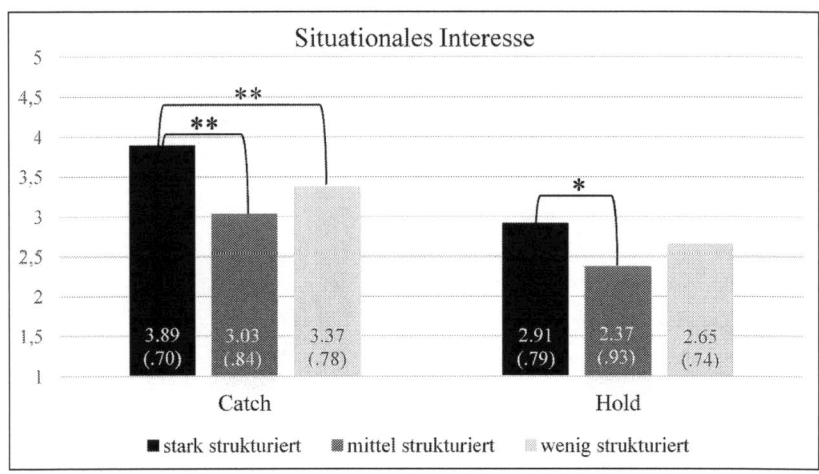

Abb. 1: Mittelwerte und Standardabweichungen (in Klammern) für Catch und Hold nach dem Ausstellungsbesuch in Abhängigkeit des Strukturierungsgrads. **$p < .01$, *$p < .05$.

5.2 Wissensveränderung der Schüler*innen in Abhängigkeit des Strukturierungsgrads des Ausstellungsbesuchs (prä-post)

Die varianzanalytischen Ergebnisse (*Inhalte*: $F(2, 130) = .016$, $p = .984$, $\eta^2 = .00$; *Forschungsprozesse*: $F(2, 130) = .001$, $p = .999$, $\eta^2 = .00$; *gesellschaftliche Bedeutsamkeit*: $F(2, 130) = .897$, $p = .41$, $\eta^2 = .01$) zeigen, dass die Schüler*innen aller drei Gruppen ihren Ausstellungsbesuch mit einem ähnlichen, im Durchschnitt relativ geringen Vorwissen zum Thema Nanotechnologie starteten (siehe Tabelle 2). In allen drei Nanobereichen können alle Schüler*innen designunabhängig durch ihren Ausstellungsbesuch einen signifikanten Wissenszuwachs (prä-post) erzielen (siehe Tabelle 2). Signifikante Haupt- und Interaktionseffekte belegen einen unterschiedlichen Wissenszuwachs der einzelnen Gruppen bezüglich aller drei Wissensbereiche. Die Interaktionseffekte wurden mithilfe der Change-Werte der drei Wissensbereiche (Differenz der post- und prä-Wissensmittelwerte; Tabelle 2) als abhängige Variablen in einer einfaktoriellen ANOVA mit der unabhängigen Variable „Strukturierungsgrad" analysiert (siehe Abbildung 2).

Tab. 2: Mittelwerte, Standardabweichungen und Signifikanz der Change-Werte des subjektiv wahrgenommenen Wissens der Schüler*innen für die drei unterschiedlich stark strukturierten Ausstellungsbesuche

| | | Messzeitpunkt und Change-Werte | | |
| | | prä | post | Change post − prä |
Subjektiv wahrgenommenes Wissen	**Grad der Strukturierung des Ausstellungsbesuchs**	M (SD)	M (SD)	M (SD)
Inhalte	Stark	1.64 (.71)	3.62 (.70)	**1.98 (.84)****
	Mittel	1.65 (.69)	3.06 (.59)	**1.41 (.86)****
	Wenig	1.62 (.58)	2.92 (.60)	**1.30 (.65)****
Forschungsprozesse	Stark	1.35 (.46)	3.19 (.75)	**1.85 (.82)****
	Mittel	1.35 (.48)	2.69 (.59)	**1.34 (.77)****
	Wenig	1.35 (.41)	2.84 (.71)	**1.49 (.78)****
Gesell. Bedeutsamkeit	Stark	1.74 (.75)	3.24 (.88)	**1.49 (1.02)****
	Mittel	1.70 (.77)	2.64 (.63)	**0.94 (.90)****
	Wenig	1.56 (.52)	2.99 (.79)	**1.44 (.75)****

Anmerkung: Einfaktorielle ANOVA zur Signifikanztestung des Change: **p < .01, *p < .05.

Die Ergebnisse zeigen signifikante Unterschiede zwischen den Vergleichsgruppen. Bezüglich der *Nano-Inhalte* ($F(2, 130) = 9.43$, $p < .01$, $\eta^2 = .13$) deuten Post-hoc-Mittelwertvergleiche mit Scheffé-Test auf einen signifikant größeren Wissenszuwachs des stark strukturierten Besuchs im Vergleich zu den anderen beiden Besuchsformen hin (beide $p < .01$), wohingegen das stark strukturierte Design einen signifikant größeren Wissenserwerb bezüglich der *Forschungsprozesse* ($F(2, 130) = 4.79$, $p < .05$, $\eta^2 = .07$) nur noch im Vergleich zum mittel strukturierten Design aufweist ($p < .05$). Bezüglich der *gesellschaftlichen Bedeutsamkeit* ($F(2, 130) = 5.15$, $p < .01$, $\eta^2 = .07$) konnte eine signifikant größere Wissensentwicklung sowohl für den stark als auch den wenig strukturierten Besuch im Vergleich zum mittel strukturierten Besuch gefunden werden (beide $p < .05$) (siehe Abbildung 2).

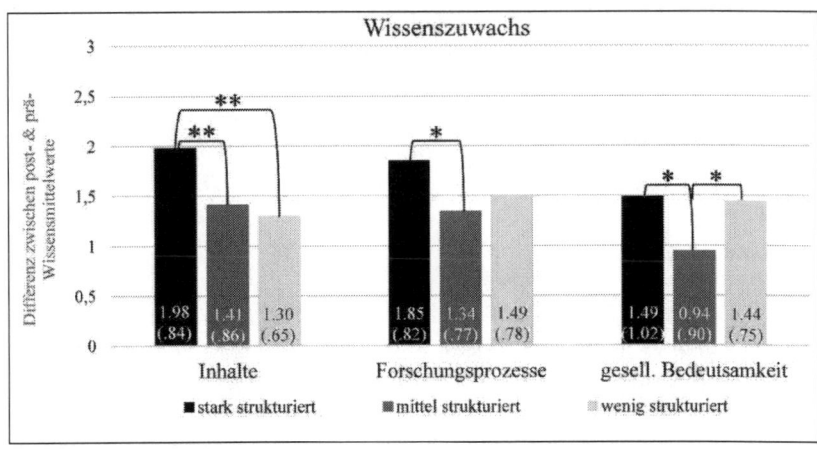

Abb. 2: Mittelwerte und Standardabweichungen (in Klammern) der Change-Werte des subjektiv wahrgenommenen Wissens der Schüler*innen in Abhängigkeit des Strukturierungsgrads. $**p < .01$, $*p < .05$.

Insgesamt bestätigen die Ergebnisse, dass die Gruppen unterschiedliche Wissensveränderungen hinsichtlich aller drei Wissensbereiche aufweisen. Der Zuwachs an Wissen zu *nanotechnologischen Inhalten* der Schüler*innen kann vor allem durch das stark strukturierte Design besonders effektiv unterstützt werden. Im Hinblick auf die *Forschungsprozesse* und die *gesellschaftliche Bedeutsamkeit* der Nanotechnologie können alle Besuchsformen bis auf den mittel strukturierten Besuch, der den vergleichsweise geringsten Wissenszuwachs in allen drei Nanobereichen aufweist, zu einem ähnlich großen Wissenserwerb bei den Schüler*innen beitragen.

6 Diskussion der zentralen Ergebnisse und Implikationen für die museumspädagogische Praxis und Forschung

Die Ergebnisse bestätigen, dass naturwissenschaftlich-technische Museen grundsätzlich zur Entwicklung eines situationalen Interesses als auch zum Erwerb naturwissenschaftlichen Wissens von Schüler*innen beitragen und damit den schulischen Unterricht in Hinblick auf die Entwicklung wesentlicher Merkmale einer naturwissenschaftlichen Grundbildung sinnvoll ergänzen können (vgl. Rennie & Williams 2006). Allerdings sollten schulische Museumsbesuche zu diesem Zweck in geeigneter Weise durch instruktionale Gestaltung unterstützt werden. In der vorliegenden Studie hat sich erwartungskonform gezeigt, dass alle drei unterschiedlich stark strukturierten Ausstellungsbesuche in motivationaler und kognitiver Hinsicht positive Effekte aufweisen, allerdings unterscheiden sie sich in ihrer Wirksamkeit nur teilweise signifikant. Die *stark strukturierte Gestaltung* hat sich entsprechend unserer Erwartungen (z.b. Wilde & Urhahne 2008; Waltner & Wiesner 2009) in motivationaler als auch kognitiver Hinsicht als besonders effektiv gezeigt. Möglicherweise ist das darauf zurückzuführen, dass diese Besuchsform den Erwartungen der Schüler*innen am meisten entspricht (vgl. Klaes 2008), was lern- und motivationsförderliche Auswirkungen haben dürfte. Folglich lässt sich festhalten, dass stark strukturierte Museumsbesuche, die sich an den Bedürfnissen, Interessen und dem Vorwissen der jeweiligen Besuchsgruppe orientieren und die Informationsvermittlung zielgruppenspezifisch während des Besuchs anpassen, eine sehr attraktive und effektive Form des Lernens im Museum darstellen können (vgl. Nettke 2010). Jedoch stellt eine starke Strukturierung alleine keine Garantie für Effektivität dar. Denn auch der *wenig strukturierte Ausstellungsbesuch* besitzt stellenweise ein ähnliches lern- und motivationsförderliches Potenzial, was nur teilweise erwartungskonform ist. Insbesondere die hohen kognitiven Effekte dieser Besuchsform widersprechen den Befunden bisheriger Museumsstudien, die entweder eine starke oder mittlere Strukturierung als lernförderlich aufzeigten (z.B. Bamberger & Tal 2007; Waltner & Wiesner 2009). Das bedeutet, dass die Schüler*innen die ausgestellten Exponate und präsentierten Informationen im Museum auch mit einer relativ geringen externen Unterstützung in motivationaler als auch kognitiver Hinsicht effektiv nutzen konnten, was nahelegt, dass auch dieser eher geringe Grad an Strukturierung zur Lern- und Motivationsförderung im Rahmen schulischer Museumsbesuche geeignet erscheint. Die Besuchsform mit *mittlerem Strukturierungsgrad* zeigt durchgehend die geringsten motivationalen und kognitiven Effekte, was unseren Annahmen widerspricht (z.B. Wilde u.a. 2003; Bamberger & Tal 2007; Geyer 2008; Waltner & Wiesner 2009). Möglicherweise kann dieser Befund auf die Umsetzung in Form des „Gruppenpuzzles" zurückgeführt werden, welches sehr hohe inhaltliche als auch soziale Anforderungen an die Schüler*innen stellt, was gerade bei komplexen Thematiken zu einer kognitiven Überforderung und damit zu lern- und motivationshinderlichen Auswirkungen führen kann. Weiterhin kann es sein, dass die Schüler*innen während der gegenseitigen Erklärungsphase des Gruppenpuzzles bestehende Wissenslücken wahrnehmen und dadurch ihren Wissenserwerb realistischer und selbstkritischer einschätzen.

Zur Absicherung und Erweiterung der in der vorliegenden Arbeit gefundenen Ergebnisse bedarf es weiterer Studien mit randomisierten Vorgehen in anderen Museen, zu anderen naturwissenschaftlichen Themenbereichen sowie unter Berücksichtigung weiterer Umsetzungsmöglichkeiten für die wenig, mittel und stark strukturierte Besuchsform sowie der Beachtung von kognitiven und motivationalen Prozessmerkmalen (Neubauer 2015).

Literatur

Aronson, Elliot, Blaney, Nancy, Stephan, Cookie, Silkes, Jev & Snapp, Matthew (1978): The Jigsaw classroom. Beverly Hills: Sage.

Ausubel, David P. (1960): The use of advance organizers in the learning and retention of meaningful verbal material. In: Journal of Educational Psychology, 51. Jg., 267–272.

Bamberger, Yael & Tal, Tali (2007): Learning in a Personal Context: Levels of Choice in a Free Choice Learning Environment in Science and Natural History Museums. In: Science Education, 91. Jg., 75–95.

Bybee, Roger, McCrae, Barry & Laurie, Robert (2009): PISA 2006: An assessment of scientific literacy. In: Journal of Research in Science Teaching, 46 (8), 865–883.

DeWitt, Jennifer & Storksdieck, Martin (2008): A short review of school field trips: key findings from the past and implications for the future. In: Visitor Studies, 11 (2), 181–197.

Gerstenmaier, Jochen & Mandl, Heinz (1995): Wissenserwerb unter konstruktivistischer Perspektive. In: Zeitschrift für Pädagogik, 41. Jg., 867–888.

Geyer, Claudia (2008): Museum- und Science-Center-Besuche im naturwissenschaftlichen Unterricht aus einer motivationalen Perspektive. Berlin: Logos Verlag.

Hidi, Suzanne & Renninger, K. Ann (2006): The four-phase model of interest development. In: Educational Psychologist, 41 (2), 111–127.

Kircher, Ernst, Girwidz, Raimund & Häußler, Peter (2015): Physikdidaktik – Theorie und Praxis. Berlin, Heidelberg: Springerverlag.

Klaes, Esther (2008): Außerschulische Lernorte im naturwissenschaftlichen Unterricht – Die Perspektive der Lehrkraft. Berlin: Logos.

Lewalter, Doris & Geyer, Claudia (2005): Evaluation von Schulklassenbesuchen im Museum. In: Zeitschrift für Pädagogik, 51. Jg., 774–785.

Lewalter, Doris & Geyer, Claudia (2009): Motivationale Aspekte von schulischen Besuchen in naturwissenschaftlich-technischen Museen. In: Zeitschrift für Erziehungswissenschaft, 12 (1), 28–44.

Lewalter, Doris & Noschka-Roos, Annette (2010): Museum und Erwachsenenbildung. In Rudolf Tippelt & Aiga von Hippel (Hrsg.): Handbuch Erwachsenenbildung/Weiterbildung (4. durchgesehene Aufl.). Wiesbaden: VS Verlag für Sozialwissenschaften, 527–542.

Lewalter, Doris & Willems, Ariane S. (2009): Die Bedeutung des motivationsrelevanten Erlebens und des individuellen Fachinteresses für das situationale Interesse im Mathematikunterricht. In: Psychologie in Erziehung und Unterricht, 56 (4), 243–257.

Mayer, Richard E. (2004): Should there be a three-strikes rule against pure discovery learning? In: American Psychologist, 59 (1), 14–19.

Miller, Jon D. (1998): The measurement of civic scientific literacy. In: Public Understanding of Science, 7 (3), 203–223.

Mitchell, Mathew (1993): Situational Interest: Its Multifaceted Structure in the Secondary School Mathematics Classroom. In: Journal of Educational Psychology, 85. Jg., 424–436.

Nettke, Tobias (2010): Die Führung als Methode der Vermittlung im Museum – tägliche Praxis und kaum erforschtes Terrain. In: Standbein Spielbein. Museumspädagogik aktuell, 88. Jg., 55–58.

Neubauer, Katrin, Geyer, Claudia & Lewalter, Doris (2014): Bedeutung der basic needs für das situationale Interesse bei Museumsbesuchen mit unterschiedlichen Instruktionsdesigns. In: Psychologie in Erziehung und Unterricht, 61. Jg., 29–42.

Neubauer, Katrin (2015): Unterstützung naturwissenschaftlicher Grundbildung durch Schulklassenbesuche in naturwissenschaftlich-technischen Museen – Motivationale und kognitive Wirkung unterschiedlicher Besuchsformen. Dissertation, Technische Universität München. Online unter: https://mediatum.ub.tum.de/doc/1273957/1273957.pdf (Abrufdatum: 29.09.17).

OECD (2007): PISA 2006. Science competencies for tomorrow's world. Paris: OECD.

OECD (2008): Education at a glance. OECD indicators. Paris: OECD. Online unter: http://www.oecd.org/education/skills-beyond-school/41284038.pdf (Abrufdatum: 29.09.17).

Reiss, Kristina, Sälzer, Christine, Schiepe-Tiska, Anja, Klieme, Eckhard & Köller, Olaf (2016): PISA 2015. Eine Studie zwischen Kontinuität und Innovation. Münster, New York: Waxmann.

Rennie, Léonie J. & McClafferty, Terence (1995): Using visits to interactive science and technology centers, museums, aquaria, and zoos to promote learning in science. In: Journal of Science Teacher Education, 6 (4), 175–185.

Rennie, Léonie J. & Williams, Gina F. (2006): Communication About Science in a Traditional Museum: Visitors' and Staff's Perceptions. In: Cultural Studies of Science Education, 1 (1), 791–820.

Renninger, K. Ann & Hidi, Suzanne (2011): Revisiting the conceptualization, measurement, and generation of interest. In: Educational Psychologist, 46 (3), 168–184.

Schwan, Stephan, Grajal, Alejandro & Lewalter, Doris (2014): Understanding and engagement in places of science experience: Science museums, science centers, zoos, and aquariums. In: Educational Psychologist, 49. Jg., 70–85.

Waltner, Christine & Wiesner, Hartmut (2009): Lernwirksamkeit eines Museumsbesuchs im Rahmen von Physikunterricht. In: Zeitschrift für Didaktik der Naturwissenschaften, 15. Jg., 195–217.

Wilde, Matthias & Urhahne, Detlef (2008): Museum learning: a study of motivation and learning achievement. In: Journal of Biological Education, 42 (2), 78–83.

Wilde, Matthias, Urhahne, Detlef & Klautke, Siegfried (2003): Unterricht im Naturkundemuseum: Untersuchung über das „richtige" Maß an Instruktion. In: Zeitschrift für Didaktik der Naturwissenschaften, 9. Jg., 125–134.

Teil 2
Unterricht und Unterrichtsentwicklung

Victoria L. Barth, Felicitas Thiel und Diemut Ophardt

Professionelle Wahrnehmung von Unterrichtsstörungen: Konzeption einer videobasierten Fallanalyse mit offenem Antwortformat

Als professionelle Wahrnehmung wird die Kompetenz bezeichnet, dass relevante Unterrichtsmerkmale erkannt und aus diesen Schlussfolgerungen für das Lehrer*innenhandeln gezogen werden. Bislang gibt es einige Studien, die die professionelle Unterrichtswahrnehmung untersuchen, jedoch existieren nur wenige Studien, die diese im Hinblick auf Unterrichtsstörungen erforschen. Daher beschäftigt sich der Beitrag mit der Wahrnehmung und Beurteilung von Unterrichtsstörungen. Zur Erfassung dieser Kompetenzen wurde eine videobasierte Fallanalyse mit offenem Antwortformat entwickelt und mit 452 Lehramtsstudierenden aus dem Bachelor- und Masterstudium durchgeführt. Die Auswertung der offenen Antworten erfolgte mittels eines Kategoriensystems, das gemäß der skalierend-strukturierenden Inhaltsanalyse deduktiv entwickelt wurde. Es konnten bedeutsame Gruppenunterschiede zwischen Bachelor- und Masterstudierenden ermittelt werden. Bezüglich der Wahrnehmung deuten die Resultate darauf hin, dass mit zunehmender Kompetenz die Fokussierung auf störendes Schüler*innenverhalten abnimmt und Fehlerquellen beim Lehrer*innenhandeln stärker in den Blick rücken. Zudem zeigte sich hinsichtlich der Beurteilungskompetenz, dass Masterstudierende nicht nur mehr Theoriebezüge zur Beurteilung heranziehen, sondern diese auch differenzierter anwenden.

1 Einleitung

Für den Umgang mit Störungen im Unterricht ist eine kompetente Problemwahrnehmung wichtig (vgl. Wettstein 2013). Bemerkt eine Lehrperson, dass Schüler*innen sich mit unterrichtsfremden Aktivitäten beschäftigen, kann sie durch eine frühzeitige Intervention einer Ausbreitung der Störung entgegenwirken. Unter dieser als *professionelle Wahrnehmung* (vgl. Sherin 2001) bezeichneten Kompetenz wird allgemein verstanden, dass die relevanten Unterrichtsmerkmale identifiziert und aus diesen Schlussfolgerungen für das eigene Handeln gezogen werden. Zwar existieren bereits einige Studien, die die professionelle Wahrnehmung von (angehenden) Lehrkräften erforschen (vgl. Sherin 2001; Seidel u.a. 2010; Gold & Holodynski eingereicht), jedoch gibt es bislang nur wenige Studien, die die professionelle Wahrnehmung im Hinblick auf Unterrichtsstörungen untersuchen (vgl. Barth 2017; Piwowar u.a. in Begutachtung). Der vorliegende Beitrag beschäftigt sich daher mit zwei Fragen: Wie nehmen Lehramtsstudierende störungsanfälligen Unterricht wahr? Und wie beurteilen sie diesen? Dazu wurde auf der Grundlage theoretischer Überlegungen eine videobasierte Fallanalyse zur Erfassung der professionellen Wahrnehmung von Unterrichtsstörungen entwickelt. Im Folgenden wird zunächst der theoretische Hintergrund beschrieben und ein Modell der professionellen Wahrnehmung von Unterrichtstörungen vorgestellt. Darauf aufbauend wird die Konzeption der Fallanalyse beschrieben, deren zentrale Ergebnisse abschließend dargestellt und diskutiert werden.

2 Theoretischer Hintergrund
2.1 Umgang mit Störungen

Der Umgang mit Störungen im Unterricht zählt zum Kompetenzbereich des Klassenmanagements, das verstanden wird als „alle Aktivitäten einer Lehrkraft, die auf die Herstellung und Aufrechterhaltung der sozialen Ordnung im sozialen System Schulklasse gerichtet sind" (Ophardt & Thiel 2013, 46). Die Planung dieser Aktivitäten in Form eines Unterrichtsentwurfs, der die Lernziele und -methoden umfasst, bezeichnen Ophardt & Thiel (2013) in Anlehnung an Doyle (1984) als *Handlungsprogramm*, das in der konkreten Unterrichtssituation situativ angepasst werden muss. Verschiedene Strategien können zur Störungsprävention und -intervention eingesetzt werden (vgl. Ophardt & Thiel 2013; Thiel 2016): Zunächst müssen Lehrkräfte eine Interaktionsordnung etablieren. Das meint die Einführung von Regeln und Prozeduren, den Aufbau und die Modifikation von regelkonformem Verhalten sowie die Etablierung eines Arbeitsbündnisses. Im Rahmen dieser Interaktionsordnung etablieren Lehrkräfte ein klares Handlungsprogramm (z.B. Einführung einer Aufgabe) und steuern die Aufmerksamkeit und das Verhalten der Schüler*innen durch verbale, paraverbale und nonverbale Signale. Eine wichtige Voraussetzung für die effektive Steuerung der Aufmerksamkeit ist, dass Lehrkräfte die gesamte Klasse kontinuierlich im Blick haben und ihre Wachsamkeit den Schüler*innen auch demonstrieren (vgl. Kounin 1970). Eine effektive Steuerung des Unterrichtsflusses umfasst außerdem eine kontinuierliche Gruppenaktivierung, dazu zählt (vgl. ebd): eine anhaltende Beschäftigung aller Schüler*innen (Beschäftigungsradius), ein In-Bereitschaft-Setzen der nicht-aktiven Schüler*innen (Gruppenmobilisierung) sowie die Vermittlung des Eindrucks, dass die Lernergebnisse jederzeit kontrolliert werden könnten (Rechenschaftslegung). Grundlegend für eine effektive Intervention ist, dass Störungsmotive,

Störungsausmaß und die potentielle Störungsdynamik von der Lehrkraft richtig eingeschätzt werden (vgl. Thiel 2016). Dabei ist zu beachten, dass einerseits das störende Verhalten der/s Schüler*in beendet werden muss (Individualfokus), und andererseits gleichzeitig das Handlungsprogramm für die Klasse aufrechterhalten wird (Klassenfokus). Für eine effektive Beendigung eines Störverhaltens ist die Auswahl einer adäquaten Strategie entscheidend. So kann es bei kleineren Regelverstößen (z.B. Tuscheln mit dem Nachbarn) sinnvoll sein, diese nicht direkt zu adressieren, jedoch durch Augenkontakt die Kenntnisnahme zu demonstrieren. Gleichzeitig muss das Handlungsprogramm gestärkt werden, indem die Aufmerksamkeitssteuerung der gesamten Lerngruppe intensiviert wird. Sobald eine Gefährdung des Handlungsprogramms droht, muss interveniert werden, sonst breitet sich die Störung aus. Eine minimale Intervention (z.b. ein kurzes Erinnern an Regeln) kann dem entgegenwirken. Der adäquate Einstieg bei der Störungsintervention wird in einem Stufenmodell zur Störungsintervention konkretisiert (vgl. Ophardt & Thiel 2013; Thiel 2016). Wesentlich für den erfolgreichen Umgang mit Störungen ist die professionelle Unterrichtswahrnehmung (vgl. Wettstein 2013).

2.2 Professionelle Wahrnehmung

In Auseinandersetzung mit unterschiedlichen Modellierungen der professionellen Wahrnehmung (vgl. Bromme 1992; Endsley 1995; Sherin 2001; Santagata u.a. 2007; Seidel u.a. 2010) und anschließend an die Vorarbeiten von Ophardt & Thiel (2013) wurde ein Modell für die professionelle Wahrnehmung von Störungen (vgl. Barth 2017) entwickelt (siehe Abbildung 1).
Für die Studie sind zwei Facetten besonders relevant: Erkennen und Beurteilen. Die Facette des Erkennens ist definiert als das wissensgestützte Wahrnehmen typischer situativer Merkmale, indem sogenannte Tiefenstrukturen[1] (vgl. Oser & Baeriswyl 2001) identifiziert werden. Übertragen auf den Umgang mit Störungen bedeutet das das Identifizieren störungskritischer Merkmale, die den primären Handlungsvektor gefährden (Klassenfokus) bzw. ein individuelles Störungsverhalten betreffen (Individualfokus). Für die Beurteilung des Schüler*innenverhaltens muss vom sichtbaren Verhalten auf Motive rückgeschlossen werden. Ähnliche Verhaltensweisen können unterschiedliche Motive zugrunde liegen (vgl. Thiel 2016). So kann ein Tuscheln mit dem Nachbarn oder der Nachbarin entweder nur ein leichter Regelverstoß aufgrund mangelnder Aufmerksamkeitskontrolle sein oder eine Verweigerungshaltung zum Zweck des Selbstwertschutzes (vgl. Ophardt & Thiel 2013; Thiel 2016).

---

1 Unter Tiefenstrukturen werden Merkmale der Unterrichtsqualität verstanden, die durch ein hochinferentes Rating erschlossen werden können (vgl. Oser & Baeriswyl 2001).

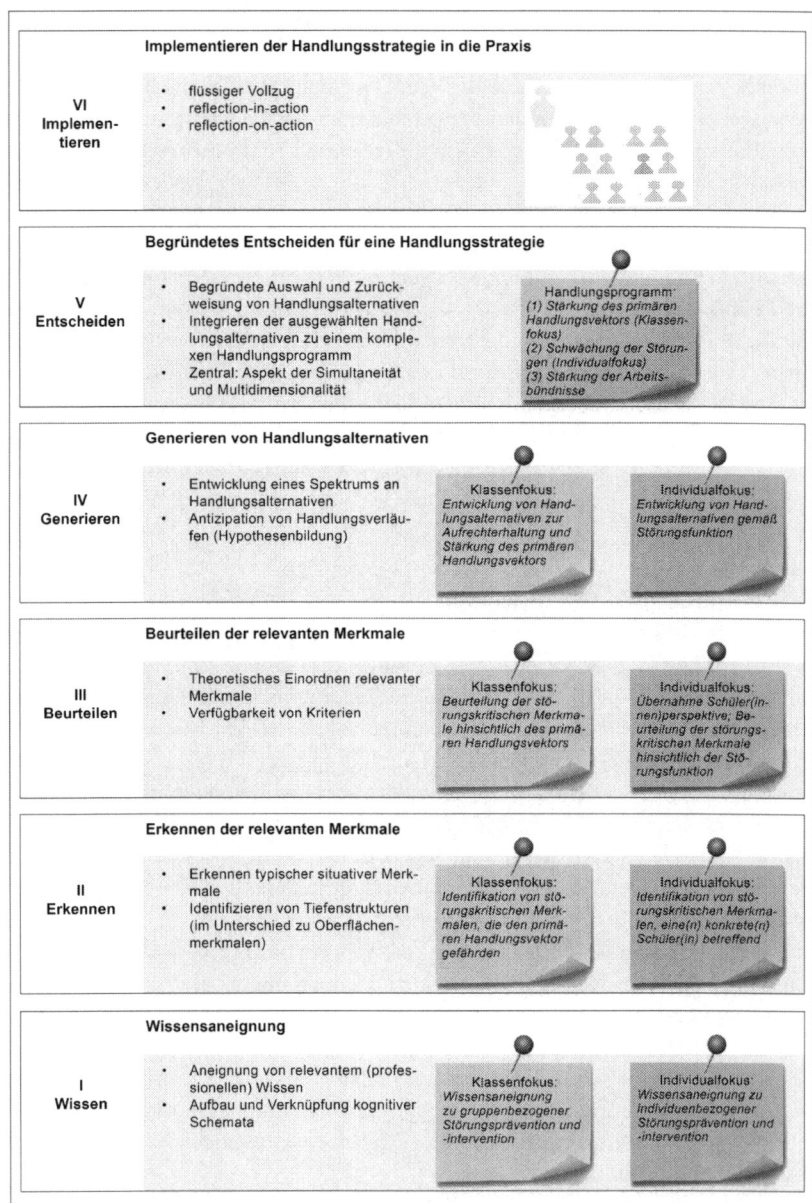

Abb. 1: Kompetenzmodell zum professionellen Wahrnehmen und Handeln im Unterricht (Barth 2017, 40)

Grundsätzlich gilt für die Facette Beurteilen, dass die erkannten Merkmale theoretisch eingeordnet und unter Bezugnahme von Kriterien bewertet werden müssen, um daraus Schlussfolgerungen für die Wirksamkeit der Handlungsstrategie der Lehrkraft und die Interpretation des Schüler*innenverhaltens ziehen zu können (generischer Kompetenzbereich). Das bedeutet für den spezifischen Kompetenzbereich die Beurteilung der erkannten störungskritischen Stellen zum einen hinsichtlich z.B. des Unterrichtsflusses (Klassenfokus) und zum anderen hinsichtlich der individuellen Störungsmotive (Individualfokus).

Eine Vielzahl an Studien konnte bereits zeigen, dass sich Expert*innen und Noviz*innen in ihrer professionellen Unterrichtswahrnehmung unterscheiden. So zeigen Noviz*innen eine zu späte oder fehlende Wahrnehmung von Störungen im Unterricht (vgl. Housner & Griffey 1985), konzentrieren sich eher auf Oberflächenmerkmale anstelle von Tiefenstrukturen (vgl. Berliner 1994), haben eine fehlende „awareness of students characteristics" (Westermann 1991, 296) und führen oftmals nur eine verkürzte Problemanalyse durch (vgl. Swanson u.a. 1990).

Die Forschungsbefunde verdeutlichen, dass es Unterschiede in der professionellen Wahrnehmung abhängig vom Expertisegrad gibt. Daher wird angenommen, dass sich auch schon zwischen verschiedenen Ausbildungsstufen von angehenden Lehrpersonen, also zwischen Bachelor- und Masterstudierenden, Unterschiede finden lassen. Befunde zu diesen Unterschieden würden wichtige Hinweise für die Entwicklung zielgruppenadäquater Lehr-Lerngelegenheiten liefern.

3 Methodisches Vorgehen

3.1 Stichprobe

Insgesamt nahmen an der Untersuchung 452 Lehramtsstudierende teil, die sich aus Bachelor- (n = 74) und Masterstudierenden (n = 378) (jeweils des zweiten Fachsemesters) zusammensetzten. Davon waren 61% weiblich (n = 378) und im Mittel 26 Jahre alt (*M* = 26.05, *SD* = 4.86, n = 372).

3.2 Design

Die Daten wurden im Rahmen von Seminaren zum Störungsumgang an der FU Berlin im Sommersemester 2014 und 2015 gewonnen. Zur Erfassung der professionellen Wahrnehmung von Störungen wurde eine videobasierte Fallanalyse (vgl. Barth 2017) entwickelt und zum Ende des Seminars von den Studierenden durchgeführt.

3.3 Videobasierte Fallanalyse

Die videobasierte Fallanalyse (vgl. Barth 2017) begann mit einer kurzen Testinstruktion, gefolgt von einem achtminütigen Videofall, der einen störungsanfälligen Unterricht zeigt. Im Fokus stand der Schüler Paul, der wiederholt die Interaktion durch Konfrontationen (vgl. Thiel 2016) stört (z.b. durch Zwischenrufe). Weil authentische Unterrichtsaufnahmen von gestörtem Unterricht schwer zu realisieren sind, wurde ein sogenanntes *Staged Video* produziert, d.h. der Unterricht (9. Klasse; Mathematik) wurde von einem Schauspieler und Schüler*innen einer Theater-AG, nach einem wissenschaftlich erstellten und validierten Skript, inszeniert (vgl. Piwowar u.a. 2017). Nach dem Ansehen des Videos wurden die Probanden aufgefordert, die bedeutsamen Aspekte des Unterrichts zu beschreiben, die zum ungünstigen Handlungsverlauf geführt haben und ihre Auswahl theoretisch zu begründen.

Zur Auswertung der offenen Antworten wurde gemäß der skalierend-strukturierenden Inhaltsanalyse (vgl. Mayring 2010) deduktiv ein Kategoriensystem entwickelt, das eine Quantifizierung der qualitativen Daten erlaubte. Als theoretische Rahmung wurde das entwickelte Kompetenzmodell (vgl. Barth 2017) herangezogen. Die Kompetenzfacette Erkennen wurde hierfür in die Einschätzungsdimension *Pädagogische Aspekte* übersetzt und die Facette Beurteilen in *Theoriebezüge*. Als pädagogische Aspekte werden Beschreibungen der Unterrichtssituation definiert, unter Theoriebezügen wird das professionelle Wissen verstanden, das zur Beurteilung der Situation herangezogen wird. Ein Beispiel aus einer Probandenantwort lautete: „Die Lehrkraft lässt Diskussionen mit Paul zu und stört so den Unterrichtsfluss." Die Beschreibung, es gab eine Diskussion mit Paul, wird demnach als pädagogischer Aspekt codiert; die Beurteilung, dass dies den Unterrichtsfluss stört, als Theoriebezug. Für die Einschätzungsdimension *pädagogische Aspekte* wurden zwei Ausprägungen definiert: falsch vs. korrekt beobachteter pädagogischer Aspekt. Jeder korrekte pädagogische Aspekt wurde mit einem Punkt bewertet, jeder falsche mit null Punkten. Die Gesamtpunktzahl eines Probanden ergab sich aus der Summe der Punkte für alle genannten pädagogischen Aspekte. Die Einschätzungsdimension Theoriebezug berücksichtigte nicht nur die Quantität, also die bloße Anzahl an genannten Theoriebezügen, sondern auch deren Qualität. Hierfür wurde das relevante professionelle Wissen in drei Niveaus unterteilt: Je differenzierter das Wissen angewendet wird, umso höher ist die Qualität der Antwort und damit die Niveaustufe. Bei der oben genannten Beispielantwort hieß es, dass die Diskussion mit Paul ungünstig ist, weil sie den Unterrichtsfluss stört – das entspricht einer Beurteilung auf Niveau 1. Der Proband hätte aber auch beurteilen können, dass es ungünstig ist, weil so die Gruppenaktivierung nur mangelhaft erfolgt – was dem Niveau 2 entsprochen hätte. Oder er bewertet es ganz differenziert, dass das problematisch ist, weil so die Gruppenmobilisierung nicht erfolgt – was dem Niveau 3 entsprochen hätte. Die Ausprägungen der Einschätzungsdimension Theoriebezug wurden daher wie folgt definiert: falscher oder fehlender Theoriebezug (0 Punkte); korrekter Theoriebezug auf Niveau 1 (1 Punkt), auf Niveau 2 (2 Punkte), auf Niveau 3 (3 Punkte). Die Gesamtpunktzahl eines Probanden wurde aus der Summe der Punkte für die genannten Theoriebezüge gebildet. Insgesamt wurden 184 pädagogische Aspekte definiert, die potentiell erkannt werden konnten – und 63 Theoriebezüge, die relevant für die Beurteilung von Störungen im Unterricht sind. Die Theoriebezüge wurden in drei Bereiche differenziert: Klassen- und Individualfokus sowie als Querdimension Kommunikation, da diese relevant für beide Fokusse ist. Die Festlegung der pädagogischen Aspekte und Theoriebezüge erfolgte auf Basis des Videoskripts, der Vorarbeiten von Ophardt & Thiel (2013) und in Rückkopplung mit Expert*innen. Zur Vereinfachung der Auswertung der pädagogischen Aspekte wurden diese nach der Codierung in fünf Oberkategorien zusammengefasst: (1) Störendes Schüler*innenverhalten, (2) mangelhafte Etablierung von Verhaltenserwartungen oder Modifikation von Verhalten, (3) unsteter Unterrichtsfluss, (4) dysfunktionale Störungsintervention sowie (5) mangelhafter Einsatz von Signalen.

Die Fallanalysen wurden von acht Codierer*innen geratet. Zur Überprüfung der Inter-Coder-Reliabilität wurden 10% der Gesamtstichprobe (n = 45) doppelt blind-codiert. Die Berechnung ergab einen Cohens Kappa Wert von $\kappa = .73$, was als gut zu bewerten ist.

3.4 Statistische Analysen

Es werden Häufigkeiten, Mittelwerte und Standardabweichung für die *pädagogischen Aspekte* und *Theoriebezüge* berechnet. Zur Untersuchung der Gruppenunterschiede zwischen Bachelor- und Masterstudierenden werden *t*-Tests für unabhängige Stichproben, einfaktorielle Varianzanalysen sowie Chi-Quadrat-Tests ausgeführt.

Zur Beurteilung der statistischen Signifikanz wird eine Irrtumswahrscheinlichkeit von $\alpha = 0.05$ zugrunde gelegt. Bei Berechnungen mit mehreren abhängigen Signifikanztests erfolgt eine α-Fehler-Adjustierung. Die Effektstärken werden in Anlehnung an Cohen (1988) interpretiert. Die statistischen Analysen erfolgen mit MAXQDA (Version 12) und SPSS (Version 22).

4 Ergebnisse
4.1 Erkennen – Wahrgenommener Unterricht

Im Durchschnitt werden 11.02 störungskritische pädagogische Aspekte ($SD = 4.62$) erkannt. Hierbei zeigt sich ein signifikanter Gruppenunterschied mit einem mittelgroßen Effekt ($t(450) = -2.98$, $p < .01$, $d = 0.38$, 95% KI [-2.9, -0.6], n = 452):

So beschreiben Bachelorstudierende (M = 9.57, SD = 4.35) in ihren Fallanalysen 1.7 pädagogische Aspekte weniger als Masterstudierende (M = 11.30, SD = 4.62). Hinsichtlich der gebildeten Oberkategorien zeigen sich ebenfalls bedeutsame Gruppenunterschiede. Die Berechnung einer einfaktoriellen Varianzanalyse mit den Faktoren Oberkategorien und Studiengang zeigt, dass es einen bedeutsamen mittelgroßen Haupteffekt der Oberkategorien ($F(1, 450)$ = 43.53, p < .001, η^2 = 0.09, n = 452) und einen bedeutsamen kleinen Haupteffekt des Studiengangs ($F(1, 450)$ = 8.87, p = .003, η^2 = 0.02, n = 452) – also der Zugehörigkeit zur Bachelor- oder Masterstichprobe – gibt.

Darüber hinaus zeigt sich auch ein bedeutsamer kleiner Interaktionseffekt zwischen den Oberkategorien und dem Studiengang ($F(1, 450)$ = 7.35, p < .001, η^2 = 0.02, n = 452): Masterstudierende erzielen in allen Oberkategorien einen höheren Mittelwert – mit Ausnahme der Oberkategorie 1 (störendes Schüler*innenverhalten), die häufiger von Bachelorstudierenden (M = 2.12, SD = 1.86) thematisiert wird als von Masterstudierenden (M = 1.65, SD = 1.64). Dabei zeigen sich in allen Oberkategorien – bis auf Oberkategorie 4 (dysfunktionale Störungsintervention) – bedeutsame Gruppenunterschiede zwischen Bachelor- und Masterstudierenden (siehe Tabelle 1).

Tab. 1: Ergebnisse der *Simple Effects* mit den Faktoren Oberkategorie und Studiengang

Ok[1]	(I) Bachelor		(J) Master		(I–J) Mittelwerts-differenz	SE	p
	M	SD	M	SD			
1	2.12	1.86	1.65	1.64	.471	.213	.028
2	1.23	1.05	1.83	1.41	-.598	.173	.001
3	1.99	1.50	2.45	1.67	-.461	.209	.028
4	3.04	1.64	3.24	1.99	-.200	.246	.417
5	1.19	1.17	2.13	1.65	-.943	.201	<.001

Anmerkungen: 1 Oberkategorien: (1) Störendes Schüler*innenverhalten, (2) mangelhafte Etablierung von Verhaltenserwartungen oder Modifikation von Verhalten, (3) unsteter Unterrichtsfluss, (4) dysfunktionale Störungsintervention, (5) mangelhafter Einsatz von Signalen.

Zudem ist besonders erwähnenswert, dass innerhalb der Oberkategorie 3 (unsteter Unterrichtsfluss) die Studierenden zwar Probleme beim Ablauf oft wahrnehmen (z.B. indem sie diesen als unstrukturiert beschreiben), dies gilt jedoch nicht für das Thema Übergänge, obwohl diese im gezeigten Videofall ebenfalls oft vorkommen.

4.2 Beurteilen – Angewendetes professionelles Wissen

92% der Lehramtsstudierenden verwenden in ihren Fallanalysen Theoriebezüge zur Beurteilung von Unterricht. Hierbei konnten keine bedeutsamen Gruppenunterschiede zwischen Bachelor- und Masterstudierenden eruiert werden ($\chi^2(1) = 0.48$, $p = .49$, $\omega^2 < 0.01$, n = 452).

Im Durchschnitt stellen die Studierenden 4.71 Theoriebezüge ($SD = 3.52$) her, die gemäß ihrem codierten Niveau mit durchschnittlich 11.89 Punkten ($SD = 9.27$) auf der Skala Beurteilen bewertet werden. Im Hinblick auf die *ungewichteten* Theoriebezüge (Berücksichtigung der bloßen Anzahl an Theoriebezügen unabhängig der Niveaus) zeigt sich ein bedeutsamer Gruppenunterschied mit einem kleinen Effekt ($t(125) = -2.63$, $p = .01$, $d = 0.28$, 95%-KI [-1.7, -0.2], n = 452): Bachelorstudierende ($M = 3.88$, $SD = 2.82$) stellen einen Theoriebezug weniger in ihren Fallanalysen her als Masterstudierende ($M = 4.87$, $SD = 3.62$). Hinsichtlich der *gewichteten* Theoriebezüge (Berücksichtigung der Niveaus) zeigt sich ebenfalls ein kleiner Effekt ($t(450) = -2.02$, $p = .04$, $d = 0.26$, 95%-KI [-4.7, -0.1], n = 452): Bachelorstudierende ($M = 9.91$, $SD = 7.88$) erhalten für ihre Beurteilung im Durchschnitt 2.4 Punkte weniger als Masterstudierende ($M = 12.28$, $SD = 9.48$). Generell ist festzustellen, dass sich 73% der Theoriebezüge auf den Klassenfokus beziehen (Bachelor: 79%; Master: 73%), 17% auf den Individualfokus (Bachelor: 18%; Master: 16%) und 10% auf die Kommunikation (Bachelor: 3%; Master: 11%). Die Berechnung einer einfaktoriellen Varianzanalyse mit den Faktoren Theoriebezüge (für die drei Bereiche Klassenfokus, Individualfokus, Kommunikation) und Studiengang zeigt, dass es einen bedeutsamen starken Haupteffekt der Theoriebezüge ($F(1, 450) = 211.91$, $p < .001$, $\eta^2 = 0.32$, n = 452) und einen signifikanten Haupteffekt des Studiengangs ($F(1, 450) = 4.97$, $p = .026$, $\eta^2 = 0.01$, n = 452) gibt. Darüber hinaus zeigt sich kein bedeutsamer Interaktionseffekt zwischen den Theoriebezügen und dem Studiengang ($F(1, 450) = 0.69$, $p = .453$, $\eta^2 = 0.002$, n = 452).

Verwendete Theoriebezüge des Klassenfokus: Häufig wird festgestellt, dass das Handlungsprogramm gefährdet wird (Gesamt: 14%; Bachelor: 15%; Master: 14%) und Regeln oder Normen mangelhaft etabliert sind oder durchgesetzt werden (Gesamt: 13%; Bachelor: 11%; Master: 13%). Zudem bewerten 8% den Unterrichtsfluss als gefährdet (Bachelor: 10%; Master: 7%). Demgegenüber werden Bezüge zur Gruppenaktivierung (Bachelor: 0%; Master: 1%) selten und zu Prozeduren (Bachelor/Master: 0%) gar nicht hergestellt.

Verwendete Theoriebezüge des Individualfokus: Es wird häufig festgestellt, dass die Lehrkraft die Störungsfunktion nicht berücksichtigt (Gesamt: 13%; Bachelor:

6%; Master: 13%) und ein Arbeitsbündnis unzureichend etabliert hat (Gesamt: 11%; Bachelor: 25%; Master: 11%).

Verwendete Theoriebezüge der Kommunikation: Hinsichtlich der Kommunikation wird häufig der mangelhafte Einsatz von nonverbalen (Gesamt: 49%; Bachelor: 63%; Master: 50%) und paraverbalen Signalen (Gesamt: 38%; Bachelor: 38%; Master: 38%) genannt.

5 Diskussion

Studierende nehmen oft Unterrichtsstörungen und dysfunktionale Störungsinterventionen wahr, was nicht überraschend ist, da der entwickelte Videofall eine Vielzahl an Störungen im Unterricht aufweist. Besonders häufig wurde der ungünstige Ablauf beschrieben, was darauf zurückzuführen sein könnte, dass Probleme beim Unterrichtsablauf sehr salient sind. Im Vergleich dazu wurden jedoch nicht die störungsanfälligen Übergänge wahrgenommen, was darauf hindeutet, dass Studierende die Bedeutung von Übergängen unterschätzen. Dies steht im Einklang mit Studien zum Klassenmanagement, wonach Noviz*innen Aktivitätsstrukturen unzureichend voneinander abgrenzen und somit störungskritische Stellen im Handlungsvektor schaffen (vgl. Thiel u.a. 2012).

Interessant sind auch die Befunde zur Oberkategorie „störendes Schüler*innenverhalten", denn das ist die einzige Oberkategorie, die häufiger von Bachelor- als von Masterstudierenden beschrieben wurde. Da sich die anderen vier Oberkategorien eher auf das Verhalten der Lehrkraft beziehen, könnte die weniger starke Fokussierung auf störendes Schüler*innenverhalten darauf hindeuten, dass aufgrund der Nähe zum Berufseintritt und der größeren Praxiserfahrung Masterstudierende sich bereits stärker mit der Lehrer*innenrolle identifizieren. Eine Erklärung für den Shift vom Schüler- auf Lehrkraftverhalten könnte sein, dass mit zunehmender Kompetenz die Fokussierung auf störendes Schüler*innenverhalten abnimmt und Fehler im Handeln der Lehrperson stärker in den Blick rücken.

Fast alle Studierenden haben professionelles Wissen zur Beurteilung herangezogen. Dieser hohe Anteil ist nicht überraschend, da in den besuchten Seminaren (in denen auch die Datenerhebung stattfand) die Unterrichtsbeurteilung trainiert wurde. Dabei zeigte sich, dass Masterstudierende nicht nur *mehr* Theoriebezüge zur Beurteilung herangezogen haben, sondern diese auch *differenzierter* anwendeten. Dies deutet darauf hin, dass Masterstudierende bereits eine höhere Beurteilungskompetenz erworben haben als Bachelorstudierende.

Zudem wurden Situationen deutlich häufiger im Hinblick auf den Klassenfokus beurteilt, als auf den Individualfokus oder auf die Kommunikation. Dieser Befund widerspricht dem Forschungsstand insofern, da aus anderen Studien bekannt ist, dass sich gerade Noviz*innen in ihrer Unterrichtspraxis von Störungen absorbieren lassen, sich nur noch auf den störenden Schüler fokussieren und die Klasse aus dem Auge verlieren (vgl. Thiel u.a. 2012). Unser Befund könnte darauf zurückzuführen sein, dass es sich um einen Effekt des Seminars handelt. In diesem wurde der Umgang mit Störungen thematisiert und auf typische Fehler von Noviz*innen hingewiesen, weswegen unter anderem der eben genannte Aspekt besonders betont wurde.

Die geringe Einbeziehung von Kommunikationsaspekten weist darauf hin, dass den Studierenden die Bedeutung von Signalen nicht ausreichend bewusst ist und daher als mögliche Fehlerquelle von Lehrer*innenhandeln unzureichend berücksichtigt wird. Womöglich benötigen Studierende erst einen gewissen Umfang an eigenen Unterrichtserfahrungen, um die Relevanz von Signalen für ein erfolgreiches Unterrichten (vgl. Ophardt & Thiel 2013; Thiel 2016) erkennen zu können. Oft wurde der Unterricht im Hinblick auf den Unterrichtsfluss beurteilt. Dieses Ergebnis erstaunt nicht, da es im Videofall zu häufigen Unterbrechungen kam, die von der Lehrkraft zum Teil verstärkt oder erzeugt wurden. Ebenfalls oft wurden Theoriebezüge aufgezeigt, die Regelbezüge oder Verhaltensmodifikation betreffen, wie z.B., dass Regeln mangelhaft durchgesetzt werden. Dies könnte darauf zurückzuführen sein, dass einerseits im Videofall häufig inkonsequentes Lehrer*innenverhalten zu sehen ist und andererseits Wissen über Regeln bereits zu Beginn des Studiums häufig thematisiert wird. Keine Beurteilung erfolgte im Hinblick auf Prozeduren. Dieser Sachverhalt ist möglicherweise auf die noch geringe Praxiserfahrung der Studierenden zurückzuführen. Anders als das Thema Regeln hat das Thema Prozeduren in der Ausbildung bislang eher einen geringen Stellenwert. Studierenden ist offensichtlich zwar die Bedeutung von Regeln bewusst, sie unterschätzen aber die Wichtigkeit von Prozeduren, z.B. für einen reibungslosen Ablauf (vgl. Ophardt & Thiel 2013). Ebenfalls selten genannt wurden Aspekte der Gruppenaktivierung (vgl. Kounin 1970). Dies könnte daran liegen, dass es Studierenden leichter fällt, *ungünstige* Handlungsstrategien der Lehrkraft als *fehlende* Handlungsstrategien zu erkennen, wie z.B. eine fehlende Gruppenmobilisierung.

Bezogen auf die erhobene Stichprobe ist kritisch anzumerken, dass alle Studierenden an einem Seminar teilgenommen haben, das den Umgang mit Störungen fokussierte. Damit können die Ergebnisse nicht ohne weiteres auf Lehramtsstudierende ohne solch eine Vorerfahrung verallgemeinert werden. Es wäre daher wünschenswert gewesen, eine Kontrollgruppe mit unbehandelten Probanden zu haben. Zudem ergibt sich aus der ungleichen Stichprobengröße ebenfalls ein Generalisierungsproblem. Aussagen über Bachelorstudierende konnten weniger gut abgesichert werden als Aussagen über Masterstudierende.

Ging es in der vorliegenden Studie um die Frage, wie Lehramtsstudierende Störungen im Unterricht wahrnehmen und beurteilen, soll im nächsten Schritt untersucht werden, wie Studierende im Vergleich zu Expert*innen störungsanfälligen Unterricht wahrnehmen und beurteilen. Daher wird aktuell die hier vorgestellte Fallanalyse weiterentwickelt, unter anderem durch die Verwendung eines kriteriumsorientierten Auswertungsvorgehens auf Basis eines Expert*innenratings. Außerdem sollen die ermittelten Befunde in der Praxis implementiert werden, indem z.b. in Seminaren nicht nur darauf eingegangen wird, welche Strategien ungünstig sind, sondern auch welche fehlen – da diese ebenso Störungen im Unterricht bedingen oder verstärken können.

Literatur

Barth, Victoria (2017): Professionelle Wahrnehmung von Störungen im Unterricht. Wiesbaden: Springer VS.

Berliner, David (1994): Expertise. The Wonder of Exemplary Performances. In: John Mangieri & Cathy Block (Hrsg.): Creating Powerful Thinking in Teachers and Students. Diverse Perspectives. Fort Worth: Holt, Rinehart & Winston, 161–186.

Bromme, Rainer (1992): Der Lehrer als Experte. Zur Psychologie des professionellen Wissens. Bern: Huber.

Cohen, Jacob (1988): Statistical Power Analysis for the Behavioral Sciences. Hillsdale: Erlbaum.

Doyle, Walther (1984): How Order is Achieved in Classrooms. An Interim Report. In: Journal of Curriculum Studies, 16. Jg., 259–277.

Endsley, Mica (1995): Toward a Theory of Situation Awareness in Dynamic Systems. In: Human Factors. The Journal of the Human Factors and Ergonomics Society, 37. Jg., 32–64.

Gold, Bernadette & Holodynski, Manfred (eingereicht): Measuring the Professional Vision of Classroom Management. Test validation and Methodological challenges.

Housner, Lynn & Griffey, David (1985): Teacher Cognition. Differences in Planning and Interactive Decision Making Between Experienced and Inexperienced Teachers. In: Research Quarterly for Exercise and Sport, 56. Jg., 45–53.

Kounin, Jacob (1970): Discipline and Group Management in Classrooms. New York City: Holt, Rinehart & Winston.

Mayring, Philipp (2010): Qualitative Inhaltsanalyse. Grundlagen und Techniken. Weinheim: Beltz.

Ophardt, Diemut & Thiel, Felicitas (2013): Klassenmanagement. Ein Handbuch für Studium und Praxis. Stuttgart: Kohlhammer.

Oser, Fritz & Baeriswyl, Franz (2001): Choreographies of Teaching: Bridging Instruction to Learning. In: Virginia Richardson (Hrsg.): Handbook of Research on Teaching. Fourth Edition. Washington: American Educational Research Association, 1031–1065.

Piwowar, Valentina, Barth, Victoria, Ophardt, Diemut, Krysmanski, Katharina, Kumschick, Irina & Thiel, Felicitas (in Begutachtung): The Impact of Direct Instruction in a Problem-Based Learning Setting. Effects of a Video-Based Training Program on Preservice Teachers' Classroom Management Knowledge and Professional Vision.

Piwowar, Valentina, Barth, Victoria, Ophardt, Diemut & Thiel, Felicitas (2017): Evidence-Based Scripted Videos on Handling Student Misbehavior. The Development and Evaluation of Video Cases for Teacher Education. In: Professional Development in Education, 10. Jg., 1–16.

Santagata, Rossella, Zannoni, Claudia & Stigler, James (2007): The Role of Lesson Analysis in Pre-Service Teacher Education. An Empirical Investigation of Teacher Learning from a Virtual Video-Based Field Experience. In: Journal of Mathematics Teacher Education, 10. Jg., 123–140.

Seidel, Tina, Blomberg, Geraldine & Stürmer, Kathleen (2010): „Observer". Validierung eines videobasierten Instruments zur Erfassung der professionellen Wahrnehmung von Unterricht. In: Eckhart Klieme, Detlef Leutner & Martina Kenk (Hrsg.): Kompetenzmodellierung. Zwischenbilanz des DFG-Schwerpunktprogramms und Perspektiven des Forschungsansatzes. Beiheft der Zeitschrift für Pädagogik, 56. Jg., 296–306.

Sherin, Miriam (2001): Developing a Professional Vision of Classroom Events. In: Terry Wood, Barbara Nelson & Janet Warfield (Hrsg.): Beyond Classical Pedagogy. Teaching Elementary School Mathematics. Mahwah: Erlbaum, 75–93.

Swanson, Lee, O'Connor, James & Cooney, John (1990): An Information Processing Analysis of Expert and Novice Teachers' Problem Solving. In: American Educational Research Journal, 27. Jg., 533–556.

Thiel, Felicitas (2016): Interaktion im Unterricht. Ordnungsmechanismen und Störungsdynamiken. Leverkusen: UTB.

Thiel, Felicitas, Richter, Sabine & Ophardt, Diemut (2012): Steuerung von Übergängen im Unterricht. In: Zeitschrift für Erziehungswissenschaft, 15. Jg., 727–752.

Westerman, Delores (1991): Expert and Novice Teacher Decision Making. In: Journal of Teacher Education, 42. Jg., 292–305.

Wettstein, Alexander (2013): Die Wahrnehmung sozialer Prozesse im Unterricht. In: Schweizerische Zeitschrift für Heilpädagogik, 7./8. Jg., 5–13.

Ariane S. Willems

Unterrichtsqualitätsprofile und ihr Zusammenhang zum situationalen Interesse in Mathematik

Die Qualität des Unterrichts ist ein zentraler Prädiktor für den Lernerfolg von Schüler*innen. Zur Beschreibung der Unterrichtsqualität haben sich in der Unterrichtsforschung drei Basisdimensionen ‚guten Unterrichts‘ durchgesetzt: die strukturierte Klassenführung, das unterstützende Lernklima und das kognitive Aktivierungspotential des Unterrichts. Hinsichtlich der Bedeutsamkeit der einzelnen Dimensionen für kognitive und motivational-affektive Zielkriterien des Unterrichts ist die Befundlage allerdings noch uneinheitlich. Aus methodischer Sicht kann eine Erklärung für die teilweise geringen und divergierenden Zusammenhangsmuster zwischen der Unterrichtsqualität und verschiedenen Zielkriterien des Unterrichts in den verwendeten variablenzentrierten Auswertungsverfahren vermutet werden, in denen die Effekte einzelner Unterrichtsqualitätsdimensionen auf das Schüler*innenlernen untersucht werden. Für den vorliegenden Beitrag wird mit der Latent-Profile-Analyse ein personenzentrierter Ansatz verwendet, auf dessen Grundlage typische Qualitätsprofile bestimmt werden und deren Zusammenhang zum situationalen Interesse von Schüler*innen untersucht wird. Analysegrundlage sind Daten der SIGMA-Studie, in der n = 951 Schüler*innen der 8. Klasse im Anschluss an eine Mathematikstunde standardisiert zum situationalen Interesse und ihrer Wahrnehmung der Unterrichtsqualität befragt wurden.

1 Einleitung

Im Zentrum des schulischen Lehrens und Lernens steht der Unterricht. Er gilt als zentraler Einflussfaktor für den Kompetenzerwerb von Schüler*innen und stellt das ‚Kerngeschäft‘ von Lehrkräften dar (Lipowsky 2006; Hattie 2009; Helmke 2015; Willems 2016a). In der empirischen Unterrichtsqualitätsforschung wird daher auch der Frage nachgegangen, welche fächerübergreifenden Merkmale einen qualitätsvollen Unterricht auszeichnen und wie spezifische Unterrichtsqualitätsmerkmale mit verschiedenen Zielkriterien von Unterricht zusammenhängen (Kunter & Trautwein 2013; Helmke 2015; Willems 2016a).

Um die Mechanismen zur Wirkungsweise von Unterricht auf das Lernen zu erklären, greifen Studien in der Regel auf sogenannte *Angebots-Nutzungs-Modelle* (Seidel 2014; Helmke 2015) zurück, in denen der Unterricht als Lerngelegenheit verstanden wird, der seine Wirkung vermittelt über die individuelle Nutzung des Angebotes durch die Schüler*innen entfaltet. Unterricht führt daher nicht zwangsläufig – oder bei allen Schüler*innen gleichermaßen – zu erfolgreichem Lernen, sondern erst dadurch, dass Lernende individuell das Lehrer*innenverhalten wahrnehmen, interpretieren und für eigene Lernaktivitäten nutzen. In der Unterrichtsforschung wird die Unterrichtsqualität als ein „Bündel von Unterrichtsmerkmalen" (Einsiedler 2002, 195) verstanden, die den Kompetenzerwerb und das Lernen von Schüler*innen fördern. Zur Beschreibung dieser Merkmale wird vielfach auf drei Qualitätsdimensionen zurückgegriffen (Klieme u.a. 2001; Klieme & Rakoczy 2008): die strukturierte Klassenführung, das unterstützende Lernklima und das kognitive Aktivierungspotential. Werden Zusammenhänge zwischen diesen Dimensionen und Zielkriterien des Unterrichts untersucht, so dominieren bisher variablenzentrierte Ansätze, in denen Effekte einzelner Unterrichtsqualitätsdimensionen auf kognitive und motivational-affektive Zielkriterien des Unterrichts mittels (latenter) Mehrebenenregressionsmodelle untersucht werden. Aus dem Fokus gerät dabei eine eher ganzheitliche Sicht auf den Unterricht, bei der die theoretisch postulierten – und empirisch sichtbaren – Wechselwirkungen zwischen den einzelnen Qualitätsdimensionen auch adäquat abgebildet werden. Ziel des vorliegenden Beitrags ist es, mittels einer *Latent-Profile-Analyse* (Magidson & Vermunt 2004) zunächst auf Basis der drei Qualitätsdimensionen typische Profile herauszuarbeiten. Als Datengrundlage werden Schüler*inneneinschätzungen genutzt, um so individuelle Wahrnehmungsprozesse der am Unterricht Beteiligten zu fokussieren. Dies scheint nicht zuletzt auch empirisch sinnvoll, da individuelle Schüler*innenwahrnehmungen insbesondere zur Vorhersage motivational-affektiver Zielkriterien des Unterrichts eine zuverlässige Quelle darstellen (Kunter & Baumert 2006). Zudem wird ein stärkerer situationsspezifischer Ansatz gewählt, in dem als Kriterium für die motivational-affektive Wirkung des Unterrichts das situationale Interesse von Schüler*innen untersucht wird (Willems 2011). In Abgrenzung zum individuellen Interesse, das als stabile motivationale Disposition verstanden wird, beschreibt das situationale Interesse eine Motivationsqualität, die in der aktuellen Lernsituation entsteht, zunächst an diese gebunden ist und durch spezifische Merkmale der Gestaltung der Lernsituation beeinflusst werden kann (Hidi & Renninger 2006). Das situationale Interesse kann als Vorstufe eines individuellen Interesses verstanden werden und gilt als vergleichsweise gut durch konkretes Lehrer*innenhandeln zu beeinflussen. Allerdings besteht Forschungsbedarf zu der Frage, in welchem Zusammenhang das situationale Interesse mit der wahrgenommenen Unterrichtsqualität steht und durch diese gezielt beeinflusst werden kann (Willems 2011).

2 Theoretische Verortung und empirischer Forschungsstand

2.1 Basisdimensionen der Unterrichtsqualität

Qualitätsmerkmale des Unterrichts werden in der erziehungswissenschaftlichen sowie pädagogisch-psychologischen Forschung meistens als fach- und inhalts-übergreifende Dimensionen konzipiert (Kunter & Ewald 2016). Zur Beschreibung der Qualitätsdimensionen hat sich eine Systematik mit drei Dimensionen etabliert (Klieme u.a 2001; Kunter & Voss 2011): Dabei wird unter einer *strukturierten Klassenführung* eine Unterrichtssteuerung verstanden, die es Schüler*innen ermöglicht, sich aktiv am Unterrichtsgeschehen zu beteiligen, einen möglichst reibungslosen und störungsarmen Ablauf des Unterrichts sicherstellt und dafür sorgt, dass die zur Verfügung stehende Lernzeit effektiv genutzt wird. Ein *unterstützendes Lernklima* zeichnet sich durch ein hohes Maß an Wertschätzung und Respekt aus sowie durch eine Unterrichtsgestaltung, die konstruktiv an den Bedürfnissen, Zielen und Lernfortschritten der Schüler*innen orientiert ist. Das *kognitive Aktivierungspotenzial* bezieht sich schließlich darauf, inwieweit der Unterricht die Lernenden zu einer vertieften, elaborierten Auseinandersetzung mit dem Lerninhalt anregt (ebd.).

Der überwiegende Teil der Befunde, die die prädiktive Validität der Basisdimensionen untersuchen, beziehen sich auf den Mathematikunterricht und untersuchen dort Zusammenhänge zwischen den Unterrichtsqualitätsdimensionen und der Leistung von Schüler*innen sowie ihrem individuellen Fachinteresse. Dabei werden die Unterrichtsqualitätsdimensionen mit verschiedenen Erhebungsmethoden – Videoanalysen des Unterrichts, Schüler- und Lehrer*innenbefragungen oder Aufgabenanalysen – erfasst, wobei im Rahmen von Mehrebenenmodellen Schüler*innenwahrnehmungen entweder auf Individual- oder – als aggregierte Einschätzungen – auf Klassenebene im Sinne einer eher objektiven Beschreibung des Unterrichtsangebots modelliert werden.

Kunter und Voss (2011) zeigen auf Basis der COACTIV-Daten, dass die Mathematikleistung umso höher ausfällt, je höher das Ausmaß an kognitiver Aktivierung und strukturierter Klassenführung ist. Das unterstützende Lernklima trägt bei gleichzeitiger Betrachtung aller drei Qualitätsdimensionen nicht mehr signifikant zur Vorhersage der Leistung bei. Für das Interesse der Schüler*innen ist neben der strukturierten Klassenführung das unterstützende Lernklima prädiktiv, nicht jedoch das kognitive Aktivierungspotential. Methodisch sollte hier einschränkend berücksichtigt werden, dass zur Beschreibung der Unterrichtsqualität ausschließlich klassenweise aggregierte Daten genutzt wurden, nicht jedoch die individuelle Wahrnehmung von Schüler*innen.

In eine ähnliche Richtung weisen die Befunde von Schiepe-Tiska u.a. (2016), die die Schüler*innenwahrnehmung der Unterrichtsqualität sowohl auf Individual- als auch auf Klassenebene modellieren: Hier zeigen sich bei simultaner Berücksichtigung der drei Qualitätsdimensionen auf Individualebene signifikante Zusammenhänge von Mathematikkompetenz und kognitivem Aktivierungspotential sowie strukturierter Klassenführung. Für das Mathematikinteresse sind demgegenüber auch bei simultaner Berücksichtigung der Dimensionen auf Individualebene alle drei Qualitätsaspekte signifikant – der stärkste Zusammenhang zeigt sich dabei für das unterstützende Lernklima. Jenseits der Vorhersagekraft der individuellen Wahrnehmung von Schüler*innen lassen sich auf Klassenebene allerdings keine signifikanten Zusammenhänge zwischen den Unterrichtsqualitätsdimensionen und dem Mathematikinteresse nachweisen.

Fauth u.a. (2014) analysieren schließlich in einer Längsschnittstudie die Entwicklung von naturwissenschaftlichen Kompetenzen und Interessen bei Grundschüler*innen in Abhängigkeit der Basisdimensionen: Mittels Mehrebenenregressionen, in denen die Unterrichtsqualität als aggregierte Schüler*innenurteile auf Klassenebene modelliert wird, zeigt sich, dass nur die strukturierte Klassenführung prädiktiv für die Leistungsentwicklung ist, wohingegen das unterstützende Lernklima für das Interesse der Schüler*innen bedeutsam ist. Das kognitive Aktivierungspotenzial ist bei simultaner Berücksichtigung der Qualitätsdimensionen weder für die Leistungs- noch für die Interessenentwicklung von Grundschulkindern bedeutsam.

Obschon die drei Dimensionen konzeptuell – und in der empirischen Betrachtung – als eigenständige Qualitätsaspekte mit je spezifischen Wirkungen des Unterrichts angesehen werden, weisen die genannten Studien allerdings auch nach, dass die Qualitätsdimensionen nicht unabhängig voneinander variieren; je nach Unterrichtsziel erscheint zudem eine unterschiedliche Ausbalancierung der Qualitätsdimensionen wünschenswert (Kunter & Voss 2011; Willems 2011; Fauth u.a. 2014; Schiepe-Tiska u.a. 2016).

Eine Möglichkeit, diese Wechselwirkungen in den Qualitätsdimensionen zu berücksichtigen, stellt die Untersuchung von Unterrichtsprofilen dar. Erste Befunde weisen in Bezug auf die Kombination von Unterrichtsqualitätsdimensionen auf gewisse Niveauunterschiede in der Unterrichtsqualität zwischen einzelnen Unterrichtsprofilen hin (Lazarides & Ittel 2012; Schiepe-Tiska u.a. 2013; Holzberger u.a. 2016). Da zur Identifikation der Unterrichtsprofile dabei zumeist aggregierte Schüler*inneneinschätzungen genutzt werden, werden zum einen Varianzen zwischen den individuellen Schüler*innenwahrnehmungen – auch innerhalb einer Schulklasse – nicht abgebildet. Zum anderen reduziert sich der zur Verfügung stehende Stichprobenumfang auf die Anzahl an Schulklassen. Der vorliegende Beitrag verfolgt daher das Ziel, auf Basis der individuellen Schüler*inneneinschätzungen zu den drei Basisdimensionen Unterrichtsqualitätsprofile zu identifizieren und zu untersuchen, inwieweit sich nicht nur reine Niveauunterschiede in der Unterrichtsqualität abbilden lassen, sondern zudem spezifische Muster sichtbar werden, die auf eine gewisse Akzentuierung einzelner Qualitätsdimensionen schließen lassen.

2.2 Situationales Interesse

Die Förderung von Interessen gilt als wesentliches Ziel schulischer Bildung (Willems 2011). Gemäß der Person-Gegenstands-Theorie des Interesses (Krapp 2002) entstehen Interessen aus der Interaktion einer Person mit ihrer konkreten Umwelt und werden somit sowohl durch individuelle Merkmale der Person als auch durch (Gestaltungs-)Merkmale der Umwelt beeinflusst. Interessen im pädagogisch-psychologischen Sinn werden als mehrdimensionales Konstrukt verstanden, dessen besonderes Kennzeichen der spezifische Gegenstandsbezug ist. Im Kontext Schule sind solche Interessengegenstände durch die Inhalte, Themen und Wissensgebiete eines Schulfaches definiert. Konzeptuell setzen sich Interessen aus einer affektiven und wertbezogenen Komponente zusammen (Krapp 2002; Hidi & Renninger 2006; Renninger & Hidi 2011): Handelt eine Person auf Grund eines bestehenden Interesses, so ist diese Handlung durch ein positives emotionales Erleben und durch eine hohe persönliche Bedeutsamkeit des jeweiligen Interessengegenstandes gekennzeichnet. Außerdem sind Interessen kognitiv repräsentiert und weisen einen epistemischen Charakter auf: Personen möchten mehr über den Interessengegenstand erfahren und verfügen über ein gegenstandsspezifisches Wissen, das sich im Laufe wiederholter Interessenhandlungen zunehmend ausdifferenziert und erweitert (ebd).

In der pädagogischen Interessenforschung wird zwischen zwei Phasen des Interesses unterschieden: dem *situationalen* und *individuellen Interesse* (Hidi & Renninger 2006): Das individuelle Interesse wird als relativ dauerhaftes, stabiles Persönlichkeitsmerkmal aufgefasst, das in unterschiedlichen Situation zum Ausdruck kommt. Das situationale Interesse bezeichnet demgegenüber einen aktuellen Zustand des Interessiertseins, der in erster Linie durch situative Merkmale der (Lern-)Umgebung hervorgerufen werden kann und sich unter bestimmten Voraussetzungen zu einem stabileren, situationsübergreifenden Interesse entwickeln kann. Konzeptuell werden zwei Phasen des situationalen Interesses unterschieden: *Catch* und *Hold*. Während die *Catch-Phase* vor allem durch positive emotionale Zustände, wie z.B. das Erleben von Spaß und Neugierde und eine relativ kurze Aufmerksamkeitsfokussierung gekennzeichnet ist, zeichnet sich die *Hold-Phase* durch eine stärkere persönliche Wertschätzung für den Interessengegenstand und eine deutlichere epistemische Orientierung des Interesses aus (Willems 2011).

Aus schulpraktischer Sicht ist die Frage, welche konkreten Gestaltungsmerkmale der Lernumgebung förderlich für die Entstehung des situationalen Interesses sind, besonders relevant. Studien, die sich mit dieser Frage beschäftigen, greifen vor allem auf Annahmen der Selbstbestimmungstheorie (Deci & Ryan 2000) zurück und zeigen, dass insbesondere das Erleben von Autonomie, Kompetenz und sozialer Eingebundenheit für die Entstehung des situationalen Interesses bedeutsam ist. Tsai und Kolleg*innen (2008) zeigen in einer fächerübergreifenden Studie, dass unabhängig vom Unterrichtsfach eine autonomieförderliche Lernumgebung wesentlich für die Entstehung des situationalen Interesses ist. Prädiktiv ist dabei nicht nur die individuelle Wahrnehmung der Schüler*innen, sondern auch die klassenweise geteilte Einschätzung der Schüler*innen. Lewalter und Willems (2009) zeigen in einer Studie im Mathematikunterricht der Sekundarstufe I zudem, dass für die Catch-Komponente des situationalen Interesses neben dem Autonomieerleben auch das Erleben der sozialen Eingebundenheit mit der Lehrkraft und das Kompetenzerleben statistisch bedeutsam sind. Für die Hold-Komponente hingegen ist ausschließlich das Autonomieerleben bedeutsam. Diese Befundmuster bleiben auch dann bestehen, wenn zusätzlich das individuelle Fachinteresse der Schüler*innen in den Analysen berücksichtigt wird. Schließlich geht Willems (2011) in vertiefenden Analysen der Frage nach, inwieweit einzelne Merkmale der Unterrichtsqualität mit dem situationalen Interesse zusammenhängen und differenziert dabei auch zwischen der individuellen Wahrnehmung der Schüler*innen und der innerhalb einer Klasse geteilten Wahrnehmung. Zwar wird in den Analysen nicht explizit auf die Systematik der drei Basisdimensionen zurückgegriffen, die Befunde lassen sich aber dahingehend zusammenfassen, dass sowohl für die Catch- als auch für die Hold-Komponente in erster Linie die subjektive Wahrnehmung einer strukturierten, schülerorientierten und kognitiv anregenden Unterrichtsgestaltung relevant sind. Allerdings werden auch hier im Rahmen von Mehrebenenmodellen die Merkmale der Unterrichtsqualität als eigenständige Dimensionen modelliert. Analysen zur möglichen Beschreibung von Unterrichtsqualitätsprofilen werden nicht vorgenommen, sodass sich dieser offenen Frage mit dem vorliegenden Beitrag genähert werden soll.

3 Forschungsfragen, Datengrundlage und Methodik

3.1 Fragestellungen

Der Beitrag geht zwei Fragestellungen nach: (1) Lassen sich auf Basis individueller Schüler*innenwahrnehmungen latente Qualitätsprofile mit charakteristischen Ausprägungen in den Basisdimensionen guten Unterrichts identifizieren und wie lassen sich diese Qualitätsprofile inhaltlich beschreiben? (2) Gibt es systematische Unterschiede im situationalen Interesse von Schüler*innen in Abhängigkeit der Qualitätsprofile?

3.2 Stichprobe und Design

Zur Beantwortung der Fragestellungen werden Daten der Studie SIGMA – *Situationales Interesse und Gestaltung im Mathematikunterricht* genutzt (Willems 2011). An der querschnittlich angelegten Feldstudie nahmen insgesamt n = 951 Schülerinnen (39.3%) und Schüler (60.7%) der 8. Jahrgangsstufe aus 38 Klassen an 13 Gymnasien in Bayern teil. Um das situationale Interesse und die wahrgenommene Unterrichtsqualität situationsspezifisch abbilden zu können, wurden die Schüler*innen im unmittelbaren Anschluss an eine Mathematikunterrichtsstunde befragt. Der Fragebogen umfasst neben unterschiedlichen Aspekten der wahrgenommenen Unterrichtsqualität motivationale und kognitive Lernprozessmerkmale sowie Merkmale der motivationsrelevanten Lernvoraussetzung von Schüler*innen.

3.3 Erhebungsinstrumente

Das situationale Interesse wurde mit einer acht Items umfassenden Skala – jeweils vier Items für die Erfassung der Catch- bzw. der Hold-Dimension – gemessen. Zur Erfassung der wahrgenommenen Unterrichtsqualität wurden für die drei Basisdimensionen jeweils fünf Items eingesetzt. Alle Items weisen ein fünfstufiges Antwortformat (1 = ‚trifft gar nicht zu' bis 5 = ‚trifft völlig zu') auf.[1] In Tabelle 1 sind die deskriptiven Kennwerte der manifesten Subskalen zusammenfassend dargestellt.

Tab. 1: Beispielitems und deskriptive Statistiken der untersuchten Merkmale

Skala	Beispielitem	# Items	Cronbachs α	n	ICC (1)	ICC (2)	M (SD)
Situationales Interesse Catch	Inwieweit haben Phasen des heutigen Unterrichts deine Neugier geweckt?	4	.85	940	.12	.77	2.82 (.85)
Situationales Interesse Hold	Inwieweit war dir der Unterrichtsinhalt heute persönlich wichtig?	4	.62	940	.08	.71	2.59 (.76)
Strukturierte Klassenführung	Der Lehrer hat gesagt, was in der nächsten Zeit im Unterricht gelernt wird.	5	.72	936	.19	.85	2.64 (.80)
Schülerorientierung	Mein Lehrer hat mich an schwierigen Stellen im Unterricht unterstützt.	5	.78	937	.15	.81	3.04 (.90)
Kognitives Aktivierungspotenzial	Mein Lehrer hat auch Aufgaben gestellt, für deren Lösung man Zeit zum Nachdenken brauchte.	5	.77	935	.14	.80	2.52 (.83)

---

1 Die Konstruktvalidität der Skalen zur Erfassung des situationalen Interesses sowie zur Erfassung der Unterrichtsqualitätsdimensionen wurde mittels konfirmatorischer Faktoranalysen (CFA) jeweils in einer Reihe von unterschiedlichen Modellvergleichen geprüft. Die Ergebnisse der CFA bestätigen die theoretisch angenommene Zweidimensionalität des situationalen Interesses (Willems 2011) sowie die dreifaktorielle Struktur der wahrgenommenen Unterrichtsqualität (Willems 2016b).

3.4 Statistische Analysen

Zur Bestimmung der Qualitätsprofile werden auf Basis der individuellen Schüler*inneneinschätzungen zur Unterrichtsqualität *Latent-Profile-Analysen* (Magidson & Vermunt 2004) mit der Software M*plus* 8.0 (Muthén & Muthén 2017) durchgeführt. Die Einzelitems werden dazu als Indikatoren der latenten Klassen verwendet. Fehlende Werte werden mittels des *Full-Information-Maximum-Likelihood*-Algorithmus modellbasiert geschätzt. Die Mehrebenenstruktur der Daten wird durch eine modellbasierte Korrektur der Standardfehler berücksichtigt. Die Entscheidung in Bezug auf die optimale Anzahl der Unterrichtsqualitätsprofile wird sowohl auf Basis inhaltlicher Kriterien als auch anhand relativer informationstheoretischer sowie inferenzstatistischer Modellfitindizes abgewogen (Nylund u.a. 2007).[2] Anschließend werden die Unterschiede im situationalen Interesse der Schüler*innen in Abhängigkeit der Qualitätsprofile varianzanalytisch geprüft.

4 Ergebnisse

In Tabelle 2 sind die Ergebnisse der *Latent-Profile-Analysen* dargestellt. Berechnet und verglichen wurden Modelle mit zwei bis sechs Profilen. Der Vergleich des a-BIC zeigt eine leicht bessere Anpassung der Modelle mit jeweils steigender Profilzahl. Der LMR-Test weist darauf hin, dass bis zu fünf Profile die Datenstruktur gut wiedergeben, die Hinzunahme eines weiteren Profils die Modellanpassung jedoch nicht mehr signifikant verbessert. Da auch die Klassifikationsgenauigkeit der 5-Profil-Lösung mit einer durchschnittlichen Zuordnungswahrscheinlichkeit von 89.42% und einer Entropie von .82 zufriedenstellend ist, wird für die weiteren Analysen die 5-Profil-Lösung beibehalten.

---

2 Zur Bewertung des relativen Modellfits wird der *sample size adjusted* BIC-Wert (a-BIC) herangezogen. Im Modellvergleich weisen kleinere Werte auf eine bessere Modellanpassung hin. Als inferenzstatistisches Maß zur Modellselektion wird der *LMR-LR-Test* (Lo u.a. 2001) verwendet, wobei eine optimale Klassenlösung dann vorliegt, wenn die Erweiterung des Modells um eine zusätzliche Klasse zu keiner signifikanten Verbesserung der Datenanpassung führt. Die Klassifikationsgenauigkeit der Modelle wird über das Entropiemaß (Werte nahe 1 indizieren eine hohe Klassifikationsgenauigkeit) und über die mittlere Zuordnungswahrscheinlichkeit *(Hitrate)* von Beobachtungseinheiten zu ihren latenten Klassen bestimmt (Magidson & Vermunt 2004).

Tab. 2: Vergleich der latenten Profilanalysen mit unterschiedlichen Profilanzahlen

# Profile	a-BIC	En- tropie	p (LMR)	Hit- rate	Klassengröße (%)					
					Profil 1	Profil 2	Profil 3	Profil 4	Profil 5	Profil 6
2	42199.40	.81	p = .00	94.30	49.50	50.50	---	---	---	---
3	41599.05	.79	p = .00	90.73	30.60	32.90	36.50	---	---	---
4	41276.79	.81	p = .00	89.70	19.10	32.70	21.00	27.10	---	---
5	*41017.08*	*.82*	*p = .02*	*89.42*	*17.80*	*28.00*	*20.20*	*27.70*	*6.30*	---
6	40968.81	.80	p = .22	85.50	15.80	27.90	14.90	14.00	21.30	6.00

Abbildung 1 veranschaulicht die Muster der fünf Profile, indem für die einzelnen Unterrichtsqualitätsprofile die itemspezifischen Mittelwerte vergleichend abgebildet werden. Es zeigt sich, dass die fünf Unterrichtsqualitätsprofile sowohl niveauspezifische als auch strukturelle Unterschiede aufweisen, die im Folgenden skizziert werden:[3]
Unterrichtsqualitätsprofil 1 (niedrige Unterrichtsqualität): Das erste Profil, dem n = 166 [17.8%] Schüler*innen angehören, zeichnet sich durch eine niedrige Gesamtqualität des Unterrichts aus. Alle Items weisen unabhängig von den inhaltlichen Qualitätsdimensionen geringe profilspezifische Mittelwerte auf. Schüler*innen in diesem Profil nehmen ihren Unterricht demnach – absolut und im Vergleich zu den weiteren Profilen – als wenig strukturiert, wenig unterstützend und kognitiv wenig aktivierend wahr.

*Unterrichtsqualitätsprofil 2 (strukturiert-unterstützendes Lehrer*innenverhalten):* Charakteristisch für das zweite Profil (n = 271 [28.0%] Schüler*innen) ist das hohe Ausmaß an wahrgenommener Strukturierung und schülerorientierter Unterstützung, das mit einem lediglich geringen bis mittleren Niveau an kognitiver Aktivierung einhergeht.

*Unterrichtsqualitätsprofil 3 (eher kognitiv aktivierendes, wenig unterstützendes Lehrer*innenverhalten):* Das dritte Profil, dem n = 186 [20.2%] Schüler*innen angehören, zeichnet sich durch ein relativ hohes Ausmaß an wahrgenommener kognitiver Aktivierung und ein gleichzeitig geringes Maß an schülerorientierter Unterstützung aus. Die Dimension strukturierte Klassenführung ist in diesem Profil durchschnittlich ausgeprägt.

---

3 Die profilspezifischen deskriptiven Unterschiede in den Itemausprägungen werden auch durch varianzanalytische Auswertungen, die an dieser Stelle aus Platzgründen nicht ausführlich dargestellt werden, gestützt. Es zeigen sich für alle in der LPA berücksichtigten Items signifikante Haupteffekte der Profilzugehörigkeit, die entsprechenden Effektstärken sind für alle Items hoch ($.21 \leq \eta^2 \leq .53$).

Unterrichtsqualitätsprofil 4 (vorwiegend unterstützendes Lehrer*innenverhalten): Das vierte Profil (n = 276 [27.7%] Schüler*innen) zeichnet sich durch ein vergleichsweise hohes Ausmaß an schülerorientierter Unterstützung bei zeitgleich geringem Niveau an kognitiver Aktivierung und strukturierter Klassenführung aus.

Unterrichtsqualitätsprofil 5 (hohe Unterrichtsqualität): Das fünfte – und kleinste – Profil (n = 52 [6.3%] Schüler*innen) zeichnet sich durch eine hohe Gesamtqualität des Unterrichts aus. Absolut betrachtet und im direkten Vergleich zu den anderen Profilen nehmen Schüler*innen dieses Musters den Unterricht als besonders strukturiert, unterstützend und kognitiv aktivierend wahr.

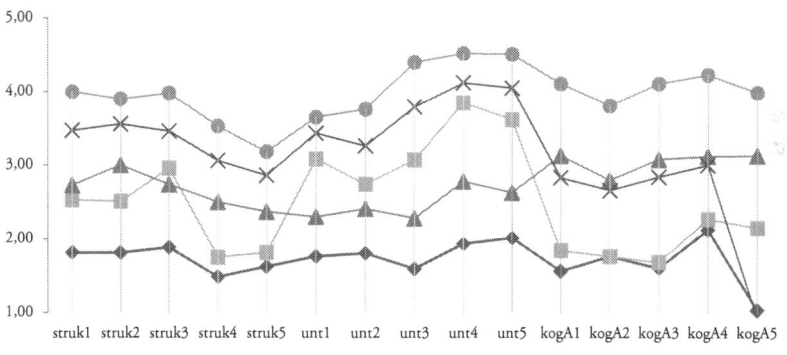

Abb. 1: Unterrichtsqualitätsprofile (durch die LPA geschätzte Itemmittelwerte)

Ausgehend von der Beschreibung der Unterrichtsqualitätsprofile wird abschließend der Frage nachgegangen, inwieweit sich Unterschiede im situationalen Interesse der Schüler*innen je nach Unterrichtsqualitätsprofil zeigen. In Tabelle 3 sind dazu die profilspezifischen Mittelwerte des situationalen Interesses und die Befunde der Varianzanalysen dargestellt.
Die Ergebnisse zeigen, dass sich das situationale Interesse von Schüler*innen in Abhängigkeit der Unterrichtsqualitätsprofile statistisch signifikant unterscheidet. Dies trifft sowohl für die Catch- als auch für die Hold-Dimension zu: In beiden Fällen ist der Haupteffekt der Profilzugehörigkeit hochsignifikant, wobei die Stärke des Effekts für die Catch-Dimension (η^2 = .22) höher ist als für die Hold-Dimension (η^2 = .09).

Tab. 3: Profilspezifische Unterschiede im situationalen Interesse von Schüler*innen

		Profil 1	Profil 2	Profil 3	Profil 4	Profil 5	ANOVA	
		n = 166	n = 271	n = 186	n = 276	n = 52	$F_{(4, 935)}$	η^2
Situationales Interesse – Catch	M	2.19_a	2.86_b	2.57_c	3.17_d	3.66_e	64.13**	.22
	(SD)	(.74)	(.76)	(.74)	(.74)	(.94)		
Situationales Interesse – Hold	M	2.21_a	2.57_b	2.52_b	2.77_c	3.08_d	21.61**	.09
	(SD)	(.66)	(.69)	(.76)	(.75)	(.88)		

** $p < .001$

Die Subskripte der Profilmittelwerte zeigen statistisch signifikante Gruppenunterschiede an (Post-hoc Scheffé-Test); Werte mit unterschiedlichen Subskripten sind auf einem Signifikanzniveau von 1% voneinander verschieden.

Auch die paarweisen Vergleiche weisen auf systematische Unterschiede im situationalen Interesse hin: Während sich Schüler*innen des Profils 1 *(niedrige Unterrichtsqualität)* durch ein niedriges Maß an situationalem Interesse auszeichnen (Catch und Hold), verfügen Schüler*innen des Profils 5 *(hohe Unterrichtsqualität)* über ein hohes situationales Interesse (Catch und Hold). Auch Schüler*innen aus Profil 4 *(vorwiegend unterstützendes Lehrer*innenverhalten)* haben ein vergleichsweise hohes situationales Interesse (Catch und Hold). Etwas differenzierter stellt sich der Vergleich zwischen Profil 2 *(strukturiert-unterstützendes Lehrer*innenverhalten)* und Profil 3 *(eher kognitiv aktivierendes, wenig unterstützendes Verhalten)* dar: Das situationale Interesse ist dabei insgesamt höher für die Schüler*innen des strukturiert-unterstützenden Profils ausgeprägt. Allerdings ist dieser profilspezifische Mittelwertunterschied lediglich für die Catch-Dimension signifikant.

Insgesamt weisen die varianzanalytischen Auswertungen demnach auf einen – statistisch wie praktisch – (hoch) bedeutsamen Zusammenhang zwischen Unterrichtsqualitätsprofilen und situationalem Interesse hin. Erwartungsgemäß weisen Schüler*innen, die eine hohe Gesamtqualität ihres Unterrichts wahrnehmen, auch ein höheres situationales Interesse auf. In Bezug auf die einzelnen Basisdimensionen scheint dabei der Schülerorientierung eine besondere Rolle zuzukommen: Schüler*innen, deren Unterricht sich durch ein vergleichsweise hohes Ausmaß an erlebter Unterstützung auszeichnet, berichten auch eher über ein hohes situationales Interesse.

5 Zusammenfassung und Ausblick

Das Ziel des vorliegenden Beitrags war es, auf Basis von Schüler*innenwahrnehmungen zu ihrem Mathematikunterricht Unterrichtsqualitätsprofile zu identifizieren und zu untersuchen, inwieweit das situationale Interesse von Schüler*innen in Abhängigkeit der Unterrichtsqualitätsprofile variiert. Damit stellt die Studie sowohl aus inhaltlicher als auch aus methodischer Sicht eine Erweiterung des bisherigen Forschungsstandes der empirischen Unterrichtsforschung dar: Profilanalysen – im Gegensatz zu variablenzentrierten Ansätzen – ermöglichen es, die Wechselwirkungen zwischen den Unterrichtsqualitätsdimensionen stärker in den Blick zu nehmen und zu untersuchen, inwieweit neben einfachen Niveauunterschieden in der Unterrichtsqualität auch differenzierte Profile in der Unterrichtsgestaltung erkennbar werden. Solch differenzierte Profile, die letztlich auch eine Art Gruppierung von Lehrkräften bzw. ihrem Unterrichtshandeln sind, können dann als gewisse Schwerpunktsetzungen oder Akzentuierung in Bezug auf einzelne Unterrichtsqualitätsdimensionen durch die Lehrkräfte interpretiert werden. Während erste Befunde zur Frage von Qualitätsprofilen im Mathematikunterricht der Sekundarstufe eher auf Niveauunterschiede – und nicht auf differenzierte Profilverläufe und relative Akzentuierungen in den Dimensionen – hinweisen (Schiepe-Tiska u.a. 2013; Holzberger u.a. 2016), lassen die vorliegenden Analysen den Schluss zu, dass neben einfachen Niveauunterschieden auch dimensionsspezifische Schwerpunkte in der Ausprägung der Unterrichtsqualität auftreten. Ein möglicher Grund für diese abweichenden Befunde kann in der verwendeten Analysestrategie liegen: Während bisherige Studien zur Beschreibung der Profile auf aggregierte Schüler*innenwahrnehmungen zurückgreifen, fokussiert der vorliegende Beitrag auf die Analyse individueller Schüler*innenwahrnehmungen, die im Verständnis von Angebots-Nutzungs-Modellen als zentraler Mechanismus – insbesondere für die motivational-affektive Wirkung von Unterricht – angesehen werden (Helmke 2015; Willems 2016a). Das vorliegende Befundmuster stärkt daher durchaus auch die Vermutung, dass Schüler*innen der Sekundarstufe I ihren Mathematikunterricht in Bezug auf die drei Basisdimensionen differenziert wahrnehmen können. Darüber hinaus beziehen sich die individuellen Schüler*innenwahrnehmungen in dieser Studie auf die wahrgenommene Unterrichtsqualität in einer konkreten Unterrichtsstunde und nicht auf eine generelle Wahrnehmung des Unterrichts – z.B. gemittelt über ein Schuljahr. Auch hier kann vermutet werden, dass Schüler*innen über ihren Unterricht differenzierter Auskunft geben können, wenn der Beurteilungsgegenstand spezifischer ist. Aufschlussreich wären hier weitere Studien, in denen die wahrgenommene Unterrichtsqualität zu unterschiedlichen Zeitpunkten und über unterschiedliche Fächer hinweg untersucht wird.

Der mit dieser Studie verfolgte situationsspezifische Ansatz ermöglicht es schließlich, das situationale Interesse von Schüler*innen im aktuellen Unterrichtsgeschehen differenziert zu analysieren. Während in der Unterrichtsforschung das individuelle Interesse von Schüler*innen – oftmals operationalisiert über das Interesse an einem bestimmten Schulfach – durchaus Gegenstand empirischer Untersuchungen ist, wird das situationale Interesse bisher wenig beforscht; nicht zuletzt auch, weil hierzu entsprechende Erhebungsinstrumente wenig verbreitet sind (Tsai u.a. 2008; Lewalter & Willems 2009; Willems 2011). Die vorliegenden Befunde stützen die Annahme, dass die Catch-Dimension des situationalen Interesses, die sich durch einen hohen affektiven Bezug zum Lerngegenstand auszeichnet, ebenso durch die Qualität des Unterrichts gefördert werden kann, wie die Hold-Dimension, die sich durch eine stärkere persönliche Wertschätzung des Lerngegenstands auszeichnet. Für beide Dimensionen des situationalen Interesses kommt dabei dem unterstützenden Lernklima eine besondere Bedeutung zu. Längsschnittlich angelegte Studien werden zukünftig allerdings prüfen müssen, inwieweit – und durch welche Mechanismen – das situationale Interesse tatsächlich als Vorstufe eines dauerhaften, individuellen Interesses auftritt.

Literatur

Deci, Edward & Ryan, Richard (2000): The „What" and „Why" of Goal Persuits: Human Needs and the Self-Determination of Behaviour. In: Psychological Inquiry, 11. Jg., 227–268.
Einsiedler, Wolfgang (2002): Das Konzept „Unterrichtsqualität". In: Unterrichtswissenschaft, 30. Jg., 194–196.
Fauth, Benjamin, Decristan, Jasmin, Rieser, Svenja, Klieme, Eckhard, & Büttner, Gerhard (2014): Student ratings of teaching quality in primary school. In: Learning and Instruction, 29. Jg., 1–9.
Hattie, John (2009): Visible Learning. London: Routledge.
Helmke, Andreas (2015): Unterrichtsqualität und Lehrerprofessionalität. Seelze: Kallmeyer.
Hidi, Suzanne & Renninger, Ann (2006): The Four-Phase Model of Interest Development. In: Educational Psychologist, 41. Jg., 111–127.
Holzberger, Doris, Praetorius, Anna-Katharina & Seidel, Tina (2016): Individuelle Schwerpunkte im Mathematikunterricht? In: Nele McElvany, Wilfried Bos, Heinz Günter Holtappels, Miriam M. Gebauer & Franziska Schwabe (Hrsg.): Bedingungen und Effekte guten Unterrichts. Münster: Waxmann, 135–146.
Klieme, Eckhard & Rakoczy, Katrin (2008): Empirische Unterrichtsforschung und Fachdidaktik. In: Zeitschrift für Pädagogik, 54. Jg., 222–237.
Klieme, Eckhard, Schümer, Gundel & Knoll, Steffen (2001): Mathematikunterricht in der Sekundarstufe I. „Aufgabenkultur" und Unterrichtsgestaltung. In: Eckhard Klieme & Jürgen Baumert (Hrsg.): TIMSS – Impulse für Schule und Unterricht. München: BMBF, 43–57.
Krapp, Andreas (2002): Structural and Dynamic Aspects of Interest Development. In: Learning and Instruction, 13. Jg., 383–409.
Kunter, Mareike & Baumert, Jürgen (2006): Who is the expert? In: Learning Environments Research, 9. Jg., 231–251.

Kunter, Mareike & Ewald, Silvia (2016): Bedingungen und Effekte von Unterricht. In: Nele McElvany, Wilfried Bos, Heinz Günter Holtappels, Miriam M. Gebauer & Franziska Schwabe (Hrsg.): Bedingungen und Effekte guten Unterrichts. Münster: Waxmann, 9–32.

Kunter, Mareike & Trautwein, Ulrich (2013): Psychologie des Unterrichts. Paderborn: UTB.

Kunter, Mareike & Voss, Thamar (2011): Das Modell der Unterrichtsqualität in COACTIV. In: Mareike Kunter, Jürgen Baumert, Werner Blum, Uta Klusmann, Stefan Krauss & Michael Neubrand (Hrsg.): Professionelle Kompetenz von Lehrkräften. Münster: Waxmann, 85–113.

Lazarides, Rebecca & Ittel, Angela (2012): Instructional Quality and Attitudes toward Mathematics. In: Child Development, 1–11.

Lewalter, Doris & Willems, Ariane S. (2009): Die Bedeutung des motivationsrelevanten Erlebens und des individuellen Fachinteresses für das situationale Interesse im Mathematikunterricht. In: Psychologie in Erziehung und Unterricht, 56. Jg., 243–257.

Lipowsky, Frank (2006): Auf den Lehrer kommt es an. In: Zeitschrift für Pädagogik, 51. Beiheft, 47–70.

Lo, Yungtai, Mendell, Nancy & Rubin, Donald (2001): Testing the Number of Components in a Normal Mixture. In: Biometrika, 88. Jg, 767–778.

Magidson, Jay & Vermunt, Jeroem (2004): Latent Class Models. In: David Kaplan (Hrsg.): The Sage Handbook of Quantitative Methodology for the Social Sciences. Newbury Park: Sage, 175–198.

Muthén, Linda K. & Muthén, Bengt O. (2017): Mplus. Statistical Analysis with Latent Variables. Los Angeles: UCLA.

Nylund, Karen, Asparouhov, Tihomir & Muthén, Bengt O. (2007): Deciding on the Number of Classes in Latent Class Analysis and Growth Mixture Modeling. In: Structural Equation Modeling, 14. Jg., 535–569.

Renninger, Ann & Hidi, Suzanne (2011): Revisiting the Conceptualization, Measurement, and generation of Interest. In: Educational Psychologist, 46. Jg., 168–184.

Schiepe-Tiska, Anja, Heine, Jörg-Henrik, Lüdtke, Oliver, Seidel, Tina & Prenzel, Manfred (2016): Mehrdimensionale Bildungsziele im Mathematikunterricht und ihr Zusammenhang mit den Basisdimensionen der Unterrichtsqualität. In: Unterrichtswissenschaft, 44. Jg., 211–225.

Seidel, Tina (2014): Angebots-Nutzungs-Modelle in der Unterrichtspsychologie. In: Zeitschrift für Pädagogik, 60. Jg., 850–866.

Tsai, Yi, Kunter, Mareike, Lüdtke, Oliver, Trautwein, Ulrich & Ryan, Richard (2008): What Makes Lessons Interesting? The Roles of Situation and Individual Factors in Three School Subjects. In: Journal of Educational Psychology, 100. Jg., 460–472.

Willems, Ariane S. (2011): Bedingungen des situationalen Interesses im Mathematikunterricht: Eine mehrebenenanalytische Perspektive. Münster: Waxmann.

Willems, Ariane S. (2016a): Unterrichtsqualität und professionelles Lehrerhandeln. Prozesse und Wirkungen guten Unterrichts aus dem Blickwinkel der empirischen Schul- und Unterrichtsforschung. In: Raphaela Porsch (Hrsg.): Einführung in die Allgemeine Didaktik. Stuttgart: UTB, 289–338.

Willems, Ariane S. (2016b): Unterrichtsqualitätsprofile und ihr Zusammenhang zum situationalen und individuellen Interesse. Vortrag auf der 81. Tagung der Arbeitsgruppe für Empirische Pädagogische Forschung (AEPF).

Jessika Bertram, Sabine Gruehn und Sylvia Rahn

Welche Rolle spielt die Lehrer*innenpersönlichkeit in Schüler*innenfeedbacks zur Unterrichtsqualität?

In der einschlägigen Forschung zur Unterrichtsqualität wird die Lehrer*innenpersönlichkeit in neuerer Zeit wieder als bedeutsamer Wirkfaktor herausgestellt. Doch während in der Unterrichtsforschung vermehrt Schüler*innenfeedbacks zur Unterrichtsqualität an Bedeutung gewinnen, bleibt die Erfassung der Lehrer*innenpersönlichkeit weiterhin dem Selbstbericht verhaftet. Aufgrund von Erkenntnissen zu perspektivenspezifischer Validität von Ratings zur Unterrichtsqualität (Clausen 2002) erscheint es jedoch plausibel, Lehrer*innenpersönlichkeit und Unterrichtsqualität ebenfalls perspektivenspezifisch in Zusammenhang zu bringen. Daher wurden in der vorliegenden Studie die BigFive der Lehrer*innenpersönlichkeit aus Schüler*innen- und Lehrkräfteperspektive sowie Schüler*innenfeedbacks zur Unterrichtsqualität erfasst. Beide Perspektiven (Lehrkräfte und Schüler*innen) stimmen in der Wahrnehmung der Lehrer*innenpersönlichkeit nicht überein. Dies unterstreicht die Notwendigkeit, Zusammenhänge zwischen Lehrer*innenpersönlichkeit und Unterrichtsqualität spezifisch aus Schüler*innenperspektive zu untersuchen. Da Schüler*innenfeedbacks in der Regel einem fachspezifischen Antwortverhalten unterliegen (vgl. beispielsweise Gruehn 2000), wurden die Konstrukte in der vorliegenden Studie fächergetrennt in Deutsch und Mathematik erhoben. Die Ergebnisse legen vor allem einen vorsichtigen Umgang mit bisherigen Forschungsbefunden zur Lehrkräfteeignung nahe.

1 Einleitung

Schüler*innenfeedbacks zur Unterrichtsqualität werden seit vielen Jahren sowohl in der Bildungsforschung als auch in praxisbezogenen Schulentwicklungsprojekten verwendet. In der Bildungsforschung gelten sie als relativ valide Indikatoren zur Erfassung von Prozessmerkmalen des Unterrichts. Gleichwohl ist die Sicht der Lernenden nicht die einzige mögliche Perspektive, aus der Unterricht betrachtet und bewertet werden kann. So lassen sich auch Angaben von Lehrkräften oder externen Beobachter*innen hierfür heranziehen.

Clausen konnte bereits 2002 zeigen, dass Wahrnehmungen des Unterrichts perspektivenspezifisch sind und jede Perspektive – ob jene der Lehrkraft, des Schülers/der Schülerin oder des Beobachtenden – jeweils valide Einschätzungen eines Ausschnitts der Unterrichtswirklichkeit liefert (Clausen 2002). Diese Perspektivenspezifität ist nicht nur für den Unterricht gültig, sondern muss nach neueren Untersuchungen (vgl. Back & Vazire 2012) ebenso für das Konstrukt der *Persönlichkeit* angenommen werden. Eine differenzierte, perspektivensensible Auseinandersetzung mit dem Konstrukt *Persönlichkeit* in der Schul- und Unterrichtsforschung fehlt jedoch weitgehend, obwohl die Bedeutung der Lehrpersonen in etablierten Modellen zur Unterrichtsqualität – wie beispielsweise in Helmkes Makromodell der Bedingungsfaktoren schulischer Leistungen (2014, 28) oder seinen diversen Angebot-Nutzungs-Modellen (2004; 2007; 2009; 2014) – durchaus betont wird.

Der folgende Beitrag greift diese Forschungslücke auf und geht der Frage nach, inwieweit aus unterschiedlichen Perspektiven erhobene Persönlichkeitsmerkmale von Lehrkräften eine Rolle für die Unterrichtswahrnehmung von Schülerinnen und Schülern spielen.

2 Das Konstrukt *Lehrer*innenpersönlichkeit* in der Unterrichtsforschung

Hattie konstatiert als wesentliches Ergebnis seiner großangelegten Meta-Studie (2013), dass die Lehrperson ausschlaggebend für gelungenen Unterricht im Sinne messbarer, kognitiver Lernerfolge bei Lernenden sei, ohne dies jedoch genauer zu erläutern. In der Auseinandersetzung mit dieser Thematik findet sich lediglich bei Mayr (2003, 2011; mit Neuweg 2006) eine klare Vorstellung: Hier steht die Selbsteinschätzung der *Persönlichkeit* von Lehrkräften im Vordergrund – allerdings nicht in direktem Zusammenhang mit der *Unterrichtsqualität*, sondern unter dem eher gesundheitlich-ökonomischen Aspekt der Berufsbelastungstauglichkeit, Eignung und Motivation für den Lehrer*innenberuf sowie des Studienerfolgs. *Lehrer*innenpersönlichkeit* definieren Mayr und Neuweg als „Ensemble relativ stabiler Dispositionen, die für das Handeln, den Erfolg und das Befinden im Lehrerberuf bedeutsam sind" (Mayr & Neuweg 2006, 183).

Obwohl *Persönlichkeit* lange Zeit als manifester, intimer und somit als unantastbarer Bereich angesehen wurde, stellt sie auch eine *äußere* (nicht objektive) Größe dar: als die in Erscheinung tretenden Anteile einer Person. In sozialen Interaktionen sind Personen immer gleichzeitig sowohl Akteur*innen als auch Beobachter*innen (Wirtz 2014), daher schlagen sich gewisse Persönlichkeitsmerkmale im Verhalten des Individuums nieder und sind damit von außen beobacht- und beschreibbar. Die Fremdeinschätzung der Persönlichkeit stellt somit eine gleichermaßen erweiternde wie sinnvoll ergänzende Methode der Erhebung von Persönlichkeitsmerkmalen dar (vgl. Schaffhuser 2014).

Für das Konstrukt der *Lehrer*innenpersönlichkeit* liegt damit ein doppelter Forschungsstand vor: Während neuere Subjekttheorien Konstrukte von *Persönlichkeit* als komplex-wechselwirksame Modelle innerhalb sozialer Interaktionen einordnen (vgl. beispielsweise Meyer-Drawe 2000), ist die empirische Erfassung der *Lehrer*innenpersönlichkeit* in der Schul- und Unterrichtsforschung nach wie vor nur als Selbsteinschätzung üblich. Hier wird die *Lehrer*innenpersönlichkeit* weiterhin behandelt, als sei sie eine Entität, die mittels reflektierender Selbstbefragung als *ein Ding an sich* erfasst werden könne, das in keinem Gegensatz zu den Schüler*innenwahrnehmungen steht. Dies ist umso erstaunlicher, als innerhalb der Schulforschung Ansätze zur multiperspektivischen Betrachtung von Untersuchungsgegenständen wie z.B. der Unterrichtsqualität durchaus existieren (vgl. Clausen 2002).

Anders als die Akteur*innen im pädagogischen Feld, die die große Bedeutung der Persönlichkeit für ihren Beruf immer wieder betonen, galt das sogenannte Persönlichkeitsparadigma in der Unterrichtsforschung lange als weitgehend gescheitert (vgl. Helmke 2004; Mayr & Neuweg 2006). Ebenso wie in Bezug auf die Unterrichtsqualität waren die Vorstellungen über den *guten* Lehrer bzw. die *gute* Lehrerin stark normativ geprägt (vgl. Terhart 2012), sodass sie den Begriff der *Lehrer*innenpersönlichkeit* bis heute belasten (vgl. Bohnsack 2004; Mayr & Neuweg 2006). Dies führte dazu, dass sich der Fokus nunmehr auf den Unterricht selbst und seine Gestaltungsmerkmale (im Sinne des Prozess-Produkt-Paradigmas) sowie seinen Zusammenhang mit leistungsbezogenen und motivationalen Schüler*innenmerkmalen richtete (vgl. Bohnsack 2004; Terhart 2012). Auch wenn in neueren empirischen Forschungen der Lehrperson wieder mehr Aufmerksamkeit geschenkt wird, wird sie nicht als eine sich nach außen präsentierende Person konzipiert, deren Wahrnehmung durch Schüler*innen von Belang wäre. Die Wirkung solcher Personenwahrnehmung auf die Unterrichtsbeurteilung durch Schüler*innen bleibt weitgehend unberücksichtigt, da die *Lehrer*innenpersönlichkeit* nahezu ausschließlich anhand von Selbstberichten erhoben wird. Auf diese Weise wurden bislang allenfalls uneindeutige Eigenschaften guter Lehrpersonen ermittelt: *Persönlichkeitsmerkmale* wie *Extraversion, Resilienz* und *Gewissenhaftigkeit* zeigen sich zwar bei sogenannten kompetenten Lehrkräften, allerdings haben sich genau diese Persönlichkeitsmerkmale auch in anderen Berufen als relevante Aspekte des Berufserfolgs erwiesen (vgl. von Klimesch & von Klimesch 2014; Mayr 2003).

Studien zum Zusammenhang von Unterrichts-/Lehrqualität und Lehrer*innenpersönlichkeit, die Fremdeinschätzungen von Lernern verwenden, finden sich vor allem in der angloamerikanischen Effektivitätsforschung zur Hochschullehre (vgl.

Feldmann 1986; Murray u.a. 1990; Renaud & Murray 1996). So ließen beispiels-weise Renaud und Murray (1996) die Lehreffektivität von 33 Psychologieprofes-soren durch Studierende und deren persönliche Eigenschaften (u.a. der BigFive) durch Kollegen (sogenannte Peer-Ratings) einschätzen. Es zeigte sich, dass die wahrgenommene Lehreffizienz signifikant mit einzelnen Eigenschaften korreliert, nicht aber mit den BigFive-Dimensionen *Extraversion* oder *Neurotizismus*. In ei-ner weiteren Studie von Clayson und Sheffet (2006) konnte zudem eine hohe prä-diktive Kraft von Persönlichkeitsdimensionen auf die Bewertung der Lehrqualität belegt werden, allerdings ebenfalls mit Ausnahme der Dimension *Extraversion*. Offen ist jedoch, ob solche Ergebnisse aus dem Hochschulwesen auf schulische Kontexte übertragbar und innerhalb schulischer Kontexte fachspezifisch geprägt oder fachübergreifend gültig sind (vgl. Feldmann 1986; Seidel & Shavelson 2007). Entsprechende Befunde in der Unterrichtsforschung deuten darauf hin, dass die Urteile von Lernenden fachlich differenzierte Zusammenhangsmuster mit Dritt-variablen aufweisen (vgl. Gruehn 2000; Klieme 2006; Wagner u.a. 2013; Rahn u.a. 2016). Darüber hinaus geht das Konstrukt der Unterrichtsqualität weit über das der Lehreffizienz hinaus und lässt sich je nach gesetztem Maßstab von Quali-tät unterschiedlich und zudem unterschiedlich differenziert definieren (mehr dazu siehe bei Bertram, im Druck).

3 Forschungsfragen

Aus den theoretischen Überlegungen ergeben sich zwei Forschungsanliegen: Das erste bezieht sich darauf, die Lehrer*innenpersönlichkeit aus unterschiedlichen Perspektiven zu betrachten. Im vorliegenden Beitrag wird daher in Fragestellung 1 untersucht, inwiefern sich die Einschätzung der Lehrer*innenpersönlichkeit durch die Lernenden von der Selbsteinschätzung der Lehrkräfte unterscheidet.

Da im Kontext der Unterrichtsforschung keine einheitlichen Effekte der selbst-eingeschätzten Lehrer*innenpersönlichkeit auf die schüler*innenperzipierte Un-terrichtsqualität zu finden sind, richtet sich das zweite Forschungsanliegen auf perspektivenspezifische Effekte der Lehrer*innenpersönlichkeit: In Teilfragestel-lung 2a wird analysiert, ob die von den Schüler*innen wahrgenommenen Per-sönlichkeitseigenschaften von Lehrkräften einen Einfluss auf das Schüler*innen-feedback zur Unterrichtsqualität haben. In Teilfragestellung 2b wird darüber hinaus geklärt, inwieweit sich hierbei fachspezifische Effekte bzw. Differenzen zwischen den Fächern Deutsch und Mathematik beobachten lassen.

4 Methodisches Vorgehen

4.1 Stichprobe

Die folgenden Analysen basieren auf Daten des DFG-Forschungsprojekts *Determinanten des Schüler*innenfeedbacks*[1], das die Unterrichtswahrnehmungen von Elftklässlern an Gesamtschulen und beruflichen Gymnasien untersucht. Die Datenerhebung fand im Klassen- bzw. Kursverband am Ende des Schuljahres 2013 statt. Es konnten ca. 70% der angestrebten Schüler*innen-Soll-Stichprobe und ca. 25% der angestrebten Lehrer*innen-Soll-Stichprobe ausgeschöpft werden.

Tab. 1: Schüler*innenstichprobe der durchgeführten Studie

	Schüler*innen	Klassen	Schulen
Gesamtschulen	674	36	10
Berufskollegs	1576	87	39
insgesamt	2250	123	49
(% m/w)	(49/51)		

Tab. 2: Gemeinsame Stichprobe der Schüler*innen- und -Lehrer*innendaten

	Schüler*innen	Lehrer*innen	Klassen	Schulen
Gesamtschulen	606	23	19	10
Berufskollegs	1500	80	61	37
insgesamt	2106	103	80	47
(% D/M)	(51/49)	(51/49)		

Anmerkung: Die Schüler*innen sind entweder einer Deutsch- oder einer Mathematiklehrkraft zugeordnet.

4.2 Instrumente

4.2.1 BFI-S

Der BigFive-Ansatz gründet auf der Annahme, „dass sich alle Aspekte der menschlichen Persönlichkeit, die in alltäglichen Verhaltensweisen zwischen Menschen von Bedeutung sind, im Vokabular einer Sprache wiederfinden." (De Raad 2000, 16; Haller & Müller 2006, 14). Gleichzeitig wird das Individuum als zeitlich relativ stabil durch die spezifische Kombination der verschiedenen Merkmale gekennzeichnet aufgefasst (vgl. Haller & Müller 2006), ohne jedoch Typen zu klassifizieren. Demnach beschränkt sich das Konzept der BigFive auf eine Klassi-

---

1 Rahn/Gruehn/Böttcher, DFG-Geschäftszeichen: „Determinanten des Schülerfeedbacks" – RA 2380/1-1, GR 1951/2-1.

fikation von Eigenschaften, nicht aber von Personen (vgl. Hossiep 2014). Diese nach den oben genannten Kriterien und auf einem hohen Abstraktionsniveau durch Beobachtung oder Reflexion erfassbaren Eigenschaften bilden sich in diversen Facetten ab, die in fünf übergeordnete Merkmalsdimensionen *Gewissenhaftigkeit, Extraversion, Offenheit für neue Erfahrungen, Neurotizismus* bzw. *Resilienz* und *Verträglichkeit* – die BigFive – münden (vgl. Backhaus 2004).

Das in dieser Studie eingesetzte Instrument (BFI-S, siehe Tab. 3) umfasst fünf durch das SOEP Berlin gut geprüfte, siebenstufige Kurzskalen. Obgleich tendenziell verkürzt, lässt sich die Struktur der BigFive mit diesem Instrument gut rekonstruieren (vgl. Schupp & Gerlitz 2005). Allerdings ist davon auszugehen, dass die interne Konsistenz der einzelnen Dimensionsskalen eher schwach ausgeprägt ist, da es sich a) um lediglich drei Items pro Dimension handelt, die zudem b) heterogene Facetten dieser jeweiligen Dimension abbilden: „Interne Konsistenz wird somit zugunsten der Validität geopfert" (Lang & Lüdtke 2005, 35). Zudem weisen einzelne Dimensionen möglicherweise erhöhte divergente Korrelationen auf, da sich die Konstrukte aufgrund ihrer hinsichtlich der Facetten tendenziell verkürzten Erfassung überlappen können, wie etwa die Dimensionen *Extraversion* und *Offenheit für (neue) Erfahrungen* (vgl. hierzu Lang & Lüdtke 2005).

Tab. 3: Dimensionen und Items des BFI-S (gemäß SOEP, siehe Schupp & Gerlitz 2005)

„Ich bin jemand, der ..."	BigFive-Dimension
• gründlich arbeitet • eher faul ist* • Aufgaben wirksam und effizient erledigt	*Gewissenhaftigkeit*
• kommunikativ, gesprächig ist • zurückhaltend ist* • aus sich herausgehen kann, gesellig ist	*Extraversion*
• originell ist, neue Ideen einbringt • künstlerische Erfahrungen schätzt • eine lebhafte Phantasie, Vorstellungen hat	*Offenheit für Erfahrungen*
• sich oft Sorgen macht* • leicht nervös wird* • entspannt ist, mit Stress gut umgehen kann	*Resilienz*
• manchmal etwas grob zu anderen ist* • rücksichtsvoll und freundlich mit anderen umgeht • verzeihen kann	*Verträglichkeit*

Skalierung von 1 (= „trifft überhaupt nicht zu") über 2, 3, 4, 5, 6 bis 7 (= „trifft voll zu")

Anmerkungen: Im Schüler*innenfragebogen wurden die Formulierungen an die Perspektive angepasst („Unsere Lehrerin/unser Lehrer ..."); *negativ formulierte Items

Die Konstruktgüte des BFI-S wurde bislang lediglich – wie die meisten Instrumente zur Erhebung von Persönlichkeit (vgl. Lang & Lüdtke 2005) – in Bezug auf die Selbsteinschätzung von Personen überprüft (innerhalb einer breit gefächerten Altersklasse ab 16 Jahren, vgl. Schupp & Gerlitz 2005).

4.2.2 Globale Einschätzung der Unterrichtsqualität

In der Hauptuntersuchung, aus der sich die hier präsentierte Teilauswertung speist, wurde die Prozessqualität des Unterrichts in sieben Dimensionen und mittels eines Generalindikators gemessen. Dieser Beitrag konzentriert sich auf die globale Unterrichtseinschätzung der Schüler*innen. Unterrichtsqualität in den beiden Fächern Deutsch und Mathematik wird also in Form eines globalen Urteils der Jugendlichen über ihren Fachunterricht abgebildet. Es wurde mit drei Items („Ich mag die Unterrichtsstunden in diesem Fach.", „Ich finde diesen Unterricht schlecht.(-)", „Mit diesem Unterricht bin ich sehr zufrieden."; Antwortvorgaben: 1 = „trifft nicht zu" bis 4 = „trifft zu"; Cronbachs α: Deutsch = 0,88/Mathematik = 0,91) gemessen. Eine ausführliche Untersuchung auf der Basis differenzierter Prozessmerkmale des Unterrichts ist bei Bertram (im Druck) zu finden.

4.3 Validierung[2]

Da es sich bei dem BFI-S zwar um ein etabliertes, jedoch in der Fremdeinschätzung ungeprüftes Instrument handelt, wurden die Schüler*inneneinschätzungen zunächst einer explorativen Faktorenanalyse unterzogen. Die Faktorenstruktur bestätigte sich dabei weitgehend – lediglich die Dimension *Resilienz* zeigt auf zwei Variablen Faktorladungen < 0,4 mit ähnlich hohen divergenten Ladungen.

Anhand konfirmatorischer Faktorenanalysen wurde die fachspezifische Struktur des Antwortverhaltens der Schüler*innen geprüft. Dazu wurden je Konstrukt vier unterschiedliche Modelle berechnet (Vier-Modell-Prüfung, vgl. Daniels 2008): a) Generalfaktormodell, b) genestetes Modell, c) fächergetrenntes Modell unter Zulassung von Korrelationen, d) strikt fächergetrenntes Modell. Unter Verwendung eines Maximum-Likelihood-Schätzers zeigt sich, dass die Schüler*innen den Unterricht sowie die BigFive ihrer Deutsch- und Mathematiklehrkräfte fachdifferenziert beurteilen. Die Interfachkorrelationen fallen ebenfalls sehr gering aus. Die fachspezifisch schüler*innenperzipierte Unterrichtsqualität weist eine sehr gute Reliabilität sowie eine hohe Intraklassenkorrelation auf (ICCDeutsch = 0,20, ICCMathematik = 0,27; Cronbachs α s.o.).

Insgesamt liefert das BigFive-Instrument in der Fremdeinschätzung durch die Schüler*innen auch über die Individualebene hinaus (ICC = 0,22–0,41) gute bis akzeptable Fit-Werte: CFI = 0,89–0,94; TLI = 0,86–0,92; RMSEA = 0,50–0,07; SRMRw/SRMRb = 0,05/0,12. Die bisweilen eher schwach ausgeprägte Reliabi-

---

2 Eine ausführliche Darstellung der Validierung findet sich bei Bertram (im Druck).

lität (Cronbachs α = 0,58-0,81) mag der dem BigFive-Konstrukt immanenten Heterogenität sowie der Komplexität des Gesamtmodells geschuldet sein und ist weniger geeignet, Rückschlüsse auf mögliche Schwächen des Grundkonstrukts der BigFive zu ziehen. Darüber hinaus zeigen sich sehr hohe Interkorrelationen zwischen den Dimensionen *Extraversion* und *Offenheit*. Die Selbsteinschätzungen der Lehrer*innen hingegen zeigen durchweg sehr schwach ausgeprägte, wenn auch (noch) akzeptable Fit-Werte: CFI = 0,83; TLI = 0,76; RMSEA = 0,10; SRMR = 0,08M; Cronbachs α = 0,56-0,83. Lediglich die Dimension *Verträglichkeit* weist bei den Deutschlehrkräften keine akzeptablen Werte auf und wird daher in den entsprechenden Analysen nicht berücksichtigt.

4.4 Datenanalyse

Die Schachtelung bzw. die hierarchische Struktur der Daten wird in den Analysen durch die Berechnung von Zwei-Ebenen-Modellen berücksichtigt. Die Überprüfung des Zusammenhangs zwischen schüler*innen- und selbsteingeschätzter Lehrer*innenpersönlichkeit (Forschungsfrage 1) erfolgt auf der Basis von Korrelationsmatrizen. Zur Klärung von Forschungsfrage 2 werden regressionsanalytische Modelle erstellt, in denen die Unterrichtsqualität auf die Lehrer*innenpersönlichkeit – beides aus Schüler*innenperspektive – gleichzeitig auf Individual- und Klassenebene regrediert wird.

5 Ergebnisse

Im Hinblick auf Forschungsfrage 1 zeigen sich nur vereinzelte Zusammenhänge zwischen der Selbsteinschätzung und den Schüler*inneneinschätzungen der Lehrer*innenpersönlichkeit (siehe Tabelle 4): Für die Dimensionen *Extraversion* und *Offenheit* lassen sich zwar signifikante, jedoch nur moderate Zusammenhänge zwischen den Perspektiven der Lernenden und ihrer Mathematiklehrkraft ausmachen. Im Fach Deutsch trifft dies nur in der Dimension *Resilienz* zu. Im Fach Mathematik korreliert zudem die Resilienzeinschätzung der Lehrkräfte mit der von den Schüler*innen eingeschätzten *Extraversion* der Lehrkräfte.

Tab. 4: Interkorrelationsmatrix der schüler*innenperzipierten und selbsteinge-schätzten Persönlichkeitsmerkmale von Lehrkräften auf Klassen- bzw. Kursebene in Deutsch/Mathematik (n = 52/50).

Deutsch/Mathematik

Schü-ler*innen \ Lehrkräfte	Gewissen-haftigkeit	Extraversion	Offenheit	Resilienz	Verträg-lichkeit
Gewissenhaftigkeit	,15/ ,11	-,06/ ,19	,20/,20	,08 /,09	n.b./ ,04
Extraversion	,07/-,08	,10/ ,40**	,04/,15	,12 /,33*	n.b./-,09
Offenheit	,13/ ,09	,09/ ,28	,11/,29*	,12 /,26	n.b./-,09
Resilienz	,01/-,07	,09/ ,12	,07/,09	,36**/,23	n.b./-,02
Verträglichkeit	,07/ ,07	,12/-,02	,07/,11	,13 /,07	n.b./ ,09

Anmerkung: **/* p = ,01/,05; n.b. = nicht berechnet; gerahmt = konvergente Korrelationen.

Angesichts dieser eher schwachen Zusammenhänge zwischen Lehrer*innen- und Schüler*innenperspektive lässt sich festhalten, dass – ähnlich wie beim Konstrukt Unterrichtsqualität – auch bei der Lehrer*innenpersönlichkeit von je spezifischer Wahrnehmung durch Lehrkräfte und Schüler*innen auszugehen ist.
Die perspektivenspezifischen Ergebnisse der Schüler*innen zu Forschungsfrage 2a und 2b sind in Tabelle 5 abgebildet:

Tab. 5: Regressionskoeffizienten und Anteile erklärter Varianz der Lehrer*innen-persönlichkeitsmerkmale auf die Unterrichtsqualität – beides aus Schü-ler*innenperspektive ($n_{Individualebene}$ = 2247, $n_{Klassenebene}$ = 123).

Deutsch/ Mathematik		Gewissen-haftigkeit	Extra-version	Offenheit	Resilienz	Verträglich-keit
Unterrichtsqualität	Individual-ebene	,19**/,17**	,06*/,03	16**/14**	,04/,12**	,23**/,17**
	erklärte Varianz (in %): 25,5**/20,3**					
	Klassen-ebene	,33**/,21**	,22/,27*	-,11/,17	,24*/,25**	,43**/,18*
	erklärte Varianz (in %): 79,9**/83,7**					

Modellgüteindizes unter Einbezug der signifikanten Effekte in Deutsch/Mathematik:
CFI = 1; TLI = ,97/99; RMSEA = ,03/,01; $SRMR_{within}$ = ,01; $SRMR_{between}$ = 0

Anmerkungen: Individualebene: ** p = ,001/* p = ,01
Klassenebene: ** p = ,01/* p = ,05

Auf der Individualebene der Schüler*innen treten sowohl in Deutsch als auch in Mathematik vor allem die Dimensionen *Gewissenhaftigkeit, Offenheit* und *Verträglichkeit* mit hochsignifikanten Effekten auf die wahrgenommene Unterrichtsqualität hervor. In Mathematik zeigt zusätzlich die *Resilienz* einen signifikanten und in Deutsch die *Extraversion* einen moderaten Einfluss. Bis auf die Dimension der *Resilienz* sind die Effekte in beiden Fächern ähnlich ausgeprägt – in Mathematik wirkt die wahrgenommene *Resilienz* jedoch deutlich stärker auf die Wahrnehmung der Unterrichtsqualität als im Fach Deutsch.

Auf Klassen- bzw. Lehrkraftebene verliert sich die Signifikanz des Einflusses der Dimension *Offenheit* in beiden Fächern gleichermaßen. Zudem gewinnt die *Resilienz* in Deutsch an Bedeutung für die Unterrichtseinschätzung und unterscheidet sich so vom Fach Mathematik nur noch marginal in ihrer Signifikanz. Die Effekte der *Gewissenhaftigkeit* und der *Verträglichkeit* hingegen steigen auf Klassenebene unter Beibehaltung ihrer Tendenz (leicht) an. Hinsichtlich der *Extraversion* drehen sich die Effekte in Bezug auf die Fächer um: Auf Klassenebene erweist sich die *Extraversion* in Mathematik als knapp signifikanter Einfluss auf die Unterrichtsqualität. Der Anteil erklärter Varianz der Unterrichtsqualität durch die schüler*innenperzipierten BigFive-Dimensionen der Lehrkraft liegt auf Klassenebene je nach Fach bei 80–84%.[3] Die Modellgüteindizes, die sich ergeben, wenn nur die signifikanten Effekte in die Modelle (jeweils für Deutsch und Mathematik) aufgenommen werden, fallen sehr gut aus.

Eine mögliche Verzerrung sowohl der Ausprägungen der Regressionskoeffizienten als auch der Varianzaufklärung durch das Vorliegen von Multikollinearität bei den Prädiktorvariablen wurde geprüft. Es sind keine nennenswerten Multikollinearitätseffekte festzustellen (vgl. Bertram, im Druck).

6 Diskussion und Ausblick

Gewissenhaftigkeit und *Verträglichkeit* sind die beiden Dimensionen, die aus Schüler*innenperspektive sowohl auf individueller als auch auf Ebene der Lehrkraft sowie fachübergreifend signifikante Effekte auf das Schüler*innenfeedback zur Unterrichtsqualität haben. Zudem zeigt die *Offenheit* auf individueller und die *Resilienz* auf Klassenebene in Deutsch knappe und in Mathematik eindeutige Effekte. Die Ergebnisse sind insofern relevant, als sie sich von den bisher durch Selbstberichte erhobenen und als wirksam angesehenen Persönlichkeitsmerkmalen abheben (vgl. Mayr & Neuweg 2006; Terhart 2006). Die in dieser Forschungstradition als relevant identifizierten Merkmale *Extraversion* und *Resilienz* weisen

---

3 Damit liegt der in dieser Studie aufgeklärte Varianzanteil etwas höher als die von Murray (1996) berichteten (75% Varianzaufklärung auf der Klassenebene).

in der hier vorgelegten Untersuchung Zusammenhänge zwischen Schüler*innen- und Selbsteinschätzung der Lehrer*innenpersönlichkeit auf (*Resilienz* bei den Deutschlehrkräften und *Extraversion* bei den Mathematiklehrkräften), haben allerdings nur schwache Effekte auf die Wahrnehmung der Unterrichtsqualität. Damit schließt diese Studie in Teilen an die Befunde der Evaluationsforschung zur Hochschullehre an (keine Effekte von *Extraversion* auf Lehrqualität) und macht auf die unterschiedliche Bedeutung von Selbst- und Fremdbeurteilung für die Qualitätseinschätzung aufmerksam. In diesem Zusammenhang sind auch die hohen Aufklärungsraten für die kollektive Qualitätseinschätzung bemerkenswert, weisen sie doch auf die möglicherweise eingeschränkte Aussagekraft von Schüler*innenfeedbacks zur Unterrichtsqualität hin, wenn diese maßgeblich auf Einschätzungen der Lehrer*innenpersönlichkeit beruhen.

Ein weiteres wesentliches Ergebnis der vorgelegten Studie stellen die deutlichen Fachunterschiede in der Bedeutsamkeit der einzelnen Persönlichkeitsdimensionen für die kollektive Qualitätseinschätzung des Unterrichts dar: Während die *Gewissenhaftigkeit* und *Verträglichkeit* für die Beurteilung des Deutschunterrichts eine relativ große Rolle spielen, speist sich das Urteil über den Mathematikunterricht relativ gleichmäßig aus vier der fünf Persönlichkeitsmerkmale. Dieser Befund deutet möglicherweise darauf hin, dass für die Gestaltung effektiven Unterrichts je nach Fach unterschiedliche Persönlichkeitsmerkmale hilfreich sind. Dies würde die Nützlichkeit von sich jüngst verstärkt andeutenden Versuchen, angehende Lehrkräfte auch auf der Basis von Persönlichkeitstests als (un)geeignet für den Lehrer*innenberuf zu diagnostizieren, deutlich relativieren. Angesichts der bereits erwähnten hohen Varianzaufklärung der kollektiven Qualitätseinschätzung ließe sich zudem die Frage diskutieren, ob Lehrkräfte nicht gut beraten wären, den Eindruck, den sie als Person auf die Schüler*innen machen, bewusst zu nutzen, um die Unterrichtsbeurteilung durch Schüler*innen und damit langfristig deren Lernbereitschaft positiv zu beeinflussen.

Nicht zuletzt sollte eine Limitation dieser und anderer Untersuchungen, in denen die Lehrer*innenpersönlichkeit mittels Ratingskalen erfasst und ihr Zusammenhang mit der Unterrichtsqualität ermittelt werden soll, nie aus dem Blick geraten. Jede Lehrperson ist in den vorliegenden Studien meist nur mit einer Klasse in den ausgewerteten Stichproben repräsentiert. Intrapersonale Varianz, die in der Unterrichtsqualität bei gegebener Persönlichkeitskonfiguration der Lehrer*innen durchaus existieren mag, kann so überhaupt nicht in den Blick geraten. Sie spräche aber gegen einen direkten Einfluss der Persönlichkeitsdispositionen der Lehrenden und eben doch für eine stärkere Bedeutung des gegebenenfalls variablen, also auch fach- und kontextspezifischen Lehrverhaltens für die Unterrichtsqualität. Die starke These, dass es bei der Unterrichtsqualität nicht nur auf die Lehrperson, sondern auch auf die Lehrer*inpersönlichkeit ankommt, wäre also zukünftig mit entsprechend starken und geeigneten Designs erst noch zu prüfen.

Literatur

Asendorpf, Jens & Neyer, Franz (2012): Psychologie der Persönlichkeit. Berlin: Springer.

Back, Mitja D. & Vazire, Simine (2012): Knowing Our Personality. In: Simine Vazire & T. D. Wilson (Hrsg.): Handbook of self-knowledge. New York, NY: Guilford Press, 131–149.

Backhaus, Klaus (2004): Persönlichkeit als Forschungsgegenstand der Psychologie. Eine Einführung in das Big Five-Persönlichkeitsmodell. Online unter: http://www.psyreon.de/content/e479/e480/Publikationen/persoenlichkeit.pdf (Abrufdatum: 17.09.2017).

Bertram, Jessika (im Druck): Lehrerpersönlichkeit und Unterrichtsqualität aus Schülerperspektive – unter Berücksichtigung des individuellen Fachinteresses. WWU Münster, Diss.

Bohnsack, Fritz (2004): Persönlichkeitsbildung von Lehrerinnen und Lehrern. In: Sigrid Blömeke, Peter Reinhold, Gerhard Tulodziecki & Johannes Wildt (Hrsg.): Handbuch Lehrerbildung. Düsseldorf: Klinkhardt, 152–164.

Clausen, Marten (2002): Unterrichtsqualität: eine Frage der Perspektive? Empirische Analysen zur Übereinstimmung, Konstrukt- und Kritieriumsvalidität. Münster: Waxmann.

Clayson, Dennis E. & Sheffet, Mary Jane (2006): Personality and the Student Evaluation of Teaching. In: Journal of Marketing Education, 28. Jg., 149–160.

Daniels, Zoe (2008): Entwicklung schulischer Interessen im Jugendalter. Münster: Waxmann.

Feldman, Kenneth A. (1986): The perceived instructional effectiveness of college teachers as related to their personality and attitudinal characteristics. A review and synthesis. In: Higher Education, 24 (2), 139–213.

Gruehn, Sabine (2000): Unterricht und schulisches Lernen. Schüler als Quellen der Unterrichtsbeschreibung. Münster: Waxmann.

Haller, Max & Müller, Bernadette (2006): Merkmale der Persönlichkeit und Identität. Ansätze zu ihrer Operationalisierung und Verortung als Erklärungsvariable für Lebenszufriedenheit. In: ZUMA Nachrichten, 30 (59), 9–41.

Hattie, John, Beywl, Wolfgang & Zierer, Klaus (2013): Lernen sichtbar machen. Baltmannsweiler: Schneider-Verlag Hohengehren.

Helmke, Andreas (2004): Unterrichtsqualität. Erfassen, bewerten, verbessern. Seelze: Klett Kallmeyer.

Helmke, Andreas (2007): Was wissen wir über guten Unterricht? Wissenschaftliche Erkenntnisse zur Unterrichtsforschung und Konsequenzen für die Unterrichtsentwicklung. Landau. Online unter: https://www.bildung.koeln.de/imperia/md/content/selbst_schule/downloads/andreas_helmke_.pdf (Abrufdatum: 20.12.2017).

Helmke, Andreas (2009): Unterrichtsforschung. In: Karl-Heinz Arnold, Uwe Sandfuchs & Jürgen Wiechmann (Hrsg.): Handbuch Unterricht. Bad Heilbrunn: Klinkhardt, 44–50.

Helmke, Andreas (2014): Unterrichtsqualität und Lehrerprofessionalität. Diagnose, Evaluation und Verbesserung des Unterrichts: Franz Emanuel Weinert gewidmet (Schule weiterentwickeln, Unterricht verbessern. Orientierungsband, 5. Auflage). Seelze-Velber: Klett/Kallmeyer.

Hossiep, Rüdiger (2014): Fünf-Faktoren-Modell. In: Markus Antonius Wirtz (Hrsg.): Dorsch. Lexikon der Psychologie. Bern: Hans Huber.

Klieme, Eckhard (2006): Empirische Unterrichtsforschung: Aktuelle Entwicklungen, theoretische Grundlagen und fachspezifische Befunde. Einführung in den Thementeil. In: Zeitschrift für Pädagogik, 52 (6), 765–773.

von Klimesch, Lothar Stülb & von Klimesch, Christoph (2014): Professional Search als Personalmarketing: Eine Antwort auf das Recruiting-Dilemma in der Wissensgesellschaft. Berlin u.a.: Springer Gabler.

Lang, Frieder R. & Lüdtke, Oliver (2005): Der Big Five-Ansatz der Persönlichkeitsforschung: Instrumente und Vorgehen. In: Siegried Schumann (Hrsg.): Persönlichkeit: eine vergessene Größe der empirischen Sozialforschung. Wiesbaden: VS Verlag für Sozialwissenschaften, 29–39.

Mayr, Johannes (2003): Persönlichkeitsfragebögen in der Lehrerforschung und Lehrerberatung. In: Theorie & Praxis, 20. Jg., 81.

Mayr, Johannes (2011): Der Persönlichkeitsansatz in der Lehrerforschung. In: Ewald Terhart, Hedda Bennewitz & Martin Rothland (Hrsg.): Handbuch der Forschung zum Lehrerberuf. Münster: Waxmann, 125–148.

Mayr, Johannes & Neuweg, Georg Hans (2006): Der Persönlichkeitseinsatz in der Lehrer/innen/forschung. Grundsätzliche Überlegungen, exemplarische Befunde und Implikationen für die Lehrer/innen/bildung. In: Martin Heinrich & Ulrike Greiner (Hrsg.): Schauen, was 'rauskommt. Kompetenzförderung, Evaluation und Systemsteuerung im Bildungswesen. Wien: Lit Verlag, 183–206.

Meyer-Drawe, Käthe (Hrsg.) (2000): Illusionen von Autonomie. Diesseits von Ohnmacht und Allmacht des Ich. München: Kirchheim.

Murray, Harry G., Rushton, J. Philippe & Paunonen, Sampo V. (1990): Teacher personality traits and student instructional ratings in six types of university courses. In: Journal of Educational Psychology, 82 (2), 250–261.

Raad, Boele De (2000): The big five personality factors. The psycholexical approach to personality. Seattle: Hogrefe & Huber.

Rahn, Sylvia, Keune, Miriam, Fuhrmann, Christoph & Gruehn, Sabine (2016): Aus Schüleraussagen lernen?! Auf dem Weg zu einer professionellen Feedbackkultur an deutschen Schulen. In: Die Deutsche Schule, 108 (2), 163–175.

Renaud, Robert D. & Murray, Harry G. (1996): Aging, personality, and teaching effectiveness in academic psychologists. In: Research in Higher Education, 37 (3), 223–240.

Schaffhuser, Kathrin (2014): Personality and Its Inside and Outside: A Dyadic, Developmental Perspective, University of Zurich. Zürich.

Schupp, Jürgen & Gerlitz, Jean-Yves (2005): Zur Erhebung der Big-Five-basierten Persönlichkeitsmerkmale im SOEP. Dokumentation der Instrumententwicklung BFI-S auf Basis des SOEP-Pretests 2005. Berlin: Deutsches Institut für Wirtschaftsforschung.

Seidel, Tina & Shavelson, Richard (2007): Teaching Effectiveness Research in the Past Decade. The Role of Theory and Research Design in Disentangling Meta-Analysis Results. In: Review of Educational Research, 77 (4), 454–499.

Terhart, Ewald (2006): Was wissen wir über gute Lehrer? In: Pädagogik, 5. Jg., 42–47.

Terhart, Ewald (2012): Was wissen wir über Lehrerinnen und Lehrer? Eine Einführung in die Serie. In: Pädagogik, 64 (1), 43–47.

Wagner, Wolfgang, Göllner, Richard, Helmke, Andreas, Trautwein, Uwe & Lüdtke, Oliver (2013): Construct validity of student perceptions of instructional quality is high, but not perfect. Dimensionality and generalizability of domain-independent assessments. In: Learning and Instruction, 28. Jg., 1–11.

Wirtz, Markus Antonius (Hrsg.) (2014): Dorsch. Lexikon der Psychologie. Bern: Hans Huber.

Katrin Schulz-Heidorf

Individuelle Förderung im Unterricht: Eine Chance, Schulerfolg von der sozialen Herkunft zu entkoppeln? Eine Diskussion erwartungswidriger Befunde

In Deutschland beeinflussen sozioökonomische Herkunftsmerkmale in hohem Maße den Schulerfolg von Kindern und Jugendlichen. Um ihren heterogenen Lernbedingungen gerecht zu werden, wird seit einigen Jahren der individuellen Förderung im Unterricht eine hohe Bedeutung zugesprochen. Mit den hier vorgestellten Analysen auf Grundlage von IGLU-E 2011 wird zunächst geprüft, ob individuelle Förderung im Unterricht mit höheren Schulleistungen einhergeht und ob ihr zudem eine moderierende Wirkung auf den Herkunftseffekt nachgewiesen werden kann. Die Ergebnisse überraschen: Zum einen steht individuelle Förderung in einem negativen Zusammenhang mit der Schulleistung, zum anderen variiert der Herkunftseffekt nicht zwischen den Klassen, so dass er nicht durch Klassenmerkmale beeinflusst werden kann. Der Beitrag schließt mit einer Diskussion möglicher Konsequenzen aus diesen Befunden.

1 Individuelle Förderung als Reaktion auf heterogene Lernvoraussetzungen

In der Diskussion um Bedingungen des Schulerfolgs von Kindern und Jugendlichen zeigt sich vor allem in Deutschland, dass Leistung und leistungsrelevante Charakteristika von Schüler*innen erheblich durch Merkmale der familiären und mit ihr der sozioökonomischen Herkunft beeinflusst werden. Ausdruck findet dies beispielsweise darin, dass Viertklässler*innen aus Elternhäusern der untersten Sozialschicht im Leseverständnis eine halbe Standardabweichung hinter Kindern der obersten Sozialschicht liegen, was in etwa dem Lern- und Leistungszuwachs eines ganzen Schuljahres entspricht (Wendt u.a. 2012). Zurückgeführt wird dies vor allem auf die unterschiedlichen Ausprägungen des kulturellen, ökonomischen und sozialen Kapitals einer Familie (vgl. Bourdieu 1983), die als primäre Herkunftseffekte maßgeblich den kindlichen Sozialisationsprozess beeinflussen (vgl. Boudon 1974). Nachgewiesen werden konnte dabei, dass sich die Sozialschichten

„in der Vermittlung von Sprachkultur, in der Lern- und Bildungsmotivation hin zum selbstregulierten Handeln und Lernen sowie in den habitualisierten Lerngewohnheiten" (Becker 2010, 169) unterscheiden. Aus diesen Unterschieden ergeben sich zwangsläufig heterogene Lernvoraussetzungen bei Schüler*innen. Dies wurde in rezenten Analysen (Schulz-Heidorf 2016; Schulz-Heidorf & Solheim 2016) zum Anlass genommen zu prüfen, ob und wie Schule diesem Zusammenhang zwischen familiären Herkunftsmerkmalen und Schulerfolg begegnen kann. Dabei sind es vor allem Formen der Differenzierung, und hier insbesondere die Realisierung eines individualisierten Unterrichts, die sowohl von bildungspolitischer als auch lerntheoretischer und mitunter empirischer Seite[1] für den Umgang mit unterschiedlichen Lernvoraussetzungen im schulischen Kontext proklamiert werden. So fand die individuelle Förderung und mit ihr die Forderung nach einer Individualisierung des Unterrichts nach den überraschenden Ergebnissen des PISA-Ländervergleichs 2000 Eingang in fast alle der sechzehn deutschen Schulgesetze (Forum Bildung 2001; Fischer 2014) – meist verbunden mit der Hoffnung, der Heterogenität der Lernenden gerecht zu werden. Nicht unkritisch bezeichnen Klieme und Warwas (2011, 805) diesen Ansatz daher als „Schlüssel zur Lösung bildungspolitischer und pädagogischer Probleme", welcher es jedem Kind ermögliche, sein Potenzial auszuschöpfen – und damit Hoffnungsträger gerade im Hinblick auf soziale Disparitäten und die lernbezogene Vielfalt im Klassenzimmer wurde.

2 Definition und Forschungsstand zu individueller Förderung im Unterricht

Dabei bleibt das, was unter „individueller Förderung" verstanden wird, häufig uneinheitlich. So unterscheiden Klieme und Warwas (2011) beispielsweise drei Varianten ihres Verständnisses:

1. Kompensatorische Trainings- und Zusatzangebote, die auf Grundlage ausführlicher Differentialdiagnostik durchgeführt werden, z.B. kooperative Lernformen, unterschiedliche Formen der Instruktion, Problemlöse- und Lernstrategietrainings.
2. Vielfältige Lernwege durch offenen Unterricht, z.B. Frei- und Projektarbeit, Lernen nach Wochenplänen, Stationenlernen. Eine Anpassung der Lerngelegenheiten an die individuellen Voraussetzungen und Neigungen der Lernen-

---

1 Die bildungspolitischen, lerntheoretischen und empirischen Betrachtungen zu Differenzierung und individueller Förderung im Unterricht können hier nicht in Gänze vorgestellt werden. Ausführlicher werden diese beispielsweise bei Lipowsky und Lotz (2015) und Schulz-Heidorf (2016) diskutiert.

den ergibt sich durch Auswahl, zeitliche Anordnung und Dauer der Lerntätigkeiten, wobei Klieme und Warwas kritisieren, dass eine Passung zwischen Unterrichtsangebot und Lernvoraussetzungen nicht zwangsläufig gegeben sein muss. Dementsprechend gehe eine Öffnung des Unterrichts nicht automatisch mit einer individuellen Förderung einher.

3. Binnendifferenzierung durch adaptiven Unterricht. Im Gegensatz zu dem offenen Unterricht ist hier eine gezielte Steuerung durch die Lehrperson vorgesehen, die aus verschiedenen Instruktionen und Lerngelegenheiten diejenige auswählt, die am ehesten auf die Lernvoraussetzungen der Schüler*innen zugeschnitten sind. Explizites Ziel ist es, die Lernumgebung an die individuellen Unterschiede zwischen den Lernenden anzupassen.

Dieser Perspektive auf individuelle Förderung als Konstrukt, unter dem sich eine Reihe von didaktischen Ansätzen subsumieren lässt, folgt auch Kunze (2008). Ähnlich wie Klieme und Warwas (2011) versteht sie unter individueller Förderung

„alle Handlungen von Lehrerinnen und Lehrern und von Schülerinnen und Schülern […], die mit der Intention erfolgen bzw. die Wirkung haben, das Lernen der einzelnen Schülerin/des einzelnen Schülers unter Berücksichtigung ihrer/seiner spezifischen Lernvoraussetzungen, -bedürfnisse, -wege, -ziele und -möglichkeiten zu unterstützen" (Kunze 2008, 19).

Fischer (2014) folgert, dass individuelle Förderung ein Sammelbegriff sei, unter dem sich Ansätze wie Differenzierung, Individualisierung, offener und adaptiver Unterricht sowie Forder- und Förderunterricht zusammenfassen lassen. Bräu (2007) und Grunder (2009) proklamieren hingegen ein enges Verständnis des individualisierten Unterrichts als eine (starke) Ausprägung der inneren Differenzierung, bei der differenzielle Materialien, Aufgabenstellungen und anderes mit dem Ziel eingesetzt werden, den unterschiedlichen Leistungsniveaus und Bedürfnissen der einzelnen Schüler*innen gerecht zu werden. Wenngleich diese Anpassung des Unterrichts an die Lernvoraussetzungen der Kinder und Jugendlichen verbindendes Element aller hier vorgestellten Perspektiven ist, so zeigt sich doch, dass die begriffliche Verortung der individuellen Förderung wenig eindeutig ist. Für die empirische Forschung birgt dies die Schwierigkeit, dass Forschungsergebnisse, die auf solch unterschiedlichen Verständnissen aufbauen, nur schwer zusammengefasst werden können: So lassen sich bezüglich der Wirkung von individualisierenden Maßnahmen auf kognitive Merkmale von Schüler*innen Effektstärken und Korrelationen von -0.30 (zum Beispiel bei Gruehn 2000 für ‚Verwendung binnendifferenzierender Maßnahmen') und bis zu +0.33 (etwa bei Reis u.a. 2011 für ‚differentiated instruction, including specific reading strategy instructio' ähnlich auch bei Hattie 2009 für ‚individualized instruction') finden. Statistisch kaum bedeutsame oder nicht signifikante Effekte zeigen sich etwa in der Metaanalyse von Seidel und Shavelson (2007) für ‚Support, Feedback and Monitoring, Adaptivity, Self-Regulation' und bei Giaconia und Hedges (1982), welche die ‚Diagnostic Evaluation' und ‚Individualized Instruction' als Facetten offenen Unterrichts untersuchten. Auch die fachspezifischen Wirkzusammenhänge differieren in ähnlicher Spannweite (Schulz-Heidorf 2016). Bereits diese knappe Übersicht verdeutlicht, dass die positive Wirkung eines an die Lernvoraussetzungen, Potenziale, Interessen und Neigungen angepassten Unterrichts durch bisher vorliegende Forschungsergebnisse weder eindeutig bestätigt noch negiert werden kann.

3 Analyse

Diese uneinheitliche Forschungslage wurde zum Anlass genommen, das Wirkungsgefüge zwischen individueller Förderung und Schulerfolg erneut zu diskutieren, und zusätzlich zu prüfen, ob der individuellen Förderung im Unterricht eine kompensierende Wirkung hinsichtlich des Einflusses sozioökonomischer Familienmerkmale auf den Schulerfolg von Kindern zukommt. Die im Folgenden vorgestellte Untersuchung verfolgt zwei Ziele:
1. Die Überprüfung des Zusammenhangs zwischen individueller Förderung und Schulleistung, um den aktuellen – sehr heterogenen – Forschungsstand zu ergänzen sowie
2. die Überprüfung des Potenzials individueller Förderung, soziale, d.h. herkunftsbedingte Disparitäten im Schulkontext auszugleichen.

Herangezogen wurden hierfür die Daten der Internationalen Grundschul-Lese-Untersuchung (IGLU) und ihrer nationalen Erweiterung aus 2011. In IGLU wird die Lesekompetenz von Viertklässler*innen zusammen mit einer Reihe von Hintergrundmerkmalen der Schüler*innen, ihrer Eltern, Lehrenden und Schulleitenden erfasst. Diese Struktur ermöglicht es, den Lernerfolg der Kinder in Beziehung zu setzen mit Merkmalen ihrer häuslichen und schulischen Lernumgebung, ihrer individuellen Lernvoraussetzungen und einer Vielzahl weiterer Faktoren, um so beispielsweise deren prognostische Bedeutsamkeit für die Lesekompetenz zu überprüfen. Für die Analysen sind drei Indikatoren von Bedeutung: die sozioökonomische Herkunft, modelliert anhand des *Economic, Social and Cultural Status* (ESCS), die Lesekompetenz der Schüler*innen sowie die Häufigkeit individueller Förderung im Unterricht. Diese Angaben stammen einerseits aus den Schüler*innen- bzw. Elternfragebögen, andererseits aus dem Fragebogen für Lehrende. Zudem werden die Hintergrundmerkmale (ESCS und individuelle Förderung) latent modelliert. Der hierarchischen Schachtelung der Daten (Kinder in Klassen) und der latenten Konstruktmodellierung bei simultaner Analyse

komplexer Zusammenhänge wird durch ein Mehrebenenstrukturgleichungsmo-
dell Rechnung getragen.

Die Modellierung des ESCS orientiert sich an der Unterscheidung kultureller,
sozialer und ökonomischer Kapitalsorten nach Bourdieu (1983) sowie an den
Überlegungen von Ehmke und Siegle (2005), diese zu einem gemeinsamen Index zusammenzufassen. Herangezogen wurden hierfür die Elternangaben zu ihrer
höchsten beruflichen Stellung (HISEI, gebildet nach Caro & Cortés 2012), ihrem
höchsten Bildungsabschluss, umgerechnet in Bildungsjahre (ISCED) sowie ihrem
Bücherbesitz als Indikator für kulturelles Kapital. Die gemeinsame, latente Modellierung des Indikators hat deutliche Vorteile: Neben der sparsamen Modellierung klärt das latente Konstrukt mit 16% deutlich mehr Varianz der Leseleistung
auf als die Items bivariat (5.9 bis 8.9%) und multivariat (11.6%); ein Effekt, der
auch auf die unterschiedliche Handhabung fehlender Werte in den einzelnen Modellen (*Full Information Maximum Likelihood* (FIML) vs. listenweisem Fallaus-
schluss) zurückgeführt werden kann. Nach der z-Standardisierung der Einzelitems
ergab die konfirmatorische Faktorenanalyse in Mplus einen latenten Faktor, der
eine gute interne Konsistenz von Cronbachs α = .751 aufweist. In Tabelle 1 sind
die Faktorladungen des Konstrukts „ESCS" dargestellt. Gewichtet wurde anhand
des HOUWGT, der Stichprobenumfang liegt bei n = 3390.

Tab. 1: *STDYX*-standardisierte Faktorladungen für die Items des Messmodells
„ESCS" aus Mplus

Item	Bezeichnung	Faktorladung
zISCED	Schul- und Berufsbildung der Eltern	.76
zBOOKS	Bücherbesitz (Elternangaben)	.55
zHISEI	Höchste berufliche Stellung der Eltern	.70

Es zeigt sich, dass alle drei Einzelitems ausreichend hohe Faktorladungen aufweisen. Aussagen über die Passung des Modells können anhand der Fit-Werte jedoch
nicht getroffen werden: Bei der Modellierung eines Konstrukts mit drei Variablen
ist das Modell genau passend spezifiziert, was in einer perfekten Fitstatistik resultiert. Da die Faktorladungen und die interne Konsistenz jedoch auf ein solides
Modell schließen lassen, kann der ESCS als latentes Konstrukt für den soziöko-
nomischen Hintergrund einer Familie herangezogen werden.

Aus dem Fragebogen der Lehrkräfte stammt die national ergänzte Frage nach der
Häufigkeit, mit der im Unterricht Maßnahmen der individuellen Förderung er-
griffen werden. Anhand einer explorativen Faktorenanalyse in Mplus wurden fünf
Faktoren extrahiert, wovon einer theoretisch plausibel das Konstrukt „individuelle
Förderung" abbildet. Die Struktur dieses Faktors wurde anhand einer konfirma-

torischen Faktorenanalyse bestätigt. Die Parameter seiner latenten Modellierung finden sich in Tabelle 2. Die Daten wurden mithilfe des Lehrergewichts TCH-WGT gewichtet, der Stichprobenumfang liegt bei n = 3998.

Tab. 2: *STDYX*-standardisierte Faktorladungen für die Items des Messmodells „individuelle Förderung" aus Mplus

Item	Bezeichnung	Faktorladung
ATNG27Ar	Ich gebe Schülern je nach Leistung unterschiedlich schwere Hausaufgaben.	.65
ATNG27Br	Ich lasse schnellere Schüler schon zum Nächsten übergehen, während ich mit den langsameren noch übe oder wiederhole.	.55
ATNG27Cr	Wenn Schüler etwas nicht verstanden haben, vergebe ich gezielte Zusatzaufgaben.	.69
ATNG27Er	Ich gebe schwachen Schülern zusätzliche Unterstützung im Unterricht.	.49
ATNG27Fr	Leistungsstarken Schülern gebe ich Extraaufgaben, durch die sie wirklich gefordert werden.	.68
ATNG27Gr	Bei der Stillarbeit variiere ich die Aufgabenstellungen, um Schülern unterschiedlicher Leistungsstärke gerecht zu werden.	.71
ATNG27Jr	Ich lasse die Schüler regelmäßig in Gruppen oder allein an unterschiedlich schwierigen Aufgaben arbeiten.	.64

Das latente Konstrukt „individuelle Förderung" weist für alle sieben Items ausreichend hohe Faktorladungen auf und zeichnet sich durch einen akzeptablen Modellfit und eine hohe innere Konsistenz aus: So liegt der *RMSEA* bei .018, der *CFI* bei .939, der $SRMR_{L2}$ bei .041 und Cronbachs Alpha bei .819.

Für die Modellierung der Lesekompetenz als abhängige Variable wurden die fünf *Plausible Values* des *Overall Reading Scores* herangezogen. Alle Modellparameter werden anhand eines durch Rubin (1987) entwickelten Verfahrens zusammengefasst, so dass die im Folgenden dargestellten Ergebnisse erwartungstreue Schätzer der Populationsparameter abbilden. Die *Plausible Values* wurden vorab linear auf n(0;1) rücktransformiert, da ihre ursprüngliche Metrik von n(500;100) deutlich von der der übrigen Items abweicht, was in Mplus zu Schätzproblemen führt.

Im Gesamtmodell werden entsprechend folgende Zusammenhänge geprüft: auf Individualebene der Einfluss[2] des ESCS auf die Lesekompetenz, auf Kontextebene

---

2 Anhand von Querschnittuntersuchungen können Kausalrichtungen nicht festgestellt werden. Die hier als *Einfluss* betitelten Zusammenhänge leiten sich aus den theoretischen Vorbetrachtungen ab.

der Einfluss der Häufigkeit individueller Förderung auf die klassendurchschnittliche Lesekompetenz sowie als *Cross-Level-Interaktionseffekt* („s1" in der nachfolgenden Abbildung 1) der angenommene moderierende Einfluss individueller Förderung auf den Herkunftseffekt auf Individualebene. Die nachstehende Abbildung 1 gibt einen Überblick über das theoretische Gesamtmodell.

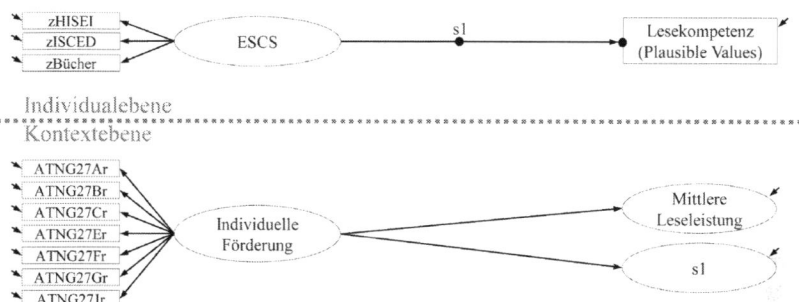

Abb. 1: Theoretisches Gesamtmodell mit zwischen den Klassen variierendem Herkunftseffekt auf Individualebene und dem Einfluss individueller Förderung auf die klassenmittlere Leseleistung sowie den Herkunftseffekt auf Kontextebene

Die berechnete *Intraclass Correlation*[3] *(ICC)* für die Leseleistung liegt bei .257. Eine Voraussetzung für die Schätzung dieses Mehrebenenmodells stellt die Varianz des Slopes zwischen den Klassen dar: Nur wenn sich der Einfluss des ESCS auf die Lesekompetenz zwischen den Klassen unterscheidet, kann geprüft werden, ob diese Zwischenklassenvarianz in Zusammenhang mit der Häufigkeit individueller Förderung steht. Allerdings zeigte sich in den hierfür geschätzten Modellen, dass solch eine Varianz zwischen den Klassen nicht zu finden ist: Der Einfluss des ESCS auf die Lesekompetenz ist in allen Klassen in etwa gleichstark. Da Mplus Slopes, die gering bis gar nicht zwischen den Clustern variieren, bisher nicht für latente Modelle schätzen kann, sind in der nachfolgenden Tabelle 3 die Ergebnisse aus Einzelitemanalysen dargestellt.

Tab. 3: Mittlere Steigung und Varianz der Slopes auf Kontextebene (L2) zwischen den Einzelitems des ESCS und der Lesekompetenz

	zBOOKS	zHISEI	zISCED
L2: Mittlere Steigung	$\gamma_{10} = .263$	$\gamma_{10} = .234$	$\gamma_{10} = .296$
L2: Varianz im Slope	$\tau_{11} = .001$	$\tau_{11} = .005$	$\tau_{11} = .001$

3 $ICC = \frac{\tau_{00}}{\tau_{00} + \sigma^2}$ mit τ_{00} = Varianz der abhängigen Variablen auf L2 (hier τ_{00} = .265 mit $p < .001$) und σ^2 = Varianz der abhängigen Variablen auf L1 (hier σ^2 = .768 mit $p < .001$).

Nicht dargestellt sind die p-Werte der Varianzen, die alle über .050 liegen. Deutlich wird also, dass die einzelnen Zusammenhänge der ESCS-Indikatoren nicht zwischen den Klassen variieren.[4] Schlussgefolgert werden muss hieraus, dass der anhand des ESCS modellierte Herkunftseffekt so stabil ist, dass er sich zwischen den Klassen nicht unterscheidet. Im Umkehrschluss bedeutet dies, dass sich keine Varianz findet, die durch individuelle Förderung oder ein anderes, sich zwischen den Klassen unterscheidendes Konstrukt aufgeklärt werden kann. Dieser erste erwartungswidrige Befund wird in der anschließenden Diskussion aufgegriffen. Während also eine systematische Varianz des Herkunftseffekts nicht besteht, sind im Folgenden die Analyseergebnisse des übrigen Modells in den nachfolgenden Tabellen 4, 5 und 6 dargestellt.

Tab. 4: *STDYX*-standardisierte Faktorladungen λ, p-Werte und Residualvarianz R^2 der latenten Konstrukte des Gesamtmodells

Faktor	Item	λ	p von λ	R^2	p von R^2
ESCS (L1)	zISCED	.756	< .001	.429	< .001
	zBOOKS	.560	< .001	.686	< .001
	zHISEI	.767	< .001	.411	< .001
Individuelle Förderung (L2)	ATNG27Ar	.685	< .001	.531	< .001
	ATNG27Br	.558	< .001	.689	< .001
	ATNG27Cr	.698	< .001	.513	< .001
	ATNG27Fr	.658	< .001	.567	< .001
	ATNG27Gr	.716	< .001	.488	< .001
	ATNG27Jr	.614	< .001	.624	< .001

Tab. 5: *STDYX*-standardisierte β-Parameter und p-Werte der Regressionen im Gesamtstrukturmodell unter Berücksichtigung nicht signifikanter Pfade

Ebene	Beziehung	β	p
L1	Leseleistung on ESCS	.406	< .001
L2	mittlere Leseleistung on individuelle Förderung	-.157	.039

---

4 Dies bleibt jedoch unbeeinflusst von der Höhe der Zusammenhänge (vgl. γ_{10}-Koeffizienten in Tabelle 3).

Tab. 6: *STDYX*-standardisierte Residualvarianzen R^2 und p-Werte der latenten Konstrukte des Gesamtmodells unter Berücksichtigung nicht signifikanter Pfade

Ebene	Konstrukt	R^2	p
L1	Leseleistung	.835	< .001
L2	mittlere Leseleistung	.975	< .001

Im Gesamtmodell zeigen sich akzeptable bis gute Fit-Werte von $RMSEA$ = .022, CFI = .986, $SRMR_{L1}$ = .007 und $SRMR_{L2}$ = .041. Die Daten wurden anhand des TCHWGT gewichtet, unter Berücksichtigung des *FIML* flossen die Angaben aller Schüler*innen (n = 4000) in die Analysen ein. Während der Herkunftseffekt mit β = .406 (p < .001) erwartungsgetreu stark ausfällt und 16.5% der Varianz in der Lesekompetenz zwischen den Schüler*innen zu erklären vermag, steht die individuelle Förderung mit β = -.157 (p = .039) in einem negativen Zusammenhang mit der klassendurchschnittlichen Lesekompetenz. Darüber hinaus ist sie mit 2.5% Varianzaufklärung der Unterschiede in der Lesekompetenz zwischen den Klassen lediglich von geringer Bedeutung. Dieser zweite erwartungswidrige Effekt soll ebenfalls in der nachstehenden Diskussion aufgegriffen werden.

4 Diskussion der erwartungswidrigen Effekte

Ziel der hier vorgestellten Analysen war zum einen, den Einfluss individueller Förderung auf die Lesekompetenz von Viertklässler*innen zu überprüfen. Nachgewiesen wurde ein (von den bildungspolitischen Annahmen ausgehend) erwartungswidriger Effekt: Individuelle Förderung und Lesekompetenz stehen in einem negativen Zusammenhang. Auf Grundlage der hier genutzten Querschnittdaten ist es nicht möglich, kausale Wirkrichtungen festzustellen, so dass die Zuschreibung von Ursache-Wirk-Beziehungen dieses Zusammenhangs auf interpretativer Ebene verbleiben muss. So könnte sich individuelle Förderung negativ auf die Lesekompetenz auswirken, da ihre Umsetzung zeitintensiv sein kann: Anders als bei didaktischen Settings, die auf das gleichzeitige Unterrichten der gesamten Klasse ausgerichtet sind, bedarf es hier der individuellen Instruktion. Diese geht zudem vermehrt mit einer individuellen Lernberatung, einer aufwändigeren Leistungsdokumentation und einer individualisierten Rückmeldung einher – wofür möglicherweise deutlich mehr Zeit aufgewendet wird, die in anderen Settings bereits für das Lernen genutzt werden könnte (dies legt etwa auch Gruehn 1995; 2000 nahe). Ist dies dauerhaft der Fall, könnte sich daraus ein Kompetenzrückstand ergeben, der dann auch nicht mehr durch die Qualität des Lernens ausgeglichen werden kann. Eine weitere Ursache für den negativen Zusammenhang zwischen individueller Förderung und Lesekompetenz kann aus der inversen Interpretation der angenommenen Wirkrichtung abgeleitet werden: Möglicherweise individualisieren Lehrende ihren Unterricht gerade dann, wenn das durchschnittliche Leistungsniveau der Klasse gering ist, sich unter Umständen also viele Schüler*innen in der Klasse befinden, die über ungünstige Lernvoraussetzungen verfügen. Solch eine Annahme würde dafürsprechen, in künftigen Analysen auf Basis von Längsschnittdaten das klassendurchschnittliche Leistungsniveau zum ersten Messzeitpunkt als Prädiktor für die Häufigkeit, mit der Lehrende individualisieren, aufzunehmen. Aus rezenten Analysen (Schulz-Heidorf 2016) auf Grundlage desselben Datensatzes wurde zudem deutlich, dass letzteres nicht durch den klassendurchschnittlichen (aggregierten) sozioökonomischen Familienstand und den auf Klassenebene aggregierten häuslichen Gebrauch der deutschen Sprache bedingt wird. Es ist folglich davon auszugehen, dass andere als diese herkunftsbezogenen Merkmale Lehrende dazu veranlassen, Maßnahmen der individuellen Förderung zu ergreifen – möglicherweise das oben beschriebene klassendurchschnittliche Leistungsniveau, vielleicht aber auch dessen Streuung innerhalb der Klasse, die ein einheitliches, nicht-adaptives Unterrichten erschwert.

Ein weiterer Befund dieser Analysen überraschte ebenfalls: So zeigte sich, dass der Herkunftseffekt zwar erwartungsgetreu stark ausfällt, allerdings nicht zwischen den Klassen variiert, also unabhängig von sämtlichen Kontextmerkmalen den Schulerfolg von Viertklässler*innen beeinflusst. Dieser Befund fällt nicht nur erwartungswidrig aus – er überrascht auch in seiner Robustheit, bedeutet er doch, dass sich der klassendurchschnittliche sozioökonomische Status immer in etwa gleichem Ausmaß auf die Leseleistung auswirkt. Die Brisanz dieses Befundes zeigt sich auch in seiner Stärke: So lassen sich etwa ein Sechstel der Unterschiede in der Lesekompetenz zwischen Viertklässler*innen auf ein Merkmal ihrer Familien – deren sozioökonomische Stellung – zurückführen. Ihr kommt also eine enorme Bedeutung für den lesebezogenen Schulerfolg von Kindern zu. Allerdings besteht Grund zu der Annahme, dass sich dieser Effekt bezüglich der hier untersuchten Lesekompetenz deutlich stärker abzeichnet als dies möglicherweise in anderen Domänen der Fall sein könnte: Die Lesekompetenz ist eine zentrale Kulturtechnik, für deren Erlernen außerschulische Gelegenheiten möglicherweise relevanter sind als zum Beispiel für die naturwissenschaftliche oder mathematische Kompetenz. Auch ist es nicht Ziel von IGLU, die Erfassung der Lesekompetenz explizit an dem im Schulfach Deutsch durchgeführten Leseunterricht auszurichten, was den Einfluss familiärer Lernsituationen – im Vergleich zu schulischen Gelegenheiten – noch verstärken könnte. Überprüft werden soll in Folgeanalysen daher, wie sich der Herkunftseffekt und seine Varianz zwischen den Klassen abzeichnen, wenn andere leistungsbezogene Kompetenzen curriculumnäher erfasst werden (Schulz-Heidorf & Kremer in Vorbereitung).

5 Fazit und Ausblick

In den hier vorgestellten Analysen wurde der individuellen Förderung ein negativer Zusammenhang mit der Leseleistung der Schüler*innen nachgewiesen. Ein moderierender Einfluss auf den Herkunftseffekt konnte aufgrund fehlender Zwischenklassenvarianz nicht bestätigt werden. Aus diesen Befunden abgeleitet werden kann jedoch nicht, dass Lehrer*innen ihren Unterricht per se nicht an die individuellen Lernvoraussetzungen, Leistungsstände, Begabungen, Neigungen und Interessen der einzelnen Kinder und Jugendlichen anpassen sollten, um eine ungünstige Leistungsentwicklung zu verhindern. Dies hat verschiedene Gründe: Zum einen gelten die hier vorgestellten Befunde lediglich für den Zusammenhang mit der Lesekompetenz. Und auch die anhand der IGLU-Skala erfasste Form der individuellen Förderung deckt fast ausschließlich Merkmale der Anpassung des Lernmaterials an die Leistungsstände der einzelnen Lernenden ab. In Folgeuntersuchungen sollten daher weitere Facetten wie die Planung der Passung des Unterrichtsmaterials und der Lehr- und Lernformen an die Lernvoraussetzungen, Lernstile, Interessen und Begabungen der Schüler*innen in Betracht gezogen werden. In IGLU kann dies aufgrund der aktuell (d.h. in IGLU 2011) eingesetzten Skalen nicht erfolgen.

Nochmal angeführt sei die möglicherweise inverse Kausalinterpretation der hier gefundenen Zusammenhänge, wie sie in Abschnitt 4 bereits thematisiert wurde. Darüber hinaus könnte sich die individuelle Förderung im Unterricht auch günstig auf motivationale Merkmale von Schüler*innen auswirken. Dass die Lernmotivation einen Einfluss auf die Qualität des Lernens und die Leistung hat, konnte bereits in einer Vielzahl von Studien nachgewiesen werden (vgl. etwa Deci & Ryan 1993; Jerusalem 2006). Intrinsisch motivierte, lernzielorientierte und interessierte Schüler*innen, die Lern- und Leistungsaufgaben mit Begeisterung begegnen,

„bemühen sich intensiv darum, den Stoff zu verstehen, indem sie z.B. verstärkt versuchen, neue Inhalte mit ihrem bisherigen Wissen in Verbindung zu bringen. An der Sache interessierte Schüler(innen) setzen tiefer gehender [sic] Lernstrategien ein und ziehen adäquatere Lösungsstrategien heran. Sie geben bei Schwierigkeiten nicht so schnell auf und zeigen insgesamt mehr Ausdauer" (Lohrmann & Hartinger 2014, 277).

Wenn angenommen wird, dass durch Maßnahmen individueller Förderung – also der Anpassung der Lerngegenstände, -materialien und -situationen an die Voraussetzungen, Leistungsniveaus, Interessen und Neigungen der einzelnen Schüler*innen – das Lernen für Schüler*innen bedeutsamer gemacht wird, könnte dies mit einer gesteigerten Lernmotivation einhergehen, die möglicherweise als mediierendes Konstrukt zwischen der individuellen Förderung und dem Schulerfolg von Kindern und Jugendlichen angesiedelt ist. Interessant wäre es in diesem Kontext beispielsweise auch zu untersuchen, ob ein individualisierter Unterricht ebenfalls zu Veränderungen in der motivationalen Zielorientierung führen kann, also ob Kinder und Jugendliche unter adaptiven Unterrichtssettings eher zu einer Lernziel- denn zu einer Leistungszielorientierung tendieren, wenn sie dem Lerngegenstand eine größere persönliche Relevanz beimessen. Würde sich solch ein Effekt nachweisen lassen, würde der individuellen Förderung – trotz bisher nicht abschließend geklärter Zusammenhänge mit der Leistung – eine hohe Bedeutsamkeit für das schulische Lernen beikommen, welches dann nicht nur ausgerichtet wäre auf ein gutes Abschneiden in Leistungsevaluationen, sondern auf den Kompetenzerwerb als solchen. Die empirische Prüfung solch einer Wirkung des Konzepts „individuelle Förderung" steht jedoch auch hier noch aus.

Literatur

Becker, Rolf (2010): Soziale Ungleichheit von Bildungschancen und Chancengerechtigkeit – eine Reanalyse mit bildungspolitischen Implikationen. In: Rolf Becker (Hrsg.): Bildung als Privileg. Erklärungen und Befunde zu den Ursachen der Bildungsungleichheit. Wiesbaden: VS Verlag für Sozialwissenschaften, 161–189.

Boudon, Raymond (1974): Education, Opportunity, and Social Inequality: Changing Prospects of Western Society. New York: Wiley.

Bourdieu, Pierre (1983): Ökonomisches Kapital, kulturelles Kapital, soziales Kapital. In: Soziale Ungleichheiten. Sonderband 2 der Zeitschrift Soziale Welt. Göttingen: Schwarz, 183–198.

Bräu, Karin (2007): Die Betreuung der Schüler im individualisierenden Unterricht der Sekundarstufe. Strategien und Handlungsmuster der Lehrenden. In: Kerstin Rabenstein & Sabine Reh (Hrsg.): Kooperatives und selbstständiges Arbeiten von Schülern. Zur Qualitätsentwicklung von Unterricht. Wiesbaden: VS Verlag für Sozialwissenschaften, 173–195.

Caro, Daniel H. & Cortés, Diego (2012): Measuring Family Socioeconomic Status: An Illustration using Data from PIRLS 2006. In: Issues and Methodologies in Large-Scale Assessments, 5. Jg., 9–33.

Deci, Edward L. & Ryan, Richard M. (1993): Die Selbstbestimmungstheorie der Motivation und ihre Bedeutung für die Pädagogik. In: Zeitschrift für Pädagogik, 39. Jg., 223–238.

Ehmke, Timo & Siegle, Thilo (2005): ISEI, ISCED, HOMEPOS, ESCS. In: Zeitschrift für Erziehungswissenschaft, 8. Jg., 521–539.

Fischer, Christian (2014): Individuelle Förderung als schulische Herausforderung. Berlin: Friedrich-Ebert-Stiftung.

Forum Bildung (2001): Empfehlungen des Forum Bildung. Bonn: Bund-Länder-Kommission für Bildungsplanung und Forschungsförderung.

Giaconia, Rose M. & Hedges, Larry V. (1982): Identifying Features of Effective Open Education. In: Review of Educational Research, 52. Jg., 579–602.

Gruehn, Sabine (1995): Die Vereinbarkeit kognitiver und nichtkognitiver Ziele im Unterricht. In: Zeitschrift für Pädagogik, 41. Jg., 531–553.

Gruehn, Sabine (2000): Unterricht und schulisches Lernen. Schüler als Quellen der Unterrichtsbeschreibung. Münster: Waxmann.

Grunder, Hans-Ulrich (2009): Heterogenität und innere Differenzierung des Unterrichts. In: Hans-Ulrich Grunder & Adolf Gut (Hrsg.): Zum Umgang mit Heterogenität in der Schule. Baltmannsweiler: Schneider-Verlag Hohengehren, 115–127.

Hattie, John (2009): Visible Learning. A Synthesis of over 800 Meta-Analyses Relating to Achievement. Reprinted. London: Routledge.

Jerusalem, Matthias (2006): Motivationale und volitionale Voraussetzungen des Unterrichts. In: Karl-Heinz Arnold (Hrsg.): Handbuch Unterricht. Bad Heilbrunn: Klinkhardt, 575–579.

Klieme, Eckhard & Warwas, Jasmin (2011): Konzepte der Individuellen Förderung. In: Zeitschrift für Pädagogik, 57. Jg., 805–818.

Kunze, Ingrid (2008): Begründungen und Problembereiche individueller Förderung in der Schule – Vorüberlegungen zu einer empirischen Untersuchung. In: Ingrid Kunze & Claudia Solzbacher (Hrsg.): Individuelle Förderung in der Sekundarstufe I und II. Baltmannsweiler: Schneider-Verlag Hohengehren, 13–26.

Lipowsky, Frank & Lotz, Miriam (2015): Ist Individualisierung der Königsweg zum erfolgreichen Lernen? Eine Auseinandersetzung mit Theorien, Konzepten und empirischen Befunden. In: Gerlinde Mehlhorn, Frank Schulz & Karola Schöppe (Hrsg.): Begabungen entwickeln & Kreativität fördern. München: kopaed, 155–219.

Lohrmann, Katrin & Hartinger, Andreas (2014): Lernemotionen, Lernmotivation und Interesse. In: Wolfgang Einsiedler, Margarete Götz, Andreas Hartinger & Friederike Heinzel (Hrsg.): Handbuch Grundschulpädagogik und Grundschuldidaktik. 4. überarbeitete Auflage. Stuttgart: UTB, 275–279.

Reis, Sally M., McCoach, D. Betsy, Little, Catherine M., Muller, Lisa M. & Kaniskan, R. Burcu (2011): The Effects of Differentiated Instruction and Enrichment Pedagogy on Reading Achievement in five Elementary Schools. In: American Educational Research Journal, 48. Jg., 462–501.

Rubin, Donald B. (1987): Multiple Imputation for Nonresponse in Surveys. New York: Wiley.

Schulz-Heidorf, Katrin (2016): Individuelle Förderung im Unterricht: Eine Möglichkeit, soziale Herkunft und Schulerfolg zu entkoppeln? Eine Re-Analyse aus IGLU-E 2011. Berlin: epubli.

Schulz-Heidorf, Katrin & Kremer, Anna-Lena (in Vorbereitung): Die Robustheit des Herkunftseffekts im Lesen – ein domänenspezifischer Effekt?

Schulz-Heidorf, Katrin & Solheim, Oddny J. (2016): Adapted Teaching: A Chance to Reduce the Effect of Social Origin? A Comparison between Germany and Norway, using PIRLS 2011. In: Journal für International und Interkulturell Vergleichende Erziehungswissenschaft, 22. Jg., 230–259.

Seidel, Tina & Shavelson, Richard J. (2007): Teaching Effectiveness Research in the Past Decade: The Role of Theory and Research Design in Disentangling Meta-Analysis Results. In: Review of Educational Research, 77. Jg., 454–499.

Wendt, Heike, Stubbe, Tobias C. & Schwippert, Knut (2012): Soziale Herkunft und Lesekompetenzen von Schülerinnen und Schülern. In: Wilfried Bos, Irmela Tarelli, Albert Bremerich-Vos & Knut Schwippert (Hrsg.): IGLU 2011. Lesekompetenzen von Grundschulkindern in Deutschland im internationalen Vergleich. Münster: Waxmann, 175–190.

Katharina Dreiling, Ruth Flierl und Ariane S. Willems

FeeDO – *Fee*dback im *D*eutschunterricht der *O*berstufe: Erste Befunde einer Pilotierungsstudie zur standardisierten Erfassung wahrgenommenen Feedbacks

Das Feedback von Lehrkräften gilt als zentrale Komponente zur Förderung der Lernprozesse von Schüler*innen. In der empirischen Unterrichtsforschung ist bislang jedoch wenig darüber bekannt, wie das Feedback von Lehrkräften im Unterrichtsgeschehen von Schüler*innen wahrgenommen wird und in welchem Zusammenhang die Schüler*innenwahrnehmung des Feedbacks zu motivational-affektiven und kognitiven Lernprozessmerkmalen steht. Der vorliegende Beitrag widmet sich dem ersten Aspekt und geht der Frage nach, wie Schüler*innen Feedback ihrer Lehrkräfte im Unterricht wahrnehmen. Im Rahmen des Projektes FeeDO – Feedback im Deutschunterricht der Oberstufe – wurde ein multidimensionaler Fragebogen zur Erfassung der Schüler*innenwahrnehmung von Feedback entwickelt und im Deutschunterricht in n = 49 Gymnasial- und Gesamtschulkursen der Oberstufe pilotiert. Zur internen Konstruktvalidierung wurden auf Basis zweier Teilstudien latente explorative und konfirmatorische Faktoranalysen durchgeführt, deren Ergebnisse zeigen, dass die entwickelten Subskalen eine reliable und valide Erfassung des wahrgenommenen Feedbacks aus Schüler*innensicht ermöglichen.

1 Einleitung

Unter Feedback werden alle Informationen gefasst, die Lernende in Bezug auf ihre Leistung, ihr Verständnis oder ihren Lernprozess erhalten (Hattie & Timperley 2007). Feedback gilt in der Lernforschung als zentrales Merkmal effektiven Unterrichts (Lipowsky 2015; Willems 2016; Hess, in diesem Band), das besonders im Lichte aktueller Befunde, die eine leistungs- und motivationsfördernde Wirkung von Feedback zeigen, an Relevanz gewinnt (Vollmeyer & Rheinberg 2005; Rakoczy u.a. 2008). So zählt auch in der Metastudie von Hattie (2009) Feedback mit einer Effektstärke von $d = .73$ zu den Merkmalen mit den größten Wirkungen auf Schüler*innenleistungen.

Konzeptuell gilt Feedback als mehrdimensionales Konstrukt. So hat sich in der Feedbackforschung unter anderem die Unterscheidung zwischen einfachem und elaboriertem Feedback etabliert: Während *einfaches* Feedback den Lernenden zunächst darüber informiert, ob eine Antwort oder Aufgabenbearbeitung richtig oder falsch ist, enthält *elaboriertes* Feedback zusätzliche Hinweise zur Anpassung des Lernprozesses und gibt Hilfestellungen zur Korrektur von Fehlern. Fasst man die Befunde bezüglich der Qualität und Wirkung von Feedback zusammen, so zeigt sich bereits in frühen Studien, dass einfaches Feedback in der Regel keinen Effekt auf die Lernleistung hat (Kluger & DeNisi 1996), elaboriertes Feedback hingegen durchaus positive Effekte auf den Lernerfolg aufweist (Bangert-Drowns u.a. 1991). Es gilt vor allem dann als wirkungsvoll, wenn es die Schüler*innen zur Selbstregulation anregt (Butler & Winne 1995), prozessbezogene Strategiehinweise vermittelt (Duijnhouwer u.a. 2012) oder die aktive Beteiligung von Schüler*innen fördert (Pauli 2006).

Obwohl die Bedeutung von Wahrnehmungs- und Interpretationsprozessen der Lernenden in der empirischen Unterrichtsforschung im Kontext entsprechender Angebots-Nutzungs-Modelle immer mehr zunimmt (Willems 2010; Helmke 2015; Willems, in diesem Band), besteht in der Feedbackforschung noch Unklarheit darüber, wie Feedback im Unterricht aus der Perspektive von Schüler*innen empirisch erfasst werden kann und welche konzeptuellen Faktoren von Feedback dabei unterschieden werden können. Mit dem vorliegenden Beitrag werden erste Ergebnisse des Projektes *FeeDO – Feedback im Deutschunterricht der Oberstufe* vorgestellt, dessen Ziel es ist, Feedback als Merkmal der Unterrichtsqualität zu konzeptualisieren und aus der Perspektive von Schüler*innen zu operationalisieren, sodass in zukünftiger Feedbackforschung stärker das Augenmerk auf die subjektive Schüler*innenwahrnehmung und – daran anknüpfend – auf die multikriteriale und differenzielle Wirkung von Feedback gelegt werden kann.

2 Theoretische Verortung und empirischer Forschungsstand

2.1 Konzeptionen von Feedback

In der Feedbackforschung existieren unterschiedliche Rahmenmodelle zur Beschreibung und Analyse der Qualität und Wirkung von Feedback, in denen verschiedene Komponenten, die hinsichtlich ihres Informationswerts für die Bewältigung von Lernaufgaben variieren, differenziert werden (Narciss 2006). Übereinstimmend wird dazu in Anlehnung an Kulhavy und Stock (1989) zunächst zwischen einer *einfachen* und einer *elaborierten* Komponente unterschieden: Unter einfachem Feedback werden Rückmeldungen verstanden, die die Lernenden darüber informieren, ob ihre Antwort richtig oder falsch ist bzw. ob eine Aufgabe richtig bearbeitet wurde. Demgegenüber werden unter einem elaborierten Feedback Rückmeldungen verstanden, die ergänzende inhaltliche oder strategische Hinweise zur Verbesserung des Lernprozesses enthalten. Aufbauend auf bisherigen Untersuchungen entwickeln Hattie und Timperley (2007) ein Rahmenmodell, in dem zwischen drei hierarchischen Feedbackebenen differenziert wird: Feedback kann sich demnach auf eine aufgabenspezifische, eine prozessbezogene oder eine selbstregulative Ebene beziehen. Während sich das *aufgabenbezogene* Feedback – auch als einfaches Feedback bezeichnet – lediglich auf das Lernergebnis bezieht, fokussiert *prozessbezogenes* Feedback die Art und Weise, wie der Lernprozess gestaltet und bewältigt wird. Schließlich soll ein *selbstregulatives* Feedback den Lernenden dabei unterstützen, Fähigkeiten zu entwickeln, um Lernprozesse eigenständig zu überwachen und den Lernzielen entsprechend anzupassen (Butler & Winne 1995).

Aus interaktionspsychologischer Sicht haben traditionelle Feedbackmodelle zunächst die Kommunikation zwischen einem Feedback*gebenden* – der Lehrkraft – und individuellen Feedback*nehmenden* – den Lernenden – in den Fokus gestellt. Pauli (2006) sowie Lotz (2016) schlagen für die Analyse von Feedback im schulischen Unterricht allerdings vor, zusätzlich eine stärker *diskursive* Komponente des Feedbacks zu berücksichtigen. Bei dieser Form von Rückmeldung gibt die Lehrkraft selbst den Schüler*innen kein unmittelbares Feedback, sondern fordert die Klassenkamerad*innen auf, ihrerseits Feedback zu geben und Schüler*innenbeiträge im Klassengespräch zu diskutieren. Die Lehrkraft nimmt in diesem Prozess eine moderierende Funktion im Klassengespräch ein.

Zusammenfassend lassen sich aus konzeptueller Sicht, basierend auf den hier vorgestellten Feedbackmodellen, vier unterschiedliche Komponenten wirksamen Feedbacks differenzieren: die *evaluative* (einfache), die *prozessorientierte*, die *selbstregulative* sowie die *diskursive* Komponente. Ziel des *FeeDO*-Projektes ist es, basierend auf dieser konzeptuellen Rahmung ein Instrument zu entwickeln, mit dem die individuelle Schüler*innenwahrnehmung von Feedback im Unterricht erfasst werden kann.

2.2 Empirische Befunde zur Qualität und Wirksamkeit von Feedback

Aktuelle Studien liefern erste Erkenntnisse über die Beschreibung und Wirkung verschiedener Feedbackkomponenten. Methodisch dominieren dabei derzeit experimentelle Forschungsdesigns zur Beschreibung der Wirksamkeit von Feedback sowie videogestützte Analysen, die vor allem auf die Beschreibung der Gestaltung und Häufigkeit bestimmter Feedbackformen abzielen.

Bezüglich der *Häufigkeit von Feedback* im Unterricht zeigen verschiedene Studien, dass elaboriertes Feedback – im Vergleich zu einfachem Feedback – nur selten von Lehrkräften bereitgestellt wird: Kobarg und Seidel (2007) zeigen in einer Videostudie im Physikunterricht (Sekundarstufe I), dass einfache Rückmeldungen deutlich häufiger vorkommen (88%) als elaborierte (prozessorientierte)

Formen der Rückmeldungen. Zu einem ähnlichen Ergebnis kommen Voerman u.a. (2012) in einer fächerübergreifenden Videostudie des Sekundarschulbereichs in den Niederlanden: Während einfaches Feedback von 85.9% der aufgezeichneten Lehrkräfte bereitgestellt wurde, konnte bei über 50% der aufgezeichneten Lehrkräfte keinerlei elaboriertes Feedback beobachtet werden.

Neben deskriptiven Befunden zur Häufigkeit von Feedback liegen auch erste differenzierte Befunde zur *Wirkung von Feedback* vor: So untersuchten Rakoczy u.a. (2008) in der videobasierten Pythagoras-Studie die Effekte von Feedback auf die Leistung und Motivation von Lernenden. Die Studie zeigt, dass Schüler*innen, die in den videografierten Unterrichtsstunden elaboriertes (informatives) Feedback oder positives einfaches (evaluatives) Feedback erhielten, über eine höhere unterrichtsbezogene Motivation berichteten. Bezogen auf die Leistung konnten keine Effekte festgestellt werden. Aus methodischer Sicht ist hier allerdings festzuhalten, dass Feedback ausschließlich über die Einschätzung von geschulten Videorater*innen operationalisiert wurde, Schüler*innenwahrnehmungen werden nicht berichtet. Metakognitive Wirkungen von Feedback werden unter anderem in den (computergestützten) Experimentalstudien von Vollmeyer und Rheinberg (2005) sowie van den Boom u.a. (2007) untersucht. Dabei zeigt sich, dass insbesondere elaboriertes Feedback die selbstregulativen Fähigkeiten von Lernenden – und darüber vermittelt auch den Wissenserwerb – positiv beeinflusst, der Effekt einfachen Feedbacks dabei geringer ist.

Im Co²Ca-Projekt wurde schließlich in einer Fragebogenstudie untersucht, wie notenzentrierte Formen im Vergleich zu elaborierten Formen der Rückmeldung den Lernerfolg und die Qualität des Mathematikunterrichts beeinflussen können (Bürgermeister u.a. 2014). Während Feedback hier mittels Lehrer*inneneinschätzungen erfasst wurde, wird die Unterrichtsqualität über Schüler*inneneinschätzungen operationalisiert. Erste Befunde zeigen, dass elaboriertes Feedback im Unterricht auch mit einem insgesamt höheren Grad an kognitiver Aktivierung des Mathematikunterrichts einhergeht (ebd.).

Zusammenfassend liefern die bisherigen empirischen Arbeiten aufschlussreiche Hinweise über das Auftreten verschiedener Formen des Feedbacks und deren Wirkungen auf die Lernprozesse und -effekte von Schüler*innen. Der Schwerpunkt der Feedbackforschung liegt dabei vor allem auf experimentellen Studien sowie auf der Analyse der Gestaltung von Feedback auf der Grundlage videografierter Unterrichtssequenzen. An Analysen zur Wahrnehmung von Feedback aus Schüler*innenperspektive mangelte es jedoch bisher, obschon argumentiert werden kann, dass sich Wirkungen der Unterrichtsgestaltung – und hierzu gehört Feedback – nur vermittelt über die Wahrnehmung und Nutzung des Unterrichts*angebotes* entfalten können (Weaver 2006).

Im Zentrum unseres Beitrages steht daher die Frage, inwieweit sich die vier Komponenten von Feedback – *evaluative, prozessorientierte, selbstregulative* und *dis-*

kursive Komponente – durch einen standardisierten Fragebogen aus Sicht von Schüler*innen empirisch abbilden lassen. Zur Beantwortung dieser Fragestellung wurden zwei Teilstudien im Deutschunterricht der Oberstufe durchgeführt. Die von uns gewählte fachspezifische Fokussierung auf den Deutschunterricht der Oberstufe ist darauf zurückzuführen, dass Feedback bisher – ähnlich wie andere Merkmale der Unterrichtsqualität – überwiegend in mathematisch-naturwissenschaftlichen Fächern oder im Primarbereich untersucht wurde. Studien zu Feedback im Deutschunterricht der Oberstufe liegen demgegenüber noch nicht vor, sodass wir mit dem Projekt *FeeDO* hier eine Forschungslücke zu schließen versuchen.

3 Methodik

Fragebogenentwicklung
Die Fragebogenentwicklung im Projekt *FeeDO* erfolgte in einem mehrstufigen Verfahren. Zunächst wurde ein Itempool von 48 Items entwickelt, die sich konzeptuell jeweils einer der von uns differenzierten Feedbackkomponenten zuordnen ließen. Dazu wurden bestehende Instrumente gesichtet und adaptiert (Pauli 2006; Rakoczy u.a. 2008; Rowe & Wood 2008; King u.a. 2009; Klimczak u.a. 2012; Kleijn u.a. 2013; Harris u.a. 2014; Lotz 2016) sowie ergänzend neue Items entwickelt. Der Itempool wurde anschließend einer Gruppe von sechs Deutschlehrkräften und sechs Schüler*innen der gymnasialen Oberstufe zur Einschätzung der Klarheit, Verständlichkeit, Eindeutigkeit, Vollständigkeit und Relevanz vorgelegt. Entsprechend den Rückmeldungen wurden einige Items umformuliert oder entfernt. Die daraus resultierende Fragebogenversion mit 30 Items wurde im Rahmen von zwei zeitlich parallelen Teilstudien an zwei unterschiedlichen Stichproben pilotiert. Alle Items weisen ein vierstufiges Antwortformat (1 = „trifft nicht zu" bis 4 = „trifft voll zu") auf. Zur Prüfung der Konstruktvalidität wurden latente explorative Faktoranalysen (Teilstudie 1) sowie latente konfirmatorische Faktoranalysen (Teilstudie 2) durchgeführt. Auf Basis beider Studien wurden anschließend Reliabilitätsanalysen vorgenommen.

Teilstudie 1
Stichprobe und Datenerhebung
Teilstudie 1 umfasst insgesamt 22 Deutschkurse unterschiedlichen Anforderungsniveaus der gymnasialen Oberstufe an 7 Gymnasien und 3 Gesamtschulen in Niedersachsen. An der Befragung nahmen insgesamt n = 389 Schüler*innen (54% weiblich) mit einem Durchschnittsalter von 16.9 Jahren (*SD* = .74) teil. Befragt wurden Schüler*innen der Jahrgangsstufe 10 (4.8%), 11 (84.3%) und 12 (10.9%).

Datenanalyse

Zur Überprüfung der Faktorstruktur und der Interkorrelationen der Faktoren wurde eine latente explorative Faktoranalyse (EFA, *oblique rotation*) in M*plus* 8.0 (Muthén & Muthén 2017) gerechnet. Die Parameterschätzung erfolgt unter Verwendung des WLSMV-Schätzers, wobei die Mehrebenenstruktur der Daten durch eine modellbasierte Korrektur der Standardfehler berücksichtigt wird. Fehlende Werte werden mittels des *Full-Information-Maximum-Likelihood*-Algorithmus modellbasiert geschätzt. Auf eine Imputation fehlender Werte wurde auf Grund des insgesamt geringen Anteils fehlender Werte verzichtet. Im Durchschnitt liegt der Anteil fehlender Werte auf Itemebene bei 0.95 Prozent, wobei der höchste Anteil fehlender Werte für ein Item bei 1.9 Prozent liegt. Zur Beurteilung der Modellpassung werden neben inhaltlichen Abwägungen außerdem der χ^2-*Anpassungstest*, der *Comparative Fit Index (CFI)*, der *Tucker-Lewis-Index (TLI)*, der *Root Mean Square Error of Approximation (RMSEA)* und der Wert des *Standardized Root Mean Square Residual (SRMR)* herangezogen (Schermelleh-Engel & Moosbrugger 2003).

Teilstudie 2
Stichprobe und Datenerhebung
An der zweiten Teilstudie, die zeitlich parallel zur ersten Studie an einer zusätzlichen Stichprobe stattfand, nahmen n = 440 Schüler*innen (51.4% weiblich) aus 27 Deutschkursen unterschiedlicher Anforderungsniveaus der Jahrgangsstufen 10 (4.1%), 11 (90.7%) und 12 (5.1%) an 9 Gymnasien und einem Beruflichen Gymnasium in Niedersachsen, Sachsen-Anhalt und Hessen teil. Das Durchschnittsalter der Teilnehmenden liegt bei 17.15 Jahren (*SD* = .73).

Datenanalyse
Zur Überprüfung der Konstruktvalidität wurden in dieser Teilstudie latente konfirmatorische Faktoranalysen (CFA) durchgeführt. Die theoretisch postulierten und in der ersten Teilstudie empirisch identifizierten Faktoren wurden hierbei als latente Variablen in das zu prüfende Modell der CFA übernommen. Erneut nutzen wir zur Beurteilung der Modellgüte sowohl Modellgütekriterien als auch inhaltliche Kriterien. Im Anschluss an die Bestimmung der Faktorstruktur wurden neben Reliabilitätsanalysen abschließend die Intraklassenkorrelationskoeffizienten der resultierenden Skalen bestimmt.

4 Ergebnisse

Teilstudie 1: Explorative Faktorenanalyse
Im ersten Analyseschritt wurden sechs Modelle mit aufsteigender Anzahl Faktoren geschätzt. Tabelle 1 zeigt eine vergleichende Übersicht der entsprechenden Fit-Indizes.

Tab.1: Modellfitstatistiken des 1- bis 6-Faktorenmodells der Feedbackkomponenten auf der Basis der EFA

Anzahl Faktoren	χ^2 [df], p (χ^2)	CFI	TLI	RMSEA, p (RMSEA)	SRMR
1	588.966 [252], p = .00	.80	.78	.05, p = .01	.08
2	431.609 [229], p = .00	.88	.87	.05, p = .70	.07
3	336.974 [207], p = .00	.92	.90	.04, p = .98	.06
4	285.651 [186], p = .00	.94	.91	.04, p = .96	.05
5	230.264 [166], p = .00	.96	.94	.03, p = 1.00	.04
6	189.852 [166], p = .00	.98	.95	.03, p = 1.00	.03

Das sparsamste und inhaltlich am besten zu interpretierende Modell bei gleichzeitig guten oder zumindest zufriedenstellenden Fit-Indizes ist das 4-Faktorenmodell, sodass dieses – trotz eines signifikanten χ^2-Anpassungstests – nicht verworfen wird. Von den 30 Items, die in die EFA eingingen, wurden sechs Items aufgrund niedriger Ladungen ($\lambda < .30$) sowie substanzieller Nebenladungen entfernt. Die vier Faktoren mit den verbliebenen 24 Items bilden inhaltlich die theoretisch postulierten Komponenten des Feedbacks ab:

1. *Evaluatives Feedback:* Auf den ersten Faktor laden sechs Items (Ladungen: $.31 \leq \lambda \leq .83$), die ein einfaches evaluatives Feedback beschreiben, in dem Lehrkräfte über das erreichte Lernergebnis in Bezug auf die Lernziele informieren („Durch ihre Rückmeldungen macht mir die Deutschlehrkraft deutlich, ob meine Antwort richtig oder falsch ist.").

2. *Prozessorientiertes Feedback:* Auf den zweiten Faktor laden acht Items ($.46 \leq \lambda \leq .63$), die unterstützende Tätigkeiten der Lehrkraft ausdrücken („Die Deutschlehrkraft gibt mir konkrete Denkanstöße, die mir dabei helfen, auf die richtige Antwort zu kommen.").

3. *Selbstregulatives Feedback:* Der dritte Faktor (fünf Items, $.35 \leq \lambda \leq .83$), umfasst Feedbackhandlungen der Lehrperson, die als selbstregulative Anregungen bezeichnet werden können („Die Deutschlehrkraft gibt mir die Möglichkeit, meinen Beitrag zu überdenken und mich selbstständig zu verbessern.").

4. *Diskursives Feedback:* Auf den vierten Faktor laden schließlich fünf Items (.38 ≤ λ ≤ .73), die eine diskursive Behandlung von Schüler*innenbeiträgen im Klassengespräch beinhalten („Die Deutschlehrkraft regt den ganzen Kurs dazu an, mir Tipps zu geben, um gemeinsam auf die richtige Antwort zu kommen.").

Teilstudie 2: Konfirmatorische Faktorenanalyse
Im folgenden Analyseschritt wurde anhand der zweiten Teilstichprobe die theoretisch postulierte sowie im Rahmen der ersten Teilstudie empirisch vorgefundene 4-Faktorenstruktur überprüft. Neben diesem 4-Faktorenmodell wurde ein 3-Faktorenmodell untersucht, das lediglich die Trennung zwischen einer evaluativen, prozessbezogenen und diskursiven Komponente abbildet. Dabei wurden die Items zur Erfassung der prozessbezogenen Komponente auf Grund ihrer hohen konzeptuellen und inhaltlichen Nähe mit denjenigen zur Erfassung der selbstregulativen Komponente zusammengefasst. Die Ergebnisse zur Bestimmung des Modellfits des 3-und 4-Faktorenmodells (Tabelle 2) belegen eine insgesamt gute Anpassungsgüte des Modells an die empirischen Daten. Auf Grund der besseren inhaltlichen Interpretierbarkeit wird für weitere Analysen jedoch die theoretisch angenommene Differenzierung zwischen einer prozessorientierten und einer selbstregulativ-anregenden Komponente beibehalten.

Tab. 2: Modellfitstatistiken des 1-, 3- und 4-Faktorenmodells der Feedbackkomponenten auf der Basis der CFA

Anzahl Faktoren	χ^2 [df], p (χ^2)	CFI	TLI	RMSEA, p (RMSEA)
1	659.222 [252], p = .00	.86	.85	.06, p = .00
3	499.207 [249], p = .00	.92	.91	.05, p = .72
4	488.209 [246], p = .00	.92	.91	.05, p = .76

In Abbildung 1 sind neben den Faktorladungen der einzelnen Items auch die latenten Faktorinterkorrelationen der vier Komponenten des wahrgenommenen Feedbacks dargestellt. Die Analysen zeigen erwartungsgemäß, dass zwischen den vier Feedbackkomponenten signifikante Zusammenhänge bestehen. Die Faktoren korrelieren untereinander mit Werten zwischen *r* = .55 und *r* = .73, sodass wir auf Grund unserer Analysen von konzeptuell zusammenhängenden, jedoch inhaltlich und empirisch durchaus differenzierbaren Komponenten ausgehen können.
Im Anschluss an die Bestimmung der Faktorstruktur wurde die Zuverlässigkeit der extrahierten Skalen durch Reliabilitätsanalysen bestimmt (Tabelle 3). Hierzu wurde die interne Konsistenz der Skalen durch die Berechnung von Cronbachs α ermittelt. Mit Werten zwischen .68 ≤ α ≤ .86 sind die Reliabilitäten – mit Ausnahme der Komponente *selbstregulatives Feedback* – zufriedenstellend bis gut.

Die deskriptiven Kennwerte der Subskalen und Angaben zur Intraklassen-Korrelationen sind Tabelle 3 zu entnehmen. Es zeigt sich, dass die beiden Komponenten *prozessorientiertes* sowie *selbstregulatives Feedback* mit 19% höhere Varianzanteile auf Klassenebene aufweisen als die beiden Komponenten *evaluatives* (6%) und *diskursives* (9%) Feedback, die damit stärker von individuellen Wahrnehmungstendenzen abhängig zu sein scheinen als die beiden weiteren Komponenten. Entsprechend fallen auch der ICC (2) für die beiden erstgenannten Komponenten höher aus.

Tab. 3: Kennwerte der Subskalen zu den wahrgenommenen Feedbackkomponenten

Skala	Anzahl Items	Cronbachs α	n	ICC (1)	ICC (2)	M (SD)
evaluativ	6	.75	829	.06	.52	2.96 (.55)
prozessorientiert	8	.86	828	.19	.80	2.78 (.60)
selbstregulativ	5	.68	826	.19	.80	3.20 (.56)
diskursiv	5	.71	825	.09	.63	2.81 (.58)

5 Diskussion und Ausblick

Das Ziel der vorliegenden Studie war es, ein standardisiertes Instrument (Fragebogen) für die Erfassung von lern- und leistungsbezogenem Feedback im Unterricht aus Schüler*innensicht zu entwickeln und zu validieren. Als Grundlage zur Entwicklung des Fragebogens dienten unterschiedliche Feedbackmodelle (Kulhavy & Stock 1989; Butler & Winne 1995; Pauli 2006; Hattie & Timperley 2007), in denen aus konzeptueller Sicht vier zentrale Komponenten von Feedback für den Unterrichtskontext identifiziert wurden: Die evaluative, die prozessorientierte, die selbstregulative sowie die diskursive Komponente.

In der aktuellen Unterrichtsforschung gilt Feedback als zentrales Merkmal guten Unterrichts, dessen Qualität das Lernen, die Leistung und die Motivation von Schüler*innen beeinflussen kann (Hattie & Timperley 2007; Lipowsky 2015). Auffällig ist, dass sich die aktuelle Feedbackforschung in erster Linie mit Fragen der Gestaltung und Häufigkeit von Feedback befasst und dabei übereinstimmend zwischen einfachem und elaboriertem Feedback unterscheidet. Forschungsmethodisch kommen aktuell vor allem Designs zum Einsatz, die die Gestaltung von Feedback auf der Grundlage von Videostudien analysieren (Kobarg & Seidel 2007; Rakoczy u.a. 2008; Lotz 2016) bzw. die Wirkung von Feedback in experimentellen Designs untersuchen (Vollmeyer & Rheinberg 2005; van den Boom u.a. 2007). Während die Übertragbarkeit der Befunde experimenteller, computergestützter Studien auf die reale Unterrichtssituation nur bedingt möglich ist, blenden Videostudien – trotz ihrer Stärken – die unterrichtsbezogene Wahrnehmung der Schüler*innen eher aus, sodass mittels dieser Designs zwar auf der Grundlage ‚objektiver Expertenurteile' beschrieben werden kann, wie Feedback im Unterricht gestaltet ist, nicht jedoch, wie Feedback von Schüler*innen wahrgenommen wird und welche (differenziellen) Wirkungen sich auf der Basis dieser Schüler*innenwahrnehmungen entfalten können.

Ausgehend von der Logik klassischer Angebots-Nutzungs-Modelle der Unterrichtsforschung (Willems 2010; Helmke 2015), in denen die Wahrnehmung des Unterrichtsangebots durch die Schüler*innen als zentrale Schnittstelle zur Entfaltung von kognitiven und motivational-affektiven Unterrichtswirkungen verstanden wird, fokussiert auch das Projekt *FeeDO* auf die Analyse von Schüler*innenwahrnehmungen. Dies erfolgt exemplarisch am Fach Deutsch in der gymnasialen Oberstufe, da diese Zielgruppe (ähnlich wie in der Unterrichtsqualitätsforschung insgesamt) in der bisherigen Feedbackforschung vernachlässigt wurde.

Die Ergebnisse beider Pilotstudien zeigen zusammenfassend, dass es uns weitgehend gelungen ist, ein zuverlässiges Instrument zur Wahrnehmung von Feedback durch Schüler*innen zu entwickeln, auf dessen Basis die unterschiedlichen Komponenten des Feedbacks erfasst werden können.

Auf Basis dieses Instrumentes und der hier berichteten Analysen können wir uns zukünftig weiteren Forschungsfragen widmen, die in der bisherigen Forschung noch wenig Berücksichtigung finden: So soll zunächst untersucht werden, inwieweit individuelle Merkmale der Lernausgangslage, wie unter anderem das Vorwissen der Schüler*innen, ihr Fachinteresse, ihr Selbstkonzept oder ihre Lernmotivation in Zusammenhang mit der Wahrnehmung von Feedback stehen. Aufbauend auf solchen Analysen zur Frage differenzieller Einflüsse auf die Feedbackwahrnehmung gehen wir in einem zweiten Schritt mittels multivariater Analyseverfahren der Frage nach, inwieweit unterschiedliche Formen des Feedbacks Zusammenhänge zu motivational-affektiven, kognitiven und metakognitiven Wirkungen des Unterrichts aufweisen bzw. die Entwicklung dieser Merkmale begünstigen können.

Eine weitere Forschungsfrage, die bisher nicht beachtet wurde ist, wie Feedback mit klassischen Unterrichtsqualitätsmerkmalen, wie wir sie aus der Unterrichtsforschung kennen (Willems, in diesem Band), zusammenhängt. Auch hier werden vertiefende Analysen der *FeeDO*-Daten Aufschluss geben können.

Angesichts der enormen Relevanz von Feedback in der unterrichtlichen Interaktion erscheint uns ein Verständnis über die individuelle Wahrnehmung von Feedback auch aus schulpraktischer Sicht unerlässlich, um Feedbackprozesse flexibel gestalten zu können und an die individuellen Bedürfnisse von Schüler*innen anpassen zu können (King u.a. 2009; Hess, in diesem Band).

Literatur

Bangert-Drowns, Robert, Kulik, Chen-Lin, Kulik, James & Morgan, MaryTeresa (1991): The instructional effect of feedback in test-like events. In: Review of Educational Research, 61. Jg., 213–238.

Boom, Gerard van den, Paas, Fred & van Merriënboer, Jereon (2007): Effects of elicted reflections combined with tutor or peer feedback on self-regulated learning and learning outcomes. In: Learning and Instruction, 17. Jg., 532–548.

Bürgermeister, Anika, Klieme, Eckhard, Rakoczy, Katrin, Harks, Birgit & Blum, Werner (2014): Formative Leistungsbeurteilung im Unterricht. In: Marcus Hasselhorn, Wolfgang Schneider & Ulrich Trautwein (Hrsg.): Lernverlaufsdiagnostik. Göttingen u.a.: Hogrefe, 41–60.

Butler, Deborah L. & Winne, Philip H. (1995): Feedback and self-regulated learning: a theoretical synthesis. In: Review of Educational Research, 65. Jg., 245–281.

Duijnhouwer, Hendrien, Prins, Frans J. & Stokking, Karel M. (2012): Feedback providing improvement strategies and reflection on feedback use. In: Learning and Instruction, 22. Jg., 171–184.

Harris, Lois R., Brown, Gavin T. L. & Harnett, Jennifer A. (2014): Understanding classroom feedback practices. In: Educational Assessment, Evaluation and Accountability, 26. Jg., 107–133.

Hattie, John (2009): Visible Learning. London: Routledge.

Hattie, John & Timperley, Helen (2007): The power of feedback. In: Review of Educational Research, 77. Jg., 81–112.

Helmke, Andreas (2015): Unterrichtsqualität und Lehrerprofessionalität. Seelze: Kallmeyer.

King, Paul, Schrodt, Paul & Weisel, Jessica (2009): The instructional feedback orientation scale. Conceptualizing and validating a new measure for assessing perceptions of instructional feedback. In: Communication Education, 58. Jg., 235–261.

Kleijn, Renske A.M. de, Mainhard, M. Tim, Meijer, Paulien C., Brekelmans, Mieke & Pilot, Albert (2013): Master's thesis projects: Student perceptions of supervisor feedback. In: Assessment & Evaluation in Higher Education, 38. Jg., 1012–1026.

Klimczak, Malte, Kampa, Miriam, Bürgermeister, Anika, Harks, Birgit, Rakoczy, Katrin, Besser, Michael, Klieme, Eckhard, Blum, Werner & Leiss, Dominik (2012): Dokumentation der Befragungsinstrumente der Interventionsstudie im Projekt Co²CA. Frankfurt/M.: Deutsches Institut für Internationale Pädagogische Forschung.

Kluger, Avraham & DeNisi, Angelo (1996): The effects of feedback interventions on performance: a historical review, a meta-analysis, and a preliminary feedback intervention theory. In: Psychological Bulletin, 119. Jg., 254–284.

Kobarg, Mareike & Seidel, Tina (2007): Prozessorientierte Lernbegleitung – Videoanalysen im Physikunterricht der Sekundarstufe I. In: Unterrichtswissenschaft, 35. Jg., 148–168.

Kulhavy, Raymond & Stock, William (1989): Feedback in written instruction: the place of response certitude. In: Educational Psychology Review, 1. Jg., 279–308.

Lipowsky, Frank (2015): Unterricht. In: Elke Wild & Jens Möller (Hrsg.): Pädagogische Psychologie. Heidelberg: Springer, 69–106.

Lotz, Miriam (2016): Kognitive Aktivierung im Leseunterricht der Grundschule. Eine Videostudie zur Gestaltung und Qualität von Leseübungen im ersten Schuljahr. Wiesbaden: Springer.

Muthén, Linda K. & Muthén, Bengt O. (2017): Mplus User's Guide. Los Angeles, CA: Muthén & Muthén.

Narciss, Susanne (2006): Informatives tutorielles Feedback. Entwicklungs- und Evaluationsprinzipien auf der Basis instruktionspsychologischer Erkenntnisse. Münster: Waxmann.

Pauli, Christine (2006): Klassengespräch. In: Isabelle Hugener, Christine Pauli & Kurt Reusser (Hrsg.): Dokumentation der Erhebungs- und Auswertungsinstrumente zur schweizerisch-deutschen Videostudie „Unterrichtsqualität, Lernverhalten und mathematisches Verständnis". Frankfurt/M.: Gesellschaft zur Förderung Pädagogischer Forschung (GFPF), 124–147.

Rakoczy, Katrin, Klieme, Eckhard, Bürgermeister, Anika & Harks, Birgit (2008): The interplay between student evaluation and instruction. In: Zeitschrift für Psychologie, 216. Jg., 111–124.

Rowe, Anna & Wood, Leigh (2008): Student perceptions and preferences for feedback. In: Asian Social Science, 4. Jg., 78–88.

Schermelleh-Engel, Karin & Moosbrugger, Helfried (2003): Evaluating the fit of structural equation models: Tests of significance and descriptive goodness-of-fit measures. In: Methods of Psychological Research Online, 8. Jg., 23–74.

Voerman, Lia, Meijer, Paulien C., Korthagen, Fred A.J. & Simons, Robert Jan (2012): Types and frequencies of feedback interventions in classroom interaction in secondary education. In: Teaching and Teacher Education, 28. Jg., 1107–1115.

Vollmeyer, Regina & Rheinberg, Falko (2005): A suprising effect of feedback on learning. In: Learning and Instruction, 15. Jg., 589–602.

Weaver, Melanie (2006): Do students value feedback? Student perceptions of tutors' written responses. In: Assessment & Evaluation in Higher Education, 31. Jg., 379–394.

Willems, Ariane S. (2010): Bedingungen des situationalen Interesses im Mathematikunterricht – eine mehrebenenanalytische Perspektive. Münster: Waxmann.

Willems, Ariane S. (2016): Unterrichtsqualität und professionelles Lehrerhandeln. Prozesse und Wirkungen guten Unterrichts aus dem Blickwinkel der empirischen Schul- und Unterrichtsforschung. In: Raphaela Porsch (Hrsg.): Einführung in die Allgemeine Didaktik. Stuttgart: UTB, 289–134.

.

Teil 3
Professionelle Kompetenzen von Lehrkräften

David Rott

Entwicklung der studentischen Handlungskompetenz Individuelle Begabungsförderung in Praxisphasen

Die Frage nach der Wirksamkeit von Praxisphasen in der ersten Phase der Lehrer*innenbildung ist ein zentrales Anliegen empirischer Forschung (etwa Hascher 2012). Die Untersuchung der Kompetenzentwicklung der Studierenden ist von besonderer Bedeutung. Dies betrifft vor allem Bereiche, die bislang nur begrenzt untersucht werden konnten. In diesem Beitrag wird das Ziel verfolgt, die Entwicklung von studentischer Handlungskompetenz in der individuellen Begabungsförderung nachzuzeichnen. Angelegt als eine Collective Case Study werden ausgehend vom Forschungspraktikum zum Forder-Förder-Projekt Advanced an der Universität Münster zentrale Muster aufgedeckt, die die Kompetenzentwicklungen beschreiben. Orientierungsrahmen ist die Adaptive Lehrkompetenz. Durch die systematische Triangulation auf Methodenebene kann gezeigt werden, dass sich die Kompetenzen, exemplarisch aufgearbeitet an der Diagnosekompetenz, weiterentwickeln. Dabei lassen sich vertiefende Verstehensweisen aufdecken.

1 Einleitung

Schulpraktische Studien in der ersten Phase der Lehrer*innenbildung erfahren eine ungebrochene Aufmerksamkeit in der Hochschuldidaktik und den Bildungswissenschaften, wie sich etwa mit Blick auf das Praxissemester skizzieren lässt. Die Praktika sind oftmals stark aufgeladen mit Hoffnungen und Wünschen seitens der Bildungspolitik und -wissenschaft, aber auch der Studierenden selbst. Der Ruf nach mehr Praxis, vor allem auf Seiten der Studierenden wird begleitet von Forderungen nach besserer Praxis, vor allem von Bildungswissenschaftler*innen. Dabei bleiben viele Fragen offen, die diese aufwändigen Formate letztendlich empirisch legitimieren.

In der vorliegenden Untersuchung wird versucht, komplexe Kompetenzentwicklungen in einem klar umgrenzten Rahmen systematisch zu erfassen. Dabei wird der Frage nachgegangen, ob und wenn ja inwieweit Studierende im Forschungspraktikum zum Forder-Förder-Projekt Advanced ihre Handlungskompetenzen dahingehend weiterentwickeln können, individuelle Begabungsförderung zu betreiben. Verdeutlicht wird dies anhand des Bereiches der diagnostischen Kompetenzen, einem zentralen Kompetenzbereich, der zum einen als noch defizitär beforscht gilt, zum anderen als ein Schlüssel für die Ausgestaltung von pädagogischen Handlungen angesehen werden kann (Kunter u.a. 2017).

2 Individuelle Begabungsförderung

Individuen stehen in einem biologischen und gesellschaftlichen Zusammenhang, Individualität ist konstruiert und vermittelt (vgl. Zima 2017, 8) und ein zeitliches Phänomen: „Das Individuum als individuelles Subjekt, das eigene Meinungen äußert, Verantwortung trägt, Dissens anmeldet und autonom handelt, hat es nicht immer gegeben" (Zima 2017, 4). In diesem Verständnis von Einzelperson und Gesellschaft ist es das Individuum, das gestalten und steuern kann. Durch diese Handlungsoptionen werden Unterscheidungen zwischen den Einzelnen überhaupt erst möglich (vgl. Elias 2003, 87). Dabei bleibt die Eingebundenheit in größere Kontexte bestehen: „Der Mensch ist immer schon sozial und nur als solcher kann er überhaupt Individualität gewinnen" (Kron & Horácek 2009, 15). Die Schule als gesellschaftliche Institution ist ein Ort, in dem Individualisierungsprozesse unterstützt, aber auch geleitet werden (vgl. Rott 2017, 26), wobei Wischer und Trautmann (2011) eher die gesellschaftlichen Funktionen als tragend vermuten als die Entwicklung von Einzelpersonen erkennen. In einem demokratischen Bildungs- und Erziehungsverständnis ist es das Zusammenspiel von individuellen Gestaltungsoptionen und gesellschaftlichen Rahmenbedingungen, die in der Institution Schule beidseitig zum Tragen kommen.

Ein Ansatzpunkt für die Umsetzung dieser Überlegungen in der Schule ist die individuelle Begabungsförderung, die definiert wird als

> „planvolles pädagogisches Handeln von Lehrpersonen [...], das das Ziel verfolgt, Schülerinnen und Schüler in ihren Begabungen herauszufordern, indem ihre Ressourcen und Potenziale erkannt, anerkannt und zielgerichtet weiterentwickelt werden, wobei nicht alleine schulische Leistungen, sondern vielmehr Bildungsprozesse allgemein als Zieldimensionen benannt werden, die der Ganzheitlichkeit der einzelnen Person entsprechen und diesen Entwicklungsmöglichkeiten bietet" (Rott 2017, 59).

Die Idee der hier definierten individuellen Begabungsförderungen leitet sich aus verschiedenen Bereichen ab: Die Lehrperson wird im pädagogischen Zusammenhang im Besonderen herausgehoben, sie wird als Agens des Handelns identifiziert. Ihr Unternehmen wird als planvoll, also strukturiert beschrieben, hinzu kommt die beschriebene Zielvorgabe, die sich als komplex erweist. Angesprochen werden sollen die Schüler*innen im Sinne der individuellen Begabungsförderung in ihren Begabungen, die Herausforderung der Lernenden stützt sich unter anderem auf Vygoskis (1978) Entwicklungsphasen. Die Auseinandersetzung mit den individuellen Möglichkeiten der Schüler*innen und der Blick auf die Weiterentwicklung derselben stehen im Vordergrund. Geleistet werden kann dies durch spezifische Angebote, die die Lehrperson im Unterricht für die Lernenden bereithält. Durch die Betonung der Ressourcen und Potenziale werden zum einen die Kontextbedingungen einbezogen, in denen Schüler*innen sich bewegen und die das Lernen beeinflussen, zum anderen die in der Person liegenden Möglichkeiten, sich zu entwickeln. Die Orientierung an Bildung und Ganzheitlichkeit verweist auf reformpädagogische Überlegungen, die etwa in den Schriften von Montessori (2016) zu finden sind und sich nicht der Leistungsorientierung verschreiben, sondern die Person als solche ansprechen und gesellschaftlich einbinden.

Fragen der Operationalisierung dieser Überlegungen für die schulische Praxis und in der Modellierung lassen sich folgend mit dem Konzept der Handlungskompetenz beschreiben.

3 Handlungskompetenz

Gruber & Rehrl (2005, 11f.) fassen unter dem Begriff Handlungskompetenz Bereiche, die sich im Professionalisierungsverlauf von Lehrpersonen ausbilden können (Abbildung 1). Mit Blick auf die Lehramtsstudierenden wird deutlich, dass die Handlungskompetenz entwicklungsbezogen ist und in der Phasierung der Lehrer*innenbildung an unterschiedlichen Punkten unterschiedlich weit ausgeprägt sein kann. Die erste Ebene bei Gruber & Rehrl umfasst das Wissen und das Gedächtnis unterrichtsfachspezifischer und übergreifender Facetten. Dies ist ein Bereich, der bereits im Studium breit angelegt werden kann. Die weiteren drei Ebenen sind eher für die zweite oder vor allem die dritte Phase der Lehrer*innenbildung erwartbar: das flexible und reflektierte Problemlösen und Entscheiden als zweite Ebene ist erfahrungsabhängig. Die Studierenden können, so die Vermutung, in Praxisphasen Problemlösen über Modelle erfahren, etwa durch Hospitationen, und die gemachten Erfahrungen in der pädagogischen Praxis reflektieren und kritisch einschätzen. Hinzu kommen mögliche erste Erfahrungen in der eigenen pädagogischen Handlung, etwa, wenn in Praxisphasen einzelne Unterrichtssequenzen geplant und durchgeführt werden. Die Einbindung in Gruppen von Expert*innen (dritte Ebene) ist vor allem über Kollegien und Netzwerke möglich, in denen sich Lehrpersonen austauschen können. Aspekte wie kollegiale Fallberatung oder Supervision sind weitere Bausteine der Professionalisierung in diesem

Kontext. Studierende als Noviz*innen können auf diese Strukturen nur bedingt zugreifen. Möglich sind Praxisphasen, in denen Studierende sich untereinander unterstützen oder beratend durch Lehrpersonen sowie Dozierende der Hochschule begleitet werden. Der Hochschuldidaktik kommen besondere Aufgaben bei der Ausgestaltung von Lerngelegenheiten zu, wenn ebendiese Anforderungen an die Lehre umgesetzt und Studierenden Erfahrungsmöglichkeiten offeriert werden sollen. Die vierte Ebene, die Ausbildung von Routinen ist, wie die zweite Ebene, stark an Erfahrungen gebunden. Dieser Bereich ist für Studierende kaum ausbildbar. Allerdings ist zu beachten, dass außerschulische Kontexte wie das Arbeiten als Trainer*in oder Nachhilfelehrer*in dazu führen können, bereichsspezifische Routinen zu entwickeln, die einen Übertragungswert auf die spätere schulische Praxis haben können (Rott 2017).

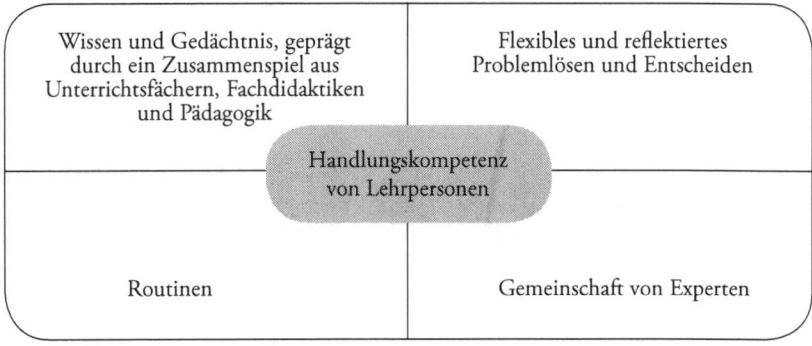

Abb. 1: Handlungskompetenz nach Gruber und Rehrl (eigene Darstellung)

Die Orientierung an der Handlungskompetenz erweist sich als herausfordernd, wenn auch als lösungsorientiert in der universitären Lehre und den damit angestrebten Bildungs- und Lernprozessen der Studierenden. Durch die Phasierung der Lehrer*innenbildung ist die erste Phase entlastet, da die Studierenden nicht eigenverantwortlich pädagogisch handeln müssen. Gleichwohl müssen in diesem Bereich Grundsteinlegungen erfolgen.
Eine entsprechend auf den Erwerb von Handlungskompetenz ausgerichtete Hochschuldidaktik ist sinnvollerweise zu strukturieren (vgl. Franz u.a. 2016). Anknüpfungspunkt können weiterführende Kompetenzmodelle sein wie die Adaptive Lehrkompetenz (Abbildung 2) von Fischer u.a. (2014) in der Weiterführung von Beck u.a. (2008) und vor allem Weinert (2001).

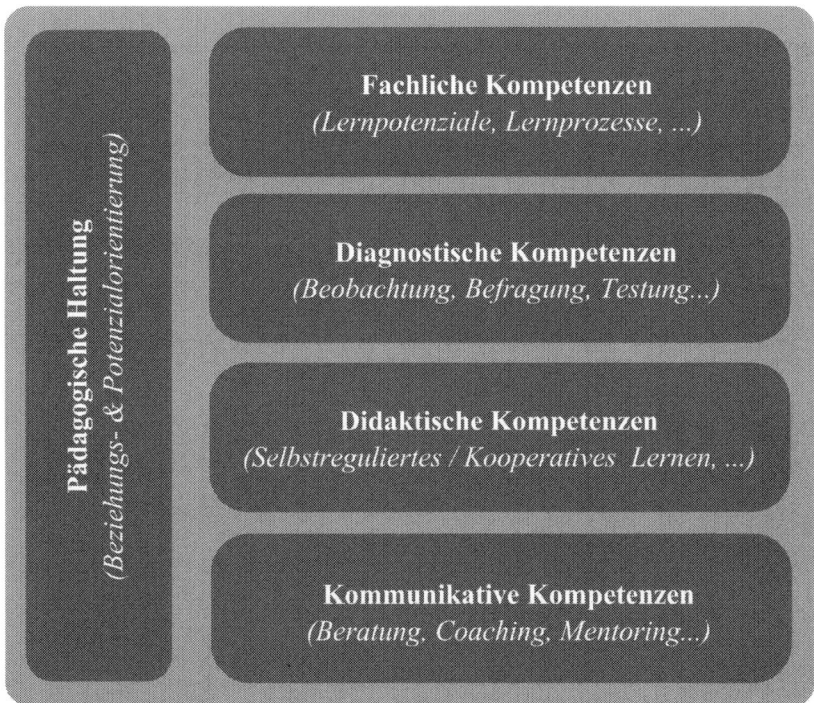

Abb. 2: Modell der Adaptiven Lehrkompetenz nach Fischer, Rott & Veber (2014)

Mit Blick auf die individuelle Begabungsförderung bietet dieses Modell Orientierung für die Ausgestaltung hochschuldidaktischer Angebote. Fachliche Kompetenz, hier verstanden vor allem als das Wissen über Aspekte wie etwa Lernprozesse oder Begabungstheorien, bieten eine Ausgangslage, auf deren Basis wissensbasiert konkrete Handlungen von Studierenden in schulpraktischen Studien umgesetzt werden können. Erreicht werden kann dies etwa durch die Erarbeitung entsprechender theoretischer oder empirischer Inhalte und die damit gekoppelte Reflexion des individuellen Lernhandelns oder die Auseinandersetzung mit dem eigenen Begabungsverständnis. Es wird deutlich, dass die pädagogische Haltung, im Modell als Querlage zu den vier Kernkompetenzen, in die Bearbeitung der Kernkompetenzen hineinspielt und entsprechend eingebunden werden kann. Die diagnostische Kompetenz umfasst Formen der Beobachtung und den Einsatz weiterer Instrumente sowie die Interpretation der zustande kommenden Ergebnisse als Fundament für das Planen von Angeboten in Lehr-Lern-Prozessen. Beachtet werden sowohl personengebundene wie begleitende Faktoren, die das Lernen der Einzelnen beeinflussen können. Die didaktische Kompetenz ist die Ausgestaltung etwa von Unterricht unter Berücksichtigung methodischer bzw. didaktischer Ansätze wie kooperatives oder selbstreguliertes Lernen. Die kommunikative Kompetenz umfasst wiederum das Wissen über spezifische Kommunikationsformen sowie die Umsetzung dieser in pädagogischen Handlungsfeldern. Hierzu zählen Formen von Feedback oder weiterführende Beratungsformen wie Coaching oder Mentoring. Schließlich bietet die pädagogische Haltung als Querlage eine Klammer um die Kompetenzbereiche: Das Wissen über spezifische theoretische Aspekte oder empirische Studien reicht nicht aus, um letztendlich auch begabungsfördernd zu agieren. Die Ausgestaltung pädagogischer Interaktion ist, neben den institutionellen Rahmenbedingungen, in denen diese stattfinden, auch abhängig von der Haltung der Lehrpersonen: Wie verstehe ich Lernen – eher behavioristisch oder konstruktivistisch? Wie blicke ich auf die Produkte der Schüler*innen – eher fehlerbezogen oder entwicklungsbezogen? Diese Haltungsfragen lassen sich im Studium dadurch bearbeiten, dass die Studierenden sich mit der eigenen Lernbiografie beschäftigen und sich austauschen und reflektieren.

4 Forschungspraktikum zum Forder-Förder-Projekt Advanced

Das Forschungspraktikum zum Forder-Förder-Projekt Advanced (FFP-A) wird seit dem Wintersemester 2010/11 an der Universität Münster durchgeführt und verbindet Ideen forschenden Lernens auf Seiten von Mittelstufen-Schüler*innen und auf Seiten von Lehramtsstudierenden. Das FFP-A bietet den Studierenden Einblicke in Formen der schulischen Umsetzung individueller Begabungsförderung und interessengeleitetem Lernen (Fischer 2012). Die Studierenden fungieren im Projekt als Begleiter*innen für die Schüler*innen. Sie werden in einem Seminar auf ihre Aufgabe jeweils ab dem Wintersemester vorbereitet. Mit Beginn des zweiten Schulhalbjahres betreuen die Studierenden Kleingruppen von Schüler*innen an den Schulen, die eine selbstgewählte wissenschaftliche Fragestellung entwickeln und mit geeigneten Methoden untersuchen. Die Vorhaben stellen die Schüler*innen in sogenannten Expert*innenarbeiten zusammen, hinzu kommt ein Vortrag vor Publikum. Zentrale Kompetenzbereiche, die bei den Studierenden durch das Forschungspraktikum angesprochen werden sollen, liegen im Bereich der Fachlichkeit, der Diagnostik, der Didaktik und der Kommunikation (vgl. Rott 2017).
Die Ziele des Forschungspraktikums liegen zum einen im hochschuldidaktischen Feld, wenn es darum geht, Studierende in Situationen der individuellen Förderung als reflektierende Praktiker*innen einzubinden, zum anderen in der Erforschung schulpraktischer Studien. Hierbei wird die Frage verfolgt, wie sich die Kompetenzen der Studierenden weiterentwickeln, wenn sie an einem entsprechenden Format teilnehmen und welche Auswirkungen dieses Projekt auf den individuellen Professionalisierungsprozess nehmen kann.

5 Anlage der Studie

In der größer angelegten Studie Die Entwicklung der Handlungskompetenz von Lehramtsstudierenden in der individuellen Begabungsförderung (Rott 2017), auf der dieser Beitrag fußt, wurden die Kompetenzentwicklungen der Studierenden im Forschungspraktikum zum FFP-A untersucht. Die Laufzeit (2010–2013) umfasste drei Durchläufe des Forschungspraktikums, 39 Studierende wurden in die Studie aufgenommen. Die Kompetenzentwicklung wurde über ein mehrstufiges Verfahren betrachtet mit dem Ziel, verschiedene Muster und Phänomene (Kruse 2014) aufzudecken, anhand derer sich die Kompetenzentwicklung nachzeichnen lässt.

Durch eine Methodentriangulation von Interviews mit Studierenden, Lehrpersonen und Schüler*innen, Inhaltsanalysen von problemzentrierten Vignettenbearbeitungen und Dokumentenanalysen (Abbildung 3) war es möglich, eine Collective Case Study anzulegen, „where a number of cases are studied in order to investigate some general phenomenon" (Silverman 2013, 143), hier die Kompetenzentwicklung der Studierenden in der individuellen Begabungsförderung. Die Fallstudien wurden durch das Arbeiten an Abweichungen und Extremen genutzt, um die tieferliegenden Muster und Phänomene darstellen zu können (Schmitt 2011, 47; Kelle 2013, 106). Kompetenzentwicklungen können personenbezogen untersucht werden (Reis 2009, 109), wobei diese Basis dazu dient, eine generalisierbare Ebene zu erreichen (Kelle 2008).

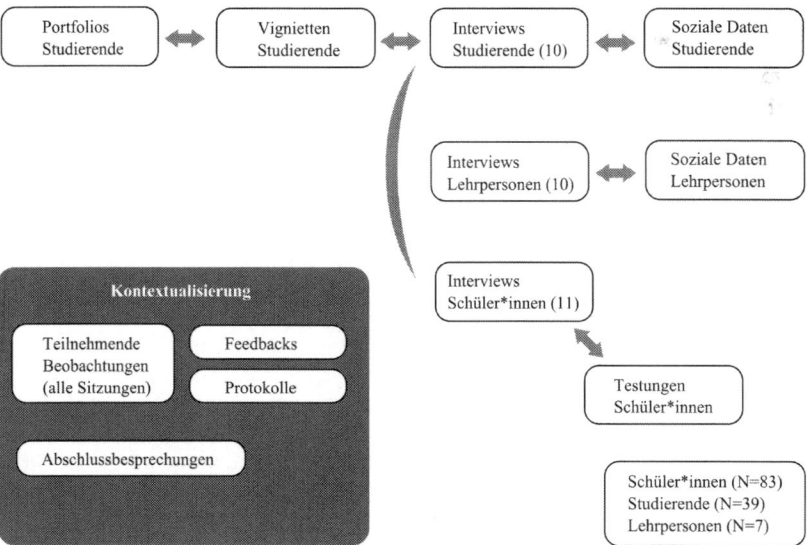

Abb. 3: Studiendesign (Rott 2017, 189)

Selbsteinschätzungen der Studierenden werden durch Fremdeinschätzungen gespiegelt sowie durch weitere Verfahren kritisch geprüft, die sich einer reinen Selbstauskunft entziehen (Kunter & Klusmann 2010, 72–80). Genutzt werden Entwicklungsportfolios, die die Studierenden als Studienleistung erstellt haben, Interviews mit den Studierenden, den begleiteten Schüler*innen und den betreuenden schulischen Lehrpersonen sowie Fallvignetten in einem pre-peri-post-Vergleich auf Seiten der Studierenden (vgl. Rott 2017, 158ff.). An dieser Stelle werden Ergebnisse vorgestellt und diskutiert, die sich auf den Bereich der diagnostischen Kompetenzen konzentrieren. Um die Ergebnisse darzustellen, wird auf die unterschiedlichen Datenquellen zurückgegriffen mit dem Ziel, zentrale Muster und Phänomene zu beschreiben, die die Kompetenzentwicklung der Studierenden darstellbar machen.

6 Ausgewählte Ergebnisse

In den begleitend zu führenden Entwicklungsportfolios waren die Studierenden aufgefordert, ihre persönliche Einschätzung ihrer Diagnosekompetenz zu Beginn des Seminars im Wintersemester und am Ende des Sommersemesters an einer Zielscheibe zu bewerten. Die Zielscheibe entsprach einer vierstufigen Skala (1 ‚gering‘ – 2 ‚genügend‘ – 3 ‚gut‘ – 4 ‚hervorragend‘). Die Studierenden (n = 15) schätzen ihre diagnostischen Kompetenzen zu Seminarbeginn im Mittel bei $\bar{x}$ = 1,87 (s = 0,52) ein, also im Bereich ‚gering‘ mit Tendenz zu ‚genügend‘. Zum Projektende nach der Einsatzphase in der Schule liegen die Selbsteinschätzungen bei $\bar{x}$ = 2,8 (s = 0,42) und damit mit Tendenz zum Bereich gut.

Die Muster, die dem Verständnis von pädagogischer Diagnostik nach der Projektphase zugrunde liegen, umfassen mit Blick auf die hochschuldidaktische Ausgestaltung von Praxisphasen zwei zentrale Aspekte. Zum einen betonen die Studierenden die Notwendigkeit des Kontaktes mit Schüler*innen, die direkte Interaktion, und zum anderen betonen sie die Rolle ihrer Sinneswahrnehmungen. Verdeutlichen lässt sich das erste Muster, direkte Interaktion, an einem Ankerbeispiel, entnommen aus einem Interview (St10, Absatz 17; vgl. Rott 2017, 278):

„Man beschäftigt sich halt mit einzelnen Schülern und nicht ner ganzen Klasse. Das finde ich auch gut. […] Zumindest, es hat den Vorteil, dass man überhaupt mal lernt, sich mit einem einzelnen Schüler länger zu beschäftigen. Und auch selber herauszufinden, kann ich überhaupt identifizieren, was dessen oder deren Stärken oder Schwächen sind. Und nicht nur: Ich habe eine ganze Klasse vor mir und ich sehe dann den einen, der immer stört. Und die, die immer mitmacht. Und der Rechte, der entgeht mir so. Sondern ich gucke mir einen Schüler an, der mir sonst vielleicht gar nicht so auffallen würde und guck dann genau: Was kann der eigentlich und was kann der nicht so gut. Oder wo kann ich da noch helfen."

Das Arbeiten in den Kleingruppen ergibt die Möglichkeit der intensiven Auseinandersetzung mit den einzelnen Schüler*innen. Die Kleingruppen bieten den Studierenden ein Setting, das überschaubar und über einen längeren Zeitraum stabil ist. Dies scheint für den Kompetenzaufbau förderlich zu sein. Die eigene Entwicklung der Diagnosekompetenz lässt sich ebenfalls beschreiben mit Rückgriff auf „Und auch selber herauszufinden, kann ich überhaupt identifizieren, was dessen oder deren Stärken oder Schwächen sind. Es geht nicht nur darum, die Stärken und Schwächen der Schüler*innen aufzudecken, sondern auch darum für sich selbst festzustellen, ob man über diese Kompetenz verfügt. Die Fragen nach der Selbstwirksamkeit und der Handlungsfähigkeit werden entsprechend relevant. Dieses Erproben der eigenen diagnostischen Fähigkeiten und Fertigkeiten benötigt einen Rahmen, die Projektgruppe. Dieses Vorgehen ermöglicht das Beschäftigen im Detail, nicht nur die Auseinandersetzungen mit Augenscheinlichkeiten, die den Ablauf von Unterricht behindern („und ich sehe dann den einen, der immer stört."). Aufbauend hierauf lassen sich Entwicklungslinien und Angebote planen, die für die Einzelnen passend sind und ein Vorankommen im Projekt ermöglichen. Mit Blick auf die Professionsentwicklung der Studierenden lässt sich vermuten, dass die Diagnosekompetenz sich dadurch weiterentwickeln kann, dass die Beziehungen zu den Schüler*innen vergleichsweise langfristig aufgebaut werden können und bestehen bleiben im Kontext der Projektarbeit. Durch das Arbeiten auf zwei konkrete Ziele hin – das Verfassen der Expertenarbeit und das Halten des darauf vorbereitenden Vortrags – sind konkrete Perspektiven gegeben, die gleichermaßen für Schüler*innen als auch die Studierenden als verbindlich betrachtet werden.

Das zweite Muster, die Bedeutung der Sinneswahrnehmungen für die pädagogische Diagnostik aus Sicht der Studierenden, zeigt sich in unterschiedlichen Sinnesbereichen (vgl. Rott 2017, 278ff.). Die Studierenden nutzen ihr Gehör, um sich mit den Belangen der Schüler*innen zu beschäftigen, sie haben ein „offenes Ohr" (St5, I, 30) für deren Anliegen. Das „[G]ucken" (St5, I, 30) auf die Schüler*innen in den Projektsituationen hilft den Studierenden, sich in die Schüler*innen hineinzuversetzen. Hinzu kommt ein „gewisse[r] Riecher" (St18, P, 308–736), die Studierenden haben „die Lage im Blick" (St18, P, 314–738).

Die Entwicklung der diagnostischen Kompetenzen scheint insofern von besonderer Relevanz für die Studierenden zu sein, als dass das Thema pädagogische Diagnostik zwar in das Studium eingetragen wird, allerdings für die Studierenden schwer greifbar bleibt, bevor sie das FFP-A absolvieren: „Auf der Theorieebene habe ich kaum Erfahrungen hierzu gesammelt. Im Seminar [...] wurde zum einen auf die Bedeutsamkeit der Diagnose im Lehreralltag verwiesen, und zum anderen die fehlende Berücksichtigung dieses Punktes in der Lehrerausbildung kritisiert, wesentlich konkreter wurde auf diesen Punkt jedoch nicht eingegangen" (St16, P, 344–786).

Mit Blick auf das bisherige Studium beschreiben die Studierenden ihre Entwicklungen von Lerngelegenheit zu Lerngelegenheit. „Das zweite Praktikum war in der Unterrichtsbeobachtung ergiebiger, da ich bereits viele Erfahrungen in meiner Nachhilfetätigkeit und viel Wissen in meinem Studium erworben habe und systematischer beobachtet habe" (St14, P, 2451–2733). Im Nachgang an das FFP-A betonen die Studierenden die schrittweise Entwicklung der eigenen Kompetenz und das Gewinnen an Sicherheit in diesem Feld. Durch die „konsequente und permanente Einschätzung des Schülers auf seinen momentanen Leistungsstand [wurde dieses Arbeiten, Anm. D.R.] zur wöchentlichen Routine mit hohem Stellenwert" (St20, P, 386–782). „Durch die enge Zusammenarbeit mit den Kindern konnten intensive Einblicke in ihre Lernentwicklung sowie auch in ihre Lernmotivation im Verlaufe eines Halbjahres gewonnen werden, sodass man von einem Kompetenzzuwachs [...] sprechen könnte" (St21, P, 1628–1897).

Damit wird das FFP-A als Angebot wahrgenommen, mit dem sie ihre Erfahrungen vertiefen können. Die weiteren Phasen der Lehrer*innenbildung vor Augen betonen die Studierenden die Notwendigkeit, sich gezielt im Bereich der pädagogischen Diagnostik weiterzubilden, „um besser zu erkennen, wie ich den jeweiligen Schüler individuell fördern kann. Mir ist bewusst geworden, dass das Konzept der individuellen Förderung kein Patentrezept ist, sondern auf jeden Schüler individuell angepasst werden muss. Grundlage dafür ist und bleibt aber die diagnostische Fähigkeit des jeweiligen Lehrenden" (St12, P, 1523–1937).

Die Fremdeinschätzungen durch die Schüler*innen und die Lehrpersonen bezogen auf die Diagnosekompetenz sind eng verwoben mit Fragen der Beziehungsarbeit durch die Studierenden. Die Schüler*innen stellen in den Interviews die Fähigkeit der Studierenden heraus, sich in die zu Begleitenden hineinzuversetzen und deren Perspektiven zu übernehmen: „Sie haben sich in unsere Lage reinversetzt, sich für unser Thema interessiert. Geguckt, was wir vielleicht noch gebrauchen könnten. Die haben sich an dem orientiert, was die schon über uns wissen. Was wir wissen wollen. Und haben sich dann dafür eingesetzt, dass wir das kriegen, was wir brauchen" (S2, I, 137).

Die Lehrpersonen betonen die kommunikative Arbeit, wobei die Gespräche mit den Schüler*innen besonders herausgestellt werden. Gerahmt werden diese durch die Auseinandersetzung mit den Lehrpersonen, die die Schüler*innen aus anderen Kontexten kennen, und den Austausch mit den Kommiliton*innen in der Projektgruppe.

7 Diskussion

Die Ergebnisse deuten darauf hin, dass sich die Handlungskompetenz in der individuellen Begabungsförderung, hier spezifiziert auf die Diagnosekompetenz, durch das Forschungspraktikum bereits im Studium weiterentwickeln kann. Unter Einbezug des Modells von Gruber & Rehrl (2005) lassen sich noch einmal die vier Ebenen der Handlungskompetenz betrachten.

Entwicklungen auf der ersten Ebene, im Bereich des Wissens und Gedächtnisses im Zusammenspiel aus Unterrichtsfächern, Fachdidaktiken und Pädagogik lassen sich anhand dieser Darstellungen weniger identifizieren. Deutlich wird aber durch den Rückbezug auf die frühere Studienphase durch die Studierenden, dass das Wissen und die Beschäftigung mit dem Themenfeld pädagogische Diagnostik insgesamt als konkret und nachvollziehbar im Forschungspraktikum aufgearbeitet werden konnte. Das Zusammenwirken theoretischer Konzepte, die in den Ausführungen der Studierenden weniger zum Tragen kommen, und die praktische Arbeit mit den Schüler*innen in den Schulen führt zu einer größeren Sicherheit bei den Studierenden in ihrem pädagogischen Handeln. Die Angemessenheit dieser Handlungen wird durch die Fremdeinschätzungen durch die Lehrpersonen und die Schüler*innen gestützt, auch wenn über die Qualität des Wissens und die Verschränkung in den Unterrichtsfächern, Fachdidaktiken und der Pädagogik keine Aussagen getroffen werden können.

Entwicklungen auf der zweiten Ebene, das flexible und reflektierte Problemlösen und Entscheiden betreffend, lassen sich durch die aufgezeigte zeitliche Perspektive nachvollziehen. Es sind nicht punktuelle Auseinandersetzungen mit Fragen oder Phänomenen, sondern kontinuierliche und aufeinander aufbauende Strukturen, die die Studierenden gleichermaßen nutzen und entfalten. Deutlich wird dies etwa dann, wenn die Studierenden sich damit auseinandersetzen, dass sie über einen längeren Zeitraum Entwicklungen beobachten und darauf aufbauend Angebote für die Einzelnen erstellen konnten. Details lassen sich auf dieser Ebene anhand der aufgearbeiteten Zugänge nicht nachzeichnen, können aber mit Blick auf weitere Datenquellen, etwa durch Beobachtungen im Projektkontext, vermutet werden. Eng hiermit verbunden ist auch die dritte Ebene, die den Aufbau von Routinen betrifft. In der Zeitlichkeit können die Studierenden Erfahrungen sammeln und in vergleichbaren Situationen unterschiedlich agieren und ihr Handeln anpassen. Durch den prospektiven Blick auf die weiteren Phasen der Lehrer*innenbildung wird deutlich, dass die Studierenden hier noch Entwicklungsbedarf bei sich selbst erkennen. Inwieweit ein Übertrag aus dem Projekt in die spätere Berufspraxis, auch im Übertrag auf ganze Klassen, erfolgen kann, ist abzuwarten und nicht Teil dieser Untersuchung.

Die vierte Ebene, die Nutzung der Gemeinschaft von Expert*innen, wird bezogen auf die Diagnose vor allem von den Lehrpersonen eingebracht. Sie verweisen in ihren Aussagen, die hier als Fremdeinschätzungen eingebunden wurden, auf die Bedeutung des gemeinsamen Arbeitens und des Austausches. Die Studierenden selbst ziehen diese Ebene nicht in ihre Betrachtungen ein.

Als abschließenden Versuch, die Entwicklungen der Diagnosekompetenz bei den Studierenden im Gesamtkontext der Untersuchung nachzuzeichnen und Verknüpfungen zu den anderen Kompetenzbereichen darzustellen, wird ein Verlaufsdiagramm erstellt, um die Argumentationsmuster der Studierenden gebündelt darstellen zu können (Abbildung 4).

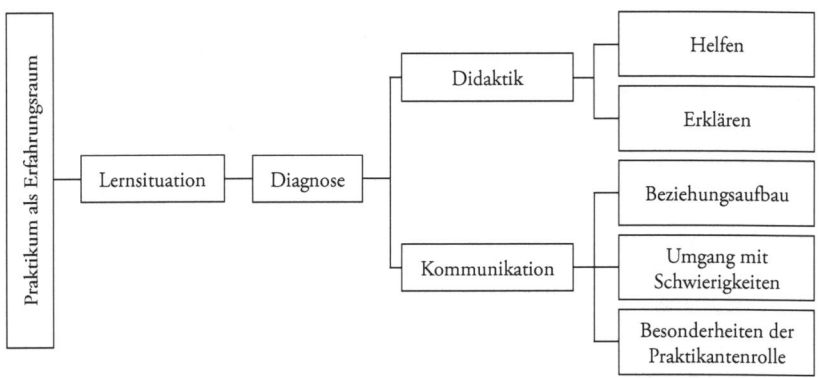

Abb. 4: Verlaufsdiagramm zur Entwicklung der Diagnosekompetenz (vgl. Rott 2017, 350)

Das Forschungspraktikum wird von den Studierenden als Erfahrungsraum wahrgenommen, der sich als Lernsituation konstituiert. Der Aspekt der pädagogischen Diagnostik ist dabei eng verbunden mit den Bereichen Didaktik und Kommunikation. In den didaktischen Kompetenzen sind es vor allem die Aspekte Helfen und Erklären, die herangezogen werden, um die Lehr-Lern-Situationen zu gestalten, im Kommunikativen sind es der Beziehungsaufbau, der Umgang mit Schwierigkeiten und die Besonderheiten der Praktikantenrolle im Projekt, die die Kompetenzentwicklung kennzeichnen.

Für die Hochschuldidaktik ergibt sich an dieser Stelle die Frage, welche weiterführenden Angebote geschaffen werden können, um die Diagnosefähigkeit der Lehramtsstudierenden zu schulen. Dabei sind zwei Aspekte von zentraler Bedeutung. Zum einen ist es die Frage nach einer pädagogischen Diagnostik, die im Kontext inklusiver Bildung eingesetzt werden kann und die hier, im vorgestellten Projekt, nur ansatzweise erkennbar ist. Die Zusammenhänge individueller Förderung und inklusiver Bildung ist klar erkennbar, dennoch fordert inklusive Diagnostik ein stärker reflexives Moment der Beschäftigung, als dies im Forder-Förder-Projekt notwendig erscheint. Zum anderen ist der Übertrag in Situationen zu leisten, die eher schulischem Unterricht entsprechen. Die Arbeit in den Kleingruppen bietet den Studierenden einen guten Einstieg, um sich auszuprobieren und auf einer Mikro-Ebene Erfahrungen zu sammeln. Diese ersten Entwicklungen fruchtbar zu machen für diagnostische Tätigkeiten in größeren Gruppen oder auch in fachlich konkreten Kontexten wäre wichtig, um eine Brücke in die zweite und dritte Phase der Lehrer*innenbildung vertiefend schlagen zu können.

Literatur

Beck, Erwin, Baer, Matthias, Guldimann, Titus, Bischoff, Sonja, Brühwiler, Christian & Müller, Peter (2008): Adaptive Lehrkompetenz. Analyse und Struktur, Veränderbarkeit und Wirkung handlungssteuernden Lehrerwissens. Münster: Waxmann.

Elias, Norbert (2003): Die Gesellschaft der Individuen. Frankfurt/M.: Suhrkamp.

Fischer, Christian (2012): Individuelle Förderung im schulischen Kontext – Förderung besonderer Begabungen. In: Nils Neuber & Michael Pfitzner (Hrsg.): Individuelle Förderung im Sport. Pädagogische Grundlagen und didaktisch-methodische Konzepte. Münster: Lit, 61–73.

Fischer, Christian, Rott, David & Veber, Marcel (2014): Diversität von Schüler/-innen als mögliche Ressource für individuelles und wechselseitiges Lernen im Unterricht. In: Lehren & Lernen. Zeitschrift für Schule und Innovation aus Baden-Württemberg. Heterogenität – Individualisierung – Inklusion. Brennpunkte der Unterrichtsentwicklung, 8./9. Jg., 22–28.

Franz, Eva-Kristina, Wacker, Albrecht & Heyl, Vera (2016): Lehrerprofessionalität im Spannungsfeld inklusiver Bildung: Theoretische und empirische Modellierung eines erweiterten Kompetenzmodells als Grundlage für didaktisches Handeln von Lehrkräften. In: Gerd-Bodo von Carlsburg (Hrsg.): Strategien der Lehrerbildung. Zur Steigerung von Lehrkompetenzen und Unterrichtsqualität. Frankfurt/M.: Peter Lang, 307–320.

Gruber, Hans & Rehrl, Monika (2005): Praktikum statt Theorie? Eine Analyse relevanten Wissens zum Aufbau pädagogischer Handlungskompetenz. In: Journal für Lehrerinnen und Lehrerbildung, 5 (1), 8–16.

Hascher, Tina (2012): Forschung zur Bedeutung von Schul- und Unterrichtspraktika in der Lehrerinnen- und Lehrerbildung. In: Beiträge zur Lehrerinnen- und Lehrerbildung, 30 (1), 87–98.

Kelle, Helga (2013): Die Komplexität der Wirklichkeit als Problem qualitativer Forschung. In: Barbara Friebertshäuser, Antje Langer & Annedore Prengel (Hrsg.): Handbuch Qualitative Forschungsmethoden in der Erziehungswissenschaft. Weinheim: Beltz Juventa, 101–118.

Kelle, Udo (2008): Die Integration qualitativer und quantitativer Methoden in der empirischen Sozialforschung. Theoretische Grundlagen und methodische Konzepte. Wiesbaden: VS Verlag für Sozialwissenschaften.

Kron, Thomas & Horácek, Martin (2009): Individualisierung. Bielefeld: transcript.

Kruse, Jan (2014): Qualitative Interviewforschung. Ein integrativer Ansatz. Weinheim: Juventa.

Kunter, Mareike & Klusmann, Uta (2010): Kompetenzmessung bei Lehrkräften – Methodische Herausforderungen. In: Unterrichtswissenschaft, 38 (1), 68–86.

Kunter, Mareike, Kunina-Habenicht, Olga, Baumert, Jürgen, Dicke, Theresa, Holzberger, Doris, Lohse-Bossenz, Hendrik, Leutner, Detlev, Schulze-Stocker, Franziska & Terhart, Ewald (2017): Bildungswissenschaftliches Wissen und professionelle Kompetenz in der Lehramtsausbildung. In: Conrelia Gräsel & Kati Trempler (Hrsg.): Entwicklung von Professionalität pädagogischen Personals. Wiesbaden: Springer VS.

Montessori, Maria (2016): Praxishandbuch der Montessori-Methode. Freiburg: Herder.

Reis, Oliver (2009): Durch Reflexion zur Kompetenz – Eine Studie zum Verhältnis von Kompetenz-entwicklung und reflexivem Lernen an der Hochschule. In: Ralf Schneider, Birgit Szczybra, Ulrich Welbers & Johannes Wildt (Hrsg.): Wandel der Lehr- und Lernkultur. Bielefeld: Bertelsmann, 100–120.

Rott, David (2017): Die Entwicklung der Handlungskompetenz von Lehramtsstudierenden in der individuellen Begabungsförderung. Forschendes Lernen aufgezeigt am Forder-Förder-Projekt Advanced. Münster: Waxmann.

Schmitt, Rudolf (2011): Systematische Metaphernanalyse als qualitative sozialwissenschaftliche Forschungsmethode. metaphorik.de, 21. Jg., 47–81. Online unter: http://www.metaphorik.de/sites/www.metaphorik.de/files/journal-pdf/21_2011_schmitt.pdf (Abrufdatum: 07.07.2017).

Silverman, David (2013): Doing qualitative research. Thousand Oaks: Sage Publications.

Vygotsky, Lev S. (1978): Mind in society: The development of higher psychological processes. Cambridge, MA: Harvard University Press.

Weinert, Franz (2001): Concept of Competence: A Conceptual Clarification. In: Dominique Rychen & Laura Salganik (Hrsg.): Defining and Selecting Key Competencies. Theoretical and Conceptual Foundations. Kirkland: Hogrefe, 45–65.

Wischer, Beate & Trautmann, Matthias (2011): Innere Differenzierung als reformpädagogischer Hoffnungsträger – Eine einführende Problemskizze zu Leerstellen und ungelösten Fragen. In: Schulpädagogik heute. Binnendifferenzierung, 2 (4).

Zima, Peter (2017): Theorie des Subjekts. Subjektivität und Identität zwischen Moderne und Postmoderne. Tübingen: Francke.

Nicole Zaruba, Anna Gronostaj, Julia Kretschmann und Miriam Vock

Mehr Schüler*innenorientierung oder Praxisschock? Wie sich unterschiedliche Überzeugungen von Lehrkräften während des Praxissemesters entwickeln

*Überzeugungen von Lehrkräften zum Lehren und Lernen sind als Teil der professionellen Kompetenz von Lehrkräften auch in der ersten Phase der Lehrer*innenbildung von Bedeutung. Anhand von Daten von n = 198 Studierenden der Universität Potsdam prüfen wir, wie sich Überzeugungen von Lehrkräften durch das Praxissemester verändern. Zudem untersuchen wir die Rolle von Reflexion in den Begleitseminaren und im Mentoring bei der Entwicklung der Überzeugungen. Mittels Clusteranalyse konnten wir drei unterschiedliche Verlaufstypen feststellen: keine Veränderung, Praxisschock und mehr Schüler*innenorientierung. Die Gruppen unterscheiden sich darin, wie die Reflexion in den Mentor*innengesprächen in der Schule bewertet wurde, nicht jedoch in der Intensität, in der in den universitären Begleitseminaren angeleitet reflektiert wurde.*

1 Einleitung

Obwohl Praxisphasen im Lehramtsstudium seit jeher von allen Beteiligten als bedeutsam eingeschätzt werden (vgl. z.B. Hascher & Moser 2001; Cramer 2014) und als „Herzstück" der ersten Phase der Lehrer*innenbildung gelten (Hascher 2006, 130), widersprechen empirische Befunde einem unkritischen Lob der Praxisphasen. Mit Blick auf die Kompetenzentwicklung der Studierenden wird die Wirksamkeit von Praxiserfahrungen im Studium zwar angenommen, ist aber unzureichend belegt (vgl. z.B. Hascher 2012; Gröschner & Seidel 2012; Rothland & Boecker 2015). Neben einer Ausweitung des Praxisanteils im Lehramtsstudium wird auch eine bessere Qualität der Praxisphasen gefordert, die an eine „systematische Vor- und Nachbereitung, [die] Einbindung in ein curriculares, modularisiertes Gesamtkonzept der Lehrer*innenbildung, eine personelle und organisatorische Infrastruktur auf Hochschulseite [...]" (Baumert u.a. 2007, 8) geknüpft ist.

Die Universität Potsdam hat bereits 2008 ein Praxissemester eingeführt, das in seiner Beschreibung den oben genannten Bedingungen für qualitätsvolle Praxisphasen entspricht. Einen förderlichen Einfluss auf die Kompetenzentwicklung bei Lehramtsstudierenden scheinen vor allem Lerngelegenheiten zu haben, die es den Studierenden ermöglichen, die erlebte Praxis mit der zuvor im Studium erworbenen Theorie zu verknüpfen, wie z.b. im Rahmen von Begleitseminaren und Mentoring (vgl. Gröschner & Seidel 2012; Gröschner u.a. 2013).

Im Rahmen einer kumulativen Studie zur Entwicklung von Lehrer*innenüberzeugungen im Potsdamer Praxissemester untersuchen wir deshalb in einer ersten Teilstudie, wie sich Überzeugungen der Lehramtsstudierenden zum Lehren und Lernen im Rahmen des Praxissemesters verändern und welche Rolle die Prozessqualität der Begleitseminare dabei spielt.

2 Theoretischer Hintergrund

2.1 Lehrer*innenüberzeugungen

Die Kompetenzentwicklung von Lehramtsstudierenden in Praxisphasen kann auf verschiedenen Ebenen betrachtet werden. Im Modell zur professionellen Kompetenz von Lehrkräften von Baumert und Kunter (2006) werden die Merkmale Wissen, Überzeugungen sowie motivationale und selbstregulative Fähigkeiten als Voraussetzung für die Bewältigung schulischer Aufgaben genannt. Skott (2015) beschreibt Überzeugungen als individuelle mentale Konstrukte, die sich von den anderen Kompetenzfacetten dadurch unterscheiden, dass sie vom subjektiven Richtigkeitsglauben abhängig sind. Sie haben kognitive und affektive Komponenten, die nicht voneinander trennbar sind. Überzeugungen von Lehrkräften sind zeitlich und kontextuell stabil (ebd.) und nur durch persönlich relevante Erfahrungen zu ändern, die zur bestehenden Überzeugung im Widerspruch stehen. Erfahrungen in Praxisphasen sollten somit ein größeres Potenzial haben, bei Studierenden eine Änderung der Überzeugungen zu bewirken als Lehrformate, die auf reine Wissensvermittlung abzielen.

Überzeugungen sind für die Kompetenzentwicklung der Lehrkräfte bedeutsam, weil sie Erwartungen an Schüler*innen, Zielvorstellungen und das Deuten von Unterrichtssituationen beeinflussen (vgl. Gregoire 2003; Baumert & Kunter 2006) sowie die Gestaltung des Unterrichts prägen können (vgl. Kunter u.a. 2011). So ist es möglich, dass sie bis auf Ebene der Schüler*innen wirken (vgl. Staub & Stern 2002).

Die Forschung zu Lehrer*innenüberzeugungen vom Lehren und Lernen wurde im deutschen Sprachraum v.a. in den Naturwissenschaften und der Mathematik vorangetrieben. Hier werden *konstruktivistische* und *transmissive* Überzeugungen unterschieden (vgl. Staub & Stern 2002; Dubberke u.a. 2008; Kunter u.a. 2011).

Bei einer konstruktivistischen Sicht auf Lehren und Lernen werden Schüler*innen als Konstrukteur*innen ihres eigenen Wissens gesehen, während bei einer transmissiven Sicht Wissen als eher statisch und das Lernen als Weitergabe von Wissen an eher passiv Lernende verstanden wird (vgl. Voss u.a. 2011). Die oben genannten Studien zeigen, dass konstruktivistische Einstellungen von Lehrkräften mit einer lernförderlicheren Unterrichtsgestaltung einhergehen und sich positiv auf die Schüler*innenleistung auswirken. Das Überzeugungssystem von Lehrkräften wird oft als mehrdimensional und inkongruent beschrieben (vgl. Bryan 2003; Schraw & Olafson 2015). Somit können Lehrkräfte gleichzeitig widersprüchliche Überzeugungen haben.

Die Kategorien *transmissiv* und *konstruktivistisch* beschreiben globale Konzepte, die unterschiedliche inhaltliche Facetten aufweisen können. Kleickmann (2008) entwickelte einen Fragebogen zur Erfassung der fünf Konstrukte *Entwicklung eigener Deutungen und Diskussion von Schüler*innenvorstellungen, Motiviertes und Anwendungsbezogenes Lernen, Conceptual-Change Lernen, Praktizismus und Laisser-faire* und *Transmission* bei Naturwissenschaftslehrkräften. Die ersten drei stellen Facetten einer konstruktivistischen und schüler*innenorientierten Sicht auf Lehren und Lernen dar. Transmission hingegen spiegelt ein rezeptives Verständnis von Lernen wider. Das Konstrukt *Laisser-faire und Praktizismus* bildet die Überzeugungsfacette des falsch verstandenen Konstruktivismus ab, nach dem praktisches Handeln als für Schüler*innenlernen ausreichend erachtet wird. Für die vorliegende Studie wurden vier dieser Skalen fächerübergreifend adaptiert.

2.2 Die Veränderbarkeit von Lehrer*innenüberzeugungen in Praxisphasen

Obwohl Überzeugungen von Lehrkräften als relativ stabil beschrieben werden (vgl. Haney & McArthur 2002), gibt es auch Hinweise darauf, dass sie sich durch Interventionen beeinflussen lassen (vgl. Gooya 2007). Besonders förderlich scheinen dabei solche Aus- und Fortbildungsformate zu sein, die Reflexion und Austausch über Überzeugungen und Unterrichtspraktiken beinhalten (vgl. Decker u.a. 2015). Das Bewusstmachen der eigenen Ansichten durch Reflexion und Konfrontation mit Alternativen kann bei Lehrkräften kognitive Dissonanzen auslösen, die zu einer Veränderung der Überzeugungen führen (vgl. Gregoire 2003). Auch gibt es Hinweise dafür, dass sich Überzeugungen von angehenden Lehrkräften leichter ändern als die von etablierten Lehrkräften (vgl. Fives & Buehl 2012). Zur Entwicklung von Überzeugungen in Praxisphasen im Lehramtsstudium liegen widersprüchliche Befunde vor: es scheint eine Entwicklung hin zu einer stärker schüler*innenorientierten, konstruktivistischeren Sicht (vgl. Decker u.a. 2015), eine Veränderungen der Überzeugungen hin zu einer transmissiveren Sicht auf Lehren und Lernen im Sinne eines „Praxisschocks" (vgl. Müller-Fohrbrodt u.a. 1978) oder keine Veränderung aufgrund der Stabilität von Überzeugungsmustern (vgl. Hascher 2012) möglich.

3 Fragestellungen

In unserer Studie untersuchen wir die Entwicklung von Lehrer*innenüberzeugungen zum Lehren und Lernen während des Praxissemesters und deren Zusammenhang mit Merkmalen der Lernbegleitung. Da der soeben dargestellte theoretische und empirische Hintergrund aber ein uneindeutiges Bild der Entwicklung von Lehrer*innenüberzeugungen in Praxisphasen zeichnet, nehmen wir in unserer Studie stärker die Subjektivität der Veränderung von Überzeugungen in den Blick. Das Angebots-Nutzungs-Modell zum Lernen im Beruf (vgl. Lipowsky 2010) legt nahe, dass berufliche Entwicklungsverläufe sehr individuelle Prozesse sind, die durch verschiedene Faktoren beeinflusst werden. So ist eher nicht von einem universellen Verlauf auszugehen, sondern es scheint plausibel, dass unterschiedliche Studierende auch unterschiedliche Entwicklungen ihrer Überzeugungen aufweisen. Ein Faktor dabei könnte die Gelegenheit zur angeleiteten Reflexion sein, die zu einem schüler*innenorientierteren, konstruktivistischeren Überzeugungsmuster bei den Studierenden führt (vgl. Decker u.a. 2015) und eine Entwicklung hin zu transmissiveren Überzeugungen im Sinne des „Praxisschocks" abmildern kann. Dabei sollen folgende Fragen beantwortet werden.

1. Welche Entwicklungsverläufe in den Lehrer*innenüberzeugungen zum Lehren und Lernen lassen sich im Laufe des Praxissemesters feststellen?
2. Hängt die Veränderung in den Überzeugungen mit der Intensität von Reflexion in den Begleitseminaren zusammen?

4 Methode
4.1 Das Potsdamer Praxissemester

Das Potsdamer Praxissemester umfasst 16 Wochen und wird von Studierenden im Master des Lehramtsstudiums absolviert. In einer Vorbereitungswoche durchlaufen sie jeweils sechs Stunden vorbereitende Seminare à 45 Minuten in Fach 1, Fach 2 und Erziehungswissenschaft. Anschließend sind die Studierenden 14 Wochen in der Schule, wo sie 66 Unterrichtsstunden hospitieren und angeleitet unterrichten, 50 Stunden selbst unterrichten sowie an Konferenzen und schulischen Veranstaltungen teilnehmen. In der Schule erfolgt die Betreuung durch eine*n Mentor*in pro Fach. Gleichzeitig nehmen sie an Begleitseminaren teil (15 Stunden) und werden von Dozierenden der Universität im Unterricht besucht. In einer Nachbereitungswoche dienen die Seminare in Fach 1, Fach 2 und Erziehungswissenschaft (je 4 Stunden à 45 Minuten) dazu, ihre Erfahrungen zu reflektieren und theoretisch zu ergänzen.

4.2 Studiendesign und Stichprobe

In unserer Studie haben wir die Überzeugungen der Studierenden in einem Prä-Post-Design erhoben. Die Studierenden wurden vor ihrem Praxissemester im Winter 2015/2016 in der Vorbereitungswoche (t_1) und in der Nachbereitungswoche (t_2) schriftlich zu ihren Überzeugungen befragt. Zu t_2 wurde zudem die Reflexion in der universitären und schulischen Lernbegleitung eingeschätzt. Insgesamt wurden n = 206 Studierende befragt. Davon erreichten wir zu Beginn des Praxissemesters (t_1) n = 185 Studierende und n = 145 Studierende zum Ende des Praxissemesters (t_2). Die Studierenden waren im Mittel 26,8 (*SD* = 3,9) Jahre alt. 67% der Befragten waren weiblich, 59% studierten Gymnasiallehramt, 30% gaben an, sich für die Sekundarstufe I zu qualifizieren und 7% für die Grundschule. Die meisten Studierenden berichteten pädagogische Vorerfahrungen: 59% hatten schon einmal Einzelnachhilfe gegeben und 21% Nachhilfe für Schüler*innengruppen. 17% der Studierenden hatten Erfahrungen als Vertretungs- oder Aushilfslehrkraft gesammelt. Die meisten der Befragten studierten im Erstfach eine Sprache (37%), 27% studierten eine Naturwissenschaft, 23% eine Gesellschaftswissenschaft, 10% Sport und 5% ein musisch-künstlerisches Fach.

4.3 Instrumente

Für die Erfassung der Überzeugungsdimensionen *Conceptual Change-Lernen*, *Motiviertes und Anwendungsbezogenes Lernen, Transmission* sowie *Laisser-faire und Praktizismus* wurden vier der fünf fachspezifischen Skalen von Kleickmann (2008) für alle Fächer adaptiert. In einem Vortest erprobten und optimierten wir die adaptierten Items mit n = 216 Studierenden im Potsdamer Praxissemester. Anschließend konnten wir vier der Faktoren von Kleickmann (2008) mittels exploratorischer Faktorenanalyse bestätigen. Die internen Konsistenzen waren akzeptabel bis gut (α = .72–.80, Tabelle 1).

Die Reflexion in der Lernbegleitung wurde mit adaptierten Skalen zur Erfassung der Reflexion und der Diskursqualität in Fachseminaren aus der COACTIV-R-Studie (vgl. Max-Planck-Institut für Bildungsforschung 2010) erhoben. Diese wurden für den Praxissemesterkontext, jeweils für die universitären Begleitveranstaltungen in den Erziehungswissenschaften und den Fachdidaktiken sowie für Mentor*innengespräche, adaptiert. Die Reliabilitäten der Skalen lagen im hohen bis exzellenten Bereich (α = .81–.91, Tabelle 1).

Tab. 1: Instrumente und Deskriptiva

Skalenname	Item-anzahl	M_{t1} (SD)	M_{t2} (SD)	Beispielitem	Cron-bachs α
Überzeugungen Antwortformat 1– ‚stimmt gar nicht' … 5 – ‚stimmt völlig'					
Transmission	7	3,1 (0,59)	3,2 (0,58)	Schwächeren Schüler*innen müssen Inhalte und Zusammen-hänge erklärt werden.	.77
Conceptual Change-Lernen	6	3,1 (0,62)	3,1 (0,59)	Schüler*innen erlernen neue Inhalte nur, wenn neue Vorstellungen für sie überzeugender sind als ihre alten Vorstellungen.	.72
Motiviertes/ Anwendungs-bezogenes Lernen	7	3,5 (1,01)	3,4 (1,11)	Nur wenn für die Schüler*innen die Auseinandersetzung mit einem Thema wirklich bedeutsam ist, können sie erfolgreich lernen.	.72
Laisser-faire/ Praktizismus	8	2,9 (0,49)	3,0 (0,50)	Ohne Eingreifen und Len-ken der Lehrkraft lernen Schüler*innen am besten.	.80
Reflexion in der Lernbegleitung Antwortformat 1 – trifft überhaupt nicht zu … 6 – trifft voll und ganz zu					
Fachdidaktik					
Teilen v. Erfahrungen	10	–	4,0 (1,21)	Unsere Seminarleitung nimmt sich viel Zeit, um unsere Eindrücke aus der Schule zu besprechen.	.83
Diskutieren v. Ansichten	10	–	3,7 (1,15)	Wir diskutierten im Seminar auch über unsere unterschiedlichen Ansich-ten von Unterricht.	.88
Erarbeiten v. Lösungen	8	–	3,4 (1,20)	Im Seminar diskutierten wir oft, wie man eine konkrete Unterrichtssitu-ation, die jemand erlebt hat, noch besser hätte gestalten können.	.91

Erziehungswissenschaft				
Teilen v. Erfahrungen	5	–	5,0 (1,00)	s.o.	.88
Diskutieren v. Ansichten	5	–	4,5 (1,06)	s.o.	.85
Erarbeiten v. Lösungen	4	–	4,3 (1,08)	s.o.	.81
Reflexion im Mentoring	12	–	4,4 (0,85)	In der Nachbesprechung diskutieren wir öfter verschiedene Möglichkeiten, wie man sich im Unterricht auf verschiedene Weise verhalten könnte.	.83

4.4 Statistische Analysen

Zur Identifizierung verschiedener Verläufe wurde eine hierarchische Clusteranalyse gerechnet. Grundlage der Clusteranalyse waren vier Variablen, welche die Veränderung in den vier Dimensionen der Lehrer*innenüberzeugungen (t_2–t_1) abbilden. Für die Clusteranalyse wurden in einem ersten Schritt mittels Single-Linkage-Verfahren Cluster gebildet und Ausreißer identifiziert. In einem zweiten Schritt wurden erneut Cluster mittels Ward-Verfahren (Distanzmaß: quadrierte euklidische Distanz) berechnet und anhand des Anstiegs des Heterogenitätskoeffizienten und des Dendrogramms die beste Clusterlösung identifiziert. Um die Cluster auf Unterschiede in den Überzeugungsverläufen und der wahrgenommenen Lernbegleitung zu untersuchen, wurden eine einfaktorielle Varianzanalyse und ein Post-Hoc-Test *(least significant difference)* durchgeführt.

Fehlende Werte wurden zuvor durch das Verfahren *Multiple Imputation by Chained Equations* (MICE) (vgl. Van Buuren & Groothuis-Oudshoorn 2011) in R (vgl. R Core Team 2015) ersetzt. Dabei wurden fünf komplette Datensätze erzeugt. Die nachfolgenden Analysen wurden mit SPSS 22 (vgl. IBM Corporation 2013) gerechnet und die Ergebnisse gemäß den Regeln von Rubin (1987) kombiniert.

5 Ergebnisse der Studie

Bei Betrachtung der Mittelwerte der Überzeugungsskalen für die gesamte Stichprobe zeigten sich keine signifikanten Unterschiede zwischen t_1 und t_2, sodass nicht von einer universellen Entwicklung im Verlauf des Praxissemesters ausgegangen werden kann. Mittels Clusteranalyse konnten jedoch drei unterschiedliche Verlaufstypen identifiziert werden: Cluster 1: keine Veränderung, Cluster 2: Praxisschock, Cluster 3: stärkere Schüler*innenorientierung. Den Clustern ließen sich n = 198 Studierende zuordnen. Die drei Gruppen unterschieden sich in ihren Voraussetzungen (Geschlecht, Erstfach, Semesterzahl, pädagogische Vorerfahrung und Alter) nicht signifikant voneinander.

Tab. 2: Vergleich der Cluster bezüglich ihrer Veränderung von Überzeugungen

	n	Transmission M_{t1} (SD)	Transmission ΔM (d)	Conceptual Change-Lernen M_{t1} (SD)	Conceptual Change-Lernen ΔM (d)	Motiviertes/ Anwendungsbe- zogenes Lernen M_{t1} (SD)	Motiviertes/ Anwendungsbe- zogenes Lernen ΔM (d)	Laisser-faire/ Praktizismus M_{t1} (SD)	Laisser-faire/ Praktizismus ΔM (d)
Cluster 1 keine Veränder-ung	122	3,09 (0,57)	0,07 (0,12)	3,19 (0,59)	-0,07 (-0,13)	3,85 (0,61)	0,06 (0,08)	2,97 (0,46)	0,03 (0,07)
Cluster 2 Praxis-schock	51	3,05 (0,62)	0,08 (0,12)	3,03 (0,61)	-0,19 (-0,33)	3,76 (0,48)	-1,89 (-3,15)	2,87 (0,48)	-0,16 (-0,30)
Cluster 3 stärkere Schüler*-innenori-entierung	25	3,01 (0,65)	0,21 (0,34)	2,22 (0,58)	0,94 (1,69)	1,38 (0,28)	2,52 (6,41)	2,46 (0,56)	0,54 (1,01)
F-Wert (ω^2)		2,51 (0,00)		35,46*** (0,09)		625,53**** (0,24)		17,54*** (0,03)	

Anmerkung: * p < 0.05, ** p < 0.01, *** p < 0.001

Cluster 1: keine Veränderung
Bei den meisten Studierenden (n = 122) lassen sich keine Veränderungen in den Überzeugungen feststellen (Tabelle 2). Die Studierenden gingen mit hohen Über-zeugungswerten im Bereich *Motiviertes und Anwendungsbezogenes Lernen* und in allen anderen Bereichen mit durchschnittlichen Überzeugungswerten ins Praxis-semester und behielten dieses Niveau bei.

Cluster 2: Praxisschock
Die Studierenden der Gruppe „Praxisschock" (n = 51) stellten mit 26% das zweit-größte Cluster dar. Die Gruppe unterschied sich in den Überzeugungen *Concep-tual Change-Lernen, Motiviertes und Anwendungsbezogenes Lernen* und *Laisser-faire und Praktizismus* signifikant von den anderen Gruppen (Tabelle 2). Diese Stu-dierenden gingen mit durchschnittlichen Zustimmungswerten in den Überzeu-gungsdimensionen *Conceptual Change-Lernen* und *Laisser-faire/Praktizismus* und einem hohen Zustimmungswert in der Überzeugungsdimension *Motiviertes und Anwendungsbezogenes Lernen* ins Praxissemester. Innerhalb dieser drei Überzeu-gungsbereiche wiesen die Studierenden nach dem Praxissemester niedrigere Zu-

stimmungswerte auf. Besonders stark ist die Veränderung im Bereich *Motiviertes und Anwendungsbezogenes Lernen* (*d* = -3,15). Die Studierenden dieser Gruppe wiesen keine Veränderungen in der Überzeugungsfacette *Transmission* auf.

*Cluster 3: stärkere Schüler*innenorientierung*
Dem Cluster „stärkere Schüler*innenorientierung" ließen sich n = 25 Studierende zuordnen. Diese Gruppe fiel mit einem Anteil von 13% am kleinsten aus und unterschied sich in der Veränderung in drei Überzeugungsfacetten signifikant von den anderen Gruppen (Tabelle 2). Zu Beginn des Praxissemesters wiesen diese Studierenden im Vergleich zu den anderen niedrigere Zustimmungswerte in den Überzeugungsdimensionen *Conceptual Change-Lernen*, *Motiviertes und Anwendungsbezogenes Lernen* und *Laisser-faire/Praktizismus* auf. Nach dem Praxissemester fielen ihre Zustimmungswerte jedoch höher aus als zuvor. Besonders stark war die Veränderung in den Überzeugungen zum *Motivierten und Anwendungsbezogenen Lernen* (*d* = 6,41) und *Conceptual Change-Lernen* (*d* = 1,69). Im Bereich *transmissive Überzeugungen* unterschieden sie sich nicht signifikant von den anderen Studierenden.

Tab. 3: Vergleich der Cluster bezüglich der Intensität der Reflexion in der Lernbegleitung

		Cluster 1 keine Veränderung M_{t2} (SD) n = 122	Cluster 2 Praxisschock M_{t2} (SD) n = 51	Cluster 3 stärkere Schüler*innen-orientierung M_{t2} (SD) n = 25	F-Wert (ω^2)
Reflexion Fachdidaktik	Diskutieren v. Ansichten	3,95 (0,97)	3,58 (1,07)	4,03 (1,08)	3,18 (0,02)
	Erarbeiten v. Lösungen	3,65 (0,89)	3,46 (1,08)	3,76 (1,16)	1,36 (0,00)
	Teilen v. Erfahrungen	4,37 (0,94)	4,15 (1,00)	4,28 (0,93)	1,13 (0,00)
Reflexion Erziehungs-wissenschaft	Diskutieren v. Ansichten	4,48 (1,03)	4,48 (1,02)	4,67 (1,14)	0,88 (0,00)
	Erarbeiten v. Lösungen	4,18 (1,06)	4,19 (1,06)	4,46 (1,15)	1,05 (0,00)
	Teilen v. Erfahrungen	4,98 (1,02)	5,18 (0,93)	5,11 (0,88)	0,85 (0,00)
Reflexion Mentoring		4,4 (0,87)	3,91 (1,02)	4,09 (1,00)	5,67* (0,04)

Anmerkung: * p < 0.05, ** p < 0.01, *** p < 0.001

Zusammenhang mit der Lernbegleitung

In der wahrgenommenen Intensität der Reflexion in der universitären Lernbegleitung unterschieden sich die Cluster nicht signifikant voneinander (Tabelle 3), weder in Bezug auf die fachspezifischen noch auf die erziehungswissenschaftlichen Seminare. Einzig die berichtete Reflexion in Gesprächen mit Mentor*innen an der Schule unterschied sich signifikant zwischen den Clustern ($F(2, 195)$ = 5,67, p = .033, ω^2 = 0,04). Post-Hoc-Tests *(least significant difference)* zeigten, dass Studierende, deren Überzeugungen sich im Laufe des Praxissemesters nicht änderten (Cluster 1), mehr Reflexion in den Mentor*innengesprächen wahrnahmen als Studierende mit „Praxisschock" (Cluster 2) ($MDiff_{Clu1-Clu2}$ = 0,48, p = .023). Es konnten keine Unterschiede in der wahrgenommenen Intensität der Reflexion in Mentor*innengesprächen zwischen Studierenden mit einem stärker schüler*innenorientierten Überzeugungsmuster (Cluster 3) und Studierenden mit „Praxisschock" (Cluster 2) festgestellt werden ($MDiff_{Clu3-Clu2}$ = 0,89, p = .448).

6 Diskussion

In unserer Studie konnten wir unterschiedliche Verläufe von Überzeugungen Studierender im Potsdamer Praxissemester zum Lehren und Lernen feststellen. Die meisten Studierenden (Cluster 1: keine Veränderung) berichteten durchschnittliche bis hohe Überzeugungsausprägungen und blieben auch nach dem Praxissemester auf diesem Niveau. Bei einer Gruppe (Cluster 2: Praxisschock) änderten sich die zuvor eher schüler*innenorientierten und konstruktivistischen Überzeugungen zu weniger schüler*innenzentrierten Einstellungen. Eine kleine Gruppe von Studierenden (Cluster 3: stärkere Schüler*innenorientierung) entwickelte sich gegensätzlich. Vor dem Praxissemester zeichneten sie sich durch eher wenig schüler*innenorientierte Überzeugungen aus und nach der Praxisphase berichteten sie stärker schüler*innenorientierte Ansichten. Ausgehend vom Angebots-Nutzungs-Modell (vgl. Lipowsky 2010) könnte man annehmen, dass Studierende die Lernangebote im Praxissemester unterschiedlich nutzen und das Praxissemester somit für unterschiedliche Studierende unterschiedliche Entwicklungsimpulse für die Überzeugungen gibt.

Bei Studierenden, die weniger schüler*innenorientierte Überzeugungen berichteten, konnten wir nicht gleichzeitig transmissive Überzeugungen feststellen. Die Überzeugungsfacette Transmission spielte in der Clusterzugehörigkeit und der Veränderung der Überzeugungen keine Rolle. Dieser Befund unterstützt die Annahme einer mehrdimensionalen Überzeugungsstruktur der Studierenden (vgl. Kleickmann 2008), bei der gleichzeitig konstruktivistische und transmissive Ansichten, obgleich widersprüchlich, Teil des Überzeugungssystems einer Lehrkraft sein können, die situationsspezifisch aktiviert werden (vgl. Skott 2015). Problematisch ist die Entwicklung der Überzeugungsfacette *Laisser-faire/Praktizismus*. Mit schüler*innenorientierten Einstellungen in den Facetten *Conceptual Change-Lernen* und *Motiviertes und Anwendungsbezogenes Lernen* gehen auch stärkere Überzeugungen des falsch verstandenen Konstruktivismus einher. Eine Herausforderung in Praxisphasen und der Gestaltung der Lernbegleitung ist es somit, nicht nur die Entwicklung hin zu schüler*innenorientierteren Überzeugungen zu fördern und den Praxisschock abzuwenden, sondern auch ein falsches Verständnis von Konstruktivismus zu verhindern.

Nicht bestätigt hat sich die Annahme, dass intensivere angeleitete Reflexion in der Lernbegleitung zu konstruktivistischeren Ansichten führt, wie Decker u.a. (2015) zeigen konnten. Das Ausmaß an Reflexion in den Begleitseminaren hängt nicht mit der Veränderung der Überzeugungen zusammen. Studierende, die über intensive Reflexion in Gesprächen mit Mentor*innen berichteten, erlebten häufiger „keine Veränderung" statt eines „Praxisschocks". Hier stellt sich die Frage, was die unterschiedliche Entwicklung der Studierenden beeinflusst, wenn sich die unterschiedlichen Gruppen weder in den von uns erfassten Voraussetzungen, noch in der berichteten Reflexion in den Begleitseminaren signifikant voneinander unterschieden.

Eine Erklärung könnte darin liegen, dass die Studierenden den Seminardiskurs zwar als reflexionsanregend einschätzen, die Intensität der Reflexion jedoch nicht ausreicht, um bei den Studierenden hinreichend lernförderliche kognitive Dissonanzen auszulösen (vgl. Gregoire 2003). Zukünftig könnte es sich lohnen, die Qualität der universitären Lernbegleitung und des Mentorings anders zu erfassen, z.B. mit Hilfe geschulter Beobachter*innen, sodass möglicherweise Hinweise für die Gestaltung wirksamer Lernbegleitung abgeleitet werden können.

Limitationen, Implikationen und Ausblick
Unsere Daten beruhen auf Selbstauskünften der Studierenden, d.h. expliziten Überzeugungen. Diese könnten von den handlungsrelevanten Überzeugungen der Studierenden abweichen, weil z.B. eher sozial erwünschte Überzeugungen berichtet werden. In der weiteren Forschung sollten auch implizite Überzeugungen stärker in den Blick genommen werden.

Zudem stellt der rein quantitative Zugang eine Beschränkung dar. Da Lehrer*innenüberzeugungen „complex, multifaceted, and varied" (Fives & Buehl 2012, 486) sind, ist es möglich, dass die verwendeten Skalen die Überzeugungen nicht umfassend abbilden können. In weiteren Untersuchungen sollten daher vielfältige qualitative und quantitative Erhebungsansätze genutzt werden, deren Ergebnisse trianguliert werden können (vgl. Schraw & Olafson 2015).

Literatur

Baumert, Jürgen, Beck, Erwin, Beck, Klaus, Glage, Liselotte, Götz, Margareta, Freisel, Ludwig, Hasselhorn, Marcus, Langfeldt, Hans-Peter, Lemmermöhle, Doris, Nickolaus, Reinhold, Scheunpflug, Annette, Spinner, Kaspar & Werning, Rolf (2007): Ausbildung von Lehrerinnen und Lehrern in Nordrhein-Westfalen. Empfehlungen der Expertenkommission zur Ersten Phase. Düsseldorf: MfI-WFT.

Baumert, Jürgen & Kunter, Mareike (2006): Stichwort: Professionelle Kompetenz von Lehrkräften. In: Zeitschrift für Erziehungswissenschaft, 9 (4), 469–520.

Bryan, Lynn A. (2003): Nestedness of beliefs: Examining a prospective elementary teacher's belief system about science teaching and learning. In: Journal of Research in Science Teaching, 40 (9), 835–868.

Cramer, Colin (2014): Theorie und Praxis in der Lehrerbildung: Bestimmung des Verhältnisses durch Synthese von theoretischen Zugängen, empirischen Befunden und Realisierungsformen. In: Die Deutsche Schule, 106 (4), 344–357.

Decker, Anna-Theresia, Kunter, Mareike & Voss, Thamar (2015): The relationship between quality of discourse during teacher induction classes and beginning teachers' beliefs. In: European Journal of Psychology of Education, 30 (1), 41–61.

Dubberke, Thamar, Kunter, Mareike, McElvany, Nele, Brunner, Martin & Baumert, Jürgen (2008): Lerntheoretische Überzeugungen von Mathematiklehrkräften: Einflüsse auf die Unterrichtsgestaltung und den Lernerfolg von Schülerinnen und Schülern. In: Zeitschrift für Pädagogische Psychologie, 22 (34), 193–206.

Fives, Helenrose & Buehl, Michelle M. (2012): Spring cleaning for the „messy" construct of teachers' beliefs: What are they? Which have been examined? What can they tell us? In: Karen R. Harris, Steve Graham & Tim Urdan (Hrsg.): APA Educational Psychology Handbook. Band 2: Individual Differences and Cultural and Contextual Factors. Washington: American Psychological Association, 471–499.

Gooya, Zahra (2007): Mathematics teachers' beliefs about a new reform in high school geometry in Iran. In: Educational Studies in Mathematics, 65 (3), 221–347.

Gregoire, Michelle (2003): Is it a challenge or a threat? A dual-process model of teachers' cognition and appraisal processes during conceptual change. In: Educational Psychology Review, 15 (2), 147–179.

Gröschner, Alexander, Schmitt, Cordula & Seidel, Tina (2013): Veränderung subjektiver Kompetenzeinschätzungen von Lehramtsstudierenden im Praxissemester. In: Zeitschrift für Pädagogische Psychologie, 27 (1–2), 77–86.

Gröschner, Alexander & Seidel, Tina (2012): Lernbegleitung im Praktikum. Befunde und Innovationen im Kontext der Reform der Lehrerbildung. In: Wilfried Schubarth, Karsten Speck, Andreas Seidel, Corinna Gottmann, Caroline Kamm & Maud Krohn (Hrsg.): Studium nach Bologna: Praxisbezüge stärken?! Praktika als Brücke zwischen Hochschule und Arbeitsmarkt. Wiesbaden: Springer, 171–183.

Haney, Jodi J. & McArthur, Julia (2002): Four case studies of prospective science teachers' beliefs concerning constructivist teaching practices. In: Science Education, 86 (6), 783–802.

Hascher, Tina (2006): Veränderungen im Praktikum – Veränderungen durch das Praktikum. Eine empirische Untersuchung zur Wirkung von schulpraktischen Studien in der Lehrerbildung. In: Zeitschrift für Pädagogik, 52. Jg., Beiheft 51, 130–148.

Hascher, Tina (2012): Lernfeld Praktikum – Evidenzbasierte Entwicklungen in der Lehrer/innenbildung. In: Zeitschrift für Bildungsforschung, 2 (2), 109–129.

Hascher, Tina & Moser, Peter (2001): Betreute Praktika – Anforderungen an Praktikumslehrerinnen und -lehrer. In: Beiträge zur Lehrerbildung, 19 (2), 217–231.

IBM Corporation (2013): IBM SPSS statistics for Windows. Armonk, NY: IBM Software Group.

Kleickmann, Thilo (2008): Zusammenhänge fachspezifischer Vorstellungen von Grundschullehrkräften zum Lehren und Lernen mit Fortschritten von Schülerinnen und Schülern im konzeptuellen naturwissenschaftlichen Verständnis. Dissertation: Westfälische-Wilhelms-Universität, Münster.

Kunter, Mareike, Kleickmann, Thilo, Klusmann, Uta & Richter, Dirk (2011): Die Entwicklung professioneller Kompetenz von Lehrkräften. In: Mareike Kunter, Jürgen Baumert, Werner Blum, Uta Klusmann, Stefan Krauss & Michael Neubrand (Hrsg.): Professionelle Kompetenz von Lehrkräften. Ergebnisse des Forschungsprogramms COACTIV. Münster: Waxmann, 55–68.

Lipowsky, Frank (2010): Lernen im Beruf – Empirische Befunde zur Wirksamkeit von Lehrerfortbildungen. In: Florian H. Müller, Astrid Eichenberger, Manfred Lüders & Johannes Mayr (Hrsg.): Lehrerinnen und Lehrer lernen – Konzepte und Befunde zur Lehrerfortbildung. Münster: Waxmann, 51–72.

Max-Planck-Institut für Bildungsforschung (2010): COACTIV-R: Eine Studie zum Erwerb professioneller Kompetenz von Lehramtsanwärtern während des Vorbereitungsdienstes – Dokumentation der Erhebungsinstrumente für den ersten und zweiten Messzeitpunkt. Max-Planck-Institut Berlin: unveröffentlichtes Dokument.

Müller-Fohrbrodt, Gisela, Cloetta, Bernhard & Dann, Hanns-Dietrich (1978): Der Praxisschock bei jungen Lehrern. Formen-Ursachen-Folgerungen. Stuttgart: Klett.

R Core Team (2015): R: A Language and Environment for Statistical Computing. Wien: R Foundation for Statistical Computing.

Rothland, Martin & Boecker, Sarah K. (2015): Viel hilft viel? Forschungsbefunde und -perspektiven zum Praxissemester in der Lehrerbildung. In: Lehrerbildung auf dem Prüfstand, 8 (2), 112–134.

Rubin, Donald B. (1987): Multiple Imputation for Nonresponse in Surveys. New York: Wiley.

Schraw, Gregory & Olafson, Lori (2015): Assessing teacher's beliefs. Challenges and solutions. In: Helenrose Fives & Michelle Gregoire Gill (Hrsg.): International Handbook of Research on Teachers' beliefs. New York/London: Routledge, 87–105.

Skott, Jeppe (2015): The Promises, Problems, and Prospects of Research on Teachers's Beliefs. In: Helenrose Fives & Michelle Gregoire Gill (Hrsg): International Handbook of Research on Teachers's Beliefs. New York/London: Routledge, 13–30.

Staub, Fritz C. & Stern, Elsbeth (2002): The nature of teachers' pedagogical content beliefs matters for students' achievment gains: Quasi-experimental evidence from elementary mathematics. In: Journal of educational psychology, 94 (2), 344–355.

Van Buuren, Stef & Groothuis-Oudshoorn, Catharina G. M. (2011): Mice: Multivariate imputation by chained equations in R. In: Journal of Statistical Software, 45 (3), 1–67.

Voss, Thamar, Kleickmann, Thilo, Kunter, Mareike & Hachfeld, Axinja (2011): Überzeugungen von Mathematiklehrkräften. In: Mareike Kunter, Jürgen Baumert, Werner Blum, Uta Klusmann, Stefan Krauss & Michael Neubrand (Hrsg.): Professionelle Kompetenz von Lehrkräften. Münster: Waxmann, 235–257.

Petra Richey, Samuel Merk, Marc Kleinknecht und Thorsten Bohl

Erwerb von Professionswissen zur kognitiven Aktivierung anhand eigener und fremder Unterrichtsvideos – Methodologische Überlegungen und Herausforderungen videobasierter Lehrer*innenfortbildungen

*Im Beitrag wird eine Studie vorgestellt, die Auswirkungen der Arbeit mit eigenen oder fremden Unterrichtsvideos in Lehrer*innenfortbildungen auf kognitive Prozesse der Teilnehmenden untersucht. Dabei wird vor allem auf Herausforderungen einge-gangen, die mit dem Einsatz eigener Videos und der Erfassung des Professionswissens zur kognitiven Aktivierung anhand offener Antworten auf Videostimuli einhergehen. Diese liegen vor allem in der Berücksichtigung des ordinalen Variablenniveaus und der Spezifität der Videostimuli in den Tests und der Intervention. Vorschläge zur Stärkung von Untersuchungsdesigns und Analysemethoden, die in Studien zu Unterrichtsvideos bisher kaum Berücksichtigung finden, werden vorgestellt.*

1 Einleitung

Eigene und fremde Unterrichtsvideos haben sich als geeignete und vielfach einge-setzte Medien der Lehrer*innenfortbildung etabliert. Allerdings stehen vor allem Studien zur Wirksamkeit von Lehrer*innenfortbildung vor methodologischen Herausforderungen. Forschungsbefunde zeigen, dass sich der Medientyp (eigenes/ fremdes Video) unterschiedlich auf motivational-affektive und kognitive Prozes-se der Teilnehmenden auswirkt (z.B. Seidel u.a. 2011; Kleinknecht & Schnei-der 2013), die Determinanten wirksamer Lehrer*innenfortbildungen darstellen. Gleichzeitig ist die Analyse der Wirksamkeit der Fortbildung bei der Erfassung des Wissensstands und -zuwachses mit methodologischen Herausforderungen verbunden, insbesondere dann, wenn Antworten auf offene Fragen erfasst werden. Wegen der geringen Realisierung kognitiver Aktivierung im Unterricht leistungs-schwächerer Schüler*innen (Baumert & Kunter 2011; Bohl u.a. 2012) sowie des Zusammenhangs kognitiver Aktivierung im Unterricht mit dem Lernzuwachs der Schüler*innen einerseits (z.B. Lipowsky 2009; Baumert & Kunter 2011) und dem fachdidaktischen Professionswissen der Lehrkräfte andererseits (z.B. Blömeke u.a. 2008; Baumert & Kunter 2011) wurde in der hier berichteten Studie eine Onlinefortbildung zur Erweiterung des fachdidaktischen Professionswissens mit eigenen und fremden Unterrichtsvideos entwickelt und durchgeführt.

Im Beitrag werden das Potenzial sowie methodologische Herausforderungen beim Einsatz eigener und fremder Unterrichtsvideos und bei der Analyse der Wirksamkeit der Fortbildung am Beispiel der Onlinefortbildung betrachtet.

2 Potenzial, methodologische Überlegungen und Herausforderungen beim Einsatz von Unterrichtsvideos in Lehrer*innenfortbildungen

2.1 Das Potenzial von Unterrichtsvideos für wirksame Lehrer*innenfortbildungen

Wirksame Lehrer*innenfortbildungen weisen bestimmte strukturelle (z.B. Dauer, Organisationsform), personenbezogene (unter anderem motivationale, volitionale Voraussetzungen der Teilnehmenden) und inhaltlich-didaktische Merkmale (unter anderem enger fachdidaktischer Fokus, Anregung zu vertieftem Nachdenken über die eigene Praxis, Anknüpfen und Erweitern von Kognitionen und Konzepten, Erzeugen von Dissonanzen zwischen Erwartungen bzw. Überzeugungen und der unterrichtlichen Praxis bzw. Wirkung auf die Lernenden) auf (Lipowsky 2014; Lipowsky & Rzejak 2014).

Unterrichtsvideos ermöglichen es, authentisches Lehrer*innenhandeln und unterrichtliche Prozesse in ihrer Komplexität zu beobachten, curriculare und fachbezogene Inhalte zu fokussieren, das Wissen der Teilnehmenden zu explizieren und zu erweitern und zu vertieftem Nachdenken über Unterrichtssituationen und Handlungsmöglichkeiten durch wiederholte Betrachtungen ohne Handlungsdruck anzuregen (Krammer & Reusser 2005; Lipowsky 2009). Folglich weisen Unterrichtsvideos allgemein ein hohes Potenzial für die Erfüllung personenbezogener und inhaltlich-didaktischer Merkmale wirksamer Lehrer*innenfortbildungen auf. Mit dem Einsatz von Unterrichtsvideos in Lehrerfortbildungen sind dennoch methodologische Überlegungen und Herausforderungen verbunden, z.B. hinsichtlich des verwendeten Medientyps, da Befunde (siehe 2.2) darauf hindeuten, dass die Arbeit mit eigenen oder fremden Videos unterschiedliche motivational-affektive und kognitive Prozesse initiiert, die Merkmale wirksamer Lehrer*innenfortbildungen darstellen.

2.2 Methodologische Überlegungen zur Erfüllung von Merkmalen wirksamer Fortbildungen bei eigenen und fremden Videos

Bislang liegen nur wenige Studien und uneinheitliche Befunde zu den Auswirkungen des Medientyps auf kognitive und motivational-affektive Prozesse der Teilnehmenden vor.

Die Annahme, Lehrkräfte könnten sich bei eigenen Videos durch ihr Wissen über die Klasse, die eigenen Unterrichtskonzepte und -prinzipien (z.B. Sherin & Han 2004; Borko u.a. 2008) eher in die Situation eindenken und emotional beteiligen, konnte in der Studie „LUV – Lernen aus Unterrichtsvideos" von Seidel u.a. (2011) belegt werden. Kleinknecht und Schneider (2013) und Kleinknecht und Poschinski (2014) konnten diese Annahme nicht belegen. In beiden Studien äußerten die Lehrkräfte bei fremden Videos deutlich mehr negative und etwas mehr positive Emotionen als bei eigenen Videos, wobei negative Emotionen sich bei fremden Videos nicht auf die Analyse auswirkten, während sie beim eigenen Video infolge von Abwehrhaltungen und Rechtfertigungen zum Schutz des Selbstwerts oberflächlichere Analysen bedingen konnten (Kleinknecht & Poschinski 2014).

Die Annahmen, fremde Videos lenkten den Blick auf kritische Ereignisse und deren alternative Deutung (Seago 2004) und eigneten sich demnach, um Lehrkräfte für bestimmte, ihnen vermeintlich unbekannte Aspekte des Unterrichts zu sensibilisieren und zu kritischer individueller Reflexion zu ermutigen (z.B. Borko u.a. 2011), konnte in der Studie von Seidel u.a. (2011) bestätigt werden. Lehrkräfte der Gruppe „fremdes Video" reflektierten deutlich häufiger über Handlungsalternativen beim Auftreten kritischer Ereignisse, während Lehrkräfte der Gruppe „eigenes Video" diese oft nur benannten und oberflächlich bewerteten. In der Studie von Kleinknecht und Schneider (2013) zeigte sich zudem, dass Lehrkräfte der Gruppe „fremdes Video" Situationen elaborierter hinsichtlich des vorgegebenen Beobachtungsschwerpunktes analysieren konnten. Zhang u.a. (2011) hingegen konnten positive Effekte fremder und eigener Videos zur vertieften Reflexion einzelner Situationen belegen.

Die Befunde zum Medientyp legen hinsichtlich der Merkmale wirksamer Fortbildungen folglich nahe, dass sich eigene Videos durch die höhere Immersion und Resonanz (Seidel u.a. 2011; Zhang u.a. 2011) mehr für das Anknüpfen an bestehende Konzepte und Kognitionen eignen, während fremde Videos mehr für die Erweiterung bestehender Konzepte und Kognitionen geeignet zu sein scheinen (Seidel u.a. 2011; Kleinknecht & Schneider 2013).

2.3 Methodologische Herausforderungen beim Einsatz eigener Videos

Mit der Frage nach dem Medientyp gehen auch methodologische Herausforderungen einher. Sollen Effekte des Medientyps (eigenes/fremdes Video) untersucht werden, ist das Interventionsmaterial zwangsläufig nicht vollständig standardisierbar, da eine Versuchsgruppe eigene und damit in der Regel unterschiedliche (hohe/niedrige kognitive Aktivierung, diverse Themen etc.), kaum standardisierbare Videos in die Fortbildung einbringt. Die Unterschiedlichkeit dieser Interventionsmaterialien führt zu einer Senkung der internen Validität, da gefundene Effekte weniger sicher kausal auf die Versuchsbedingung (eigenes/fremdes Video) zurückgeführt werden können.

Eine weitere, erhebliche Herausforderung ergibt sich bezüglich der Generierung vergleichbarer Substichproben (fremdes Video und gegebenenfalls Kontrollgruppe). Die Teilnahmebereitschaft von Lehrkräften an der Gruppe „eigenes Video" ist deutlich geringer. Daher weist diese Gruppe bei vorliegenden Videos aber auch bei noch zu filmenden Videos bestimmte Merkmale auf, die die Generierung anderer Substichproben erschweren oder die Vergleichbarkeit der Substichproben senkt.

2.4 Methodologische Herausforderungen bei der Analyse der Wirksamkeit der Fortbildung

Die Wirksamkeit von Lehrer*innenfortbildungen wird oft auf vier Ebenen konzeptualisiert: Sie kann anhand (1) der Zufriedenheit der Teilnehmenden mit der Fortbildung, (2) ihres Wissenszuwachses, (3) der Veränderung ihrer unterrichtlichen Praxis und (4) Veränderungen bei den Lernenden (z.B. Motivation, Lernerfolg) gemessen werden (Kirkpatrick 1996). Die Zufriedenheit der Teilnehmenden, die Veränderung der unterrichtlichen Praxis und Veränderungen bei den Lernenden können z.b. recht problemlos mit Fragebögen erfasst werden. Die Analyse des Wissenszuwachses bei Verwendung offener Fragen zur Erfassung des Professionswissens oder der Professional Vision kann hingegen eine methodologische Herausforderung darstellen. Oft werden in den entsprechenden Verfahren Ratingschemata entwickelt, die die offenen Antworten ordinal abstufen (z.b. Sherin u.a. 2009; Kersting u.a. 2012). Auf die daraus resultierenden Daten müssen dann aber in den folgenden Analyseschritten (Interraterreliabilitäts-, Dimensionalitäts- und Reliabilitätsanalysen) Verfahren für *ordinale* Variablen angewendet werden, die zwar seit vielen Jahren zur Verfügung stehen, jedoch selten verwendet werden (Gadermann u.a. 2012).

Der vorliegende Beitrag zielt darauf ab, einen adäquaten Umgang mit den zuvor geschilderten methodologischen Hausforderungen darzustellen.

3 Umgang mit methodologischen Herausforderungen und Problemen bei der Onlinefortbildung

Nachfolgend wird die im DFG-Projekt „Erwerb von Professionswissen zur kognitiven Aktivierung anhand eigener und fremder Unterrichtsvideos" durchgeführte

Fortbildung vorgestellt. Dabei werden vor allem die methodologischen Herausforderungen hinsichtlich der Stichprobe, Vergleichbarkeit des Interventionsmaterials und der Analyse des Wissenszuwachses bei offenen Fragen behandelt.

3.1 Stichprobe

Die Stichprobe des Projekts mit quasi-experimentellem Design besteht aus 89 Mathematiklehrkräften der Haupt-, Werkreal-, Real- und Gemeinschaftsschule, die sich auf zwei Treatment-Gruppen („eigenes Video" und „fremdes Video") und eine Kontroll-Gruppe („Baseline") verteilen.

Die Teilstichprobe „eigenes Video" (n = 14) wurde aus der Stichprobe des DFG-Projekts „Kognitive Aktivierung im Unterricht" rekrutiert. In diesem Projekt entstanden je Lehrkraft zwei Unterrichtsvideos zum Thema „Vermehrter und verminderter Grundwert", die für die Fortbildung als eigenes Video verwendet wurden. Die Teilstichproben „fremdes Video" (n = 36) und „Baseline" (n = 39) setzen sich aus neu rekrutierten Mathematiklehrkräften zusammen, die in einem stratifizierten Verfahren (Strata: Schulart und Geschlecht) den Bedingungen „fremdes Video" und „Baseline" randomisiert zugewiesen wurden. Die Substichproben unterscheiden sich – wie aufgrund der Größe zu erwarten – hinsichtlich des Geschlechts, des Deputats, der Berufserfahrung und der Vorkenntnisse zur kognitiven Aktivierung zwar signifikant, die Unterschiede sind jedoch nur teilweise groß (Tabelle 1).

Tab. 1: Deskriptive Kennwerte zur Vergleichbarkeit der Experimentalgruppen

		Kontrollgruppe	fremdes Video	eigenes Video
Geschlecht	MW	0.64	0.65	0.21
	95%-KI	(0.56., 0.72)	(0.57, 0.73)	(0.09. 0.34)
	SD	0.49	0.48	0.39
Hochschulart	MW	0.18	0.11	0.14
	95%-KI	(0.12, 0.25)	(0.06, 0.17)	(0.04, 0.25)
	SD	0.39	0.32	0.36
Deputat	MW	23	26	27
	95%-KI	(22.0, 24.8)	(24.9, 26.8)	(27.0, 27.3)
	SD	5.7	3.7	0.38
Berufserfahrung	MW	14	14	20
	95%-KI	(11.8, 15.2)	(12.9, 15.7)	(16.6, 22.7)
	SD	9.2	6.9	9.7
Vorkenntnisse	MW	0.92	1.1	1.5
	95%-KI	(0.79, 1.1)	(0.91, 1.2)	(1.3, 1.7)
	SD	0.84	0.85	0.76

3.2 Design

Jede Lehrkraft nahm einmal an der Onlinefortbildung (Abbildung 1) teil. Pre-Test, Intervention und Post-Test wurden am Stück absolviert mit einer durchschnittlichen Dauer von 151 Minuten (SD = 52.186). Vier bis sechs Wochen später fand eine Follow-Up-Erhebung mit einer durchschnittlichen Dauer von 61 Minuten (SD = 28.769) statt.

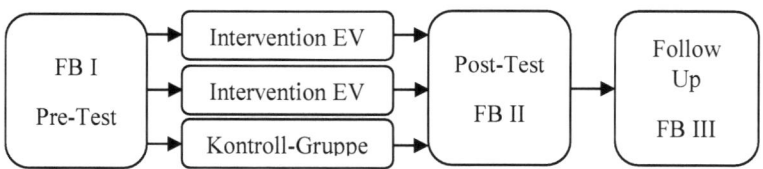

Abb. 1: Übersicht über den Ablauf der Onlinefortbildung

(1) Zu Beginn der Onlinefortbildung wurden mit einem Fragebogen unter anderem personenbezogene Daten erfasst. Im Anschluss fand der Pre-Test statt, der aus acht Videovignetten mit Fragen zur kognitiven Aktivierung bestand. (2) Die darauffolgende Intervention variierte je nach Experimentalgruppe. Die Lehrkräfte der Treatment-Gruppen erhielten einen Text mit allgemeinen Informationen zur kognitiven Aktivierung und für vier Merkmale kognitiver Aktivierung (Vorwissen aktivieren, Interesse an der Schülerdenkweise, zum Ausprobieren ermuntern, Lösungen kritisch prüfen) je einen Text mit Informationen und zwei Videosequenzen des eigenen (Gruppe „eigenes Video") bzw. eines fremden (Gruppe „fremdes Video") Unterrichtsvideos. Die Lehrkräfte der Kontroll-Gruppe erhielten Texte zur effizienten Klassenführung und einen Textfall, den sie diesbezüglich analysierten, um einen adäquaten zeitlichen Abstand von Pre- und Post-Test zu gewährleisten. (3) Nach der Intervention absolvierten die Lehrkräfte aller Gruppen den Post-Test, der identisch mit dem Pre-Test ist. Abschließend wurden motivational-affektive Variablen mit einem Fragebogen erfasst. (4) Bei der Follow-Up-Erhebung wurde das Professionswissen zur kognitiven Aktivierung ein weiteres Mal durch die acht Videovignetten erfasst. Zusätzlich wurden die Lehrkräfte per Fragebogen zur subjektiv wahrgenommenen Relevanz und Wirksamkeit der Fortbildung für die Unterrichtspraxis befragt.

Das Professionswissen zur kognitiven Aktivierung wurde zu drei Zeitpunkten (Pre-Test, Post-Test, Follow Up-Erhebung) unter anderem durch die Beantwortung offener Fragen nach jeder Videovignette erfasst (Abbildung 2).

Die Erfassung erfolgte vor dem theoretischen Hintergrund der professionellen Wahrnehmung nach Seidel u.a. (2010). Entsprechend einem vollständigen Analyseprozess mit den Schritten Wahrnehmung, Begründung und Handlungsalternativen vorschlagen (Santagata & Guarino 2011), wurden nach jeder Vignette folgende Fragen gestellt:

1. Welche(s) Merkmal(e) zur Anregung verständnisorientierter Lernprozesse können Sie in dieser Sequenz beobachten? Benennen Sie diese(s), beziehen Sie sich dabei auf die Sequenz.
2. Warum ist dieses Handeln geeignet, verständnisorientierte Lernprozesse anzuregen? Begründen Sie bitte.
3. Wie hätte die Lehrkraft vorgehen können, um noch intensiver verständnisorientierte Lernprozesse anzuregen? Beziehen Sie sich bitte auf die Sequenz.

Die Erweiterung des Professionswissens erfolgte durch die Intervention. Die in der Intervention verwendeten Videosequenzen waren aufgrund der Tatsache, dass die Lehrkräfte der Gruppe „eigenes Video" mit ihren eigenen Videos fortgebildet wurden, hinsichtlich der realisierten und potenziell realisierbaren kognitiven Aktivierung standardisiert: Sie zeigten ähnliche Situationen mit einer festgelegten Ausprägung des entsprechenden Merkmals. Zur Festlegung der Ausprägung wurden alle Interaktionen der „eigenen Videos" hinsichtlich der vier Merkmale hoch-inferent geratet und jene Ausprägung gewählt, die in allen Videos vertreten war. Die Sequenzen wurden zudem für die Fortbildung unter anderem durch begleitende Texte aufbereitet: Nach der Sequenz wurde eine „Expertenbeschreibung" gezeigt, in der die beobachtbaren Merkmale kognitiver Aktivierung, deren Eignung zur Anregung verständnisorientierter Lernprozesse und Handlungsalternativen aus Sicht des Projektteams beschrieben wurden.

3.3 Instrumente

Für die Analyse der offenen Fragen des Pre-Tests, Post-Tests und der Follow Up-Erhebung wurde in Anlehnung an gängige Operationalisierungen der Professionellen Wahrnehmung (u.a. Schwindt 2008) ein Kodiermanual entwickelt (Tabelle 2).

Tab. 2: Übersicht über das Kodiermanual

Frage	Analyse	Kategorien
Merkmal benennen	Art der Antwort	*keine Antwort möglich (99), keine inhaltliche Antwort (0), andere inhaltliche Antwort (1),* Merkmal(e) umschrieben (2), Merkmal(e) benannt (3)
	Korrektheit der Antwort	keine Analyse (99), falsch (0), tendenziell (1), exakt (2)
	Bezug zur Sequenz	keine Analyse (99), kein Bezug (0), allgemeiner Bezug (1), ausführlicher Bezug (2), konkreter Bezug (3)
Begründung	Art der Antwort	*keine Antwort möglich (99), keine Antwort (0), Beschreibung (1),* Bewertung (2), Begründung (3), kognitive Begründung (4)
	Art der Begründung	keine Analyse (99), negativ (0), gemischt (1), positiv (2)
Handlungs- alternativen	Alternative nennen	*keine Antwort möglich (99), keine Antwort (0), keine Alternative (1),* Alternative (2)
	Inhalt der Alternative	keine Analyse (99), andere Alternative (0), allgemeine Alternative zu Fortbildungsinhalten (1), Alternative zu Merkmalen (2), Experten- alternative (3)

Bei den in Tabelle 2 kursiven Kategorien handelt es sich um nicht-inhaltliche oder fehlende Antworten, die in den weiteren Analyseschritten als „keine Analyse" kodiert wurden.

4 (Exemplarische) Statistische Analysen

Wie erwähnt, stellen die ordinale Skalierung des Instruments sowie die Spezifität der Stimuli (Videovignetten des Tests) zentrale Herausforderungen bei der Analyse der Daten dar.

Einfache Strategien, wie die Medianbildung über die Testvignetten oder Personen einer Experimentalgruppe hinweg, sind insofern ungünstig, als dass sie sehr große Anteile der Variabilität (genauer: Dispersion; also „Varianz der ordinalen Daten" etwa anhand des relativen Informationsgehaltes oder dem Interquartilsabstand quantifiziert) vernichten. Es gibt jedoch fortgeschrittenere Verfahren, die es erlauben, die Dispersion auf Vignettenebene zu erhalten und darüber hinaus sogar metrische Skalenwerte zu schätzen. Ein solches Verfahren soll im Folgenden exemplarisch für die Variable „Begründung: Art der Antwort" (Post-Test) dargestellt werden, ebenso die Interraterreliabilitäts- und die Dimensionalitätsanalyse.

4.1 Interraterreliabilitätsanalyse

Um zu überprüfen, inwiefern die Ergebnisse der offenen Antworten durch das Rating messfehlerbehaftet sind, wurde eine zufällige Auswahl (200 Antworten) von zwei geschulten Raterinnen bewertet und die Übereinstimmung mit Krippendorfs α (Krippendorf 1980) geschätzt. Dieser Koeffizient bietet die Vorteile, dass er die Interraterübereinstimmung und nicht nur die -konsistenz schätzt, via adäquate Distanzmaße auch für nominale und ordinale Daten anwendbar wird und fehlende Werte sowie eine beliebige Anzahl von Rater*innen berücksichtigen kann (Hayes & Krippendorf 2007).
Im vorliegenden Fall ergibt die Punktschätzung einen Wert von .835, der als gute Raterübereinstimmung gewertet werden kann.

4.2 Dimensionalitätsanalyse

Nach der Interraterreliabilitätsanalyse stellt sich die Frage, inwiefern die Ratings der Antworten auf die Frage „Warum ist dieses Handeln geeignet, verständnisorientierte Lernprozesse anzuregen? Begründen Sie bitte." für die acht Videovignetten des Post-Tests als Indikatoren *einer* latenten Fähigkeit angesehen werden können. Da das Kodierschema der hier exemplarisch analysierten Variable klar ordinales Variablenniveau impliziert, stellt die konfirmatorische Faktorenanalyse (CFA) für ordinale Variablen ein geeignetes Verfahren zur Dimensionalitätsanalyse dar. Die Verwendung von Methoden für metrische Indikatoren würde potenziell zur Unterschätzung von Zusammenhängen, zur Identifikation von Pseudofaktoren oder zu inkorrekten Teststatistiken führen (Brown 2014).
CFA Modelle für ordinale Items nehmen hinter jedem Item Y eine kontinuierliche normalverteilte Variable Y* an, die sich in eine Linearkombination der Faktoren zerlegen lässt. Daher werden in Modellen der CFA mit ordinalen Items Schwellenparameter (Treshholds) auf Y* geschätzt, die jenen Ausprägungen entsprechen, bei denen Y von einer in die nächste Kategorie wechselt. Meist wird Y* zusätzlich als *standard*normalverteilt angenommen, um das faktorenanalytische Modell identifizierbar zu machen, welches deshalb dann auch keine Konstanten (Intercepts) enthält (Eid u.a. 2013).
Die Schätzung der Parameter des ordinalen CFA-Modells der exemplarisch analysierten Variablen resultiert nach Freisetzung zweier (modifikationsindexbasiert ausgewählter) Fehlerkovarianzen als einfaktorielles Modell in einer guten Anpassung (χ^2 = 23.098, df = 18.000, CFI = 0.978, TLI = 0.966, RMSEA = 0.063, SRMR = 0.099), wenngleich auch bei einem signifikanten χ^2-Test. Demnach ist

die Annahme *einer* latenten Eigenschaft, die die Antworten auf die Frage „Warum ist dieses Handeln geeignet, verständnisorientierte Lernprozesse anzuregen? Begründen Sie bitte." für alle acht Post-Testvideovignetten induziert, angemessen.

4.3 Reliabilitätsanalyse

Nachdem die Eindimensionalität der hier exemplarisch analysierten Skala verifiziert ist, kann ihre Reliabilität analysiert werden. Dabei stellt das ordinale Skalenniveau ebenfalls eine Herausforderung dar, basieren klassische Schätzer (Cronbachs α oder McDonalds ω) doch auf Produkt-Moment-Korrelationsmatrizen und damit auf metrischen Skalenniveaus (Gadermann u.a. 2012). Ordinale Reliabilitätskoeffizienten (ordinales α oder ω) basieren dagegen auf polychorischen Korrelationen, die analog zur ordinalen CFA die Annahme einer kontinuierlichen Variable hinter jeder ordinalen Variable annehmen. Diese polychorischen Korrelationen gehen dann analog in die Berechnung der Reliabilitätskoeffizienten ein, weshalb etwa die freie und quelloffene Statistik-Software R (R Core Team 2017), genauer dessen Paket „psych" (Revelle 2017), komfortabel zur Schätzung genutzt werden kann. Im vorliegenden Fall ergibt die eine Schätzung von McDonalds $\omega = .835$, was als gute Reliabilität der Skala interpretiert werden kann. Limitierend muss dabei jedoch berücksichtigt werden, dass auf Grund von unbesetzten Zellen der Itemkreuztabellen eine Kontinuitätskorrektur durchgeführt wurde.

5 Fazit und Ausblick

Der Beitrag widmete sich exemplarisch methodischen Herausforderungen, die sich bei videobasierten Lehrer*innenfortbildungen hinsichtlich der Wahl des Medientyps und Analyse des Wissenszuwachses durch offene Fragen ergeben. Dabei standen vor allem die Spezifität von Videovignetten und das ordinale Skalenniveau der Kodierung von offenen Antworten im Fokus.
Es wurde aufgezeigt, dass sich die Wahl des Medientyps auf die Erfüllung inhaltlich-didaktischer Merkmale wirksamer Lehrer*innenfortbildungen auswirken kann und der Einsatz eigener Videos mindestens zwei zentrale methodologische Herausforderungen mit sich bringt: Erstens das Problem unstandardisierten Interventionsmaterials, das sich bei der Verwendung einzelner Sequenzen jedoch durch eine gezielte Auswahl der Sequenzen auffangen lässt und zweitens das Problem des Umgangs mit ordinalen Variablen. Diesbezüglich wurde aufgezeigt, dass es etablierte Verfahren für die Interraterreliabilitätsanalyse (Krippendorffs α), für die Dimensionalitätsanalyse (ordinale CFA) und die Reliabilitätsanalyse (polychorisches McDonalds ω) gibt, die in Standardsoftware verfügbar sind.

Im vorliegenden Fall würde idealtypischerweise mit der Prüfung der Messinvarianz über die Zeitpunkte hinweg (Chan 1998) weiterverfahren werden. Wäre diese gegeben, könnten Latent Difference Score Modelle (Newsom 2015) herangezogen werden, um die Messung der Veränderung in den durch die ordinale CFA entstehenden metrischen Variablen Y* differenziell für die Experimentalgruppen zu modellieren. Alternativ wären im Rahmen der Item Response Theorie (IRT) Verfahren zur Schätzung der Veränderung ordinaler Variablen heranzuziehen. Diese könnten aufgrund der Stichprobengröße eine Alternative für den Einsatz von ordinalen CFA darstellen (Flora & Curran 2004; Savalei u.a. 2015). Der Einsatz von Unterrichtsvideos in Lehrer*innenfortbildungen ist folglich mit methodologischen Überlegungen und Herausforderungen verbunden, die es zu bedenken gilt, um die (Analyse der) Wirksamkeit der Fortbildung zu optimieren.

Literatur

Baumert, Jürgen & Kunter, Mareike (2011): Das mathematikspezifische Wissen von Lehrkräften, kognitive Aktivierung im Unterricht und Lernfortschritte der Schülerinnen und Schüler. In: Mareike Kunter, Jürgen Baumert, Werner Blum, Uta Klusmann, Stefan Krauss & Michael Neubrand (Hrsg.): Professionelle Kompetenz von Lehrkräften: Ergebnisse des Forschungsprogramms COACTIV. Münster: Waxmann, 163–192.

Blömeke, Sigrid, Kaiser, Gabriele & Lehmann, Rainer (2008): Professionelle Kompetenz angehender Lehrerinnen und Lehrer: Wissen, Überzeugungen und Lerngelegenheiten deutscher Mathematikstudierender und -referendare. Erste Ergebnisse zur Wirksamkeit der Lehrerausbildung. Münster: Waxmann.

Bohl, Thorsten, Kleinknecht, Marc, Batzel, Andrea & Richey, Petra (2012): Aufgabenkultur in der Schule: Eine vergleichende Analyse von Aufgaben und Lehrerhandeln im Hauptschul-, Realschul- und Gymnasialunterricht. Hohengehren: Schneider.

Borko, Hilda, Jacobs, Jennifer, Eiteljorg, Eric, & Pittman, Mary (2008): Video as a tool for fostering productive discussions in mathematics professional development. In: Teaching and Teacher Education, 24 (2), 417–436.

Borko, Hilda, Koellner, Karen, Jacobs, Jennifer & Seago, Nanette (2011): Using video representations of teaching in practice-based professional development programs. In: ZDM, 43 (1), 175–187.

Brown, Timothy (2014): Confirmatory factor analysis for applied research. New York: Guilford Press.

Chan, David (1998): The conceptualization and analysis of change over time: An integrative approach incorporating longitudinal mean and covariance structures analysis (LMACS) and multiple indicator latent growth modeling (MLGM). In: Organizational Research Methods, 1 (4), 421–483.

Eid, Michael, Gollwitzer, Mario & Schmitt, Manfred (2013): Statistik und Forschungsmethoden. Weinheim: Beltz.

Flora, David & Curran, Patrick (2004): An Empirical Evaluation of Alternative Methods of Estimation for Confirmatory Factor Analysis With Ordinal Data. In: Psychological Methods, 9 (4), 466–491.

Gadermann, Anne, Guhn, Martin, & Zumbo, Bruno (2012): Estimating Ordinal Reliability for Likert-Type and Ordinal Item Response Data: A Conceptual, Empirical, and Practical Guide. In: Practical Assessment, Research & Evaluation, 17 (3), 1–13.

Hayes, Alfred, & Krippendorff, Klaus (2007): Answering the Call for a Standard Reliability Measure for Coding Data. In: Communication Methods and Measures, 1 (1), 77–89.

Kersting, Nicole, Givvin, Karen, Santagata, Rossell & Stigler, James (2012): Measuring Usable Knowledge: Teachers' Analyses of Mathematics Classroom Videos Predict Teaching Quality and Student Learning. In: American Educational Research Journal, 49 (3), 568–589.

Kirkpatrick, Donald (1996): Great Ideas Revisited: Revisiting Kirkpatrick's Four-Level Model. In: Training & Development, 50. Jg., 54–57.

Kleinknecht, Marc & Poschinski, Nina (2014): Eigene und fremde Unterrichtsvideos in der Lehrerfortbildung. In: Zeitschrift für Pädagogik, 60 (3), 471–490.

Kleinknecht, Marc & Schneider, Jürgen (2013): What do teachers think and how do they feel when they analyze videos of themselves teaching and of other teachers teaching? In: Teaching and Teacher Education, 33. Jg., 13–33.

Krammer, Katrin & Reusser, Kurt (2005): Unterrichtsvideos als Medium der Aus- und Weiterbildung von Lehrpersonen. In: Beiträge zur Lehrerbildung, 23 (1), 35–50.

Krippendorff, Klaus (1980): Content analysis: An introduction to its methodology. Beverly Hills, CA: Sage.

Lipowsky Frank (2009): Auf den Lehrer kommt es an: Empirische Evidenz für Zusammenhänge zwischen Lehrerkompetenzen, Lehrerhandeln und dem Lernen der Schüler. In: Zeitschrift für Pädagogik, 51. Beiheft, 47–70.

Lipowsky, Frank (2014): Theoretische Perspektiven und empirische Befunde zur Wirksamkeit von Lehrerfort- und -weiterbildung. In: Ewald Terhart, Hedda Bennewitz & Martin Rothland (Hrsg.): Handbuch der Forschung zum Lehrerberuf. 2. überarbeitete und erweiterte Auflage. Münster: Waxmann, 511–541.

Lipowsky, Frank & Rzejak, Daniela (2014): Lehrerfortbildungen lernwirksam gestalten. Ein Überblick über den Forschungsstand. In: Lernende Schule. Für die Praxis pädagogischer Schulentwicklung. 17. Jg., H. 68, 9–12.

Newsom, Jason (2015): Longitudinal Structural Equation Modeling. New York, NY, US: Routledge.

R Core Team. (2017): R: A Language and Environment for Statistical Computing. Vienna, Austria. Online unter: https://www.r-project.org/ (Abrufdatum: 03.09.2017).

Revelle, William (2017): psych: Procedures for Psychological, Psychometric, and Personality Research. Evanston, Illinois. Online unter: https://cran.r-project.org/package=psych (Abrufdatum: 03.09.2017).

Santagata, Rossella & Guarino, Jody (2011): Using videos to teach future teachers to learn from teaching. In: ZDM, 43 (1), 133–145.

Savalei, Victoria, Bonett, Douglas, Bentler, Peter, & Huynh, Cam (2015): CFA with binary variables in small samples: a comparison of two methods. Online unter: https://www.ncbi.nlm.nih.gov/pmc/articles/PMC4285741/ (Abrufdatum: 03.09.2017).

Schwindt, Katharina (2008): Lehrpersonen betrachten Unterricht. Kriterien für die kompetente Unterrichtswahrnehmung. Münster: Waxmann.

Seago, Nanette (2004): Using video as an object of inquiry for mathematics teaching and learning. In: Jere Brophy (Hrsg.): Using video in teacher education. Oxford, UK: Elsevier, 259–286.

Seidel, Tina, Blomberg, Geraldine & Stürmer, Kathleen (2010): „Oberserver" – Validierung eines videobasierten Instruments zur Erfassung der professionellen Wahrnehmung von Unterricht. In: Eckhard Klieme, Detlev Leutner & Martina Kenk (Hrsg.): Kompetenzmodellierung. Zwischenbilanz des DFG-Schwerpunktprogramms und Perspektiven des Forschungsansatzes. 56. Beiheft der Zeitschrift für Pädagogik. Weinheim: Beltz, 296–306.

Seidel, Tina, Stürmer, Kathleen, Blomberg, Geraldine, Kobarg, Mareike & Schwindt, Katharina (2011): Teacher learning from analysis of videotaped classroom situations: Does it make a difference whether teachers observe their own teaching or that of others? In: Teaching and Teacher Education, 27 (2), 259–267.

Sherin, Miriam & Han, Sandra (2004): Teacher learning in the context of a video club. In: Teaching and Teacher Education, 20. Jg., 163–183.

Sherin, Miriam, Linsenmaier, Katherine & van Es, Elisabeth (2009): Selecting Video Clips to Promote Mathematics Teachers' Discussion of Student Thinking. In: Journal of Teacher Education, 60 (3), 213–230.

Zhang, Meilan, Lundeberg, Mary, Koehler, Matthew & Eberhardt, Jan (2011): Understanding affordances and challenges of three types of video for teacher professional development. In: Teaching and Teacher Education, 27 (2), 454–462.

Miriam Hess, Katharina Werker und Frank Lipowsky

Professionell Feedback geben – Welchen Beitrag leisten Videos? Anlage und erste Ergebnisse des Projekts ProFee

Im vorliegenden Beitrag wird das Projekt ProFee (Professionell Feedback geben – Lernen mit Videos)[1] vorgestellt. Ausgehend von der hohen Bedeutsamkeit von Feedback für den Lernprozess zielt das Projekt darauf ab, Lernumgebungen systematisch zu untersuchen, die Lehramtsstudierende beim Erwerb professioneller Kompetenzen im Bereich Feedback unterstützen sollen. Dazu wird das Lernen mit Videos mit dem Lernen ohne Videos verglichen und es wird untersucht, welches Ausmaß an Strukturiertheit bei der Arbeit mit Videos am lernförderlichsten ist. Der Beitrag dient vorwiegend zur Darstellung des Projekt-Designs sowie der drei entwickelten Instrumente zur Überprüfung der Lernziele. Im Fokus der Evaluation stehen das konzeptuell-theoretische Wissen der Studierenden, ihre professionelle Wahrnehmung von Feedback-Situationen sowie ihre Handlungskompetenz beim Erteilen von Feedback an Schüler*innen. Ergänzend werden erste Ergebnisse zu deren Zusammenhängen berichtet.

1 Einleitung

Der ursprünglich aus der Kybernetik stammende Begriff Feedback „bezeichnet die Rückmeldung, Rückkoppelung oder ‚Rückfütterung' von Informationen" (Richert 2005, 58) in einem Regelkreis, der Ist- und Sollwerte reguliert. Ein Hauptziel von Feedback im schulischen Kontext besteht daher in der Verringerung der Diskrepanz zwischen der momentanen Leistung und dem gewünschten Lernziel (vgl. Hattie & Timperley 2007), wozu neben Informationen zur Richtigkeit von Antworten und Lösungen auch inhaltliche und strategische Hilfen beitragen (vgl. Lipowsky 2015). Feedback gilt aufgrund dieser wichtigen Funktionen für den Lernprozess sowie der Wirkungen auf Motivation und Metakognition (vgl. z.B. Narciss 2004) als zentrales Merkmal von Unterrichtsqualität (vgl. z.B. Pianta u.a.

---

1 Das Projekt ProFee wird von Miriam Hess geleitet und wurde von Juli 2015 bis November 2016 von der Zentralen Lehrförderung der Universität Kassel gefördert.

2008; Lipowsky 2015). In der Hattie-Studie (2009) gehört Feedback mit einer Effektstärke von d = 0.73 zu den einflussreichsten Faktoren auf das Lernen. Zur Beurteilung der Qualität von Feedback existieren zahlreiche Merkmalskataloge, die teils auf empirischen Studien basieren. Besonders das von Hattie und Timperley (2007) entwickelte Modell fasst zentrale Merkmale lernförderlichen Feedbacks gut verständlich zusammen. Sie leiten aus verschiedenen Studien ab, dass Feedback den Lernenden möglichst die Frage nach dem Ziel (Feed-Up), den nächsten Schritten (Feed-Forward) und dem bisherigen und aktuellen Vorankommen (Feed-Back) beantworten sollte. Außerdem sollte sich Feedback nicht nur auf die Aufgabe oder auf die Lösung, sondern auch auf den Prozess und die Selbstregulation beziehen und dabei möglichst konkret anstatt personenbezogen sein. Diese Anforderungen an gutes Feedback werden allerdings – aktuellen Studien zur Unterrichtspraxis nach zu urteilen – kaum von Lehrpersonen umgesetzt. Hier scheinen einfache Rückmeldungen vor elaboriertem Feedback zu dominieren (vgl. z.B. Hattie & Timperley 2007; Kobarg & Seidel 2007; Lotz 2015).

Diese Diskrepanz aus der hohen Bedeutsamkeit von Feedback einerseits und der mangelnden Umsetzung in die Unterrichtspraxis andererseits stellte den Ausgangspunkt des Lehrforschungsprojekts „ProFee" (Professionell Feedback geben – Lernen mit Videos) dar. Das Ziel besteht darin, das Thema Feedback bereits in die universitäre Lehrer*innenbildung systematisch einzubeziehen und hochschuldidaktische Lehrkonzepte zu entwickeln, welche die Studierenden dabei unterstützen, (1) Wissen über Feedback zu erwerben, dieses (2) auf die Analyse von Feedbacksituationen anzuwenden und es (3) in eigenen Lehrversuchen erfolgreich umzusetzen.

Generell wird ein fundiertes Wissen als notwendige, wenn auch nicht als hinreichende Grundlage des professionellen beruflichen Handelns von Lehrpersonen angesehen (vgl. Kunter & Pohlmann 2015).

Die Professionalität einer Lehrperson zeigt sich darüber hinaus in der Gestaltung eines lernwirksamen Unterrichts und beinhaltet die Kompetenz, Unterrichtsereignisse hinsichtlich ihrer lernförderlichen sowie lernhinderlichen Aspekte zu erkennen und theoriegeleitet zu analysieren, um auf dieser Grundlage lernwirksamen Unterricht zu halten (Gold u.a. 2013, 141–142).

Bei der Förderung der professionellen Wahrnehmung besteht das Ziel darin, dass die Studierenden lernen, Unterrichtssituationen zu beschreiben, zu erklären und vorherzusagen (vgl. Seidel u.a. 2010; Jahn u.a. 2014). Dabei zeigen Studien, dass Studierende durch eine gezielte Förderung lernen können, Situationen eher zu interpretieren und zu erklären statt ausschließlich zu beschreiben und zu bewerten (vgl. z.B. Sherin & van Es 2009; zusammenfassend Gold u.a. 2013). Einige Arbeiten belegen zudem, dass Lehrpersonen mit einer hohen Analyse- und Reflexionskompetenz auch höhere unterrichtliche Handlungskompetenzen aufweisen (vgl. z.B. Kersting u.a. 2012).

In der Lehrer*innenbildung können Videofälle zielführend eingesetzt werden, um die Analyse- und Reflexionskompetenz als Grundlage professionellen Handelns zu erhöhen (vgl. z.b. Krammer & Reusser 2005; Hatch & Grossman 2009; Goeze u.a. 2013).

Untersucht wird daher in der Studie ProFee, ob die Arbeit mit Videos zur Erreichung der beschriebenen Lernziele – Wissen, professionelle Wahrnehmung und Handlungskompetenz – sinnvoll beitragen kann und welches Ausmaß an Strukturiertheit bei der Arbeit mit Videos für die Studierenden am lernförderlichsten ist. Denn obwohl der Einsatz von Videos in der Lehrer*innenbildung im Allgemeinen sehr positiv beurteilt wird, existieren noch vergleichsweise wenige Studien, die gezielt der Frage nachgehen, welche Art der Auseinandersetzung mit Videos besonders lernförderlich ist (vgl. zusammenfassend Kleinknecht & Steffensky 2016).

2 Das Design des Projekts ProFee im Überblick

Da das übergeordnete Ziel des Projekts ProFee darin besteht, die Wirksamkeit verschiedener Seminarkonzepte für den Lernzuwachs von Studierenden systematisch zu überprüfen, wurde ein quasi-experimentelles Prä-Post-Kontrollgruppendesign realisiert (siehe Abbildung 1; die weißen Pfeile verdeutlichen zeitliche Abfolgen, die grauen Pfeile stellen dar, worauf sich die Erhebungen beziehen).

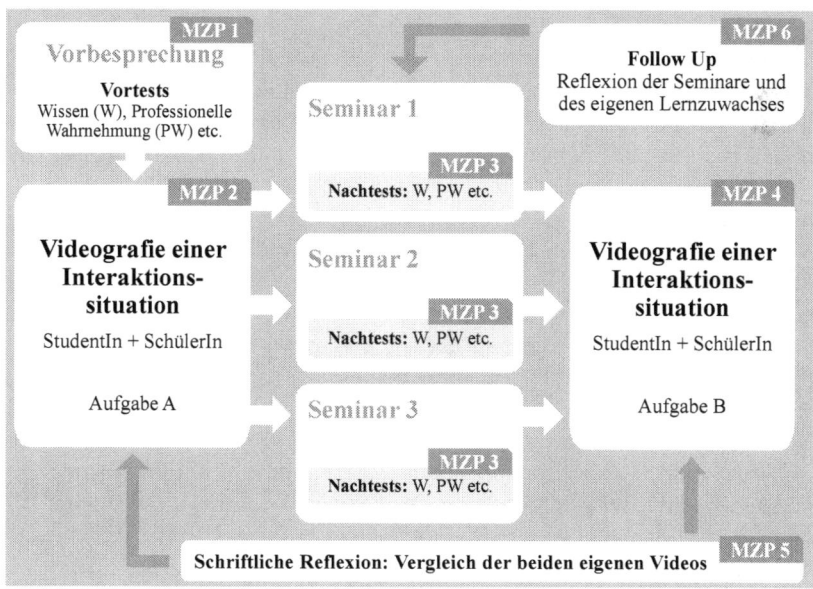

Abb. 1: Design des ProFee-Projekts im Überblick

Zunächst erhielten die Studierenden in einer gemeinsamen Vorbesprechung alle Informationen zum Seminar und bearbeiteten Fragebögen (MZP 1) zu ihrem Wissen über Feedback (siehe Abschnitt 3.1) sowie zur professionellen Wahrnehmung von Feedbacksituationen (siehe Abschnitt 3.2). Zusätzlich wurden allgemeine personenbezogene Angaben sowie Selbsteinschätzungen erfasst. Außerdem erhielten die Studierenden die Aufgabe, sich bis zum Seminar in einer etwa 30-minütigen Interaktionssituation mit einem Schüler oder einer Schülerin zu einem vorgegebenen Thema videografieren zu lassen (MZP 2; siehe Abschnitt 3.3). Die drei Seminare, die anschließend stattfanden, zeichneten sich durch folgende Gemeinsamkeiten aus: Es handelte sich um dreitägige Blockseminare, welche die Studierenden im Rahmen eines Wahlpflichtmoduls im Hauptstudium besuchten. Der erste sowie der dritte Tag wurden weitgehend parallel gestaltet: Am ersten Tag erhielten die Studierenden eine Einführung in das Thema Feedback, wobei vor allem das Modell von Hattie und Timperley (2007) ausführlich erarbeitet und um einige Aspekte – insbesondere zur Frage, welche Merkmale wichtig für motivationsförderliches Feedback sind – ergänzt wurde. Der dritte Seminartag diente dazu, das im Seminar Gelernte als Basis zu nutzen, um sich Ziele für die zweite Videoaufnahme zu setzen und diese zu notieren. Außerdem wurden hier die Nachtests zum konzeptuellen Wissen und zur professionellen Wahrnehmung durchgeführt (MZP 3).

Unterschiede zwischen den drei Treatments bestanden vor allem in der Gestaltung des zweiten Blocktags. Um zu prüfen, welchen Einfluss der Einsatz von Videos generell auf den Lernzuwachs der Studierenden ausübt, fand auch ein Seminar ohne Einsatz von Videos statt (Kontrollgruppe). Hier wurde am zweiten Blocktag das am ersten Tag erarbeitete Wissen noch einmal durch Textarbeit, Gruppenarbeiten, Präsentationen zu Feedback-Methoden und deren Reflexion vertieft. In beiden Experimentalgruppen hingegen setzten sich immer zwei Studierende mit ihren eigenen Videos auseinander und analysierten diese, sodass jeder Studierende sein eigenes sowie ein fremdes Video sah. In Experimentalgruppe 1 sollten die Studierenden jedes in den Videos vorkommende Feedback nach vorgegebenen Kriterien kategorisieren. Dieses Vorgehen entspricht einer niedrig bis mittel inferenten Kodierung – einem klassischen Vorgehen der quantitativen Videoanalyse (vgl. Lotz u.a. 2013). In Experimentalgruppe 2 erhielten die Studierenden hingegen lediglich einige Leitfragen zur Reflexion ihrer Videoaufnahmen (z.B. „An welchen Stellen habe ich motivierendes oder lernförderliches Feedback gegeben? Wie beurteilen wir die Feedbacksituationen beider Videos im Vergleich?"). Durch die Arbeit an den Videos von zwei Studierenden wurden in beiden Experimentalgruppen Vergleichsprozesse angeregt, wobei angenommen wird, dass durch die vergleichende Analyse von zwei Videos positive und negative Aspekte im Feedbackverhalten deutlicher werden. Während die erste Gruppe aber einen stark strukturierten, analytisch-kodierenden Zugang realisieren sollte, erhielten die

Studierenden in Gruppe 2 einen deutlich offeneren Arbeitsauftrag. Hier könnte die Gefahr bestehen, dass sich Studierende an Oberflächenmerkmalen ihres Lehrverhaltens orientieren, anstatt Tiefenstrukturen der Qualität ihrer Interaktion mit den Lernenden, das eigene Feedbackverhalten oder die Verstehensprozesse der Lernenden zu fokussieren (Fischler 2007). Andererseits könnte der stark strukturierte Zugang dazu verleiten, dass die Studierenden lediglich die Kategorien „abarbeiten" und dabei die Komplexität der Situation und deren sinnhafte Beurteilung aus den Augen verlieren.

Nach dem Seminar ließen sich die Studierenden erneut in einer Interaktionssituation mit demselben Lernenden videografieren und versuchten, das erworbene Wissen zum Thema Feedback anzuwenden (MZP 4). Die beiden Videos des MZP 1 und MZP 4 wurden im Anschluss von den Studierenden schriftlich reflektiert, wobei ein Vergleich zwischen erstem und zweitem Video stattfinden sollte (MZP 5). Nach einigen Wochen erhielten die Studierenden einen abschließenden Fragebogen zur Reflexion des Seminars und ihres eigenen Lernzuwachses (MZP 6).

An den drei Seminaren des ersten Durchgangs an der Universität Kassel nahmen 54 Lehramtsstudierende (87% weiblich) des Lehramts an Grundschulen (20%), Haupt- und Realschulen (35%), Gymnasien (37%) sowie beruflichen Schulen (8%) teil, die unterschiedliche Hauptfächer studierten. Den Studierenden war nicht bewusst, dass es sich bei den Seminaren um drei unterschiedliche Treatments handelte. Sie waren zum Zeitpunkt des Seminars durchschnittlich im sechsten Semester und hatten vorab noch keine andere Lehrveranstaltung zum Thema Feedback besucht (vgl. auch Hess u.a. 2017). Die meisten Studierenden (83%) wurden vorab noch nie beim Unterrichten gefilmt. 34 Studierende (63%) arbeiten regelmäßig mit Kindern oder Jugendlichen zusammen oder haben dies in der Vergangenheit bereits getan – als häufigste Tätigkeit wurde von insgesamt 17 Studierenden Nachhilfeunterricht genannt.

3 Instrumente zur Erfassung des Lernzuwachses

In diesem Abschnitt werden die Instrumente vorgestellt, die eingesetzt wurden, um zu prüfen, inwieweit die Studierenden die drei Lernziele – den Erwerb konzeptuellen Wissens, die Weiterentwicklung professioneller Wahrnehmung und die Erweiterung der Handlungskompetenz – erreicht haben. Diese Instrumente wurden jeweils vor und nach den Seminaren eingesetzt, um die entsprechende Entwicklung abbilden und zwischen den Gruppen vergleichen zu können. Zur Auswertung der lernzielbezogenen Erhebungen wurden geschulte Beurteilerinnen eingesetzt, die nicht darüber informiert waren, aus welcher der drei Seminarbedingungen die Bögen stammten.

Als Maße für die Übereinstimmungen bzw. die Reliabilität der Auswertungen wurden für die mittel inferenten Kodierungen die prozentualen Übereinstimmungen *(PÜ)* und Cohens Kappa (κ) berechnet sowie für die hoch inferenten Ratings der relative Generalisierbarkeitskoeffizient *(g)*. Die Mindestwerte, die erreicht werden sollten, um von einer ausreichenden Reliabilität ausgehen zu können, liegen bei $PÜ \geq 85\%$, $κ \geq .70$ und $g \geq .70$ (vgl. Lotz u.a. 2013).

3.1 Konzeptuelles Wissen über Feedback

Mit dem ersten Instrument soll das Wissen der Studierenden zum Thema Feedback erfasst werden, wobei das deklarative Wissen – also verbalisierbares, deskriptives Wissen („Wissen, dass") – im Fokus steht (vgl. Renkl 2015).

Zur Überprüfung des Wissenszuwachses wurden den Studierenden sowohl vor (MZP 1) als auch nach dem Seminar (MZP 3) in einem offenen Format folgende Fragen gestellt: „(1) Definieren Sie kurz, was Sie unter ‚Feedback' von der Lehrperson an Schüler*innen verstehen. (2) Nennen Sie Kriterien, die für Sie ‚gutes Feedback' von der Lehrperson an Schüler*innen beschreiben." Die Studierenden hatten bis zu 15 Minuten Zeit, die Fragen zu beantworten, wobei die durchschnittliche Bearbeitungszeit bei etwa sechs Minuten lag.

Nach de Jong und Ferguson-Hessler (1996) können die Wissensarten situationales, konzeptuelles, prozedurales und strategisches Wissen unterschieden werden. Das hier erfasste Wissen lässt sich dabei dem konzeptuellen Wissen zuordnen, das statisches Wissen über Fakten, Begriffe und Prinzipien in einer bestimmten Domäne umfasst (vgl. auch Gruber & Stamouli 2015).

Die Antworten der Studierenden wurden sowohl mittel inferent kodiert als auch hoch inferent in ihrer Qualität eingeschätzt. Das Auswertungsmanual wurde auf Basis des Forschungsstands zu effektivem Feedback deduktiv entwickelt und induktiv durch die Analyse von Studierendenantworten aus einer Pilotierungsstichprobe ergänzt. Für die mittel inferente Kodierung wurden elf Kriterien guten Feedbacks identifiziert und in einem Manual ausführlich mit Beispielen erläutert. Hierbei wurde jeweils kodiert, inwiefern das Kriterium nicht (0 Punkte), im Ansatz (1 Punkt) oder vollständig (2 Punkte) genannt wurde. Tabelle 1 zeigt die elf Items im Überblick. Zusätzlich wurde die Qualität der gesamten Studierendenantwort hoch inferent auf einer sechsstufigen Skala eingeschätzt, wobei beurteilt wurde, ob ein umfassendes und inhaltlich korrektes Wissen über die Merkmale guten Feedbacks vorhanden ist.

Tab. 1: Mittel inferente Kategorien zur Beurteilung des konzeptuellen Wissens (vgl. Hess u.a. 2017)

Item	Diese Kategorie ist enthalten, wenn beschrieben wird, dass ...
Feed-Up	... Feedback dazu dient, eine Diskrepanz zwischen der aktuellen Leistung und dem Lernziel aufzuzeigen (z.b. *„gutes Feedback sollte dem Schüler das Ziel verdeutlichen"*).
Feed-Back	... Feedback eine Rückmeldung zu bereits Erreichtem ist und möglichst informativ/begründet/detailliert o.ä. sein sollte (z.B. *„ausführliche Rückmeldung bezüglich des Arbeits- und Lernverhaltens sowie des Leistungsstands"*).
Feed-Forward	... gutes Feedback den Lernenden Tipps, Hilfen, Impulse, Verbesserungsvorschläge o.ä. gibt (z.B. *„sollte Anregungen und Fragen enthalten, die das Kind zu den nächsten Schritten bringt, damit es das Ziel erlangt"*).
Selbstständig-keit	... die Lehrperson den Lernenden nicht zu viel vorgeben sollte (z.B. *„der Lehrer sollte dem Schüler die Lösung nicht vorsagen und ihm eigene Denkmöglichkeiten lassen"*).
Wartezeit	... beim Erteilen von Feedback das Timing eine Rolle spielt und die Lehrperson den Lernenden ausreichend Zeit zum Nachdenken lassen sollte (z.B. *„genug Bedenkzeit geben"*).
Motivation/ Ermutigung	... Feedback für die Lernenden motivierend sein und sie in ihrem Lernprozess ermutigen sollte (z.B. *„motivierend, z.B. durch individuelle Bezugsnorm"*).
Diagnostik/ Analyse der Aufgabe	... die Lehrperson sich genau mit der Aufgabe und/oder den Lösungsversuchen der Lernenden beschäftigt, indem beispielsweise beobachtet oder Leistung dokumentiert wird, die Aufgabe gut vorbereitet oder mögliche Fehler antizipiert werden (z.B. *„intensiv mit der Arbeit der Schüler auseinandersetzen und beobachten"*).
Nutzen für den Schüler	... gutes Feedback sich dadurch auszeichnet, dass es den Lernenden hilft und diese danach besser vorankommen als vorher (z.B. *„das Feedback muss dem Schüler auch wirklich weiterhelfen"*).
Vermeidung des Personen-bezugs	... gutes Feedback sich nicht auf persönliche Merkmale – wie die Intelligenz der Lernenden – bezieht (z.B. *„es sollte nicht zur Kritik an der Person, sondern als Kritik an erbrachten Leistungen genutzt werden"*).
Förderung der Selbst-regulation	... gutes Feedback die Selbstregulation der Lernenden fördert (z.B. *„etwas wodurch Schüler die Chance bekommen, ihr eigenes Lernverhalten zu beobachten, zu verändern, zu hinterfragen"*).
Fehler als Lern-chance	... Fehler als Lernchance verstanden werden sollten und mit ihnen produktiv umgegangen werden sollte (z.B. *„Feedback zeigt dem Schüler, dass Fehler nicht schlimm, sondern sogar gut sind und gemacht werden dürfen"*).

Die Auswertung wurde nach einem eintägigen Training von einer geschulten Kodiererin (Lehramtsstudentin) und der Entwicklerin des Auswertungssystems unabhängig voneinander durchgeführt, wobei für die Kodiererinnen nicht erkennbar war, aus welchem Seminar der Fragebogen stammte und ob er Teil des Vor- oder Nachtests war. Da jeder Fragebogen von beiden Kodiererinnen ausgewertet wurde, konnten die Beurteilerübereinstimmungen über die gesamte Stichprobe berechnet werden. Diese fielen zufriedenstellend aus ($P\ddot{U} \geq 90.74\%$; $\kappa \geq .86$; $g = .94$). Für weitere Analysen wurde bei Nicht-Übereinstimmungen in den niedrig inferenten Kodierungen ein Konsensurteil gebildet. Für das hoch inferente Rating wird der Mittelwert beider Kodiererinnen verwendet. Für eine ausführlichere Darstellung des Instruments und erster Ergebnisse sei auf Hess u.a. (2017) verwiesen.

Der Erwerb konzeptuellen Wissens zum Thema Feedback dürfte eine wichtige Grundlage für die Weiterentwicklung der professionellen Wahrnehmung sein, deren Erfassung im folgenden Abschnitt vorgestellt wird.

3.2 Professionelle Wahrnehmung der Qualität von Feedback in Lehr-Lernsituationen

Unterrichtssituationen adäquat in ihrer Qualität einschätzen zu können, stellt eine bedeutsame Fähigkeit dar, die angehende Lehrpersonen erlernen sollten, um auch ihren eigenen Unterricht kritisch reflektieren zu können (vgl. Gold u.a. 2013; Jahn u.a. 2014). Um diese Fähigkeit bei den am ProFee-Projekt teilnehmenden Studierenden zu überprüfen, wurde ein videobasiertes Instrument entwickelt und im Vor- (MZP 1) sowie im Nachtest (MZP 3) eingesetzt.

Dazu wurde zunächst ein Video einer Interaktionssituation speziell zu diesem Zweck produziert. In diesem Video arbeitet eine Lehrerin mit einem Drittklässler an einer arithmetischen Aufgabe zum Thema Zahlenmauern. Während der Schüler sich natürlich verhält und vorab keinerlei Instruktionen erhalten hatte, hatte die Lehrperson die Aufgabe, dem Schüler zwar generell gutes Feedback zu geben, aber auch einige als kritisch zu beurteilende Situationen „einzubauen". So gibt es beispielsweise Situationen, in denen die Lehrerin dem Schüler zu viel vorwegnimmt oder ihm personenbezogenes anstelle von aufgaben- oder prozessbezogenem Feedback erteilt. Für den Vortest wurde die zweite Hälfte des Videos (15 Minuten) herangezogen, für den Nachtest die erste Hälfte (15 Minuten). In beiden Hälften kommen etwa vergleichbar viele positiv und negativ zu bewertende Feedbacksituationen vor. Die Studierenden betrachteten die gesamten 15 Minuten und füllten anschließend unter Zuhilfenahme des Transkripts zwei Fragebögen zum Video aus.

Der erste Fragebogen bestand in einer offenen Bewertung der einzelnen Transkriptzeilen, wobei die Studierenden die Instruktion erhielten, alle Transkriptzeilen zu kommentieren, in denen ihnen etwas Positives oder Negatives am Feedbackverhalten der Lehrerin auffällt. Dabei sollten immer (1) die Beobachtung, (2) die Beurteilung und Begründung für diese Beurteilung sowie (3) gegebenenfalls Verbesserungsvorschläge notiert werden. Dazu hatten die Studierenden etwa 30 Minuten Zeit.

Zur Auswertung wurde ein mittel inferentes Kodiersystem entwickelt. Dabei wurde für jeden Studierenden-Kommentar kodiert, ob es sich (1) um eine zutreffende Beobachtung handelt, ob dieser eine (2) Bewertung und (3) Begründung enthält, ob (4) im Falle einer negativen Beurteilung ein Verbesserungsvorschlag gemacht und ob (5) ein Theoriebezug hergestellt wurde. Außerdem wurde mit vier weiteren Kategorien festgehalten, ob eine für Feedback irrelevante oder unzutreffende Beobachtung, eine unzutreffende Begründung oder ein unzutreffender theoretischer Bezug gemacht wurde.

Zusätzlich zu dieser sehr detaillierten Auswertung wurden über alle Kommentare eines Studierenden hinweg hoch inferente Globalurteile gefällt, welche die Qualität der Beobachtungen, der Bewertungen und Begründungen, der Verbesserungsvorschläge und der theoretischen Bezüge auf einer vierstufigen sowie den Gesamteindruck auf einer sechsstufigen Skala erfassen.

Diese Kodierungen und Einschätzungen wurden von zwei geschulten Beurteilerinnen und der Entwicklerin des Systems unabhängig voneinander vorgenommen. Die Übereinstimmungen wurden fortlaufend über die gesamte Stichprobe berechnet ($PÜ \geq 87.40\%$; $\kappa \geq .79$; $g \geq .85$). Beim mittel inferenten Kodieren wurde bei Nicht-Übereinstimmungen eine Konsensentscheidung getroffen. Bei den hoch inferenten Ratings wird der Mittelwert für weitere Analysen verwendet.

Im Anschluss daran sollten die Studierenden in einem zweiten Fragebogen das Feedback der Lehrerin anhand von 42 vierstufig skalierten Items in seiner Qualität einschätzen (z.B. „Die Rückmeldungen der Lehrerin nehmen zu viel vorweg."; „Die Lehrerin fordert den Schüler häufig auf, Antworten zu begründen oder hinterfragt sie kritisch."). Um zu vermeiden, dass allein durch das Bearbeiten dieses Fragebogens ein Trainingseffekt auftritt, enthielt der Fragebogen auch Items, die im engeren Sinne nicht zu gutem Feedback gehören (z.B. „Das Feedback ist kurz und knapp.").

Zur Auswertung dieses zweiten, kriterialen Fragebogens wird ein Vergleich der Studierendeneinschätzungen mit Expert*inneneinschätzungen zu den Videoausschnitten vorgenommen. So kann geprüft werden, ob sich die Studierenden im Nachtest bei der Beurteilung der Feedbackqualität im Vergleich zum Vortest an die Einschätzung der Expert*innen annähern. Für das Expert*innenrating wurden beide Videoausschnitte (Vor- und Nachtest) in einem Team von sieben Personen, die sowohl mit dem Thema Feedback als auch mit der Analyse von Unterrichtsvideos sowie dem mathematischen Inhalt sehr gut vertraut sind, betrachtet. Dazu bewerteten die Expert*innen unabhängig voneinander die Qualität der Rückmeldungen anhand der Items, die auch den Studierenden vorgelegt wurden. Anschließend wurde jedes Item besprochen und im Falle von Nicht-Übereinstimmungen zwischen den Expert*innen ein Konsenswert ermittelt, der zum Vergleich mit den Studierendenantworten herangezogen wird. Items, bei denen sich auch die Expert*innen nach der Besprechung noch uneinig waren oder die als zu schwierig in der Beurteilung eingeschätzt wurden, werden bei den Analysen nicht berücksichtigt.

3.3 Handlungskompetenz im Bereich Feedback

Die Fähigkeit, Lernenden tatsächlich informatives, hilfreiches und motivationsförderliches Feedback zu erteilen, stellt vermutlich das anspruchsvollste der drei im Vordergrund stehenden Ziele dar, da hier der Transfer des erworbenen Wissens auf eine praktische Lehr-Lern-Situation notwendig ist.

Sowohl vor (MZP 2) als auch nach dem Seminar (MZP 4) sollten die Studierenden mit einem Schüler oder einer Schülerin der dritten bis achten Jahrgangsstufe ca. 30 Minuten an einer arithmetischen Aufgabe arbeiten. Dieses tutorielle Setting, in dem sich die Studierenden auf nur eine Schülerin oder einen Schüler konzentrieren können, wurde bewusst im Sinne eines Micro-Teaching-Ansatzes gewählt, bei dem angehende Lehrpersonen komplexe Unterstützungs- und Instruktionsmaßnahmen zunächst in einem kleineren Rahmen als der üblichen Klassensituation ausprobieren und üben können (vgl. Allen & Ryan 1972). Die Interaktionssituationen wurden von studentischen Hilfskräften nach standardisierten Richtlinien mit zwei Kameras aufgezeichnet, wobei eine Kamera die Personen und deren Interaktion, die zweite Kamera die Arbeitsblätter und Materialien auf dem Tisch fokussierte.

Um das von den Studierenden in den videografierten Situationen erteilte Feedback gut vergleichen zu können, bekamen die Studierenden inhaltliche Vorgaben (vgl. Pauli 2008). Für den Vortest sollte die Aufgabe „Zahl minus Spiegelzahl" (vgl. Lipowsky & Lotz 2015; vgl. http://www.mathematik.tu-dortmund.de/ieem/cms/de/lehre.html) mit den Lernenden behandelt werden, im Nachtest die Aufgabe „Zahlen ziehen um" (vgl. Müller & Wittmann 1994). Beide Aufgaben kennzeichnet, dass es zunächst eine Regelmäßigkeit in den Ergebnissen zu entdecken gilt und sich dieses Muster auf verschiedenen Wegen – sowohl enaktiv, ikonisch als auch symbolisch – erklären und beweisen lässt, sodass die Aufgabe sich auch gut für Schüler*innen unterschiedlicher Jahrgangsstufen eignet. Obwohl zur Lösung der Aufgaben lediglich die Grundrechenarten im Zahlenraum bis 100 bekannt sein müssen, sind die Aufgaben herausfordernd genug, um den Studierenden zu ermöglichen, die Lernenden zielführend durch gutes Feedback zu unterstützen. Beide Aufgaben wurden mit den Studierenden im Seminar besprochen, wobei sowohl der fachliche Hintergrund erläutert als auch mögliche didaktische Umsetzungsmöglichkeiten skizziert wurden. Zudem erhielten alle Studierenden zu beiden Aufgaben vorab ein ausführliches Skript mit verschiedenen Beweis- und Erklärungsmöglichkeiten, um eine gute fachliche Vorbereitung zu ermöglichen.

Zur Auswertung der Videos wurde ein hoch inferentes Beobachtungssystem entwickelt (siehe Abbildung 2), das zunächst aus 16 Items besteht, die vier verschiedene Bereiche der Qualität von Feedback mit Blick auf das Verhalten der Lehrperson untersuchen. Zwei Items fokussieren zusätzlich auf die Wirkung des Feedbacks bei den Lernenden. Drei weitere Items dienen einer globaleren Einschätzung der Feedbackqualität. Die Items wurden vorwiegend deduktiv aus Theorie und Forschung zu lern- und motivationsförderlichem Feedback abgeleitet und durch die Analyse einiger Videos aus einer vorherigen Pilotierung induktiv ergänzt. Jedes Item wird mithilfe einer Leitfrage, einer Grundidee, der Beschreibung von Positiv- und Negativindikatoren sowie Ankerformulierungen zur Vergabe der Ratingstufen von „1" (sehr geringe Ausprägung) bis „6" (sehr hohe Ausprägung) beschrieben. Das Vorgehen folgt damit gängigen Verfahren, wie sie in Videostudien der Unterrichtsforschung angewendet werden (vgl. z.B. Lotz u.a. 2013).

Abb. 2: Items zur videobasierten Beurteilung der Handlungskompetenz

Für die Auswertung wurden drei Lehramtsstudentinnen in einem zweitägigen Training geschult, in dessen Verlauf auch Übungsvideos ausgewertet und besprochen wurden. Nach einer ersten Überprüfung der Reliabilität wurde jedes Video von den drei Beobachterinnen unabhängig voneinander ausgewertet. Die Interraterreliabilität wurde über die gesamte Stichprobe berechnet. Die geringste, aber immer noch zufriedenstellende Reliabilität von $g = .80$ wurde für das Item „Globalurteil Lernförderlichkeit" erzielt, die höchste für das Item „Einsatz von Lob und Ermutigung" ($g = .97$). Für weitere Analysen werden Mittelwerte aus den Einschätzungen der Beobachterinnen gebildet.

4 Zusammenhänge von konzeptuellem Wissen, professioneller Wahrnehmung und Handlungskompetenz

Es ist davon auszugehen, dass die drei dargestellten Aspekte professioneller Kompetenzen im Bereich Feedback nicht unabhängig voneinander sind. So stellt das konzeptuelle Wissen vermutlich die Grundlage für die fundierte Analyse von Feedbacksituationen dar. Beide Kompetenzen dürften wiederum wichtige Voraussetzungen für die Handlungskompetenz sein.

Dass die professionelle Wahrnehmung von Unterrichtssituationen positive Auswirkungen auf das eigene Unterrichtshandeln hat (vgl. z.B. Gaudin & Chaliès 2015), stellt die zugrunde liegende Annahme für den Einsatz von Videos in der Lehrer*innenbildung dar und konnte in einzelnen Studien bereits belegt werden (vgl. z.B. Santagata & Yeh 2014; Sun & van Es 2015). Auch konnte bereits gezeigt werden, dass das pädagogisch-psychologische Wissen von Lehrpersonen bedeutsam für deren Unterrichtsgestaltung ist (vgl. z.B. Voss u.a. 2014; König & Pflanzl 2016).

Daher werden im Folgenden die angenommenen Zusammenhänge zwischen den mit den drei dargestellten Instrumenten erfassten Kompetenzfacetten überprüft. Dazu werden exemplarisch jeweils die Daten aus den Post-Tests verwendet. Für das konzeptuelle Wissen (MZP 3) wurde für diese erste Analyse die Anzahl der genannten Merkmale guten Feedbacks in die Analysen einbezogen (Min = 0; Max = 11; M = 4.58; SD = 2.30), für die professionelle Wahrnehmung (MZP 3) die hoch inferent erfasste Qualitätseinschätzung des Gesamteindrucks (Min = 1; Max = 5; M = 2.38; SD = 0.83) sowie für die Handlungskompetenz (MZP 4) die hoch inferente Globaleinschätzung der Feedbackqualität (Min = 2; Max = 5; M = 3.75; SD = 0.75). Analysiert wurden die Zusammenhänge mittels Pearson-Korrelationen.

Tab. 2: Korrelationen zwischen Wissen, professioneller Wahrnehmung und Handlungskompetenz im Bereich Feedback in den Post-Tests (n = 54)

	Konzeptuelles Wissen	Handlungskompetenz
Konzeptuelles Wissen		r = -.03 (p = .839)
Professionelle Wahrnehmung	**r = .56 (p ≤ .001)**	r = .06 (p = .654)

Wie in Tabelle 2 deutlich wird, zeigt sich für das konzeptuelle Wissen eine signifikant positive Korrelation von r = .56 (p ≤ .001) mit der professionellen Wahrnehmung. Das bedeutet, dass Studierende, die ein umfangreicheres konzeptuelles Wissen aufweisen, auch die videografierte Interaktionssituation besser beurteilen können. Die Handlungskompetenz steht hingegen weder mit dem Wissen noch mit der professionellen Wahrnehmung in Zusammenhang.

Dass die Zusammenhänge zur Handlungskompetenz so gering ausfallen, lässt sich eventuell darauf zurückführen, dass die eigene Umsetzung des Erlernten in die Interaktionssituation eine sehr herausfordernde Aufgabe darstellt. Dies könnte zu einer Auslastung des Arbeitsgedächtnisses in der Interaktionssituation führen, sodass zu wenige Kapazitäten bestehen, das erlernte Wissen praktisch umzusetzen. So resümiert eine Studentin auch in ihrer Reflexion:

> „Auch gestaltet es sich für mich noch schwierig, ein Feedback ungeplant und situationsgerecht anzuwenden. Dies erfordert viel Übung. Zwar habe ich Einiges zum Thema Feedback gelernt, aber musste in den unterrichtlichen Umsetzungen beider Videos feststellen, wie schwierig es ist, ein sinnvolles Feedback zu geben, das alle Kriterien eines guten Feedbacks beachtet."

Auch aus der Studie von Sun und van Es (2015), in der Effekte eines videobasierten Trainings nur in einigen Aspekten der Handlungskompetenz nachgewiesen werden konnten, lässt sich resümieren, dass eine Umsetzung erworbenen Wissens in die Praxis sehr herausfordernd ist und weitere Übungssituationen erfordert. Denkbar ist auch, dass die Handlungskompetenz, die eine Form prozeduralen Wissens darstellt, nicht unbedingt verbalisierbar ist (vgl. Renkl 2015), sodass es eventuell auch Studierende gibt, die zwar gutes Feedback erteilen, aber dennoch bei der Abfrage des Wissens diese Merkmale nicht alle benennen (können). Diese ersten Analysen zu den Zusammenhängen der drei Aspekte professioneller Kompetenzen im Bereich Feedback liefern lediglich erste Hinweise und könnten natürlich noch weiter ausdifferenziert werden, indem beispielsweise neben Globaleinschätzungen auch weitere niedrig inferent erfasste Aspekte einbezogen werden. Auch ließen sich einige Zusammenhänge auf Itemebene überprüfen: Beispielsweise könnte man untersuchen, ob Studierende, die im Fragebogen zum Wissen erläutern, dass Feedback den Lernenden nicht zu viel vorwegnehmen sollte, auch im videobasierten Fragebogen zur professionellen Wahrnehmung bemerken, wenn die dort videografierte Lehrperson zu viel vorwegnimmt. Außerdem könnte geprüft werden, ob diese Studierenden auch selbst in ihren videografierten Interaktionssequenzen dieser Anforderung entsprechen.

5 Ausblick

Aufgrund der kleinen Stichprobe können die Ergebnisse des ersten Projektdurchgangs an der Universität Kassel mit 54 Lehramtsstudierenden lediglich als erste Tendenzen interpretiert werden, die weiterer Absicherung bedürfen. Daher wird das Projekt aktuell an der Friedrich-Alexander-Universität Erlangen-Nürnberg in etwas abgeänderter Form weitergeführt.

Bisher wurden hier vier Seminarbedingungen durchgeführt und mit den oben beschriebenen Instrumenten begleitend erforscht. Im Gegensatz zu den oben dargestellten Seminaren wurde in den vier adaptierten Lernumgebungen mit fremden statt eigenen Videos gearbeitet. Dabei werden sukzessive weitere Aspekte der Lernumgebungen variiert. So arbeiten die Studierenden in einem zusätzlichen Seminar beispielsweise auch systematisch an zwei fremden Videos, erhalten hierzu aber Items, um das Feedback nach vorgegebenen Kriterien hoch inferent in seiner Gesamtqualität einzuschätzen anstatt jedes einzelne Feedback kleinschrittig niedrig inferent zu kodieren.

Für weitere Analysen steht die Frage im Vordergrund, wie die unterschiedlichen Lernumgebungen die Entwicklung der drei Kompetenzfacetten beeinflussen. Außerdem sollen Zusammenhänge zwischen den mit den dargestellten Instrumenten erhobenen Kompetenzen und den entsprechenden Selbsteinschätzungen der Studierenden untersucht werden (vgl. auch Hess u.a. 2017).

Literatur

Allen, Dwight W. & Ryan, Kevin A. (1972): Microteaching. Weinheim: Beltz.

De Jong, Ton & Ferguson-Hessler, Monica G.M. (1996): Types and qualities of knowledge. In: Educational Psychologist, 31. Jg., 105–113.

Fischler, Helmut (2007): Videographierte Unterrichtsszenen als Reflexionsanstöße. In: Dietmar Höttecke (Hrsg.): Naturwissenschaftlicher Unterricht im internationalen Vergleich. Münster: LIT, 512–514.

Gaudin, Cyrille & Chaliès, Sébastien (2015): Video viewing in teacher education and professional development: A literature review. In: Educational Research Review, 16. Jg., 41–67.

Goeze, Annika, Hetfleisch, Petra & Schrader, Josef (2013): Wirkungen des Lernens mit Videofällen bei Lehrkräften. Welche Rolle spielen instruktionale Unterstützung, Personen- und Prozessmerkmale? In: Zeitschrift für Erziehungswissenschaft, 16. Jg., 79–113.

Gold, Bernadette, Förster, Stephan & Holodynski, Manfred (2013): Evaluation eines videobasierten Trainingsseminars zur Förderung der professionellen Wahrnehmung von Klassenführung im Grundschulunterricht. In: Zeitschrift für Pädagogische Psychologie, 27. Jg., 141–155.

Gruber, Hans & Stamouli, Eleni (2015): Intelligenz und Vorwissen. In: Elke Wild & Jens Möller (Hrsg.): Pädagogische Psychologie. Heidelberg: Springer, 25–44.

Hatch, Thomas, & Grossman, Pam (2009): Learning to look beyond the boundaries of representation: Using technology to examine teaching. In: Journal of Teacher Education, 60. Jg., 70–85.

Hattie, John (2009): Visible Learning. A synthesis of over 800 meta-analyses relating to achievement. London: Routledge.

Hattie, John & Timperley, Helen (2007): The power of feedback. In: Review of Educational Research, 77. Jg., 81–112.

Hess, Miriam, Werker, Katharina & Lipowsky, Frank (2017): Was wissen Lehramtsstudierende über gutes Feedback? In: Jahrbuch für Allgemeine Didaktik, 11–29.

Jahn, Gloria, Stürmer, Kathleen, Seidel, Tina & Prenzel, Manfred (2014): Professionelle Unterrichtswahrnehmung von Lehramtsstudierenden. In: Zeitschrift für Entwicklungspsychologie und Pädagogische Psychologie, 46. Jg., 171–180.

Kersting, Nicole B., Givvin, Karen B., Thompson, Belinda J., Santagata, Rossella & Stigler, James W. (2012): Measuring usable knowledge: Teachers' analyses of mathematics classroom videos predict teaching quality and student learning. In: American Educational Research Journal, 49. Jg., 568–589.

Kleinknecht, Marc & Steffensky, Mirjam (2016): Wirkungen videobasierter Lernumgebungen auf die professionelle Kompetenz und das Handeln (angehender) Lehrpersonen. Ein Überblick zu Ergebnissen aus aktuellen (quasi-)experimentellen Studien. In: Unterrichtswissenschaft, 44. Jg., 305–321.

Kobarg, Mareike & Seidel, Tina (2007): Prozessorientierte Lernbegleitung – Videoanalysen im Physikunterricht der Sekundarstufe I. In: Unterrichtswissenschaft, 35. Jg., 148–168.

König, Johannes & Pflanzl, Barbara (2016): Is teacher knowledge associated with performance? On the relationship between teachers' general pedagogical knowledge and instructional quality. In: European Journal of Teacher Education, 39. Jg., 1–18.

Krammer, Kathrin & Reusser, Kurt (2005): Unterrichtsvideos als Medium der Aus-und Weiterbildung von Lehrpersonen. In: Beiträge zur Lehrerbildung, 23. Jg., 35–50.

Kunter, Mareike, & Pohlmann, Britta (2015): Lehrer. In: Wild, Elke & Möller, Jens (Hrsg.): Pädagogische Psychologie. Heidelberg: Springer, 261–281.

Lipowsky, Frank (2015): Unterricht. In: Elke Wild & Jens Möller (Hrsg.): Pädagogische Psychologie. Heidelberg: Springer, 69–105.

Lipowsky, Frank & Lotz, Miriam (2015): Ist Individualisierung der Königsweg zum Lernen? Eine Auseinandersetzung mit Theorien, Konzepten und empirischen Befunden. In: Gerlinde Mehlhorn, Karola Schöppe & Frank Schulz (Hrsg.): Begabungen entwickeln & Kreativität fördern. München: kopaed, 155–219.

Lotz, Miriam (2015): Kognitive Aktivierung im Leseunterricht der Grundschule. Eine Videostudie zur Gestaltung und Qualität von Leseübungen im ersten Schuljahr. Wiesbaden: VS.

Lotz, Miriam, Berner, Nicole & Gabriel, Katrin (2013): Auswertung der PERLE-Videostudien und Überblick über die Beobachtungsinstrumente. In: Miriam Lotz, Frank Lipowsky & Gabriele Faust (Hrsg.): Technischer Bericht zu den PERLE-Videostudien. Frankfurt/M.: Gesellschaft zur Förderung Pädagogischer Forschung, 83–103.

Müller, Gerhard N. & Wittmann, Erich C. (1994): Handbuch produktiver Rechenübungen. Band 1. Vom Einspluseins zum Einmaleins. Leipzig: Klett.

Narciss, Susanne (2004): The impact of informative tutoring feedback and self-efficacy on motivation and achievement in concept learning. In: Experimental Psychology, 51. Jg., 214–228.

Pauli, Christine (2008): Unterrichtsbeobachtung. In: Frank Hellmich (Hrsg.): Lehr-Lernforschung und Grundschulpädagogik. Bad Heilbrunn: Klinkhardt, 143–155.

Pianta, Robert C., La Paro, Karen M. & Hamre, Bridget K. (2008): Classroom assessment scoring system. Manual K-3. Baltimore: Brookes.

Renkl, Alexander (2015): Wissenserwerb. In: Elke Wild & Jens Möller (Hrsg.): Pädagogische Psychologie. Heidelberg: Springer, 3–24.

Richert, Peggy (2005): Typische Sprachmuster der Lehrer-Schüler-Interaktion. Empirische Untersuchung zur Feedbackkomponente in der unterrichtlichen Interaktion. Bad Heilbrunn: Klinkhardt.

Santagata, Rossella & Yeh, Cathery (2014): Learning to teach mathematics and to analyze teaching effectiveness: Evidence from a video- and practice-based approach. In: Journal of Mathematics Teacher Education, 17. Jg., 491–514.

Seidel, Tina, Blomberg, Geraldine & Stürmer, Kathleen (2010): „Observer" – Validierung eines videobasierten Instruments zur Erfassung der professionellen Wahrnehmung von Unterricht. In: Zeitschrift für Pädagogik, 56. Jg., 296–306.

Sherin, Miriam G. & van Es, Elizabeth A. (2002): Learning to notice: Scaffolding new teachers' interpretations of classroom interactions. In: Journal of Technology and Teacher Education, 10. Jg., 571–596.

Sun, Jennifer & van Es, Elizabeth A. (2015): An exploratory study of the influence that analyzing teaching has on preservice teachers' classroom practice. In: Journal of Teacher Education, 66. Jg., 201–214.

Voss, Thamar, Kunter, Mareike, Seiz, Johanna, Hoehne, Verena & Baumert, Jürgen (2014): Die Bedeutung des pädagogisch-psychologischen Wissens von angehenden Lehrkräften für die Unterrichtsqualität. In: Zeitschrift für Pädagogik, 60. Jg., 184–201.

Verzeichnis der Autor*innen

Victoria L. Barth, Dr.in, ist wissenschaftliche Mitarbeiterin an der Freien Universität Berlin. Arbeitsschwerpunkte: Klassenmanagement, Professionelle Wahrnehmung, Videobasierte Unterrichtsforschung.
E-Mail: victoria.barth@fu-berlin.de

Jessika Bertram, ist wissenschaftliche Mitarbeiterin am IfE der WWU Münster. Arbeitsschwerpunkte: (Lehrer*innen-)Persönlichkeit, Evaluation von Unterrichtsqualität, Strukturgleichungsmodellierung, demokratische Schulen, offener Unterricht, Leistungsbeurteilung.
E-Mail: jessika.bertram@uni-muenster.de

Thorsten Bohl, Dr., ist Professor am Institut für Erziehungswissenschaft an der Universität Tübingen, Abteilung Schulpädagogik und derzeit Direktor der Tübingen School of Education. Arbeits- und Forschungsschwerpunkte: Unterrichts- und Schulforschung, Lehrer*innenbildung, Schulsystemforschung.
E-Mail: thorsten.bohl@uni-tuebingen.de

Katharina Dreiling, M. Ed., ist wissenschaftliche Mitarbeiterin am Arbeitsbereich Empirische Bildungsforschung mit dem Schwerpunkt Schul- und Unterrichtsforschung an der Georg-August-Universität Göttingen. Arbeits- und Forschungsschwerpunkte: Feedbackforschung, Unterrichtsqualität.
E-Mail: kdreili@gwdg.de

Imogen Feld, Dr.in des., ist wissenschaftliche Mitarbeiterin am Arbeitsbereich „Evaluation von Bildungssystemen" an der Universität Hamburg. Arbeits- und Forschungsschwerpunkte: Empirische Methoden, soziale Disparitäten, elterliche Eingebundenheit im Schulkontext und international vergleichende Erziehungswissenschaft.
E-Mail: imogen.feld@uni-hamburg.de

Ruth Flierl, M.A., ist wissenschaftliche Mitarbeiterin am Arbeitsbereich Empirische Bildungsforschung mit dem Schwerpunkt Schul- und Unterrichtsforschung an der Georg-August-Universität Göttingen. Arbeits- und Forschungsschwerpunkte: Feedbackforschung, Unterrichtsqualität.
E-Mail: rflierl@gwdg.de

Julia Gerick, Dr.in, hat Erziehungswissenschaft studiert, die nationale Projektleitung von ICILS 2013 übernommen und ist seit August 2016 Juniorprofessorin für Erziehungswissenschaft mit dem Schwerpunkt Schulentwicklungsforschung an der Universität Hamburg. Arbeits- und Forschungsschwerpunkte: Schulent-

wicklungsforschung, Schulqualität, Digitale Medien in Schule und Unterricht, Lehrer*innengesundheit, Schulleitung, Schulleistungsstudien.
E-Mail: julia.gerick@uni-hamburg.de

Anna Gronostaj, Dr.in, ist Projektberaterin bei der Deutschen Schulakademie. Arbeits- und Forschungsschwerpunkte: Lehrer*innenprofessionalisierung, Schulentwicklung, Evaluation.
E-Mail: anna.gronostaj@deutsche-schulakademie.de

Sabine Gruehn, Dr.in, ist Professorin für Schultheorie/Schulforschung am IfE der WWU Münster. Arbeits- und Forschungsschwerpunkte: Schul-/Unterrichtsqualität, Schul-/Leistungs-/Persönlichkeitsentwicklung, Schulreform, Evaluation, ganztägige Bildung und außerschulische Lernorte.
E-Mail: sabine.gruehn@uni-muenster.de

Thomas Häcker, Dr., ist Professor für Erziehungswissenschaft mit den Schwerpunkten Schulpädagogik und empirische Bildungsforschung an der Universität Rostock. Arbeits- und Forschungsschwerpunkte: reflektierende Professionalisierung, Umgang mit Leistungen in der Schule, Unterrichtstheorie und Portfolioarbeit.
E-Mail: thomas.haecker@uni-rostock.de

Maike Hagena, ist wissenschaftliche Mitarbeiterin am Institut für Mathematik und ihre Didaktik an der Leuphana Universität Lüneburg. Arbeits- und Forschungsschwerpunkte: Kompetenzorientierter Mathematikunterricht, Sprache im Fachunterricht.
E-Mail: hagena@leuphana.de

Werner Helsper, Dr., ist Professor für Schulforschung und Allgemeine Didaktik an der Martin-Luther-Universität Halle-Wittenberg. Arbeits- und Forschungsschwerpunkte: Professionstheorie, Schul- und Jugendforschung, Theorie der Schule und der Schulkultur, Bildungsungleichheit, Qualitative Methoden.
E-Mail: Werner.helsper@paedagogik.uni-halle.de

Miriam Hess (geb. Lotz), Dr.in, ist Akademische Rätin am Institut für Grundschulforschung an der Friedrich-Alexander Universität Erlangen Nürnberg. Arbeits- und Forschungsschwerpunkte: Unterrichtsqualität, Kognitive Aktivierung, Feedback, videobasierte Unterrichtsforschung, Videos in der Lehrer*innenbildung.
E-Mail: miriam.hess@fau.de

Anna Jonberg, M.A., ist wissenschaftliche Mitarbeiterin am Institut für Bildungsforschung in der School of Education der Bergischen Universität Wuppertal. Arbeits- und Forschungsschwerpunkte: Grundschulforschung, (mathematische)

Prüfungsangst, Fähigkeitsselbstkonzept, Unterrichtsqualität und Inklusion.
E-Mail: jonberg@uni-wuppertal.de

Nora Katenbrink, Dr.in, ist akademische Rätin auf Zeit an der Universität Bielefeld, Fakultät für Erziehungswissenschaft. Arbeits- und Forschungsschwerpunkte: rekonstruktive Schulentwicklungsforschung, Profession und Professionalisierung von Lehrkräften, rekonstruktive Peer- und Jugendforschung.
E-Mail: nora.katenbrink@uni-bielefeld.de

Marc Kleinknecht, Dr., ist Professor am Institut für Erziehungswissenschaft, Universität Lüneburg, Abteilung Schulpädagogik und Schulentwicklung. Arbeits- und Forschungsschwerpunkte: Videobasierte Unterrichtsforschung, Einsatz von Unterrichtsvideos in der Aus- und Weiterbildung von Lehrpersonen.
E-Mail: marc.kleinknecht@leuphana.de

Eckhard Klieme, Dr.Dr.h.c., ist Professor für Erziehungswissenschaft mit dem Schwerpunkt Empirische Bildungsforschung an der Goethe-Universität Frankfurt am Main und Direktor der Abteilung „Bildungsqualität und Evaluation" am Deutschen Institut für Internationale Pädagogische Forschung (DIPF). Arbeits- und Forschungsschwerpunkte: Schuleffektivität und Unterrichtsqualität, Leistungsmessung und -beurteilung in Schulen (large scale assessment, formative assessment), Evaluation im Bildungsbereich und international vergleichende Bildungsforschung.
E-Mail: klieme@dipf.de

Julia Kretschmann, Dipl.-Psych.in, ist wissenschaftliche Mitarbeiterin am Lehrstuhl Quantitative Methoden in den Bildungswissenschaften, Universität Potsdam. Arbeits- und Forschungsschwerpunkte: Schullaufbahnentscheidungen, soziale Ungleichheiten, Kompositionseffekte.
E-Mail: kretschj@uni-potsdam.de

Anja Krüger, L.A., ist wissenschaftliche Mitarbeiterin am Lehrstuhl für Erziehungswissenschaft unter besonderer Berücksichtigung der Schulpädagogik und empirischen Bildungsforschung an der Universität Rostock. Arbeits- und Forschungsschwerpunkte: Raumwissenschaftliche Schul- und Bildungsforschung, Architektursemiotik.
E-Mail: anja.krueger3@uni-rostock.de

Harm Kuper, Dr., ist Universitätsprofessor für Weiterbildung und Bildungsmanagement an der Freien Universität Berlin. Arbeits- und Forschungsschwerpunkte: Weiterbildung, Bildungsberichterstattung und Organisationen im Bildungssystem. Seit 2014 Vorsitzender der AEPF.
E-mail: harm.kuper@fu-berlin.de

Doris Lewalter, Dr.in, ist Professorin für Gymnasialpädagogik, School of Education, Technische Universität München. Arbeits- und Forschungsschwerpunkte: Motivation, Interessenentwicklung, Gestaltung mediengestützter Lernangebote, außerschulisches/informelles Lernen, Evaluation.
E-Mail: doris.lewalter@tum.de

Frank Lipowsky, Dr., ist Professor mit dem Fachgebiet Empirische Schul- und Unterrichtsforschung an der Universität Kassel, Arbeits- und Forschungsschwerpunkte: Lehrer*innenforschung, Unterrichtsqualität.
E-Mail: lipowsky@uni-kassel.de

Samuel Merk, Dr., ist Juniorprofessor am Institut für Erziehungswissenschaft, Universität Tübingen, Abteilung Schulpädagogik. Arbeits- und Forschungsschwerpunkte: Epistemische Überzeugungen Lehramtsstudierender, Rezeption von Evaluationsergebnissen, Open Science.
E-Mail: samuel.merk@uni-tuebingen.de

Katrin Neubauer, Dr.in, ist wissenschaftliche Mitarbeiterin, Professur für Gymnasialpädagogik, School of Education, Technische Universität München. Arbeits- und Forschungsschwerpunkte: Motivation, Lehr-Lernprozesse und neue Medien in (in)formellen Lernumgebungen, Evaluation.
E-Mail: katrin.neubauer@tum.de

Diemut Ophardt, Dr.in, ist Geschäftsführerin der School of Education an der Technischen Universität Berlin. Arbeits- und Forschungsschwerpunkte: Klassenmanagement, Ansätze zur Förderung von Kompetenzen des Klassenmanagements.
E-Mail: ophardt@tu-berlin.de

Stefanie van Ophuysen, Dr.in, ist Professorin für Methoden der empirischen Bildungsforschung am Institut für Erziehungswissenschaft, Westfälische Wilhelms-Universität Münster. Arbeitsschwerpunkte: Pädagogische Diagnostik, Grundschulübergang, Gruppenkohäsion und Forschendes Lernen.
E-Mail: vanOphuysen@uni-muenster.de

Falk Radisch, Dr., ist Professor für Schulpädagogik mit den Schwerpunkten Schulforschung und allgemeine Didaktik an der Universität Rostock. Arbeits- und Forschungsschwerpunkte: Ganztagsschule, Lehrer*innenkooperation, Lehrer*innenbildung, Schulentwicklung, Schuleffektivität, Evaluationsforschung, empirische Methoden der Bildungsforschung.
E-Mail: falk.radisch@uni-rostock.de

Sylvia Rahn, Dr.in, ist Professorin für Berufsbildungsforschung am IfB der Bergischen Universität Wuppertal. Arbeits- und Forschungsschwerpunkte: Berufsorientierungs- und Übergangsforschung, Evaluation und Qualitätsmanagement im Bildungswesen, Professionalitätsentwicklung in pädagogischen Berufen. E-Mail: sylvia.rahn@uni-wuppertal.de

Petra Richey, Dr.in, ist wissenschaftliche Mitarbeiterin am Institut für Erziehungswissenschaft an der Universität Kassel, Fachgebiet: Soziale Beziehungen in der Schule. Arbeits- und Forschungsschwerpunkte: Lehrer*in-Schüler*in-Beziehung, normative Lehrer*innen- und Schüler*innenerwartungen, Lehrer*innen- und Schüler*innenverhalten, videobasierte Unterrichtsforschung. E-Mail: petra.richey@uni-kassel.de

Solvig Rossack, ist wissenschaftliche Mitarbeiterin am Institut für deutsche Sprache, Literatur und ihre Didaktik an der Leuphana Universität Lüneburg. Arbeits- und Forschungsschwerpunkte: Schreibdidaktik, argumentierendes Schreiben, Sprache im Fachunterricht und Deutsch als Zweitsprache. E-Mail: solvig.rossack@leuphana.de

David Rott, Dr., ist wissenschaftlicher Mitarbeiter an der Westfälischen Wilhelms-Universität Münster in der Qualitätsoffensive Lehrerbildung. Arbeits- und Forschungsschwerpunkte: Lehrer*innenbildung, Fragen Individueller Förderung und Forschendes Lernen. E-Mail: david.rott@wwu.de

Jan Schröder, M.A., ist wissenschaftlicher Mitarbeiter am Institut für Schulentwicklungsforschung (IFS) an der Technischen Universität Dortmund. Arbeits- und Forschungsschwerpunkte: Selektion im Bildungswesen, Bildungsverläufe in der Sekundarstufe, Lehr-Lernforschung im Kontext von Schule, Bildungsmonitoring/-management, educational governance. E-Mail: jan2.schroeder@tu-dortmund.de

Katrin Schulz-Heidorf, Dr.in, ist wissenschaftliche Mitarbeiterin und nationale Projektleitung TIMSS 2019 an der Universität Hamburg. Arbeits- und Forschungsschwerpunkte: Nationale und internationale empirische Bildungsforschung, Large-Scale-Untersuchungen, computerbasierte Assessments. E-Mail: katrin.schulz-heidorf@uni-hamburg.de

Jasmin Schwanenberg, Dr.in, ist wissenschaftliche Mitarbeiterin am Institut für Schulentwicklungsforschung (IFS) an der Technischen Universität Dortmund. Arbeits- und Forschungsschwerpunkte: Familie und Schule, Ganztagsschulforschung sowie quantitative Forschungsmethoden. E-Mail: jasmin.schwanenberg@tu-dortmund.de

Ewald Terhart, Dr., ist Professor für Erziehungswissenschaft mit dem Schwerpunkt Schulpädagogik und Allgemeine Didaktik an der Universität Münster. Arbeits- und Forschungsschwerpunkte: Unterricht und Allgemeine Didaktik/Unterrichtsforschung, Lehrer*innenberuf und Lehrer*innenbildung, Pädagogische Professionalität und Berufsbiographie.
E-Mail: Ewald.Terhart@uni-muenster.de

Felicitas Thiel, Dr.in, ist Professorin für Schulforschung an der Freien Universität Berlin. Arbeits- und Forschungsschwerpunkte: Interaktion im Unterricht, Schulentwicklung.
E-Mail: felicitas.thiel@fu-berlin.de

Miriam Vock, Dr.in, ist Dipl.-Psychologin und Professorin für Empirische Unterrichts- und Interventionsforschung an der Universität Potsdam. Arbeits- und Forschungsschwerpunkte: Schulische Begabtenförderung, Inklusion, Lehrer*innenprofessionalisierung, Intelligenzforschung.
E-Mail: miriam.vock@uni-potsdam.de

Maik Walm, Dipl.-Päd., ist wissenschaftlicher Mitarbeiter im Arbeitsbereich Pädagogik bei Beeinträchtigungen des Lernens und Allgemeine Rehabilitationswissenschaften an der Humboldt-Universität zu Berlin und am Lehrstuhl für Erziehungswissenschaft unter besonderer Berücksichtigung der Schulpädagogik und empirischen Bildungsforschung an der Universität Rostock. Arbeits- und Forschungsschwerpunkte: Inklusion und deren Folgen für die Professionalisierung von Lehrer*innen und den Umgang mit Leistung und Lernen.
E-Mail: maik.walm@hu-berlin.de

Katharina Werker, ist wissenschaftliche Mitarbeiterin im Fachgebiet Empirische Schul- und Unterrichtsforschung an der Universität Kassel. Arbeits- und Forschungsschwerpunkte: Unterrichtsqualität, Videos in der Lehrer*innenbildung.
E-Mail: katharina.werker@uni-kassel.de

Ariane S. Willems, Dr.in, ist Professorin für Empirische Bildungsforschung an der Georg-August-Universität Göttingen. Arbeits- und Forschungsschwerpunkte: Unterrichts- und Interessenforschung, Ganztagsschulforschung, quantitative Forschungsmethoden.
E-Mail: awillem1@uni-goettingen.de

Beate Wischer, Dr.in, ist Professorin für Erziehungswissenschaft mit dem Schwerpunkt Profession und Organisation im Kontext von Inklusion an der Universität Bielefeld, Fakultät für Erziehungswissenschaft. Arbeits- und Forschungsschwerpunkte: Heterogenität und individuelle Förderung aus professions- und organisa-

tionstheoretischer Perspektive, Schulentwicklung und neue Steuerung, Forschendes Lernen, Lehrer*innenprofessionalisierung.
E-Mail: beate.wischer@uni-bielefeld.de

Nicole Zaruba, M.Ed., ist wissenschaftliche Mitarbeiterin am Lehrstuhl für Empirische Unterrichts- und Interventionsforschung, Universität Potsdam. Arbeits- und Forschungsschwerpunkte: Lehrer*innenprofessionalisierung, Lehrer*innenüberzeugungen, Evaluation von Fortbildungen.
E-Mail: zaruba@uni-potsdam.de